Einstieg in CSS
Webseiten gestalten mit HTML und CSS

W0053223

Peter Müller

Einstieg in CSS

Webseiten gestalten mit HTML und CSS

Galileo Press

Liebe Leserin, lieber Leser,

wir freuen uns, dass Sie sich für dieses Buch entschieden haben! Für einen detaillierten und kompetenten Einstieg in CSS von einem *der* CSS-Spezialisten überhaupt: Peter Müller.

CSS ist vertrackt: Ohne es zu verstehen, lässt es sich einbauen und einsetzen, und oft funktioniert es dann auch. Aber um die Sache wirklich gut zu machen, um perfekte Ergebnisse zu erhalten, die im Zweifel auch Mitentwickler nicht vor große Rätsel stellen, lohnt sich die Mühe, den gesamten Komplex »CSS« zu verstehen. Und das garantiert Ihnen dieses Buch. Es orientiert sich jederzeit an der aktuellen Praxis und am Standard CSS3. Es ist für alle geeignet, die lernen möchten, wie Websites wirklich gebaut werden (und nicht zusammengeklickt). Für alle, die sich als *Webworker* verstehen und den Anspruch haben, zeitgemäße Webseiten zu bauen. Dabei wünsche ich Ihnen viel Erfolg!

Auf *pmueller.de* finden Sie alle Beispiele aus dem Buch zum Herunterladen und Mit-bauen. Mit diesen Beispieldateien können Sie in jedem beliebigen Kapitel einsteigen.

Hinzugefügt sei noch, dass dieses Buch mit großer Sorgfalt lektoriert und produziert wurde. Sollten Sie dennoch Fehler finden oder inhaltliche Anregungen haben, scheuen Sie sich nicht, mit mir Kontakt aufzunehmen. Ihre Fragen und Änderungswünsche sind jederzeit willkommen. Ich freue mich auf Ihre Rückmeldung!

Ihr Stephan Mattescheck
Lektorat Galileo Computing

stephan.mattescheck@galileo-press.de
www.galileocomputing.de
Galileo Press · Rheinwerkallee 4 · 53227 Bonn

Auf einen Blick

Teil I   Die Einleitung
1   Das Web ist nicht aus Papier 29
2   HTML und CSS im Schnelldurchlauf 41

Teil II   HTML-Crashkurs – Kästchen erstellen
3   Das HTML-Grundgerüst 53
4   HTML-Elemente für Überschriften, Text und Listen 63
5   HTML-Elemente für Links, Bilder und mehr 81
6   Das HTML für die Beispielseiten 99

Teil III   CSS Grundlagen – Kästchen gestalten
7   CSS kennenlernen – Schriften, Farben und Hyperlinks 111
8   Selektoren, Einheiten und Farben 133
9   Das Box-Modell 153
10   Ordnung halten in den Stylesheets 187
11   Eine horizontale Navigation per »display:inline« 207
12   Ein Kontaktformular erstellen 231
13   HTML-Tabellen erstellen und gestalten 247
14   Fließtext, Webfonts und Druckversion 259
15   Kaskade, Vererbung oder Standardwert 279

Teil IV   CSS-Positionierung – Kästchen verschieben
16   Kästchen verschieben mit »position« 297
17   Kästchen verschieben mit »float« und »clear« 315
18   Containing Floats – gefloatete Elemente umschließen 331
19   Eine floatbasierte horizontale Navigation 351

Teil V   Mehrspaltige Layouts mit CSS
20   Media Queries – eine mobile Version erstellen 365
21   Zweispaltiges Layout mit »float« und »margin« 381
22   Weitere mehrspaltige Layoutmethoden 409
23   Patchwork – Flicken im CSS 437

Teil VI   Tipps und Tricks
24   Suchfunktion, Dropdown und HTML5 449
25   Nützliche Programme und Websites 469

Wir hoffen sehr, dass Ihnen dieses Buch gefallen hat. Bitte teilen Sie uns doch Ihre Meinung mit. Eine E-Mail mit Ihrem Lob oder Tadel senden Sie direkt an den Lektor des Buches: *stephan.mattescheck@galileo-press.de*. Im Falle einer Reklamation steht Ihnen gerne unser Leserservice zur Verfügung: *service@galileo-press.de*. Informationen über Rezensions- und Schulungsexemplare erhalten Sie von: *britta.behrens@galileo-press.de*.

Informationen zum Verlag und weitere Kontaktmöglichkeiten finden Sie auf unserer Verlagswebsite *www.galileo-press.de*. Dort können Sie sich auch umfassend und aus erster Hand über unser aktuelles Verlagsprogramm informieren und alle unsere Bücher versandkostenfrei bestellen.

An diesem Buch haben viele mitgewirkt, insbesondere:

Lektorat Stephan Mattescheck
Korrektorat Annette Lennartz, Bonn
Herstellung Melanie Zinsler
Einbandgestaltung Nils Schlösser
Coverfotos Fotolia: 32704251 © blinkblink, 30021506 © Andreas Mueller; 123RF: 8793341 © OLena Okhremenko; Envato: 1969301 © NechitaPaulFlavius; Shutterstock: 103849721 © Matthew Col
Typografie und Layout Vera Brauner
Satz Typographie & Computer, Krefeld
Druck und Bindung Beltz Bad Langensalza GmbH, Bad Langensalza

Dieses Buch wurde gesetzt aus der TheAntiquaB (9,35/13,7 pt) in FrameMaker. Gedruckt wurde es auf chlorfrei gebleichtem Offsetpapier (90 g/m²).

Der Name Galileo Press geht auf den italienischen Mathematiker und Philosophen Galileo Galilei (1564–1642) zurück. Er gilt als Gründungsfigur der neuzeitlichen Wissenschaft und wurde berühmt als Verfechter des modernen, heliozentrischen Weltbilds. Legendär ist sein Ausspruch *Eppur si muove* (Und sie bewegt sich doch). Das Emblem von Galileo Press ist der Jupiter, umkreist von den vier Galileischen Monden. Galilei entdeckte die nach ihm benannten Monde 1610.

Bibliografische Information der Deutschen Nationalbibliothek:
Die Deutsche Nationalbibliothek verzeichnet diese Publikation in der Deutschen Nationalbibliografie; detaillierte bibliografische Daten sind im Internet über *http://dnb.d-nb.de* abrufbar.

ISBN 978-3-8362-2776-6
© Galileo Press, Bonn 2014, 1., korrigierter Nachdruck 2015
1. Auflage 2014

Inhalt

Vorwort 23

TEIL I   Die Einleitung

1   Das Web ist nicht aus Papier   29

1.1   Papierdenken, Webseiten und enttäuschte Erwartungen 29

1.2   Der Autor einer Webseite hat keine vollständige Kontrolle
über deren Aussehen 30

    1.2.1   Der Unterschied zwischen Papier- und Webseiten 30

    1.2.2   Der Benutzer kann die Wünsche der Webdesigner ignorieren 31

    1.2.3   Im Web bestimmt der Benutzer, nicht der Autor 32

1.3   Webseiten sehen bei jedem Benutzer anders aus 32

    1.3.1   Webseiten bestehen aus Quelltext 32

    1.3.2   Der Browser macht aus dem Quelltext eine sichtbare Webseite 33

    1.3.3   Papierseiten sind starr, Webseiten flexibel 34

1.4   Jenseits von Papier 35

    1.4.1   Webseiten haben Schichten 35

    1.4.2   Mediengerechtes Webdesign 36

1.5   Zurück in die Zukunft – die Browser bestimmen 37

    1.5.1   Die ersten grafischen Browser – Mosaic und Netscape Navigator 37

    1.5.2   Notwehr in den 1990ern – Tabellen und <font> 38

    1.5.3   Das neue Jahrtausend – tabellenfreie Layouts mit CSS 39

    1.5.4   Die Browser bestimmen, was geht – HTML5 und CSS3 40

2   HTML und CSS im Schnelldurchlauf   41

2.1   Webseiten bestehen aus rechteckigen Kästchen 41

2.2   HTML ist der Maurer – rechteckige Kästchen erstellen 42

    2.2.1   Die erste Webseite erstellen 42

    2.2.2   Die Kästchen der HTML-Elemente sichtbar machen 43

2.3	**CSS ist der Stylist – rechteckige Kästchen gestalten**	45
	2.3.1 Das Styling für die Webseite – die erste CSS-Regel	45
	2.3.2 Ein Style für die »h1«-Überschrift	47
2.4	**Entwickler-Tools – HTML und CSS analysieren**	48
2.5	**Auf einen Blick**	49

TEIL II   HTML-Crashkurs – Kästchen erstellen

3   Das HTML-Grundgerüst   53

3.1	**HTML – Hyperlinks erstellen und »Etiketten kleben«**	53
	3.1.1 HT wie Hypertext – Text mit Hyperlinks	54
	3.1.2 M wie Markup – Etiketten kleben	54
	3.1.3 L wie Language – Vokabeln und Grammatikregeln	54
	3.1.4 Missverständnisse zu HTML	55
3.2	**Das HTML-Grundgerüst ist das Skelett einer Webseite**	55
	3.2.1 Eine gute Angewohnheit – <!-- Kommentare -->	55
	3.2.2 Ein Grundgerüst für eine Webseite erstellen	56
3.3	**Die Dokumenttyp-Definition – <!DOCTYPE html>**	57
3.4	**Das Stammelement <html>**	58
3.5	**Informationen über die Webseite – <head>**	58
	3.5.1 Die Angabe des Zeichensatzes – <meta charset="utf-8">	58
	3.5.2 Der Name der Seite – <title>	59
	3.5.3 Die Beschreibung für Suchmaschinen – <meta name="description">	60
	3.5.4 Weitere »meta«-Elemente	60
3.6	**Der Inhalt der Webseite – <body>**	61
3.7	**HTML-Elemente im Quelltext – Anfangs-Tag, Inhalt und Ende-Tag**	61
3.8	**Auf einen Blick**	62

4   HTML-Elemente für Überschriften, Text und Listen   63

4.1	**Das Grundgerüst für die Startseite erstellen**	64
4.2	**Die Seite in Layoutbereiche einteilen – »div«**	65

4.2.1 Vier Bereiche: Kopfbereich, Navigation, Inhalt und Fußbereich 65

4.2.2 Der Schutzumschlag – <div id="wrapper"> 66

4.2.3 Die Layoutbereiche mit »div« erstellen 66

4.2.4 Visuell – schematische Darstellung der »div«-Bereiche 67

4.3 Überschriften – »h1« bis »h6« 68

4.3.1 Benutzen Sie Überschriften 68

4.3.2 Überschriftenebene nicht aufgrund der Schriftgröße wählen 69

4.4 Fließtext – Absätze und Hervorhebungen 70

4.4.1 Absätze – »p« wie »paragraph« 70

4.4.2 Text hervorheben – »strong« und »em« 70

4.4.3 HTML-Elemente verschachteln – zuerst geöffnet, zuletzt geschlossen 71

4.5 Über Block- und Inline-Elemente 72

4.5.1 Blockelemente werden so breit, wie es geht 72

4.5.2 Inline-Elemente werden nur so breit wie ihr Inhalt 72

4.5.3 Block- und Inline-Elemente sichtbar machen 73

4.6 Listen – Aufzählungen und Nummerierungen 74

4.6.1 Aufzählungen – ungeordnete Listen mit »ul« und »li« 74

4.6.2 Nummerierungen – geordnete Listen mit »ol« und »li« 75

4.7 Verschachtelte Listen 76

4.7.1 Eine verschachtelte Liste erstellen 76

4.7.2 Schematische Darstellung der verschachtelten Liste 77

4.8 Jeder Browser hat ein eingebautes Stylesheet 78

4.9 Auf einen Blick 79

5 HTML-Elemente für Links, Bilder und mehr 81

5.1 Hyperlinks – das Besondere am World Wide Web 81

5.1.1 Anatomie eines Hyperlinks 82

5.1.2 Hyperlinks verfeinern – »title« 83

5.1.3 Die Navigation – eine ungeordnete Liste mit Hyperlinks 85

5.1.4 Links auf andere Dateien – PDF, MP3 etc. 86

5.2 Die Wegbeschreibung zur Grafik – »img« 87

5.2.1 Die Attribute zu »img« 87

5.2.2 Ein Logo als Überschrift? 88

5.3	**Weitere nützliche HTML-Elemente**	89
	5.3.1 Beginne eine neue Zeile mit »br«	89
	5.3.2 »address« für Kontaktadressen	90
	5.3.3 »span« ist ein semantisch neutrales Inline-Element	91
	5.3.4 »blockquote« und »cite« für Zitate	92
5.4	**Character Entities – allgemeine Sonderzeichen**	93
5.5	**Know-how – Wissenswertes über Zeichensätze**	95
	5.5.1 Zeichensätze sind Schablonen für Buchstaben	95
	5.5.2 UTF-8 und der Editor	96
	5.5.3 UTF-8 und der Webserver	97
5.6	**Auf einen Blick**	98

6 Das HTML für die Beispielseiten

		99
6.1	**Stimmt die Statik? Der HTML-Validator**	99
6.2	**CSS zum Ausprobieren – die W3C Core Styles**	102
6.3	**Die Kontaktseite – von der Seite zur Site**	103
6.4	**Der Quelltext der Webseiten im Überblick**	105
	6.4.1 Der Quelltext der Startseite »index.html«	105
	6.4.2 Der Quelltext der Kontaktseite »kontakt.html«	107
6.5	**Auf einen Blick**	108

TEIL III CSS Grundlagen – Kästchen gestalten

7 CSS kennenlernen – Schriften, Farben und Hyperlinks

		111
7.1	**Ein Stylesheet ist eine Sammlung von Formatvorlagen**	111
7.2	**Überblick: CSS und das Gestalten der HTML-Kästchen**	112
7.3	**Das erste eigene Stylesheet**	112
	7.3.1 Ein Stylesheet erstellen und einen CSS-Kommentar schreiben	113
	7.3.2 Die Verbindung zwischen HTML und CSS – »link«	113

7.4	**Hintergrund- und Schriftfarben definieren**	114
7.4.1	Hintergrund- und Schriftfarbe für »body«	115
7.4.2	Hintergrund- und Schriftfarbe für »div#wrapper«	116
7.4.3	Hintergrund- und Schriftfarben im Kopfbereich	118
7.5	**Schriftart und -größe gestalten**	119
7.5.1	Grundlegende Schriftformatierung für die ganze Seite	119
7.5.2	Schriftgröße für Überschriften ändern	120
7.6	**Die Kontaktadresse im Fußbereich gestalten**	121
7.7	**Hyperlinks gestalten**	123
7.7.1	Hyperlinks – das HTML-Element »a«	123
7.7.2	Besuchte und nicht besuchte Hyperlinks	124
7.7.3	Wenn die Maus darüberschwebt – »a:hover« und Kollegen	125
7.7.4	Die Reihenfolge der Pseudoklassen im Stylesheet ist wichtig	127
7.8	**Styles können an drei verschiedenen Stellen definiert werden**	128
7.8.1	Möglichkeit 1: Extern – CSS-Regeln in einer eigenen CSS-Datei	128
7.8.2	Möglichkeit 2: Zwischen <head> und </head> im Element »style«	128
7.8.3	Möglichkeit 3: Direkt im HTML-Element mit dem Attribut »style«	128
7.8.4	Vorfahrt – welche Styles gewinnen?	129
7.9	**Das Stylesheet im Überblick**	130
7.10	**Auf einen Blick**	131

8	**Selektoren, Einheiten und Farben**	133
8.1	**Style – der Aufbau einer CSS-Regel**	133
8.2	**Ein Selektor wählt das zu gestaltende Kästchen aus**	134
8.2.1	»Der Name der Kiste« – einfache Elementselektoren	135
8.2.2	Mehrere Kästchen auf einmal – Selektoren gruppieren mit Komma	135
8.2.3	Alle Kästchen auf der Seite – der Universalselektor »*«	136
8.3	**Überblick: Die HTML-Elemente im DOM-Baum**	136
8.4	**Selektoren kombinieren – Nachfahren auswählen**	138
8.4.1	Beispiel 1: Nur die Hyperlinks im Textbereich gestalten	138
8.4.2	Beispiel 2: Schriftgestaltung nur für den Slogan im Kopfbereich	139
8.4.3	Beispiel 3: Aufzählungszeichen nur in ungeordneten Listen gestalten	140

8.4.4 Beispiel 4: Unterschiedlich nummerierte Ebenen
bei geordneten Listen 141

8.5 Eigene Namen vergeben – »id« und »class« 141
8.5.1 Es kann nur einen geben – »id«, der Selektor mit der Raute 141
8.5.2 Gruppenbildung – »class«, der Selektor mit dem Punkt 142
8.5.3 ID oder Klasse – wann nimmt man was? 143
8.5.4 Sinnvolle Namen – »id« und »class« sollten die Bedeutung
des Elements beschreiben 144

8.6 Spezifität – das Punktesystem für Selektoren 145
8.6.1 Einer wird gewinnen – so funktioniert Spezifität 145
8.6.2 Ein paar Beispiele für die Punktewertung 145
8.6.3 Die Spezifität ist in Wirklichkeit eine Matrix 146
8.6.4 Sparsam benutzen – »!important« 147

8.7 Werte und Maße in CSS – die Qual der Wahl 147
8.7.1 Grundregeln: Die Leerstelle, die Null und der Anführungsstrich ... 148
8.7.2 Für den Bildschirm – relative Einheiten 148
8.7.3 Für den Drucker – absolute Einheiten 149

8.8 Farben definieren – hexadezimal, dezimal und Namen 150

8.9 Auf einen Blick 152

9   Das Box-Modell   153

9.1 Zuerst in modernen Browsern testen 153
9.2 Das Box-Modell in der Übersicht 154
9.2.1 Alle Boxen sind gleich – das Modell 154
9.2.2 Der Inhaltsbereich – »width« (Breite) und »height« (Höhe) 156
9.2.3 Der Innenabstand – »padding« 156
9.2.4 Der Rahmen drumherum – »border« (Rahmenlinien) 157
9.2.5 Der Außenabstand – »margin« 157
9.2.6 Wenig intuitiv – die Gesamtbreite einer Box berechnen 158

9.3 Kalibrierung – Abstände auf null setzen 159
9.3.1 Die Abstände der eingebauten Browser-Stylesheets annullieren ... 159
9.3.2 Die Abstände für die wichtigsten Elemente neu definieren 160

9.4 Webseite zentrieren mit »width« und »margin« 162

9.4.1 Die Breite eines Elements – »width« 162

9.4.2 Die Seite zentrieren mit »margin: auto« 163

9.5 Rahmenlinien erstellen – »border« 164

9.6 Ein bisschen Abstand drumherum – »padding« 165

9.7 Das Box-Modell und die farbliche Gestaltung 168

9.7.1 Das Logo mit gestalten – »padding« und »border« in Aktion 169

9.7.2 Das Box-Modell in den Entwickler-Tools der Browser 170

9.8 Hintergrundgrafiken per CSS 171

9.8.1 Hintergrundgrafik einbinden – »background-image« 172

9.8.2 Hintergrundgrafiken wiederholen – »background-repeat« 173

9.8.3 Hintergrundgrafik positionieren – »background-position« 174

9.8.4 Hintergrundgrafik fixieren – »background-attachment« 175

9.8.5 Die Kurzschreibweise – »background« 176

9.8.6 Das Box-Modell ist ein bisschen 3D 177

9.9 Vertikale Außenabstände kollabieren – »collapsing margins« 178

9.9.1 Kollabierende Außenabstände bei aufeinanderfolgenden Elementen 178

9.9.2 Unerwartete Abstände – ein Beispiel aus dem Alltag 179

9.10 Das Stylesheet im Überblick 183

9.11 Auf einen Blick 185

10 Ordnung halten in den Stylesheets   187

10.1 Der Kommentar am Anfang 187

10.2 Das Stylesheet in Abschnitte unterteilen 188

10.2.1 Teil 1: Allgemeine Styles 189

10.2.2 Teil 2: Styles für die Layoutbereiche 190

10.2.3 Teil 3: Sonstige Styles 190

10.3 Verschiedene Schreibweisen für Styles 190

10.3.1 Eine typische CSS-Regel 190

10.3.2 Alles in einer Zeile 191

10.3.3 Kombinierte und gruppierte Selektoren 191

10.4 Die Reihenfolge der Deklarationen im Style 192

10.4.1 Möglichkeit 1: Die Reihenfolge orientiert sich am Aufbau der Boxen 192

10.4.2 Möglichkeit 2: Alphabetisch sortiert 193

10.5 Effektiv – Kurzschreibweisen für »padding« und »margin« 193

10.5.1 Alle vier Seiten gleich 193

10.5.2 Die Reihenfolge entscheidet – nur eine Seite anders 194

10.5.3 Unterschiedliche Werte für alle vier Seiten 195

10.5.4 Paarweise – »oben = unten« und »links = rechts« 195

10.6 Mehrere Stylesheets erstellen und zentral einbinden 196

10.6.1 Teile und herrsche – Aufteilung der Styles 196

10.6.2 Eines, sie zu binden – das zentrale Stylesheet »zentrale.css« 197

10.6.3 Einen Link zum zentralen Stylesheet erstellen 198

10.6.4 »@media« – Definition der Ausgabemedien 198

10.7 Die Stylesheets für die Beispielsite im Überblick 199

10.7.1 Das zentrale Stylesheet »zentrale.css« 199

10.7.2 Reset und Restaurierung der Abstände – »fundament.css« 200

10.7.3 Die Gestaltung für den Bildschirm – »bildschirm.css« 202

10.8 Der CSS-Validator 204

10.9 Auf einen Blick 206

11   Eine horizontale Navigation per »display:inline« 207

11.1 Einfache horizontale Navigation mit »display: inline« 207

11.1.1 Der kombinierte Selektor »#navibereich li« 208

11.1.2 Fehler finden mit den Entwickler-Tools im Browser 210

11.1.3 Feineinstellungen – Abstände und Hyperlinks anpassen 211

11.2 Punktsieg – Spezifität in der Praxis 212

11.2.1 »margin-bottom« für »ul« 212

11.2.2 Die Farbe der Hyperlinks 213

11.2.3 Feineinstellungen für die Hyperlinks 213

11.3 Von Elementen und Boxen 214

11.3.1 Im Quelltext »Element«, am Bildschirm »Box« 214

11.3.2 »display« ändert nur die Box, nicht das Element 214

11.4 Tabbed Navigation – Navigation mit Registern 215

11.4.1 Schritt 1: Vorbereitende Maßnahmen für »#navibereich« 215

11.4.2 Schritt 2: Die Hyperlinks im Navigationsbereich zu Tabs machen 216

11.4.3 Schritt 3: Einen Rollover-Effekt für die Tabs definieren 217

11.4.4 Schritt 4: »Sie sind hier« – aktuelle Seite hervorheben 219

11.4.5   Standardkonform, barrierefrei und flexibel 221

11.4.6   Die Styles zur Tabbed Navigation im Überblick 222

11.5 Know-how – das Box-Modell für Inliner 223

11.5.1   Es gibt verschiedene Arten von Inline-Elementen 223

11.5.2   Inline-Boxen sind etwas anders als Block-Boxen 224

11.5.3   Inline-Blockboxen sind ein Mittelding 225

11.6 Exkurs: Whitespace – der Leerstellenpakt 226

11.6.1   Ein Zwischenraum, hindurchzuschaun 226

11.6.2   Whitespace – Leerstellen, Tabulatoren und Zeilenumbrüche 227

11.6.3   So entsteht der mysteriöse Zwischenraum 227

11.6.4   Sechs Möglichkeiten zur Entfernung der Lücke 228

11.7 Auf einen Blick 230

12   Ein Kontaktformular erstellen

231

12.1 Schritt 1: Das HTML für das Kontaktformular 231

12.1.1   Das Element »form« definiert ein Formular 232

12.1.2   Beschriftung der Formularfelder mit »label« 233

12.1.3   Ein ganz normales einzeiliges Eingabefeld 234

12.1.4   Ein spezielles Eingabefeld für E-Mail-Adressen 235

12.1.5   Ein mehrzeiliges Eingabefeld mit »textarea« 236

12.1.6   Submit: Eine Schaltfläche zum Abschicken der Formulardaten 236

12.2 Schritt 2: Das Formular per CSS gestalten 237

12.2.1   Ein neues Stylesheet für Formulare 237

12.2.2   Die Gestaltung des Kontaktformulars 238

12.3 Schritt 3: Das Formular aktivieren und testen 241

12.3.1   Das Reiseziel für die Formulardaten festlegen 241

12.3.2   Das fertige Formular testen 242

12.4 Exkurs: Ein mehrspaltiges Kontaktformular 243

12.5 Auf einen Blick 245

13 HTML-Tabellen erstellen und gestalten 247

13.1 Das HTML für Tabellen 247

13.1.1 Eine einfache Tabelle besteht aus »table«, »tr« und »td« 247

13.1.2 Überschriften in Tabellen stehen in »th« 249

13.1.3 Logische Bereiche in Tabellen – »thead«, »tbody« und »tfoot« 250

13.1.4 Zellen verbinden – »colspan« und »rowspan« 251

13.2 Tabellen gestalten per CSS – ein Beispiel 252

13.2.1 Das HTML für die Beispieltabelle 252

13.2.2 Die Gestaltung der Beispieltabelle per CSS 254

13.2.3 Eine Tabelle ohne Zwischenräume – »border-collapse: collapse« 255

13.3 Übersichtliche Tabellen – Hover und Zebrastreifen 256

13.3.1 Tabellenzeilen mit Hover-Effekt – »tr:hover« 256

13.3.2 Eine Tabelle mit Zebrastreifen 257

13.4 Auf einen Blick 258

14 Fließtext, Webfonts und Druckversion 259

14.1 Fließtext besser lesbar machen 259

14.1.1 Schriftart, Schriftgröße und Zeilenabstand 259

14.1.2 Zitate gestalten 262

14.1.3 »del« und »ins« für Änderungen am Text 263

14.2 Webfonts – die Schriftart gleich mitliefern 265

14.2.1 Die bisherige Entwicklung im Überblick 265

14.2.2 Die Google Fonts – einfach und kostenlos 266

14.3 Eine Druckversion für die Beispielseiten 269

14.3.1 Stylesheet nur für die Anzeige am Bildschirm 269

14.3.2 Ein Stylesheet nur für den Ausdruck 270

14.3.3 Grundlegende Schriftgestaltung für die Druckversion 271

14.3.4 Gestaltung der Überschriften für die Druckversion 272

14.3.5 Navigation beim Ausdruck ausblenden 274

14.3.6 URL der Hyperlinks sichtbar machen 274

14.4 Favicon – das Minilogo für Ihre Seiten 277

14.5 Auf einen Blick 278

15 Kaskade, Vererbung oder Standardwert 279

15.1 Überblick: DOM-Baum und Kaskade 279

15.1.1 Der DOM-Baum für die Startseite 280

15.1.2 Drei Konzepte – Kaskade, Vererbung und Standardwert 281

15.1.3 Visuelle Darstellung des Browsers in Aktion 282

15.1.4 Das Beispiel: »margin-bottom« für »#navibereich ul« 282

15.2 Der Anfang: Sammle alle relevanten Deklarationen 283

15.2.1 Das Browser-Stylesheet 283

15.2.2 Die Stylesheets des Autors – »fundament.css« 284

15.2.3 Die Stylesheets des Autors: »navi-tabs.css« 285

15.3 Stufe 1: Sortiere nach Wichtigkeit (importance) 286

15.3.1 Normal – Deklarationen ohne »!important« 286

15.3.2 Wichtig – Deklarationen mit »!important« 287

15.3.3 Die Sortierung nach Wichtigkeit im Überblick 287

15.4 Stufe 2: Sortiere nach Spezifität (specificity) 289

15.5 Stufe 3: Sortiere nach Reihenfolge (order) 290

15.6 Die Vererbung (inheritance) 291

15.6.1 Vererbung macht ein Stylesheet übersichtlicher 291

15.6.2 Bestimmte Eigenschaften werden nicht vererbt 292

15.6.3 Potenzielle Probleme bei der Vererbung relativer Werte 293

15.7 Der Standardwert (initial value) 293

15.8 Auf einen Blick 294

TEIL IV CSS-Positionierung – Kästchen verschieben

16 Kästchen verschieben mit »position« 297

16.1 Überblick: CSS und Positionierung 297

16.2 »Flow« – die Seite ist ein langer, ruhiger Fluss 298

16.2.1 Drei Boxen im Fluss 298

16.2.2 Drei verkürzte Boxen im Fluss 300

16.3 Versetzt weiterfließen – »position: relative« 301

16.4 Raus aus dem Fluss – »position: absolute« 302

16.5 Absolute Positionierung auf der Beispielsite 304

16.5.1 Absolute Positionierung relativ zum Rand des Browserfensters 305

16.5.2 Absolute Positionierung mit einem umgebenden,
relativ positionierten Element 306

16.5.3 Kleine Übung zwischendurch: »Grundlagen.« eine Zeile tiefer 308

16.6 Wie ein Fels in der Brandung – »position: fixed« 309

16.7 Positionierte Boxen und der »z-index« 311

16.8 Auf einen Blick 314

17   Kästchen verschieben mit »float« und »clear«   315

17.1 Text um Bilder fließen lassen 315

17.1.1 Die Grafik einbinden 316

17.1.2 Die Grafik floaten mit »float:left« 317

17.1.3 Einen Abstand zwischen Grafik und Text definieren 318

17.2 Praktisch – CSS-Klassen zum Floaten 319

17.3 Floats beenden mit »clear« 321

17.4 Floats mit mehreren Boxen 324

17.4.1 Das Beispiel: Drei Boxen ohne »float« 324

17.4.2 Drei Kästchen nach links floaten 325

17.4.3 Drei Kästchen nach rechts floaten 326

17.4.4 »float drop« – zu wenig Platz im Browserfenster 327

17.4.5 »float« und verschieden hohe Boxen 328

17.5 Zusammenfassung: Besonderheiten beim Floaten 329

17.6 Auf einen Blick 330

18   Containing Floats – gefloatete Elemente umschließen   331

18.1 Die Beispielseite zum Umschließen von Floats 331

18.2 Das Problem: Gefloatete Elemente ragen nach unten heraus 334

18.3 Fünf Methoden zum Umschließen von Floats 336

18.4 Methode 1: Float einschließen mit »clear« 337

18.5 Methode 2: Set a float to fix a float 338

18.6 Methode 3: Ohne »float« und »clear« – »overflow: hidden« 340

18.7 Methode 4: Auch ohne »float« und »clear« – »display:table« 341

18.8 Methode 5: Easy Clearing – die Sache mit dem Punkt 342

    18.8.1   Teil 1: Der Kern von Clearfix 344

    18.8.2   Teil 2: Der Patch für den IE7 345

18.9 Die Galerieseite in die Beispielsite einbauen 346

    18.9.1   Die Beispielseite »galerie.html« 347

    18.9.2   Das Easy Clearing in »fundament.css« speichern 348

    18.9.3   Das CSS in »bildschirm.css« im Überblick 348

18.10 Auf einen Blick 350

19   Eine floatbasierte horizontale Navigation   351

19.1 Vorbereitungen für die floatbasierte Navigation 352

19.2 Schritt 1: Den Navigationsbereich gestalten 353

19.3 Schritt 2: Die Links in der Navigation gestalten 355

19.4 Schritt 3: Aktive Links hervorheben und Hover-Effekt erstellen 356

19.5 Schritt 4: CSS-Sprites – mehrere Grafiken in einer 357

19.6 Das komplette CSS für die Navigation im Überblick 360

19.7 Auf einen Blick 362

TEIL V   Mehrspaltige Layouts mit CSS

20 Media Queries – eine mobile Version erstellen   365

20.1 Bestandsaufname: Die Beispielseiten auf einem Smartphone 365

    20.1.1   Die Beispielseiten in einem Smartphone betrachten 366

20.2 Schritt 1: Die feste Layoutbreite entfernen 367

20.3 Schritt 2: Die Anweisung »meta viewport« hinzufügen 369

20.4 Schritt 3: Optimierung von Kopfbereich und Formular 370

20.4.1   Der Slogan im Kopfbereich kommt wieder unter das Logo 370

20.4.2   Kontaktformular in der Breite anpassen 372

20.5   Schritt 4: Media Query für große Bildschirme 373

20.5.1   Ein neues Stylesheet für breitere Browserfenster 375

20.5.2   Die Gestaltung der Beispielseiten für breite Browserfenster 376

20.5.3   Mobile First – ältere Internet Explorer verstehen keine Media Queries 378

20.6   Auf einen Blick 379

21   Zweispaltiges Layout mit »float« und »margin«   381

21.1   Mehrspaltigkeit ist in CSS 2 eigentlich eine Illusion 382

21.1.1   Das Nebeneinander auf Webseiten mit »position« und »float« 382

21.1.2   Web Developer – vorhandene Webseiten untersuchen 383

21.1.3   CSS-Layouts heute und morgen 384

21.2   Festes Layout mit »float« und »margin« 385

21.2.1   Schritt 1: Ein neues Stylesheet für die Navigation erstellen und einbinden   386

21.2.2   Schritt 2: Den Navigationsbereich nach links floaten 387

21.2.3   Schritt 3: Den Textbereich mit einem Außenabstand versehen 389

21.2.4   Schritt 4: Die Navigationsliste gestalten 390

21.2.5   Schritt 5: Die Hyperlinks in der Navigation gestalten 392

21.2.6   Schritt 6: Den aktuellen Navigationspunkt hervorheben 393

21.2.7   Schritt 7: Überschrift ausrichten und Fußbereich clearen 394

21.3   Flexibles Layout mit fester Navigationsspalte 395

21.3.1   Flüssig, elastisch, flexibel, frustriert 395

21.3.2   So funktionieren flexible Layouts 396

21.3.3   Das Layout flexibilisieren 397

21.4   Flexibles Layout mit flexibler Navigationsspalte 399

21.4.1   Das Problem mit dem klassischen Box-Modell von CSS 399

21.4.2   Möglichkeit 1: Layoutbereich auf »border-box« umstellen 401

21.4.3   Möglichkeit 2: Das doppelte DIVchen 403

21.5   Exkurs: Die globale Wirkung von »clear« und der BFC 404

21.5.1   Die globale Wirkung von »clear« 404

21.5.2   Der Block Formatting Context (BFC) 407

21.6   Auf einen Blick 408

22 Weitere mehrspaltige Layoutmethoden

22.1 Der Infobereich – ein zusätzlicher Layoutbereich 409

   22.1.1   Schritt 1: Den Infobereich im HTML hinzufügen 410

   22.1.2   Schritt 2: Die Grundformatierung in »bildschirm.css« 411

   22.1.3   Schritt 3: Desktop-Version mit zweispaltigem Layout 412

22.2 Das feste Layout flexibilisieren 415

   22.2.1   Schritt 1: Dem Wrapper eine flexible Breite geben 415

   22.2.2   Schritt 2: Text- und Infobereich mit flexibler Breite 416

22.3 Ein dreispaltiges Layout mit vertikaler Navigation 417

   22.3.1   Schritt 1: Die Stylesheets für die Navigation voneinander abgrenzen 418

   22.3.2   Schritt 2: Die Analyse des aktuellen Layouts im Entwickler-Tool 420

   22.3.3   Schritt 3: Die Reparatur des Layouts im Editor 422

22.4 »Bäumchen wechsel dich« für die Layoutbereiche 424

   22.4.1   Der Textbereich als Rechtsaußen 424

   22.4.2   Die Navigation nach rechts und der Textbereich ganz links 424

   22.4.3   Infobereich und Navigation tauschen die Plätze 426

22.5 Ein dreispaltiges Layout mit negativem Margin 427

   22.5.1   Schritt 1: Die beiden Infobereiche im HTML hinzufügen und gestalten 427

   22.5.2   Schritt 2: Den Textbereich floaten und negativen Margin zuweisen 428

   22.5.3   Schritt 3: Die beiden Infobereiche floaten 432

   22.5.4   Optional: Die Infobereiche tauschen die Seiten 433

22.6 Auf einen Blick 434

23 Patchwork – Flicken im CSS

23.1 Patches und Hacks 437

   23.1.1   Vor dem Einbau von Patches gründlich checken 437

   23.1.2   Inline-Patches und zusätzliche Stylesheets 438

23.2 Der Internet Explorer 438

   23.2.1   Eine kurze Geschichte des Internet Explorers 439

   23.2.2   Der Internet Explorer und das »Layout« 439

23.3 Conditional Comments in Aktion 441

   23.3.1   »Conditional Comments« – Styles nur für den IE 441

   23.3.2   Testen, ob Conditional Comments funktionieren 442

23.4 Die Beispielseiten im IE 7 und IE8 443

23.5 Auf einen Blick 445

TEIL VI Tipps und Tricks

24 Suchfunktion, Dropdown und HTML5 449

24.1 Eine Suchfunktion für Ihre Site 449

    24.1.1 Schritt 1: Das HTML für das Suchformular 450

    24.1.2 Schritt 2: Das Suchformular per CSS positionieren 451

    24.1.3 Schritt 3: Das Suchformular per CSS gestalten 453

    24.1.4 Die serverseitige Suchfunktion 456

24.2 Dropdown – horizontale Navigation zum Rausklappen 457

    24.2.1 Vier zusätzliche HTML-Dateien liegen für Sie bereit 458

    24.2.2 Schritt 1: Listenelemente mit »clear« untereinanderstellen 459

    24.2.3 Schritt 2: Die zweite Navigationsebene verstecken 461

    24.2.4 Schritt 3: Die zweite Navigationsebene wieder sichtbar machen 462

    24.2.5 Schritt 4: Die Links in der zweiten Navigationsebene gestalten 463

24.3 Die neuen HTML5-Elemente für die Layoutbereiche 464

    24.3.1 Die wichtigsten neuen HTML5-Elemente 465

    24.3.2 Vor dem Ausprobieren: Nachhilfe für ältere und alte Browser 466

24.4 Auf einen Blick 468

25 Nützliche Programme und Websites 469

25.1 Die Browser 469

    25.1.1 Die aktuellen Browser in der Übersicht 469

25.2 Browserzubehör – praktische Add-ons 471

    25.2.1 View Source Chart – der Quelltext als Diagramm (Firefox) 471

    25.2.2 Firebug – das Analysetool für den Firefox 472

    25.2.3 Web Developer – das Schweizer Offiziersmesser (Firefox/Chrome) 473

    25.2.4 Colorzilla – die Farbenwahl (Firefox/Chrome) 474

25.3 Editoren für HTML und CSS 475

25.3.1   Quelltext vs. WYSIWYG 475

25.3.2   Einige Editoren für HTML und CSS unter Windows und OS X 475

25.4 FTP – Veröffentlichen von Webseiten 477

25.5 Editoren zum Bearbeiten von Grafiken 477

25.6 Referenzen und Online-Quellen 478

25.6.1   Referenzen und Websites zu HTML 478

25.6.2   Referenzen und Websites zu CSS 479

Index 481

Vorwort

Viele Webworker sind Quereinsteiger und Praktiker, die ihr Handwerk durch Versuch und Irrtum gelernt haben. CSS? Hier gesehen, dort gelesen, und *dass* es klappt, ist wichtiger als *warum*.

Im Laufe der Zeit werden so viele CSS-Puzzlestücke gesammelt, die aber zusammen nicht wirklich ein ganzes Bild ergeben. Dieses Buch zeigt Ihnen das Bild, in das diese Puzzlestücke passen.

Die Idee zu diesem Buch

Die Idee zu diesem Buch entstand, nachdem die Teilnehmer in zahlreichen Seminaren letztlich immer wieder über dieselben Steine stolperten. Diese Steine werden im Buch aus dem Weg geräumt, wobei Theorie und Praxis zu einem leicht verdaulichen Ganzen gemischt werden:

▶ In »ToDo«-Kästchen gibt es zahlreiche praktische Übungen. Darin entsteht nach und nach eine kleine Website, die als Anregung für eigene Ausflüge gedacht ist.

▶ Zwischendurch werden wichtige Konzepte wie *Spezifität*, *Box-Modell*, *Kaskade* und *Vererbung* auf leicht verständliche Weise erklärt, damit Sie nicht nur Schritt-für-Schritt-Anleitungen nachklicken, sondern CSS wirklich verstehen lernen.

Anders ausgedrückt: Wenn Sie die ToDo-Kästchen abarbeiten, bekommen Sie ein brauchbares Ergebnis, wenn Sie den Text dazwischen lesen, wissen Sie auch warum.

Von »Little Boxes« zum »Einstieg in CSS«

Der »Einstieg in CSS« basiert auf »Das große Little Boxes-Buch« und wurde für diese Ausgabe komplett überarbeitet, aktualisiert und auf das für eine Einführung wirklich Wichtige komprimiert.

Die »Little Boxes«-Reihe erschien seit Februar 2007 bei Markt+Technik, einem Imprint von Pearson Deutschland. Die Bücher haben sich in dieser Zeit als Einführung in CSS bewährt und zahlreichen Lesern geholfen, das Erstellen und Gestalten von Webseiten mit HTML und CSS zu verstehen.

Da Pearson Deutschland seit dem Frühjahr 2013 keine Computerbücher mehr verlegt, habe ich mich nach einem neuen Verlag umgeschaut. Die Entscheidung fiel mir nicht schwer, denn bei Galileo Press fühle ich mich mit »Websites erstellen mit Contao 3« seit Jahren gut betreut.

Der Titel »Einstieg in CSS« ist Programm, und ich hoffe, dass das Buch vielen Lesern dabei behilflich sein wird.

Für wen ist dieses Buch?

Die einzigen Voraussetzungen zur Lektüre dieses Buches sind Interesse am Erstellen von Webseiten und Spaß am Lernen. Sie sollten idealerweise keine Angst vor Quelltext haben und sich bei einer hexadezimalen Farbangabe wie #f3c600 nicht erschrecken.

Unter anderem ist dieses Buch gedacht für:

▶ Einsteiger, die sich dafür interessieren, wie Webseiten von Hand gebaut werden.

▶ Webdesigner, die eine kompakte, strukturierte Einführung in CSS gebrauchen können, weil sie keine Lust mehr auf *Trial and Error* haben

▶ Nutzer von Content-Management-Systemen wie WordPress, Contao, Joomla!, Drupal, TYPO3 oder anderen, die das CSS in ihren Themes, Templates und Layouts verstehen und anpassen möchten

▶ Programmierer, die ein mediengerechtes Frontend für ihre serverseitigen Skripte erstellen möchten

Dieses Buch vermittelt Ihnen ein solides Grundwissen zu HTML und CSS, mit dessen Hilfe Sie die zahllosen Beispiele im Web und in anderen Büchern besser verstehen können.

Die Beispieldateien zum Buch

Auf der folgenden Website erhalten Sie aktuelle Informationen, Tipps und Tricks und Errata zum Buch:

▶ *pmueller.de*

Dort können Sie auch die Beispieldateien herunterladen. Nach dem Entpacken des ZIP-Archivs finden Sie für die meisten Kapitel jeweils einen Ordner. Innerhalb dieser Kapitelordner gibt es meist die Unterordner *basis* und *fertig*:

▶ Der Ordner *basis* enthält die Übungsdateien, wie sie am Anfang des Kapitels benötigt werden.

▶ Im Ordner *fertig* liegen die fertigen Übungsdateien so, wie sie am Ende des Kapitels (nach allen ToDos) sein sollten.

So können Sie buchstäblich bei jedem Kapitel einsteigen und sofort loslegen.

Vielen Dank

Zum Schluss möchte ich mich noch bei allen Seminarteilnehmern und Lesern für deren Feedback bedanken. Ohne sie wäre dieses Buch nicht das, was es jetzt ist.

Dank gebührt auch meinem Lektor Stephan Mattescheck, der mich im Herbst 2006 überhaupt erst auf die Idee brachte, mit dem Buch zu einem Verlag zu wechseln, Annette Lennartz für das Korrektorat und – wie so oft – Erika Schiener für ihre detaillierte Auseinandersetzung mit dem Manuskript und dem sich daraus ergebenden Feedback.

Peter Müller

TEIL I
Die Einleitung

Kapitel 1
Das Web ist nicht aus Papier

Worin festgestellt wird, dass Papierdenken bei Webseiten zu enttäusch-
ten Erwartungen führt. Sodann wird die Geschichte einer flexiblen Zei-
tung erzählt und erklärt, was mediengerechte Webseiten auszeichnet.

Die Themen im Überblick:

▶ »Papierdenken, Webseiten und enttäuschte Erwartungen«, Seite 29

▶ »Der Autor einer Webseite hat keine vollständige Kontrolle über deren Aussehen«, Seite 30

▶ »Webseiten sehen bei jedem Benutzer anders aus«, Seite 32

▶ »Jenseits von Papier«, Seite 35

▶ »Zurück in die Zukunft – die Browser bestimmen«, Seite 37

Wir sind mit gedruckten Papierseiten groß geworden, und Printerzeugnisse wie Bücher und Zeitschriften haben unser Denken und unser Gestaltungsgefühl nachhaltig beeinflusst. Sich dieses Papierdenken bewusst zu machen, ist der erste Schritt auf dem Weg zum Erstellen von mediengerechten Webseiten.

Wie heißt es bei *Alice im Wunderland*? – »Fange beim Anfang an und lies, bis du an's Ende kommst, dann halte an.« Folgen Sie dem weißen Kaninchen. Das hier ist der Anfang.

1.1   Papierdenken, Webseiten und enttäuschte Erwartungen

Surfer, Webdesigner und Kunden – fast alle erleben das Web zunächst mit einer Erwartungshaltung, die durch zwei Erfahrungen geprägt ist:

▶ Der Autor einer Papierseite hat die vollständige Kontrolle über deren Aussehen, egal, ob er eine teure Hochglanzfirmenbroschüre gestaltet oder sich an seiner ersten Einladungskarte versucht.

▶ Nach der Fertigstellung wird eine Papierseite unverändert vervielfältigt und sieht – abgesehen von Kaffeeflecken, Vergilbungen und anderen marginalen Schwankungen – bei jedem Betrachter gleich aus.

Papierdenken erwartet zwei Dinge: Kontrolle über das Layout und Unveränderlichkeit nach der Fertigstellung. Aber das Web ist nicht aus Papier, und eine Webseite verhält sich anders als eine Papierseite:

▶ Der Autor einer Webseite hat keine vollständige Kontrolle über deren Aussehen.

▶ Nach der Fertigstellung sieht eine Webseite bei jedem Benutzer anders aus.

Diese beiden simplen Tatsachen sind immer noch so ungewohnt, dass ich sie im Folgenden kurz erläutern möchte, denn Papierdenken führt beim Umgang mit Webseiten unweigerlich zu enttäuschten Erwartungen (Abbildung 1.1).

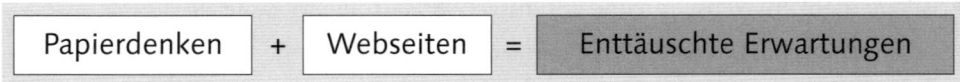

Abbildung 1.1 Papierdenken, Webseiten und enttäuschte Erwartungen

1.2   Der Autor einer Webseite hat keine vollständige Kontrolle über deren Aussehen

Der erste grundlegende Unterschied zwischen Papier- und Webseiten besteht darin, dass der Autor einer Webseite keine vollständige Kontrolle über das Aussehen der Webseite im Browser des Betrachters hat. Er kann nur Wünsche äußern.

1.2.1   Der Unterschied zwischen Papier- und Webseiten

Das folgende Beispiel erläutert den grundlegenden Unterschied zwischen Papierseiten und Webseiten:

▶ Auf Papier definiert der Autor zunächst die für sein Werk zur Verfügung stehende Fläche. Egal ob A4, Visitenkarte, Poster: Der Autor bestimmt.

▶ Im Web weiß der Autor nicht, welche Fläche ihm für die Webseite zur Verfügung steht: Riesenmonitor, Laptop oder Smartphone. Der Benutzer bestimmt.

Der Autor einer Webseite hat also keinen Einfluss auf die für die Webseite zur Verfügung stehende Fläche und muss das von vornherein berücksichtigen. Idealerweise sollte sich eine Webseite der Größe des Bildschirms flexibel anpassen.

Dieser Unterschied zwischen Papier- und Webseiten stammt daher, dass bei gedruckten Seiten das darstellende Medium in Form von Papier mitgeliefert wird. Im Web ist das nicht der Fall. Webseiten werden in der Regel auf einem Bildschirm dargestellt oder von einem Screenreader vorgelesen, und beides wird vom Benutzer bereitgestellt.

1.2.2   Der Benutzer kann die Wünsche der Webdesigner ignorieren

Der Einfluss des Benutzers geht aber noch viel weiter, denn er kann die Gestaltungswünsche des Designers absichtlich ignorieren. Im Internet Explorer gibt es zum Beispiel im Menü EXTRAS · INTERNET-OPTIONEN auf der Registerkarte ALLGEMEIN rechts unten eine unscheinbare Schaltfläche namens BARRIEREFREIHEIT. Abbildung 1.2 zeigt das Dialogfeld, das mit diesem Befehl aufgerufen wird. Jeder Surfer kann hier einstellen, dass sein Browser vom Autor auf den Webseiten gemachte Angaben zu Schriften und Farben schlicht und einfach ignoriert.

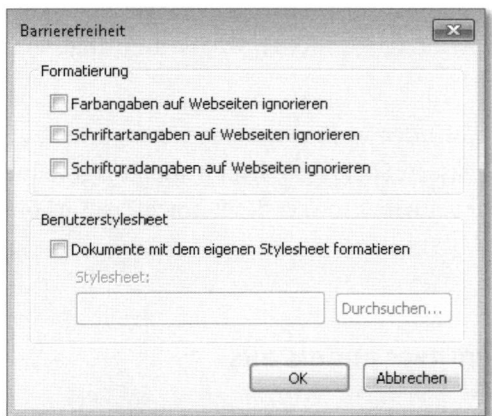

Abbildung 1.2 Das Dialogfeld »Barrierefreiheit« im Internet Explorer

Im Firefox gibt es die entsprechenden Optionen übrigens im Menü EXTRAS (Windows; Alt drücken, falls Menüleiste nicht sichtbar ist) bzw. FIREFOX (Mac). Mit dem Befehl EINSTELLUNGEN finden Sie auf der Registerkarte INHALT im Abschnitt SCHRIFTARTEN & FARBEN die Schaltflächen ERWEITERT und FARBEN. Dort können Sie dem Browser sagen, dass Seiten keine eigenen Schriften bzw. Farben benutzen dürfen.

Probieren Sie es ruhig einmal aus, und unternehmen Sie eine Surftour ohne die vom Autor gemachten Farb- und Schriftangaben. Die Auswirkungen werden sehr unterschiedlich sein: Einige Webseiten werden dadurch unbedienbar, einige sind sogar besser lesbar als vorher. Aber egal, was passiert: Wenn die Webseite nicht mehr funktioniert, ist das nicht Ihre Schuld. Sie ist dann wahrscheinlich mit Papierdenken gebaut worden.

1.2.3   Im Web bestimmt der Benutzer, nicht der Autor

Im Web bestimmt letztendlich der Benutzer, wie er die Webseite sehen und benutzen möchte:

▶ Er kann sie auf einem großen Monitor betrachten, auf einem Tablet, einer Spielekonsole, einem Fernsehgerät oder einem Smartphone.

▶ Er kann sie per Maus, per Tastatur oder per Touchscreen bedienen.

▶ Er kann sich den Inhalt ausdrucken oder vorlesen lassen und Kontraste oder Schriftgrößen so verändern, dass sie für ihn angenehm sind.

In vielen Browsern gibt es Optionen, um die Darstellung von Grafiken zu unterbinden, JavaScript zu deaktivieren, die Seite zu zoomen oder sogar ein eigenes Stylesheet (CSS) einzubinden, mit dem alle in diesem Browser aufgerufenen Webseiten angezeigt werden.

Es klingt paradox, aber wenn Sie Webseiten *gestalten* wollen, müssen Sie zunächst aufhören, Webseiten gestalten zu *wollen*. Tao. Lassen Sie los. Sie haben wie gesagt keine vollständige Kontrolle über das Aussehen der Seite im Browser des Betrachters. Sie können nur Wünsche äußern.

1.3   Webseiten sehen bei jedem Benutzer anders aus

Ein weiterer grundlegender Unterschied zwischen Papier- und Webseiten ist, dass selbst dann, wenn die Wünsche des Autors berücksichtigt werden, Webseiten nicht bei jedem Betrachter gleich aussehen. Das Buch, das Sie gerade lesen, wurde einmal layoutet und dann unverändert vervielfältigt. Es sieht bei jedem Leser gleich aus. Bei Webseiten ist das anders.

1.3.1   Webseiten bestehen aus Quelltext

Webseiten werden nicht so ausgeliefert, wie der Betrachter sie im Browserfenster sieht. Der Browser erhält vom Webserver nicht die fertige Webseite, sondern lediglich den *Quelltext*, eine Art Bauplan. Dieser Bauplan wird vom Browser analysiert und so gut wie möglich umgesetzt. Abbildung 1.3 zeigt den Quelltext der Beispielseite.

```
Quelltext
Datei  Bearbeiten  Ansicht  Hilfe

<!DOCTYPE html>
<html lang="de">

<head>
  <meta charset="utf-8">
  <title>Startseite - Little Boxes (Webseiten gestalten mit HTML und CSS)</title>
  <meta name="description" content="Little Boxes führt Sie durch das Labyrinth von HTML und
CSS, von den ersten Schritten bis zur professionell gestalteten Webseite.">
  <link href="bildschirm.css" rel="stylesheet" media="screen">
</head>

<body>
<div id="wrapper">

<div id="kopfbereich">
<h1><img src="little boxes logo.gif" id="logo" alt="Little Boxes" width="222" height="32">
</h1>
<p id="slogan">Webseiten gestalten mit HTML und CSS. <span>Grundlagen</span>.</p>
</div> <!-- Ende kopfbereich -->

<div id="navibereich">
<ul>
  <li class="sie-sind-hier"><a href="index.html">Startseite</a></li>
  <li><a href="kontakt.html">Kontakt</a></li>
</ul>
</div> <!-- Ende navibereich -->

<div id="textbereich">
<h2>Startseite</h2>
```

Zeile 12, Spalte 19

Abbildung 1.3 Der Quelltext einer Webseite

Wenn Sie eine Webseite erstellen, erzeugen Sie Quelltext – auch wenn Sie das Wort noch nie gehört und Quelltext noch nie gesehen haben, weil Sie vielleicht mit einem Homepage-Baukasten oder einem visuellen Editor arbeiten. Beim Hochladen einer fertigen Webseite auf den Webspace übertragen Sie nur den Quelltext und nicht die Seite, so wie sie im Baukasten oder im Editor ausgesehen hat. In gewisser Weise ist der Quelltext also die eigentliche Webseite.

In jedem Browser gibt es übrigens einen Menüpunkt, um sich den Quelltext der gerade im Browserfenster angezeigten Webseite anzusehen. Meistens finden Sie ihn mit einem Rechtsklick irgendwo auf der Webseite im Kontextmenü unter der Bezeichnung QUELLCODE oder SEITENQUELLTEXT ANZEIGEN.

1.3.2   Der Browser macht aus dem Quelltext eine sichtbare Webseite

Der Browser nimmt diesen Bauplan und setzt ihn je nach Umgebung, so gut es geht, um. Was Sie im Browserfenster als Webseite sehen, ist also genau genommen nur die *Interpretation des Quelltextes* im gerade benutzten Browser auf dem gerade benutzten Computer mit den gerade aktuellen Einstellungen.

33

Webseiten sehen also zwangsläufig überall anders aus, weil der Quelltext je nach Umgebung unterschiedlich interpretiert werden muss. Der Quelltext aus Abbildung 1.3 könnte in einem Browserfenster übrigens so aussehen wie in Abbildung 1.4.

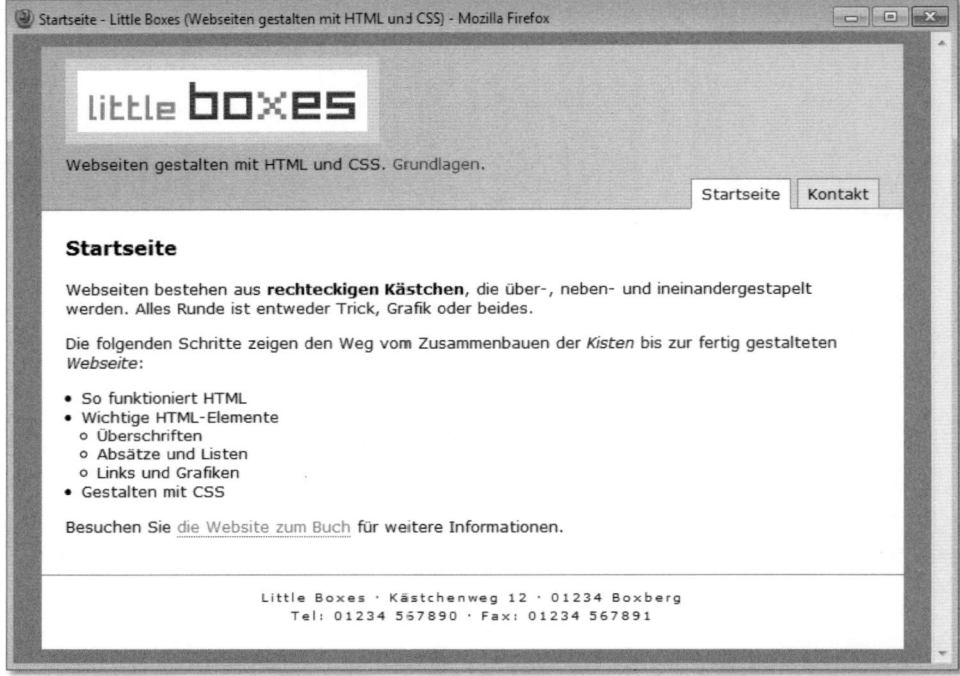

Abbildung 1.4 So könnte der Quelltext im Browser aussehen.

1.3.3 Papierseiten sind starr, Webseiten flexibel

Die folgende Zeitungsgeschichte basiert auf einem Text von Michael Nahrath, den er vor einigen Jahren in einer Newsgroup veröffentlichte, um den Unterschied zwischen traditionellen Printmedien und dem Web zu erläutern:

▶ Sie gehen morgens aus dem Haus und kaufen eine Zeitung.

▶ In der Straßenbahn ist es eng, und die Zeitung *verkleinert* sich automatisch auf A5 oder so.

▶ Auf dem Fußmarsch zum Büro genießen Sie die Umgebung und lassen sich einen Artikel aus der Zeitung *vorlesen*.

▶ Im Büro auf dem Schreibtisch *vergrößert* sich die Zeitung von selbst auf A2 oder was immer an Platz vorhanden ist.

▶ Abends geben Sie die Zeitung Ihrer Oma, die erst einmal den Schriftgrad *verdoppelt* und als Schriftart *Sütterlin* einstellt, weil sie das so immer noch am liebsten liest.

Und das alles tun Sie mit ein und derselben Zeitung. Praktisch, nicht?

Jede Webseite ist von Natur aus so flexibel wie diese Zeitung. Sie verliert diese Flexibilität erst, wenn wir sie falsch gestalten – oder wenn sie ausgedruckt und damit zur Papierseite wird.

1.4   Jenseits von Papier

Kennen Sie Shrek? Den sympathischen Oger, der in Begleitung eines geschwätzigen Esels wider Willen auszog, um eine Prinzessin zu retten, und diese später selber heiratete? Oger sind grün, klobig und gelten eigentlich nicht unbedingt als Sympathieträger.

In einer Szene erklärt Shrek seinem Begleiter das Wesen eines Ogers ungefähr so:

▶ Shrek: »Ein Oger ist wie eine Zwiebel.«

▶ Esel: »Du meinst, sie stinken?«

▶ Shrek: »Nein! Schichten! Zwiebeln haben Schichten, Oger haben Schichten!«

Webseiten auch.

1.4.1   Webseiten haben Schichten

Das Web ist definitiv nicht aus Papier, aber es ist auch nicht ausschließlich Bildschirm. Das Web ist das erste Medium, das nach dem Prinzip *Single Input – Multiple Output* funktioniert. Der Inhalt kann einmal gespeichert und in verschiedenen Formaten wieder ausgegeben werden: auf verschieden großen Bildschirmen, gedruckt auf Papier, in einer PDF-Datei, akustisch von einem Screenreader und vielleicht auf Arten und Weisen, die wir heute noch nicht einmal kennen.

Die Grundlage für diese Möglichkeiten ist, dass Inhalt und Gestaltung getrennt gespeichert werden, und möglich wird dies dadurch, dass der Quelltext einer Webseite aus drei verschiedenen Sprachen besteht, die einander perfekt ergänzen: HTML, CSS und JavaScript. Diese drei Sprachen verhalten sich wie übereinanderliegende Schichten:

▶ Der Kern, die innerste Schicht einer Webseite, ist der Inhalt, die Struktur, der Text. Dieser Kern besteht aus HTML, ist flexibel und passt sich den Umständen an.

▶ Um diesen Kern gibt es eine Designschicht mit CSS, die den Webseiten das gewünschte Styling gibt. Auf Wunsch werden die Seiten für große Bildschirme, kleine Bildschirme, Drucker und andere Geräte jeweils anders dargestellt.

▶ In einer weiteren, optionalen Schicht kann der Autor zum Beispiel mit JavaScript das Verhalten der Webseite steuern und so zum Beispiel die Bedienung erleichtern.

Die Schichten um den HTML-Kern machen die Seite hübscher und besser bedienbar, aber nicht immer werden alle Schichten genutzt. Bildlich dargestellt, sieht dieser Sachverhalt so aus wie in Abbildung 1.5.

Abbildung 1.5 Quelltext besteht aus HTML, CSS und JavaScript.

Webseiten sind also keine Gemälde. Sie werden nicht nur betrachtet, sondern sie werden *benutzt*. Wichtig ist, dass der Inhalt der Webseite unter möglichst vielen Umständen *zugänglich* bleibt. Eine Webseite muss nicht in jedem Browser und bei jedem Benutzer gleich *aussehen*. Das geht nicht. Ebenso könnten Sie versuchen, das Ende des Internets zu finden.

1.4.2   Mediengerechtes Webdesign

Im Web kursieren viele Schlagworte, mit denen lediglich verschiedene Aspekte der Bewegung weg vom Papierdenken umschrieben werden:

▶ standardkonformes Webdesign (*Webstandards*)

▶ barrierefreies Webdesign (*Accessibility*, auf Deutsch: Zugänglichkeit)

▶ Flexibilität (*Responsive Webdesign*)

1

Letztendlich fordern alle diese Schlagworte, Webseiten so zu bauen, dass sie den Möglichkeiten des Mediums World Wide Web entsprechen, weshalb ich sie gerne unter dem Begriff *mediengerechtes Webdesign* zusammenfasse.

1.5   Zurück in die Zukunft – die Browser bestimmen

Eine kleine historische Rückblende soll verdeutlichen, wie sich das Gestalten von Webseiten in den letzten 20 Jahren verändert hat. Gleichzeitig wird durch diesen Rückblick deutlich, wohin die Reise geht und wie man in Zukunft mit diesen Veränderungen umgehen sollte.

1.5.1   Die ersten grafischen Browser – Mosaic und Netscape Navigator

Das Web ist Anfang der 1990er Jahre von Wissenschaftlern für Wissenschaftler erfunden worden, und Wissenschaftler interessieren sich oft mehr für den Inhalt als für das Aussehen von Dokumenten. Webseiten waren damals fast alle gleich: grauer Hintergrund, schwarze Schrift und blaue Hyperlinks, die lila wurden, wenn sie auf eine bereits besuchte Seite zeigten.

1993 erschien ein neuer Webbrowser namens *Mosaic* mit bahnbrechenden Bedienkonzepten, wie zum Beispiel Buttons für ZURÜCK, VORWÄRTS und HOME, die man noch heute in vielen Browsern findet. Vor allem aber konnte Mosaic erstmals Grafiken zusammen mit dem Text auf einer Seite im selben Browserfenster darstellen. Dazu hatten sich die Programmierer einfach ein neues HTML-Element namens img (kurz für *image*) ausgedacht und es eingebaut.

Der ehemalige Mosaic-Programmierer Marc Andreessen gründete eine eigene Firma und brachte ein Jahr später einen Browser namens *Netscape Navigator* auf den Markt, der maßgeblich zum Boom des World Wide Web beitrug. »Netscape« bedeutet soviel wie »Netz-Landschaft«, und der Browser sollte dem Benutzer helfen, als Navigator durch das gerade entstehende Web zu navigieren. Das Maskottchen des Netscape Navigator war übrigens ein kleiner grüner Drache namens »Mozilla«. Der Name war eine Mischung aus »Godzilla« und »Mosaic Killer« und wurde Jahre später Namensgeber für den Nachfolger des Navigator.

Im Browser-Emulator auf *dejavu.org* können Sie sich Nachbauten dieser alten Browser übrigens live anschauen. Abbildung 1.6 zeigt Spiegel Online vom 12. Mai 2011 im Netscape Navigator 1.0 aus dem Jahre 1995.

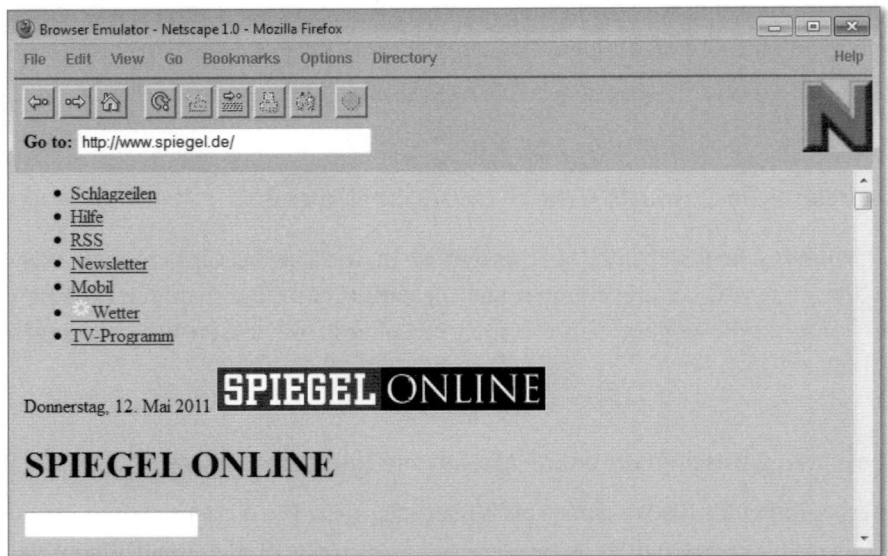

Abbildung 1.6 Spiegel Online von 2011 im Netscape Navigator von 1995

1.5.2 Notwehr in den 1990ern – Tabellen und <font>

Nach dem Erscheinen des Netscape Navigator begann das Web zu boomen, und der Ruf nach Gestaltung der doch eher schlichten Webseiten wurde immer lauter. Das W3C arbeitete bereits an CSS, einer Sprache für die ansprechende Gestaltung von HTML-Elementen. Aber die Welt wollte bunte Seiten, und zwar sofort. Irgendeine tolle neue Sprache, die irgendwann mal fertig sein würde, war ihr egal.

So baute Netscape kurzerhand neue Möglichkeiten wie font zur Gestaltung von Schriften und table zur Darstellung von Tabellen in seinen Navigator ein. Diese Elemente waren zwar nicht im vom W3C definierten HTML-Standard enthalten, aber (fast) alle waren begeistert von den neuen Gestaltungsmöglichkeiten, und die anderen Browserhersteller folgten bald.

In der zweiten Hälfte der 1990er waren demzufolge zwei Webdesign-Techniken sehr weit verbreitet:

▶ Schriftgestaltung mit font

▶ Positionierung mit unsichtbaren HTML-Tabellen

Der Quelltext dieser Seiten war für Menschen so gut wie unlesbar, und nachträgliche Änderungen am Layout wurden schnell zum Albtraum. Es war mehr *Quäl-Text* als Quelltext.

In gewisser Weise bedeutete diese Art der Gestaltung einen Schritt zurück in die vertraute Welt des Papierdenkens. Visuelle Editoren wie Frontpage oder Dreamweaver versteckten den Quelltext vor dem Benutzer und verstärkten die Papiermetapher, indem sie so taten, als seien sie eine ganz normale Textverarbeitung wie Word. Zahllose Homepagebastler wundern sich noch heute darüber, dass ihre Webseite zu Hause im Editor anders aussieht als beim Nachbarn im Browser.

Die Schriftgestaltung per CSS hat sich Ende der 1990er Jahre relativ schnell durchgesetzt. Bei guter Planung war das eine echte Arbeitserleichterung, denn ein Stylesheet kann beliebig viele Webseiten gestalten. Es ist quasi eine Formatierung per Fernsteuerung. Die Browser sprachen damals aber noch so wenig CSS, dass der Versuch der Positionierung von Objekten auf einer Webseite mit CSS zu nicht vorhersehbaren Ergebnissen führte. Mehrspaltige Layouts wurden also weiterhin mit Tabellen realisiert.

1.5.3   Das neue Jahrtausend – tabellenfreie Layouts mit CSS

Inzwischen ist das anders. Die Browserwelt ist vielfältiger denn je. Neben den Veteranen Internet Explorer, Mozilla Firefox und Opera sind in den letzten Jahren noch Apples Safari und Googles Chrome hinzugekommen, und alle diese Browser können so gut CSS, dass es für Webdesigner außer einer gewissen natürlichen Trägheit kaum noch Argumente gibt, Webseiten *nicht* komplett mit CSS zu gestalten.

Der Unterschied zum traditionellen HTML-Tabellendesign der 1990er Jahre ist gewaltig, und falls Sie bereits Webseiten mit Tabellen gestaltet haben, vergessen Sie am besten alles, was Sie darüber gelernt haben. Webseiten bauen mit CSS ist anders. Ganz anders. Kein Vergleich.

Die Trennung von Inhalt und Gestaltung zum Beispiel ist für viele ein ungewohntes Konzept:

▶ Sie beginnen mit sinnvoll strukturierten HTML-Dateien.

▶ Danach gestalten Sie diese Dateien mit CSS-Anweisungen.

Nicht alles war mit CSS einfacher als mit Tabellen, so dass vielen Webdesignern beim Umstieg der Satz »Mit Tabellen ging das alles einfacher« des Öfteren auf der Zunge lag.

Tabellen sind nicht verboten

Um Missverständnissen vorzubeugen: HTML-Tabellen sind auf Webseiten nicht verboten. Im Gegenteil: Zur Darstellung tabellarischer Daten sind sie die Idealbesetzung. In Kapitel 13, »HTML-Tabellen erstellen und gestalten«, lernen Sie, wie man HTML-Tabellen erstellt und gestaltet.

1.5.4   Die Browser bestimmen, was geht – HTML5 und CSS3

In der noch jungen Geschichte des Webdesigns ist es also schon immer so gewesen, dass die Grenzen des Machbaren von den Möglichkeiten der Browser bestimmt werden. Vor diesem Hintergrund haben sich die großen Browserhersteller wie Mozilla, Apple, Google und Opera mit dem W3C zusammengetan, um die weitere Entwicklung der Webstandards zu koordinieren. Sogar Microsoft ist mit von der Partie.

Mehr oder weniger gemeinsam versuchen sie, die Herausforderungen der Zukunft zu lösen, denn das Web durchdringt unseren Alltag immer weiter. Zeitungen zum Beispiel sind längst nicht mehr nur aus Papier. Die gleichen Inhalte, die Sie am Frühstückstisch im Großformat lesen, müssen auch auf dem Bildschirm eines Smartphones gut aussehen. Und auf Ihrem Desktop-Monitor. Und auf Ihrem Tablet. Sprich: Inhalte müssen flexibel werden. Und die beste Voraussetzung dafür ist nicht nur standardkonformes, sondern deutlich leistungsfähigeres HTML und CSS, und genau deshalb entwickelt das W3C HTML5 und CSS3.

Bei dieser Entwicklung gibt es keine klaren Schnitte, sondern einen langsamen aber beständigen Wandel. Es gibt kein festes Datum, ab dem neue Technologien wie HTML5 und CSS3 problemlos einsetzbar sind. Teile davon können unter bestimmten Bedingungen bereits heute problemlos benutzt werden, und genau das werden Sie mithilfe dieses Buches tun.

Im Grunde genommen ist es genau wie in den 1990ern: Die Browser bestimmen, was geht, und die Grenze des praktisch Möglichen verschiebt sich langsam, aber stetig.

Ein Webworker hat nie ausgelernt, und gerade dann, wenn er glaubt, eine bestimmte Technik im Griff zu haben, gibt es etwas Neues, und er darf wieder umlernen:

> *»Es ist schlimm genug, rief Eduard, dass man jetzt nichts mehr für sein ganzes Leben lernen kann. Unsere Vorfahren hielten sich an den Unterricht, den sie in ihrer Jugend empfangen; wir aber müssen jetzt alle fünf Jahre umlernen.«*

Goethe. Wahlverwandtschaften. 1809. Das einzig Beständige ist der Wandel, und das ist im Web nicht anders. Viel Spaß also beim »Einstieg in CSS« und dem Webseiten gestalten mit HTML und CSS.

Kapitel 2
HTML und CSS im Schnelldurchlauf

Worin Sie in aller Kürze erfahren, was HTML und CSS sind und wie sie zusammenarbeiten.

Die Themen im Überblick:

▶ »Webseiten bestehen aus rechteckigen Kästchen«, Seite 41

▶ »HTML ist der Maurer – rechteckige Kästchen erstellen«, Seite 42

▶ »CSS ist der Stylist – rechteckige Kästchen gestalten«, Seite 45

▶ »Entwickler-Tools – HTML und CSS analysieren«, Seite 48

▶ »Auf einen Blick«, Seite 49

In diesem Schnelldurchlauf lernen Sie, wie HTML und CSS funktionieren. Dabei geht es um den großen Zusammenhang, und nicht jedes Detail wird sofort ausführlich erklärt.

2.1 Webseiten bestehen aus rechteckigen Kästchen

Webseiten bestehen aus rechteckigen Kästchen, die im Browserfenster übereinander-, nebeneinander- und ineinandergestapelt werden. Lauter »little boxes«. Je eher Sie sich an diesen Gedanken gewöhnen, desto leichter wird Ihnen das Gestalten von Webseiten fallen. Alles Runde ist entweder Trick, Grafik oder beides.

Beim Umgang mit diesen Kästchen haben die Sprachen HTML und CSS (Cascading Style Sheets) klar getrennte Aufgaben:

▶ HTML ist der Maurer, der das Haus und die Zimmeraufteilung anlegt. Mit HTML werden die rechteckigen Kästchen erstellt und mit Text gefüllt.

▶ CSS ist der Stylist, der Haus und Zimmer gestaltet. Mit CSS werden Kästchen und Text gestaltet und positioniert.

Das Zusammenspiel dieser beiden Sprachen lernen Sie in diesem Kapitel an einem einfachen Beispiel kennen.

2.2   HTML ist der Maurer – rechteckige Kästchen erstellen

Um dieses Kapitel durcharbeiten zu können, benötigen Sie einen Editor zum Bearbeiten von HTML und CSS. Falls Sie noch keinen festen Editor haben, schauen Sie sich in Abschnitt 25.3 die Übersicht an. Dort gibt es jede Menge Auswahl.

2.2.1   Die erste Webseite erstellen

Im folgenden To-do erstellen Sie eine einfache, aber (fast) vollständige Webseite mit ein bisschen Text.

ToDo: Das HTML für eine einfache Webseite erstellen

1. Erstellen Sie zum Speichern der Übungsdatei einen neuen Ordner auf Ihrer Festplatte.

2. Starten Sie Ihren Lieblingseditor, und erstellen Sie eine komplett leere Datei.

3. Speichern Sie die noch leere Datei im Übungsordner unter dem Namen *schnelldurchlauf.html* – ohne Leerstellen und kleingeschrieben.

4. Erstellen Sie im Editor das folgende HTML. Die spitzen Klammern erzeugen Sie mit den Tasten für »kleiner als« und »größer als« links unten auf der Tastatur:

```
<!DOCTYPE html>
<html>

<head>
  <meta charset="utf-8">
  <title>Schnelldurchlauf - Einstieg in CSS</title>
</head>

<body>
<h1>Einstieg in CSS</h1>
<p>Webseiten gestalten mit HTML und CSS</p>
</body>

</html>
```

5. Speichern Sie die Datei, und betrachten Sie sie in einem Browser.

Im Browser sieht diese Webseite etwa so aus wie in Abbildung 2.1. Nicht hübsch, aber HTML.

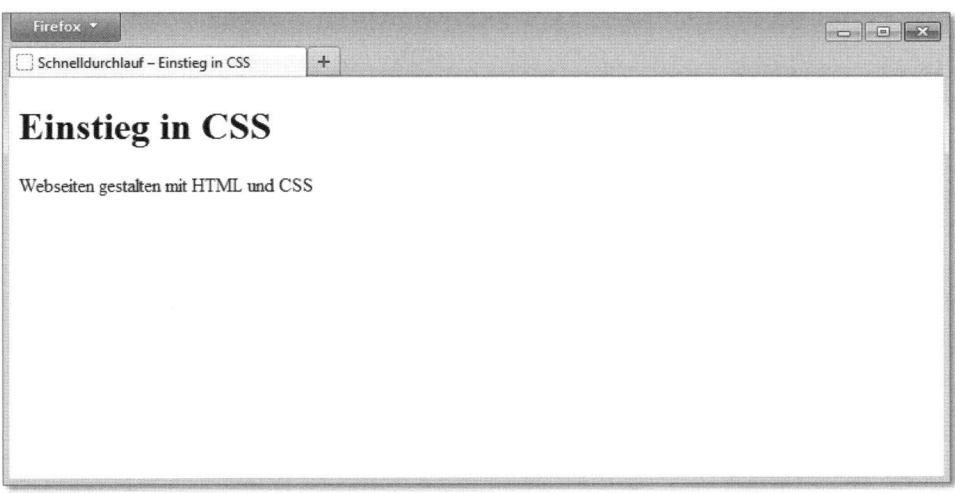

Abbildung 2.1 Die Beispielseite im Browser – noch ungestaltet

Machen Sie sich über die genaue Bedeutung des Quelltextes (noch) nicht zu viele Gedanken. Alles zu seiner Zeit. Momentan sind nur folgende Beobachtungen wichtig:

▶ Der Text zwischen `<title>` und `</title>` erscheint unter anderem oben im Browser-Tab.

▶ Alles zwischen `<body>` und `</body>` erscheint im sichtbaren Bereich des Browser-fensters.

Zwischen `<body>` und `</body>` gibt es zwei HTML-Elemente. Das erste trägt den Namen h1 (*ha-eins*, kurz für *heading1*) und ist eine Überschrift, das zweite heißt p (kurz für *para-graph*) und ist ein einfacher Textabsatz.

---

ueber_die_vergabe_von_dateinamen_im_web

Die Überschrift in diesem Tipp mag so vielleicht ein wenig seltsam aussehen, aber sie erfüllt alle Empfehlungen für Datei- und Ordnernamen im Web: Kleinschreibung, keine Leerstellen und keine Umlaute. Wenn Sie bei Dateinamen für Webseiten und Grafiken diese drei einfachen Regeln befolgen, ersparen Sie sich eine Menge Ärger.

2.2.2   Die Kästchen der HTML-Elemente sichtbar machen

Am Anfang des Kapitels habe ich geschrieben, dass Webseiten aus rechteckigen Käst-chen bestehen, und in diesem Abschnitt möchte ich Ihnen zeigen, dass das wirklich so ist. Falls Sie die folgenden Abbildungen nicht nur anschauen, sondern selbst nachbauen möchten, benötigen Sie dazu Firefox oder Chrome und ein Add-on namens *Web Developer*, das in Abschnitt 25.2 näher beschrieben wird.

In Abbildung 2.2 wurden die Namen der beiden HTML-Elemente eingeblendet und die dazugehörigen rechteckigen Kästchen mit roten Rahmenlinien sichtbar gemacht.

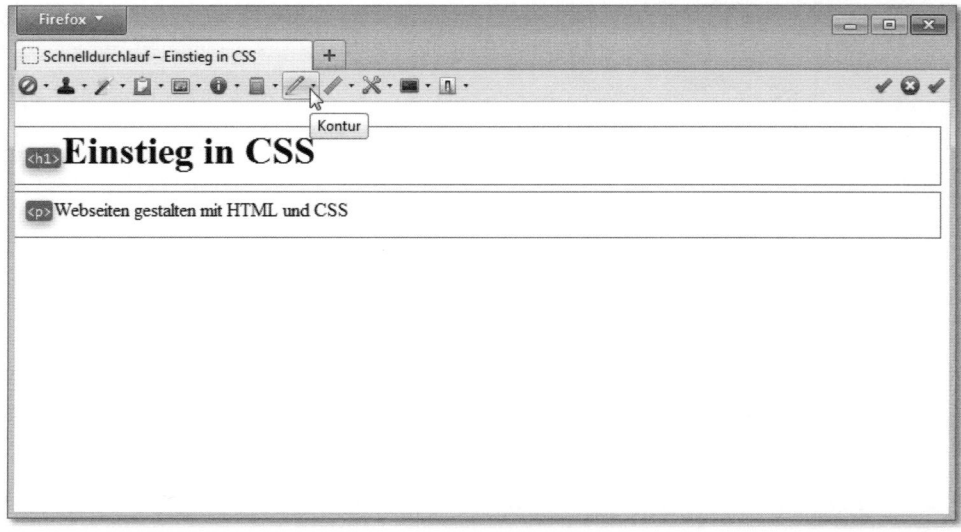

Abbildung 2.2 Die (roten) Rahmenlinien machen die Kästchen sichtbar.

Um diese Hervorhebung im Firefox zu sehen, muss das Add-on *Web Developer* installiert sein. Ist das der Fall, reichen die folgenden Schritte:

▶ Blenden Sie im Firefox-Menü ANSICHT • SYMBOLLEISTEN die WEB-DEVELOPER-SYMBOLLEISTE ein. Falls unter Windows im Firefox die Menüleiste nicht zu sehen ist, drücken Sie kurz die [Alt]-Taste, um sie einzublenden. [F10] geht auch.

▶ Aktivieren Sie ganz unten im Menü KONTUR (engl. OUTLINE) die Option ELEMENTNAMEN ZEIGEN, WÄHREND DAS ELEMENT MIT KONTUR VERSEHEN WIRD. Das ist der wahrscheinlich längste aller Menübefehle. Auf Englisch heißt es nur SHOW ELEMENT TAG NAMES.

▶ Um die HTML-Elemente hervorzuheben, wählen Sie ebenfalls im Menü KONTUR den Befehl BLOCKELEMENTE MIT KONTUR VERSEHEN (engl. OUTLINE BLOCK LEVEL ELEMENTS).

Nach diesen Schritten werden die Konturen der Elemente sichtbar, und man kann sehen, dass beide HTML-Elemente im Browserfenster rechteckige Kästchen sind, die von ganz links bis ganz rechts reichen. Wenn Sie das Fenster verkleinern, passen sich die

Kästchen an. Ist für den Text in einer Zeile nicht mehr genügend Platz, wird er automatisch umbrochen.

Erinnern Sie sich an die Geschichte von der flexiblen Zeitung aus dem ersten Kapitel? HTML ist von Natur aus so flexibel wie die dort beschriebene Zeitung und passt sich den Umständen automatisch an.

Mehr zum Grundgerüst und zu HTML-Elementen

Details zum Aufbau eines HTML-Grundgerüsts erfahren Sie im nächsten Kapitel. Und noch ein Kapitel weiter beginnt dann die Vorstellung der wichtigsten HTML-Elemente, wie h1 und p.

2.3   CSS ist der Stylist – rechteckige Kästchen gestalten

Das HTML für die Beispielseite ist so weit fertig. Höchste Zeit, um zu sehen, welche Rolle CSS dabei spielt. Die im HTML definierten Elemente bekommen ihr aktuelles Aussehen übrigens von einem im Browser eingebauten Stylesheet. Mehr zu diesem Browser-CSS erfahren Sie in Abschnitt 4.8.

2.3.1   Das Styling für die Webseite – die erste CSS-Regel

CSS ist eine komplett eigene Sprache. In HTML gibt es spitze Klammern, in CSS geschweifte. Diese können Sie auf einem PC mit [AltGr] + [7] bzw. [0] und auf einem Mac mit [alt] + [8] bzw. [9] erzeugen. Probieren Sie das folgende ToDo einfach aus. Die Erklärung folgt danach.

ToDo: Die erste CSS-Regel erstellen

1. Öffnen Sie, falls nötig, die weiter oben erstellte Datei *schnelldurchlauf.html* im Editor.

2. Ergänzen Sie zwischen <head> und </head> den fett gedruckten style-Block:

```
<!DOCTYPE html>
<html>

  <head>
  <title>Schnelldurchlauf - Einstieg in CSS</title>
```

```
    <style>
        body { background-color: #fff8e7; }
    </style>
</head>
```

3. Lassen Sie den weiteren Quelltext ab <body> unverändert.

4. Speichern Sie die Datei, und betrachten Sie sie in einem Browser.

Die gesamte Gestaltungsanweisung von body bis zur schließenden geschweiften Klammer nennt man *CSS-Regel* oder einfach *Style*. Machen Sie sich über die Farbangabe #fff8e7 nicht zu viele Gedanken. Das kommt später genauer. Im Browser hat die Webseite jetzt einen beigefarbenen Hintergrund (Abbildung 2.3).

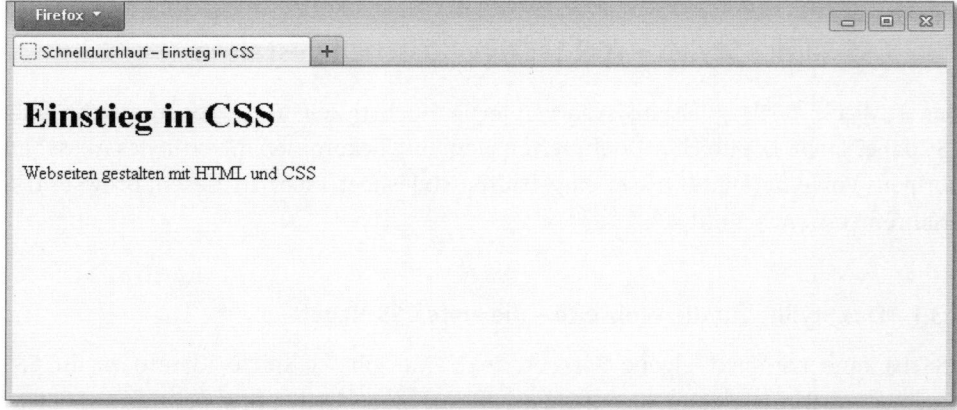

Abbildung 2.3 Die Beispielseite mit beigefarbenem Hintergrund

Es funktioniert. Und hier ist die kurze Erklärung, was Sie im ToDo gemacht haben:

▶ Der Browser weiß, dass zwischen <style> und </style> CSS zur Gestaltung der Webseite steht.

▶ Die CSS-Regel beginnt mit dem Namen des zu gestaltenden HTML-Elements. Der Name des Elements ist nicht <body>, sondern einfach nur body, ohne die spitzen Klammern.

▶ Zwischen den geschweiften Klammern folgen eine oder mehrere Gestaltungsanweisungen, die jeweils mit einem Semikolon beendet werden. In diesem Fall ist es nur eine einzige, nämlich background-color: #fff8e7;.

Und schon hat die Webseite einen beigefarbenen Hintergrund.

2.3.2   Ein Style für die »h1«-Überschrift

Die Überschrift der Webseite steht zwischen <h1> und </h1>, und in diesem Abschnitt gestalten Sie die Hintergrundfarbe (background-color), die Textfarbe (color) und geben einen Abstand zwischen dem Text und dem Rand des Kästchens ein (padding).

***

ToDo: Erstellen Sie eine CSS-Regel für die h1-Überschrift

1. Öffnen Sie gegebenenfalls die Datei *schnelldurchlauf.html* im Editor.
2. Ergänzen Sie zwischen <style> und </style> den fett gedruckten Style für die h1-Überschrift.

```
<style>
    body { background-color: #fff8e7; }
    h1 {
        background-color: darkred;
        color: white;
        padding: 8px;
    }
</style>
```

3. Speichern Sie die Datei, und betrachten Sie sie in einem Browser.

***

Im Browser sieht die Seite danach so aus wie in Abbildung 2.4.

Abbildung 2.4 Die formatierte Überschrift

Beachten Sie, dass sich nur das h1-Element geändert hat. Der Absatz darunter hat nach wie vor eine schwarze Schriftfarbe. Der dunkelrote Hintergrund erstreckt sich bis fast an den rechten Rand des Browserfensters, genau wie die rote Rahmenlinie weiter oben in

Abbildung 2.2. Spielen Sie ruhig ein bisschen mit diesen CSS-Anweisungen, und beobachten Sie die Auswirkungen im Browserfenster. Details zu möglichen Farbangaben finden Sie in Abschnitt 8.8.

Die in diesem Kapitel erstellte Beispielseite ist kein designerisches Meisterwerk, aber sie genügt, um zu zeigen, dass HTML und CSS eng zusammenarbeiten. Ohne HTML gäbe es keine Kästchen auf der Webseite, und CSS wäre arbeitslos. Ohne CSS wiederum gäbe es zwar Kästchen, aber die wären zumindest optisch einfach nur langweilig.

Editor und Browser im Alltag – per Tastatur hin- und herwechseln

Im Alltag hantieren Sie beim Webpublishing ständig mit mehreren Programmen, und am schnellsten geht es, wenn Sie per Tastatur zwischen diesen Programmen hin- und herwechseln. Wenn Sie Editor und Browser gleichzeitig geöffnet und in beiden dieselbe Webseite aufgerufen haben, geht das zum Beispiel wie folgt:

▸ `Strg` + `S` : speichern der Seite im Editor (*S* wie speichern)

▸ `Alt` + `⇆` : in den Browser wechseln (eventuell mehrfach drücken)

▸ `Strg` + `R` : aktualisieren der Seite im Browser (*R* wie Reload). Alternative ist `F5`.

▸ `Alt` + `⇆` : zurück in den Editor wechseln

Auf einem Mac benutzen Sie statt der `Strg`- oder der `Alt`-Taste die `cmd`-Taste. Immer wenn Sie wissen wollen, ob eine Änderung im Editor wirklich funktioniert hat, sollten Sie die Seite speichern, in einen Browser wechseln und die Seite zum Testen neu laden.

2.4 Entwickler-Tools – HTML und CSS analysieren

Zum Abschluss dieses Kapitels möchte ich Ihnen noch kurz zeigen, wie Sie mit den Entwickler-Tools im Browser quasi unter die Motorhaube schauen können. Diese Entwickler-Tools gibt es in jedem modernen Browser, und damit können Sie zum Beispiel genau sehen, welches CSS der Browser für bestimmte HTML-Elemente verwendet. In diesem Abschnitt geht es nur um ein erstes Kennenlernen, aber im weiteren Verlauf des Buches werden die Entwickler-Tools häufiger eingesetzt und dabei Stück für Stück erklärt:

▸ Öffnen Sie *schnelldurchlauf.html* im Firefox (oder in Chrome).

▸ Klicken Sie im Browserfenster mit der rechten Maustaste auf das Element, das Sie untersuchen möchten, zum Beispiel auf die Überschrift.

▸ Wählen Sie im Kontextmenü den Befehl ELEMENT UNTERSUCHEN.

Daraufhin öffnet sich in der unteren Hälfte des Browserfensters ein neuer Bereich mit den Entwickler-Tools. Im INSPEKTOR sehen Sie links die HTML-Struktur der Webseite und rechts das CSS für das im HTML-Baum ausgewählte Element (Abbildung 2.5).

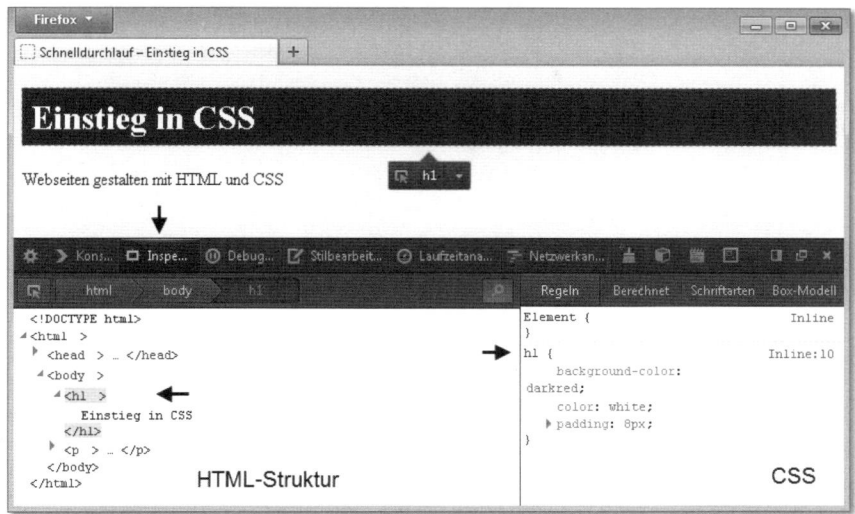

Abbildung 2.5 Der Firefox-Inspektor zeigt das CSS für die Überschrift an.

Wenn Sie in der linken Hälfte des Inspektors mit dem Mauszeiger auf ein Element klicken, wird das Element auf der Webseite hervorgehoben und in der rechten Hälfte das zur Gestaltung verwendete CSS angezeigt. Probieren Sie es aus. Die in modernen Browsern enthaltenen Entwickler-Tools sind eine unentbehrliche Hilfe bei der Arbeit mit HTML und CSS, und zum Kennenlernen sollten Sie sie zwischendurch ruhig immer mal wieder aufrufen und damit experimentieren.

2.5 Auf einen Blick

Hier sind noch einmal die wichtigsten Punkte des Schnelldurchlaufs im Überblick:

▶ Webseiten bestehen aus rechteckigen Kästchen, die übereinander-, nebeneinander- und ineinandergestapelt werden.

▶ HTML ist der Maurer, erstellt die rechteckigen Kästchen und füllt sie mit Inhalt.

▶ CSS ist der Stylist, gestaltet die von HTML erzeugten rechteckigen Kästchen und den Inhalt darin.

▶ Die Entwickler-Tools in modernen Browsern sind eine unentbehrliche Hilfe beim Kennenlernen von HTML und CSS.

TEIL II

HTML-Crashkurs –
Kästchen erstellen

Kapitel 3
Das HTML-Grundgerüst

Worin man erfährt, dass HTML dem Etikettenkleben dient und ein solides Grundgerüst das Skelett einer jeden Webseite bildet.

Die Themen im Überblick:

- »HTML – Hyperlinks erstellen und ›Etiketten kleben‹«, Seite 53
- »Das HTML-Grundgerüst ist das Skelett einer Webseite«, Seite 55
- »Die Dokumenttyp-Definition – <!DOCTYPE html>«, Seite 57
- »Das Stammelement <html>«, Seite 58
- »Informationen über die Webseite – <head>«, Seite 58
- »Der Inhalt der Webseite – <body>«, Seite 61
- »HTML-Elemente im Quelltext – Anfangs-Tag, Inhalt und Ende-Tag«, Seite 61
- »Auf einen Blick«, Seite 62

Jede der Milliarden von Webseiten dort draußen ist in einer Sprache namens HTML geschrieben; und jeder, der Sie glauben machen möchte, dass man gute Webseiten schreiben kann, ohne zu wissen, wie HTML funktioniert, stellt eine zumindest gewagte Behauptung auf.

HTML ist eine vergleichsweise einfache Sprache und wird vielleicht gerade deshalb oft nicht ernst genommen. Wenn die Kästchen in HTML aber nicht sauber gebaut sind, führt das beim Gestalten mit CSS unter Umständen zu großen Problemen. Anders ausgedrückt: Die Gestaltung von Webseiten beginnt mit soliden HTML-Grundkenntnissen, und die lernen Sie in den folgenden Kapiteln.

3.1 HTML – Hyperlinks erstellen und »Etiketten kleben«

HTML steht für H*yper*T*ext* M*arkup* L*anguage* (engl. für »Sprache zur Markierung von Hypertext«). Diese Übersetzung stimmt zwar, ist aber nicht sehr aussagekräftig, und deshalb folgt zunächst eine etwas genauere Beschreibung dieser Abkürzung.

3.1.1   HT wie Hypertext – Text mit Hyperlinks

Hypertext ist Text mit automatischen Querverweisen, die wir im Alltag *Hyperlinks* oder kürzer einfach nur *Links* nennen. Das World Wide Web besteht aus Milliarden von Webseiten, die durch Hyperlinks miteinander verbunden sind. Durch diese Verbindungen entsteht ein fein gesponnenes Gewebe von Webseiten, oder etwas prosaischer ausgedrückt:

> *Hyperlinks sind die Fäden, mit denen das weltweite Gewebe gesponnen wird.*

Das *HT* in *HT*ML besagt schlicht und einfach, dass Sie mit der Sprache unter anderem Hyperlinks erstellen können.

3.1.2   M wie Markup – Etiketten kleben

Markup wird häufig als »Auszeichnung« übersetzt, was aber nichts mit der Anerkennung besonderer Verdienste zu tun hat. Das können Sie sich eher wie in einem Supermarkt vorstellen:

▶ Ware *auszeichnen* bedeutet soviel wie »Etiketten an die Ware kleben«.

▶ Mit HTML kleben Sie bildlich gesprochen Etiketten in den Text einer Webseite.

Die HTML-Etiketten heißen »Tags« (*tähgs* gesprochen, engl. für Etikett, Aufkleber) und stehen in spitzen Klammern:

```
<p>Webseiten gestalten mit HTML und CSS.</p>
```

Der Browser weiß durch die Tags `<p>` und `</p>`, dass der Text dazwischen ein ganz normaler Fließtextabsatz ist. Mehr zum Begriff *Tags* erfahren Sie am Ende dieses Kapitels in Abschnitt 3.7.

3.1.3   L wie Language – Vokabeln und Grammatikregeln

HTML ist eine Sprache, und dementsprechend gibt es Vokabeln und Grammatikregeln. Tags, Elemente, Attribute und Grammatikregeln – alles muss gelernt und zum Teil penibel umgesetzt werden. Dieses Buch enthält keine vollständige Referenz, aber die wichtigsten Regeln und HTML-Elemente werden Sie so nach und nach kennenlernen.

Links zu englischen und deutschen HTML-Referenzen mit allen Elementen und mehr Syntaxspitzfindigkeiten, als Sie wahrscheinlich jemals wissen wollten, finden Sie in Abschnitt 25.6.

3.1.4   Missverständnisse zu HTML

Die folgenden zwei Missverständnisse zu HTML sind so weit verbreitet, dass sie hier kurz korrigiert werden sollen:

▶ **HTML ist keine Programmiersprache** und wird dementsprechend auch nicht programmiert, sondern schlicht und einfach *geschrieben*. HTML zu schreiben kommt besonders Einsteigern oft vor, als würden sie programmieren, weil man sehr genau sein muss und es auf jedes Zeichen ankommt – aber das ist bei Diktaten ebenso, und die werden auch geschrieben und nicht programmiert.

▶ **HTML dient nicht dem Gestalten** von Webseiten. »Gestalten mit HTML ist wie Malen mit Handschellen« – dieser Satz gilt heute genau wie vor 15 Jahren. Der Grund dafür ist, dass HTML nicht zum Gestalten gedacht ist. HTML strukturiert eine Webseite, zum Gestalten gibt es CSS. Diese strikte Aufgabentrennung eröffnet später ungeahnte Möglichkeiten.

HTML wird also nicht programmiert, sondern einfach nur geschrieben, und es dient nicht dem Gestalten, sondern dem Strukturieren von Text.

3.2   Das HTML-Grundgerüst ist das Skelett einer Webseite

Der Quelltext einer jeden Webseite lässt sich grob in vier Abschnitte aufteilen:

1. In der allerersten Zeile des Quelltextes steht der DOCTYPE.
2. Das Stammelement html umschließt den head und den body.
3. head zeigt Informationen über die Webseite und Elemente wie title und meta.
4. body enthält den Inhalt, der im Browserfenster dargestellt wird.

Diese Einzelteile bilden zusammen das HTML-Grundgerüst, das einer Webseite wie ein Skelett eine unsichtbare Struktur gibt und sie zusammenhält.

3.2.1   Eine gute Angewohnheit – <!-- Kommentare -->

Bevor es gleich mit dem Grundgerüst losgeht, noch ein kurzer Exkurs: Es ist eine gute Angewohnheit, den Quelltext mit Kommentaren zu versehen, damit Sie selbst auch nach einiger Zeit noch nachvollziehen können, was Sie sich bei bestimmten Quelltextpassagen gedacht haben. Ein HTML-Kommentar beginnt mit <!-- (kleiner als – Ausrufezeichen – zwei Bindestriche), hört mit --> (zwei Bindestriche – größer als) auf und ist im Browserfenster nicht zu sehen.

Hier ein Beispiel:

```
<!-- Dieser Text muss noch überarbeitet werden. -->
```

Wenn der Browser die Zeichenfolge `<!--` sieht, weiß er, dass der Text bis zur Zeichenfolge `-->` ein Kommentar ist und nicht im Browserfenster dargestellt werden soll.

Kommentare bleiben im Quelltext sichtbar

Denken Sie beim Verfassen der Kommentare daran, dass sie zwar nicht im Browserfenster erscheinen, aber doch im Quelltext stehen. Dort kann jeder Besucher sie lesen, wenn er will.

3.2.2   Ein Grundgerüst für eine Webseite erstellen

Im folgenden To-do erstellen Sie ein einfaches Grundgerüst und speichern es in einer Datei, die Sie als Vorlage für neue Webseiten benutzen können.

ToDo: Ein HTML-Grundgerüst erstellen

1. Starten Sie Ihren Lieblingseditor, und erstellen Sie eine leere Datei.
2. Speichern Sie die Datei unter dem Namen *vorlage.html* in Ihrem Übungsordner.
3. Erstellen Sie das folgende HTML-Grundgerüst. Die Kommentare dienen nur der Erläuterung und müssen nicht mit abgetippt werden:

```
<!DOCTYPE html>
<html lang="de">

<head> <!-- Im Head stehen Informationen über die Webseite -->
  <meta charset="utf-8">
  <title>HTML-Grundgerüst - Vorlage</title>
  <meta name="description" content="Beschreibung der Webseite">
</head>

<body>
<!-- Der body erscheint im Browserfenster -->
</body>
</html>
```

4. Speichern Sie die Datei.

Im Browser sehen Sie von diesem Grundgerüst (fast) nichts. Nur in der Titelleiste oder im Tab steht der Titel »HTML-Grundgerüst – Vorlage«. In den folgenden Abschnitten werden die einzelnen Bestandteile dieses Grundgerüsts genauer erklärt.

> **Quelltext ordentlich schreiben**
>
> Für uns Menschen empfiehlt es sich, den Quelltext möglichst übersichtlich über mehrere Zeilen zu verteilen und zum Beispiel hierarchische Abhängigkeiten mit Einrückungen zu verdeutlichen. Unübersichtlich wird der Quelltext später ganz von allein.
>
> Dem Browser hingegen ist das egal. Für ihn könnte der gesamte Quelltext in einer einzigen Zeile stehen. *Whitespace* wie Leerstellen, Tabstopps und Zeilenumbrüche ignoriert er einfach, ihn interessieren nur die *Tags*.

3.3   Die Dokumenttyp-Definition – <!DOCTYPE html>

Die Dokumenttyp-Definition, kurz DOCTYPE genannt, muss in der allerersten Zeile des Quelltextes stehen:

```
<!DOCTYPE html>
```

Groß- und Kleinschreibung spielt genau genommen keine Rolle, aber die gezeigte Variante mit einem großen DOCTYPE und einem kleinen html ist am weitesten verbreitet.

Die wichtigste Aufgabe des DOCTYPE ist es, den Browser in den standardkonformen Modus zu versetzen. Mit einem nicht korrekten DOCTYPE gehen einige Browser in den sogenannten *Quirks-Modus* (»Pfuschmodus«), wodurch die Gestaltung einer Webseite per CSS unberechenbar werden kann. Achten Sie also darauf, dass in der allerersten Zeile des Quelltextes ein korrekter DOCTYPE steht.

Falls Sie sich schon mal mit HTML beschäftigt haben, kommt Ihnen der hier vorgestellte DOCTYPE vielleicht ein bisschen kurz vor. In früheren HTML-Versionen hatte der DOCTYPE eine eher unübersichtliche Syntax, und es gab ihn außerdem noch in mehreren Geschmacksrichtungen, wie *Transitional* und *Strict*. Darüber müssen Sie sich heute beim Lernen von HTML keine Gedanken mehr machen.

Draußen im Web gibt es noch Milliarden Webseiten mit diesen alten DOCTYPEs, und für bereits vorhandene Webseiten muss nichts geändert werden. Die alten DOCTYPEs sind gut und funktionieren. Aber für neue Seiten gibt es keinen Grund, nicht den neuen DOCTYPE zu verwenden. Er hat keinerlei Nachteile, und die Browser verstehen ihn. Alle.

3.4   Das Stammelement `<html>`

Mit `html` folgt das bereits im DOCTYPE angekündigte Stammelement, von dem alle Elemente einer Webseite abstammen. `html` erstellt eine (unsichtbare) Kiste, in der `head` und `body` und alle anderen Elemente enthalten sind. Direkt nach dem DOCTYPE steht das Anfangs-Tag `<html>`, in dem noch die Sprache der Webseite angegeben wird, und ganz am Ende in der letzten Zeile steht das Ende-Tag `</html>`:

```
<html lang="de"> ... </html>
```

Das Attribut `lang` (kurz für *language*) gibt die Sprache an, in der die Webseite geschrieben ist (de = deutsch). `lang` ist ein sogenanntes *globales Attribut*, kann also in fast allen HTML-Elementen benutzt werden.

In früheren HTML-Versionen war für das Stammelement manchmal die Definition eines sogenannten XML-Namensraums erforderlich. Da sowieso kaum jemand wirklich verstanden hat, wozu das gut sein sollte, hat man in HTML5 beschlossen, es einfach wegzulassen, sehr praktisch.

> **`<html>` – Wurzel- oder Stammelement?**
>
> In vielen deutschsprachigen HTML-Dokumentationen wird `html` übrigens auch als *Wurzelelement* bezeichnet, was eine wörtliche Übersetzung des englischen »root« ist. Ich bevorzuge die Bezeichnung *Stammelement*, denn alle HTML-Elemente einer Webseite stammen direkt oder indirekt von `html` ab.

3.5   Informationen über die Webseite – `<head>`

Zwischen `<head>` und `</head>` steht eine Art Vorspann für die Webseite, der zwar nicht im Textfenster des Browsers erscheint, aber wichtige Informationen über das Dokument selbst enthält, die von Browsern oder Suchmaschinen ausgewertet werden. Die vorläufig wichtigsten Elemente im Kopfbereich sind `title` und `meta`.

3.5.1   Die Angabe des Zeichensatzes – `<meta charset="utf-8">`

Das erste `meta`-Element folgt direkt nach dem öffnenden `<head>`-Tag und sagt dem Browser, dass er zur Darstellung der Webseite den Zeichensatz UTF-8 benutzen soll:

```
<meta charset="utf-8">
```

Die Datei muss in Ihrem Editor natürlich auch tatsächlich mit dem hier angegebenen Zeichensatz gespeichert worden sein. Wenn Ihnen das Wort »Zeichensatz« nicht so viel sagt, finden Sie in Abschnitt 5.5 eine kurze Einführung in das Thema.

3.5.2   Der Name der Seite – <title>

title ist wahrscheinlich das am meisten unterschätzte HTML-Element. Es enthält einen kurzen Text, der an verschiedenen Stellen wieder auftaucht:

▶ als Beschreibung in den Registerkarten (Tabs) im Browserfenster

▶ in den Ausklapplisten der Vor- und Zurück-Buttons. Um diese Listen zu sehen, klicken Sie auf die Buttons und halten die Maustaste gedrückt.

▶ als Namensvorschlag für *Favoriten* bzw. *Lesezeichen* (Bookmarks)

▶ in den Ergebnislisten der Suchmaschinen als optisch hervorgehobener Link

Ein guter Titel ist kurz und beschreibt den Inhalt der Webseite, wenn man diese nicht sieht. *Startseite – Little Boxes (Webseiten gestalten mit HTML und CSS)* ist zum Beispiel informativer als ein einfaches *Willkommen* oder gar ein *Unbenanntes Dokument*.

Abbildung 3.1 zeigt die Ergebnisliste einer Suchmaschine. Die blaue, anklickbare erste Zeile eines Treffers ist der <title> der Webseite. Wenn Sie also nach einem guten Titel suchen, stellen Sie sich in Gedanken die Webseite in der Ergebnisliste einer Suchmaschine vor und überlegen, was hier groß und blau erscheinen soll.

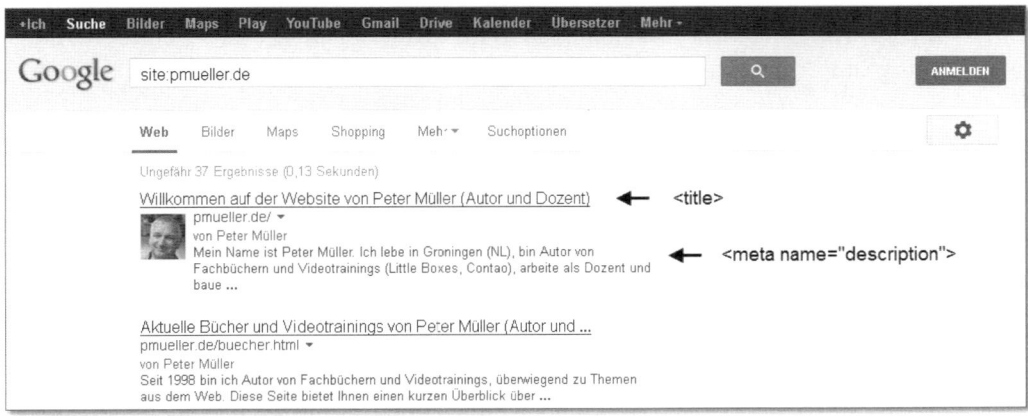

Abbildung 3.1 <title> und <meta name="description"> bei Google

3.5.3   Die Beschreibung für Suchmaschinen – <meta name="description">

Im head des Quelltextes können Sie neben dem Zeichensatz und einem aussagekräftigen title noch eine sehr nützliche meta-Angabe für Suchmaschinen und deren Robots machen:

```
<meta name="description" content="...">
```

Dieses Element enthält eine kurze Beschreibung des Inhalts der Webseite, die von vielen Suchmaschinen in der Trefferliste für den kurzen beschreibenden Text verwendet wird (siehe Abbildung 3.1).

Die genauen Empfehlungen für den beschreibenden Text variieren je nach Quelle, aber es sollten ungefähr zwei bis drei ganze Sätze mit einer Gesamtlänge zwischen 80 und 150 Zeichen sein. Sie sollten hier also keine Romane schreiben und möglichst die für diese Seite relevanten Suchbegriffe benutzen. Machen Sie Werbung für die Seite, kurz und knackig. Dazu ist dieses Element da.

Seiten, Sites und »meta«-Elemente

Im Deutschen werden die Begriffe *Webseite* und *Website* bzw. deren Kurzformen *Seite* und *Site* oft verwechselt oder durcheinander gebraucht.

Eine *Webseite* (mit sanftem S) ist ein einzelnes Dokument, eine *Website* (mit scharfem S) bezeichnet hingegen eine Menge von zusammengehörigen Seiten. Eine *Site* besteht also aus *Seiten*.

Die Elemente im head gelten immer nur für die Seite, auf der sie stehen, nicht für die ganze Site.

3.5.4   Weitere »meta«-Elemente

Mit einem weiteren meta-Element können Sie den Suchmaschinen sagen, ob und wie sie eine Seite indizieren sollen:

```
<meta name="robots" content="index,follow">
```

Damit erlauben Sie den Suchmaschinenrobots explizit, diese Seite zu indizieren und allen Links zu folgen. Das ist zwar nicht wirklich nötig, da ein wohlerzogener Robot das sowieso tut, aber es gibt auch noch die Werte noindex und nofollow.

So bedeutet noindex, nofollow zum Beispiel »Diese Seite nicht indizieren und auch keinen Links folgen«. Für eine Seite mit einem Kontaktformular wäre das durchaus adäquat. Eine gemischte Angabe wie index,nofollow geht natürlich auch.

Und was ist mit `<meta name="keywords" content="...">`? Irgendwie hat sich die Gewohnheit, gewünschte Suchbegriffe als *keywords* im head-Bereich zu speichern, aus den späten 1990er Jahren in dieses Jahrtausend gerettet.

Es schadet zwar nicht, mit diesem `meta`-Element die wichtigsten Stichwörter zum Inhalt der Webseite aufzulisten, aber für die Suchmaschinen können Sie sich die Mühe sparen. Diese sind dazu übergegangen, die *meta-keywords* schlicht und einfach zu ignorieren. Wichtiger ist, dass die Suchbegriffe an den richtigen Stellen auf der Seite auftauchen. Im `title` der Seite zum Beispiel, und in Überschriften und Hyperlinks.

3.6   Der Inhalt der Webseite – `<body>`

Nach dem Kopf folgt der (Text-)Körper, auf Englisch *body*. Fast alles, was zwischen `<body>` und `</body>` steht, wird später als sichtbare Webseite im Browserfenster dargestellt.

Im Moment gibt es zum Element `body` noch nicht so viel zu sagen, aber ab dem nächsten Kapitel werden Sie die meiste Zeit mit dem Erstellen und Gestalten von HTML-Elementen zwischen `<body>` und `</body>` zubringen.

3.7   HTML-Elemente im Quelltext – Anfangs-Tag, Inhalt und Ende-Tag

Die Namen der HTML-Elemente sind Abkürzungen für einen englischen Begriff. Wie Sie bereits gesehen haben, wird ein normaler Fließtextabsatz im Quelltext mit dem Tag `<p>` begonnen und mit dem Tag `</p>` beendet. Das HTML-Element selbst heißt `p`, kurz für *paragraph*, auf Deutsch *Absatz*.

Fast alle HTML-Elemente haben solche Anfangs- und Ende-Tags. Dabei unterscheidet sich das Ende-Tag vom Anfangs-Tag durch einen vorangestellten Schrägstrich:

```
<p>Dieser Text ist ein Absatz.</p>
```

Das Anfangs-Tag `<p>` heißt für den Browser: »Hier beginnt ein Absatz«, das Ende-Tag `</p>` dementsprechend: »Hier ist ein Absatz zu Ende«. Da die Begriffe *Element* und *Tag* ständig zu mittelschweren Verwirrungszuständen führen, zeigt Abbildung 3.2 ein Beispiel.

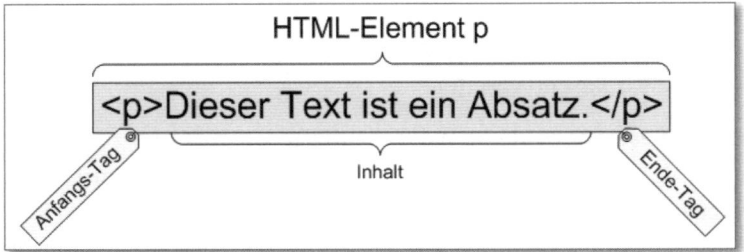

Abbildung 3.2 Schematischer Aufbau eines HTML-Elements im Quelltext

Ein HTML-Element besteht im Quelltext aus drei Teilen. Im Beispiel sind das:

▶ das *Anfangs-Tag* in spitzen Klammern: `<p>`

▶ der *Inhalt*: `Dieser Text ist ein Absatz.`

▶ das *Ende-Tag* ebenfalls in spitzen Klammern: `</p>`

Alle drei Teile zusammen heißen *HTML-Element*, und HTML-Elemente werden im Browserfenster immer als rechteckige Kästchen dargestellt. Alle Texte und Grafiken einer Webseite liegen in solchen Kästchen, ohne Ausnahme. Man könnte so ein Kästchen auch *Container* nennen. Auf Englisch heißt es *box*. Eine Webseite besteht also wie erwähnt buchstäblich aus *lauter little boxes*.

3.8   Auf einen Blick

Hier sind noch einmal die wichtigsten Punkte dieses Kapitels im Überblick:

▶ HTML ist eine »Hypertext-Etiketten-drankleben-Sprache«. Es ist keine Programmiersprache und dient nicht dem Gestalten.

▶ Jede Webseite hat ein HTML-Grundgerüst, das aus folgenden Teilen besteht:

 1. dem `DOCTYPE` in der ersten Zeile des Quelltextes

 2. dem Stammelement `html`

 3. dem Vorspann `head` mit `title` und `meta`-Element(en)

 4. dem Inhalt `body`, der im Browserfenster dargestellt wird

▶ Einige wissenswerte Details zu HTML-Elementen sind:

 – Die Namen der HTML-Elemente stammen aus dem Englischen.

 – Fast alle HTML-Elemente haben im Quelltext ein Anfangs- und ein Ende-Tag (*tähg* gesprochen).

 – Ein HTML-Element besteht im Quelltext aus *Anfangs-Tag*, *Inhalt* und *Ende-Tag*.

Kapitel 4
HTML-Elemente für Überschriften, Text und Listen

Worin Sie die wichtigsten HTML-Elemente kennenlernen. Sie teilen die Webseite zunächst in Layoutbereiche ein und beginnen dann mit der Erstellung eines sinnvoll strukturierten HTML-Dokuments mit Überschriften, Fließtext und Listen.

Die Themen im Überblick:

- ▶ »Das Grundgerüst für die Startseite erstellen«, Seite 64
- ▶ »Die Seite in Layoutbereiche einteilen – ›div‹«, Seite 65
- ▶ »Überschriften – ›h1‹ bis ›h6‹«, Seite 68
- ▶ »Fließtext – Absätze und Hervorhebungen«, Seite 70
- ▶ »Über Block- und Inline-Elemente«, Seite 72
- ▶ »Listen – Aufzählungen und Nummerierungen«, Seite 74
- ▶ »Verschachtelte Listen«, Seite 76
- ▶ »Jeder Browser hat ein eingebautes Stylesheet«, Seite 78
- ▶ »Auf einen Blick«, Seite 79

HTML ist im Vergleich zu Englisch, Deutsch oder Swahili eine recht einfache Sprache. Es gibt nur etwa 100 verschiedene Elemente, und in diesem und dem nächsten Kapitel lernen Sie die wichtigsten davon kennen. Sinnvolles, korrektes HTML ist das Fundament einer jeden Webseite.

In diesem Kapitel beginnen Sie mit der Erstellung der Startseite für die kleine Beispielsite, die Sie im Laufe der nächsten Kapitel nach und nach vervollständigen.

Beispielseiten herunterladen

Auf *pmueller.de* können Sie die Beispieldateien für dieses Buch herunterladen. Nach dem Entpacken des ZIP-Archivs finden Sie für (fast) jedes Kapitel einen Ordner, in dem es (fast) immer die Unterordner *basis* und *fertig* gibt. Der Ordner *basis* enthält

---

die Übungsdateien, wie sie am Anfang des Kapitels benötigt werden. Im Ordner *fertig* liegen die fertigen Übungsdateien so, wie sie am Ende des Kapitels (nach allen ToDos) sein sollten. So können Sie buchstäblich bei jedem Kapitel einsteigen und sofort loslegen.

4.1 Das Grundgerüst für die Startseite erstellen

Los geht es mit dem Grundgerüst für die Startseite der Beispielsite, die Sie in den folgenden Kapiteln Schritt für Schritt weiter entwickeln. Da eine Webseite wie gesehen aus lauter *little boxes* besteht, trägt die Beispielsite den schönen Titel »Little Boxes«.

ToDo: Das Grundgerüst für die Startseite erstellen

1. Erstellen Sie einen neuen Ordner, und nennen Sie ihn zum Beispiel *littleboxes*. In diesem Ordner speichern Sie alle Dateien für die kleine Beispielsite, die Sie in den folgenden Kapiteln erstellen.

2. Kopieren Sie die Datei *vorlage.html* in den neu erstellten Ordner *littleboxes*.

3. Benennen Sie die kopierte Datei um in *index.html*. Das ist der Standardname für die Startseite einer Website.

4. Öffnen Sie die Datei *index.html* im Editor.

5. Ändern Sie das Grundgerüst für die Startseite wie folgt. Die Zeilenumbrüche bei Titel und Beschreibung der Seite müssen nicht genauso sein wie hier im ToDo:

   ```html
   <!DOCTYPE html>
   <html lang="de">

   <head>
     <meta charset="utf-8">
     <title>Startseite - Little Boxes (Webseiten gestalten mit HTML und
   CSS)</title>
     <meta name="description" content="Little Boxes führt Sie durch das
   Labyrinth von HTML und CSS, von den ersten Schritten bis zur
   professionell gestalteten Webseite.">
   </head>

   <body>
   <!-- Der body erscheint im Browserfenster -->
   </body>
   </html>
   ```

6. Speichern Sie die Datei.

4.2   Die Seite in Layoutbereiche einteilen – »div«

div ist ein HTML-Element, mit dem man andere Elemente wie Absätze, Listen und Grafiken, die inhaltlich zusammengehören, zu einem gemeinsamen Bereich (*div* = *division* = *Bereich*) zusammenfassen kann.

Anders ausgedrückt: div ist ein Container, eine Kiste, eine Box, in der mehrere andere Kisten aufbewahrt werden können, um sie zum Beispiel später per CSS gemeinsam gestalten zu können. Das ist bei der täglichen Arbeit am Quelltext oft sehr praktisch.

4.2.1   Vier Bereiche: Kopfbereich, Navigation, Inhalt und Fußbereich

Fast alle Webseiten haben einen Kopfbereich mit einem Logo, einen Bereich für die Navigationselemente, einen Bereich für den Inhalt und einen Fußbereich. Die folgende Minimalausstattung entspricht diesem Prinzip und hat sich als Grundlage für einfache Layouts bewährt:

- ▶ Kopfbereich mit Logo und Slogan
- ▶ Navigationsbereich mit Navigationselementen
- ▶ Textbereich mit Text und Grafiken
- ▶ Fußbereich mit Platz für zum Beispiel Adresse, Copyright, Impressum usw.

Um die Bereiche im Quelltext voneinander unterscheiden zu können, erhalten sie mit dem Attribut id einen eindeutigen Namen, der auf jeder Seite nur einmal vorkommen darf.

Im HTML sieht das so aus:

- ▶ Kopfbereich: `<div id="kopfbereich"> </div>`
- ▶ Navigation: `<div id="navibereich"> </div>`
- ▶ Textbereich: `<div id="textbereich"> </div>`
- ▶ Fußbereich: `<div id="fussbereich"> </div>`

Die Einteilung in diese Bereiche ist die Grundlage für viele einfache Layouts mit ein oder zwei Spalten. Bei komplexeren Layouts ist unter Umständen eine andere Aufteilung mit mehr DIVs sinnvoll, aber zunächst einmal leisten diese vier Bereiche gute Dienste.

In HTML5 gibt es für die Layoutbereiche neue Elemente

In HTML5 gibt es neue strukturelle Elemente wie header, nav, main und footer, die die in diesem Kapitel vorgestellten div-Elemente mit einer ID für Kopfbereich, Navigation, Inhaltsbereich und Fußbereich ersetzen.

Ältere Browser wie der IE7 und IE8 verstehen diese neuen Elemente aber nur mit ein bisschen Nachhilfe per JavaScript, so dass ich in dieser Einführung erst einmal bei den altbewährten div-Elementen bleibe, die *alle* Browser problemlos verstehen.

In Abschnitt 24.3 werden die neuen HTML5-Elemente kurz vorgestellt, inklusive Nachhilfe per JavaScript.

4.2.2   Der Schutzumschlag – <div id="wrapper">

Viele Bücher haben einen Schutzumschlag, also einen zusätzlichen Umschlag um den festen Einband, der die Aufgabe hat, diesen zu schützen (und der sich einfach und billig bedrucken lässt). Ein solcher Schutzumschlag ist auch auf Ihrer Webseite sehr sinnvoll: ein Bereich, der alle anderen Bereiche umfasst.

Dieser Bereich hat inhaltlich keine Bedeutung und ist im Grunde eine Dopplung von body, erweist sich aber beim Layouten mit CSS als sehr praktisch. Er wird auf vielen Webseiten *wrapper* genannt (»Räpper« gesprochen), was auf Deutsch soviel wie »Schutzumschlag« heißt. Der Name *wrapper* ist aber nicht wirklich wichtig, und Sie könnten den Bereich genauso gut »container«, »allumfassend«, »drumherum«, »page« oder so nennen.

4.2.3   Die Layoutbereiche mit »div« erstellen

Die folgenden Bereiche erstellen Sie gleich zu Anfang im body der Webseite.

ToDo: Die Webseite mit »div« in Bereiche einteilen

1.   Öffnen Sie die Startseite *index.html*.
2.   Fügen Sie den fett gedruckten Quelltext für die Layoutbereiche hinzu:

```
<body>
<div id="wrapper">

<div id="kopfbereich">
```

```
    </div> <!-- Ende kopfbereich -->
    <div id="navibereich">

    </div> <!-- Ende navibereich -->

    <div id="textbereich">

    </div> <!-- Ende textbereich -->

    <div id="fussbereich">

    </div> <!-- Ende fussbereich -->

    </div> <!-- Ende wrapper -->
    </body>
```

3. Speichern Sie die Seite.

Bei der Darstellung im Browserfenster hat sich dadurch zwar noch nichts geändert, aber die Bereiche und die mit id vergebenen Namen sind bei der Gestaltung per CSS wichtig.

Die Kommentare nach jedem </div> wirken momentan vielleicht etwas übertrieben, helfen aber später, wenn Anfangs- und Ende-Tag etwas weiter auseinanderstehen, die Übersicht zu behalten.

4.2.4   Visuell – schematische Darstellung der »div«-Bereiche

Mit den div-Elementen erzeugen Sie rechteckige Kästchen auf der Webseite, in denen andere HTML-Elemente wie zum Beispiel Überschriften und Absätze später aufbewahrt werden.

Schematisch dargestellt, sehen die eben erstellten Layoutbereiche so aus wie in Abbildung 4.1. Dabei sieht man auch, dass der Wrapper im Grunde nur eine Dopplung von body ist.

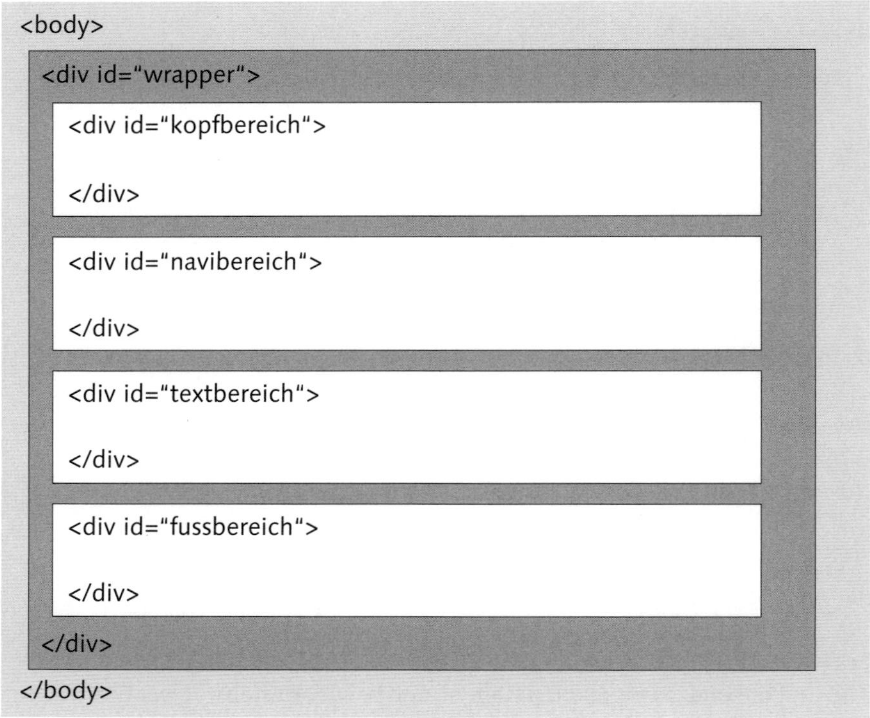

```
<body>
  <div id="wrapper">
    <div id="kopfbereich">

    </div>

    <div id="navibereich">

    </div>

    <div id="textbereich">

    </div>

    <div id="fussbereich">

    </div>
  </div>
</body>
```

Abbildung 4.1 Schematische Darstellung der Layoutbereiche

4.3   Überschriften – »h1« bis »h6«

Webseiten werden nach der Anzeige im Browserfenster meist nicht konzentriert Wort für Wort gelesen, sondern auf der Suche nach Relevantem überflogen.

Durch den Einsatz von Überschriften, Absätzen und Listen lockern Sie die Webseite optisch auf und bieten dem Auge des Betrachters – bildlich gesprochen – beim Überfliegen des Textes Landeplätze an.

4.3.1   Benutzen Sie Überschriften

Auch wenn Sie im Deutschunterricht das Wort »Gliederung« nicht sonderlich anziehend fanden, sollten Sie auf Ihren Webseiten Überschriften einsetzen. Überschriften geben einer Webseite Struktur und machen den Text leichter lesbar.

Überschriften sind im Idealfall so geschrieben, dass der Leser den Inhalt der Webseite durch das Springen von Überschrift zu Überschrift erschließen kann. Ein Hörer kann seinem Screenreader zum Beispiel sagen, dass er nur die Überschriften einer Webseite vorlesen soll.

HTML kennt sechs verschiedene Elemente für Überschriften, von h1 bis h6. Das *h* steht für *heading* (Überschrift), die Zahl dahinter für die Gliederungsebene. *h2* bedeutet also nicht »die zweite Überschrift im Text«, sondern »eine Überschrift der zweiten Gliederungsebene«. Es kann auf einer Webseite durchaus mehrere h2-Überschriften geben.

4.3.2   Überschriftenebene nicht aufgrund der Schriftgröße wählen

In den meisten Browsern werden die unterschiedlichen Überschriftenebenen vom eingebauten Stylesheet durch verschieden große Schriftarten dargestellt. Widerstehen Sie aber der Versuchung, eine bestimmte Überschriftenebene aufgrund der Schriftgröße zu wählen, die Sie im Browser sehen:

▶ In HTML sagen Sie nur, dass der markierte Text eine Überschrift ist und welche Gliederungsebene sie hat.

▶ Das Aussehen einer Überschrift und damit auch deren Schriftgröße gestalten Sie später per CSS.

Im Klartext: Beginnen Sie Ihre Webseite nicht mit einem <h3>, nur weil Ihnen <h1> zu groß erscheint.

Alle Überschriften sind übrigens sogenannte *Blockelemente* (siehe Abschnitt 4.5): Sie werden automatisch so breit, wie es geht, und haben einen integrierten Zeilenumbruch.

ToDo: Eine Überschrift für die Webseite erstellen

1. Öffnen Sie gegebenenfalls die Startseite *index.html* im Editor.
2. Setzen Sie den Cursor in den Kopfbereich.
3. Ergänzen Sie das fett hervorgehobene h1-Element:
   ```
   <div id="kopfbereich">
   <h1>Little Boxes</h1>
   </div>
   ```
4. Speichern Sie die Seite, und betrachten Sie sie in einem Browser.

Nach diesem ToDo prangt der Text dick und fett im Browserfenster. Das ist nicht unbedingt hübsch, aber eine echte Überschrift.

4.4   Fließtext – Absätze und Hervorhebungen

Zwischen den Überschriften steht der Fließtext, und der besteht zu einem großen Teil aus Absätzen, Hervorhebungen und Listen.

4.4.1   Absätze – »p« wie »paragraph«

Das wahrscheinlich am häufigsten verwendete HTML-Element ist p, kurz für *paragraph*, auf Deutsch »Absatz«. Jeder normale Fließtextabsatz auf einer Webseite wird mit <p> eingeleitet und mit </p> beendet. Da der im ToDo erstellte Absatz nicht nur ein normaler Absatz, sondern quasi den Slogan für die Site darstellt, bekommt er noch eine entsprechende ID mit auf den Weg.

ToDo: Einen Fließtextabsatz erstellen

1. Ergänzen Sie auf der Beispielseite den fett gedruckten Absatz:

```
<div id="kopfbereich">
<h1>Little Boxes</h1>
<p id="slogan">Webseiten gestalten mit HTML und CSS. Grundlagen.</p>
</div>
```

2. Speichern Sie die Seite, und betrachten Sie sie in einem Browser.

Das HTML-Element p ist ein Blockelement und darf keine anderen Blockelemente enthalten, auch kein weiteres p.

Der Abstand zwischen den Überschriften und Absätzen

Die meisten Browser fügen vor und nach Überschriften und Absätzen einen Abstand hinzu, der im eingebauten Browser-Stylesheet definiert wird. Versuchen Sie momentan gar nicht erst, diesen zu entfernen. Im HTML geht das nicht, später im CSS ist das ganz einfach.

4.4.2   Text hervorheben – »strong« und »em«

Die Elemente strong und em sind zur inhaltlichen Hervorhebung von Text gedacht. Beide sind *Inline-Elemente* (siehe Abschnitt 4.5), werden also nur so breit wie der enthaltene Text und erzeugen keinen eigenen Zeilenumbruch:

▶ strong bedeutet »stark hervorheben« und wird in visuellen Browsern meist **fett** gedruckt.

▶ em hingegen steht für *emphasize*, auf Deutsch »betonen«. em wird meist *kursiv* dargestellt.

Als Faustregel benutzen Sie strong, um den Text bereits *vor* dem Lesen hervorzuheben, und em, wenn er erst *während* des Lesens auffallen soll.

ToDo: Text mit »strong« und »em« hervorheben

1. Überspringen Sie auf der Beispielseite den Navigationsbereich, und ergänzen Sie den **Textbereich** wie folgt:

```
<div id="textbereich">
<h2>Startseite</h2>

<p>Webseiten bestehen aus <strong>rechteckigen Kästchen</strong>, die
über-, neben- und ineinandergestapelt werden. Alles Runde ist
entweder Trick, Grafik oder beides.</p>

<p>Die folgenden Schritte zeigen den Weg vom Zusammenbauen der
<em>Kisten</em> bis zur fertig gestalteten <em>Webseite</em>:</p>

</div> <!-- Ende textbereich -->
```

2. Speichern Sie die Seite, und betrachten Sie sie im Browser.

4.4.3 HTML-Elemente verschachteln – zuerst geöffnet, zuletzt geschlossen

Beim Verschachteln von HTML-Elementen müssen Sie eine wichtige Grundregel beachten: Das zuerst geöffnete Element wird zuletzt geschlossen.

Hier ein Beispiel:

```
<p>Normal, <strong>fett, <em>fett und kursiv</em></strong>. Wieder normal.</p>
```

Die Elemente p, strong und em werden geöffnet und in *umgekehrter* Reihenfolge geschlossen. Die von den Elementen erzeugten Kästchen werden also wie russische Matroschka-Puppen ineinander verschachtelt: em steckt in strong, das wiederum in der p-Kiste sitzt. Grafisch dargestellt, sieht das so aus wie in Abbildung 4.2.

Abbildung 4.2 Verschachtelte Elemente – eine Kiste in einer Kiste in einer Kiste

Quelltext mit »View Source Chart« visualisieren

Beim Lernen von HTML hilft es vielen Einsteigern, sich den Quelltext wie in der obigen Abbildung mit Kästchen zu visualisieren. Genau das macht das Firefox-Add-on *View Source Chart* direkt im Browser, dessen Installation im Anhang über nützliche Werkzeuge in Abschnitt 25.2 beschrieben wird.

4.5 Über Block- und Inline-Elemente

Wie Sie bereits gesehen haben, gibt es verschiedene Arten von HTML-Elementen, die sich unterschiedlich verhalten. Die beiden wichtigsten sind Block- und Inline-Elemente.

4.5.1 Blockelemente werden so breit, wie es geht

Blockelemente ähneln Absatzformaten in Word:

▶ Der Kasten eines Blockelements wird automatisch so breit, wie es geht.

▶ Nachfolgende Elemente stehen unterhalb des Kastens in der nächsten Zeile.

Blockelemente enthalten normalen Text, Inline-Elemente und manchmal auch andere Blockelemente. Beispiele für Blockelemente sind die Überschriften h1 bis h6, Fließtextabsätze mit p sowie die Listenelemente ul, ol und li, die Sie gleich kennenlernen.

4.5.2 Inline-Elemente werden nur so breit wie ihr Inhalt

Inline-Elemente ähneln den Zeichenformaten aus Word:

▶ Der Kasten eines Inline-Elements wird nur so breit wie sein Inhalt.

▶ Nachfolgender Text fließt direkt nach dem Element weiter.

Inline-Elemente erzeugen keine neue Zeile und sind den Blockelementen untergeordnet. Sie dürfen normalen Text und andere Inline-Elemente enthalten, aber keine Blockelemente. Beispiele für Inline-Elemente sind strong und em sowie Hyperlinks (a) und Grafiken (img), die Sie im nächsten Kapitel kennenlernen.

4.5.3   Block- und Inline-Elemente sichtbar machen

In Abbildung 4.3 sind auf der Beispielseite die Konturen und die Namen der bisher vorhandenen Block- und Inline-Elemente mit Hilfe der *Web Developer Toolbar* sichtbar gemacht worden.

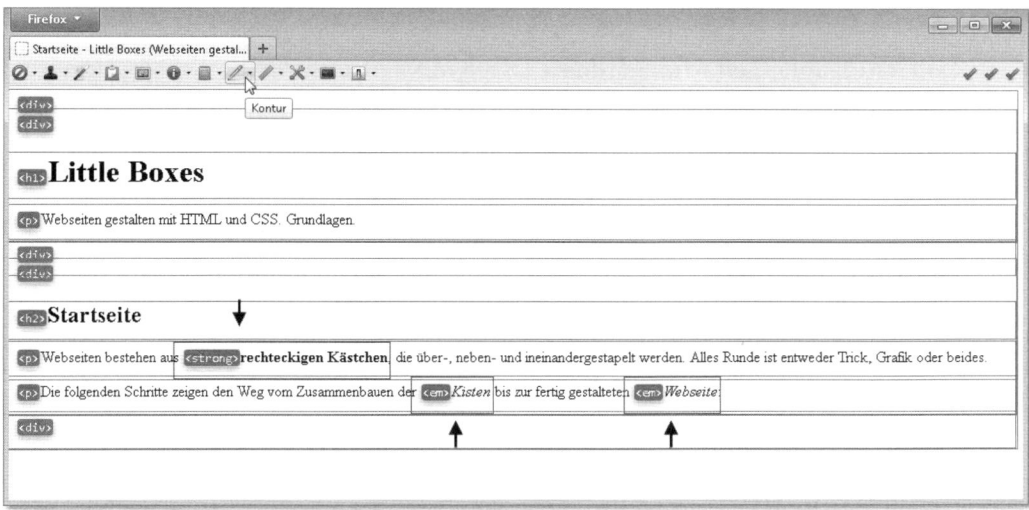

Abbildung 4.3 Block- und Inline-Elemente sichtbar machen

In der Abbildung sehen Sie sehr deutlich, dass Blockelemente bis an den Rand des Browserfensters reichen und so breit werden, wie es geht, dass die Inline-Elemente strong und em hingegen nur so breit werden wie ihr Inhalt.

Falls Sie die Abbildung in Ihrem Browser nachbauen möchten, benötigen Sie das Add-on *Web Developer*, das Sie bereits kennengelernt haben:

1. Aktivieren Sie, falls nicht schon geschehen, in der Symbolleiste des Web Developers im Menü KONTUR ganz unten die Option ELEMENTNAMEN ZEIGEN, WÄHREND DAS ELEMENT MIT KONTUR VERSEHEN WIRD.

2. Um Blockelemente hervorzuheben, wählen Sie im selben Menü ganz oben die Option BLOCK-LEVEL-ELEMENTE MIT KONTUR VERSEHEN.

3. Zur Hervorhebung der Inline-Elemente rufen Sie die Option EIGENE ELEMENTE MIT KONTUR VERSEHEN auf und tragen neben den gewünschten Farben die Namen der hervorzuhebenden Elemente (zum Beispiel strong oder em) ein.

4.6   Listen – Aufzählungen und Nummerierungen

Geordnete und ungeordnete Listen sind ein wichtiges Stilmittel zur Strukturierung von Text auf Webseiten, die nicht nur in Word *Aufzählung* bzw. *Nummerierung* genannt werden.

4.6.1   Aufzählungen – ungeordnete Listen mit »ul« und »li«

Eine Aufzählung besteht in HTML aus *zwei* Elementen:

▶ `<ul>` und `</ul>` kennzeichnen Beginn und Ende der Aufzählung.

▶ `<li>` und `</li>` markieren jedes Listenelement innerhalb der Aufzählung.

ul steht übrigens für *unordered list*, zu Deutsch »ungeordnete Liste«.

ToDo: Eine Aufzählung (ungeordnete Liste) erstellen

1. Erstellen Sie folgende ungeordnete Liste, und zwar *unterhalb* der bereits vorhandenen Absätze, aber noch *innerhalb* von #textbereich:

```
<ul>
    <li>So funktioniert HTML</li>
    <li>Wichtige HTML-Elemente</li>
    <li>Gestalten mit CSS</li>
</ul>
```

2. Speichern Sie die Seite, und betrachten Sie sie in einem Browser.

`<ul>` sagt dem Browser: »Hier beginnt eine ungeordnete Liste.« Zwischen `<li>` und `</li>` stehen dann die einzelnen Listenelemente, bevor die Liste mit `</ul>` beendet wird. Im Browserfenster sieht die Aufzählung so aus wie in Abbildung 4.4.

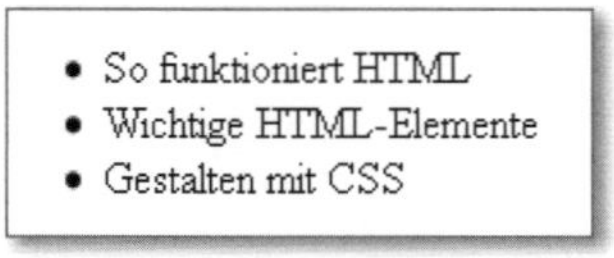

- So funktioniert HTML
- Wichtige HTML-Elemente
- Gestalten mit CSS

Abbildung 4.4 Eine ungeordnete Liste im Browserfenster

Beachten Sie, dass im HTML nichts über das zu verwendende Aufzählungszeichen steht. Der Quelltext sagt, dass der Text eine Aufzählung *ist*, aber nicht, wie sie *aussieht*. Das wird momentan dem eingebauten Stylesheet des Browsers überlassen.

Ungeordnete Listen als Grundlage für die Navigation

Ungeordnete Listen bilden oft die Grundlage für die Navigation einer Seite. Weiter hinten im Buch erstellen Sie eine solche Navigationsliste für die Beispielseiten, die dann unterschiedlich gestaltet wird.

4.6.2 Nummerierungen – geordnete Listen mit »ol« und »li«

Geordnete Listen (*Ordered lists*) sind besser bekannt als *Nummerierungen* und werden verwendet, wenn die Reihenfolge der Listenelemente zwingend so erforderlich ist, wie es in der Liste vorgegeben wird, was ja durch die Nummern davor ersichtlich wird.

Der Aufbau einer Nummerierung ist identisch mit ungeordneten Listen, lediglich das ul wird durch ol ersetzt:

```
<ol>
  <li>So funktioniert HTML</li>
  <li>Wichtige HTML-Elemente</li>
  <li>Gestalten mit CSS</li>
</ol>
```

Zwei Buchstaben geändert, und schon ist eine Aufzählung eine Nummerierung (Abbildung 4.5).

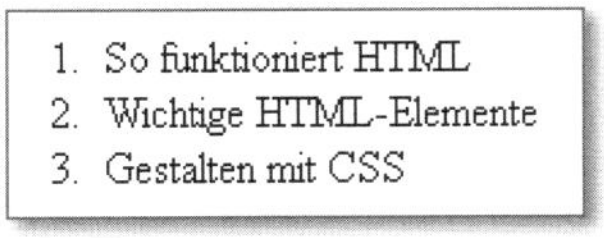

```
1. So funktioniert HTML
2. Wichtige HTML-Elemente
3. Gestalten mit CSS
```

Abbildung 4.5 Nummerierung im Browserfenster

Probieren Sie es einfach einmal aus, nehmen Sie für die Beispielseite aber die ungeordnete Liste, da diese inhaltlich besser passt.

Die Nummerierung mit den Attributen »start« und »type« kontrollieren

Sie können dem Element ol mit dem Attribut start einen anderen Startwert geben:

```
<ol start="5"> ... </ol>
```

In diesem Fall beginnt die Liste nicht mit 1, sondern mit, ja, genau, 5. Außerdem können Sie mit dem Attribut type die Art der Nummerierung beeinflussen:

```
<ol start="5" type="A"> ... </ol>
```

Eine solche Nummerierung würde mit E beginnen. Gültige Werte für `type` sind "1" oder "a" oder "A" oder "i" oder "I", so dass Sie auch eine römische Nummerierung machen können. Mit `<li value="...">` können Sie innerhalb einer Nummerierung bei Bedarf sogar bestimmte Aufzählungspunkte auslassen.

4.7   Verschachtelte Listen

Listen können ineinander verschachtelt werden, und dabei sind im HTML ein paar Dinge zu beachten, die vielleicht nicht ganz selbstverständlich sind.

4.7.1   Eine verschachtelte Liste erstellen

Achten Sie im folgenden ToDo darauf, dass das `<li>` am Anfang des zweiten Listenelements, »Wichtige HTML-Elemente«, erst einige Zeilen tiefer geschlossen wird, und zwar *nach* Beendigung der verschachtelten, inneren Liste. Dieser Aufbau ist zwar logisch, denn die innere Liste ist ja ein Teil dieses Listenelements, aber nicht unbedingt intuitiv. Es scheint irgendwie ungewohnt, und viele HTML-Autoren schließen das Listenelement bereits *vor* der inneren Liste, aber das ist und bleibt falsch.

ToDo: Erstellen Sie eine verschachtelte Liste

1. Ergänzen Sie die Liste auf der Beispielseite um die fett gedruckte ungeordnete Liste:

```
<ul>
   <li>So funktioniert HTML</li>
   <li>Wichtige HTML-Elemente
   <ul>
      <li>Überschriften</li>
      <li>Absätze und Listen</li>
      <li>Links und Grafiken</li>
   </ul>
   </li><!-- beginnt VOR "Wichtige HTML-Elemente"-->
   <li>Gestalten mit CSS</li>
</ul>
```

2. Speichern Sie die Webseite, und betrachten Sie sie im Browser.

Die verschachtelte Liste sieht im Browser so aus wie in Abbildung 4.6.

- So funktioniert HTML
- Wichtige HTML-Elemente
    - Überschriften
    - Absätze und Listen
    - Links und Grafiken
- Gestalten mit CSS

Abbildung 4.6 Eine verschachtelte ungeordnete Liste im Browserfenster

Bei der Verschachtelung von Listen können Sie ungeordnete und geordnete Listen natürlich auch mischen.

4.7.2   Schematische Darstellung der verschachtelten Liste

Zum besseren Verständnis zeigt Abbildung 4.7 ein Schema der Listenkisten aus dem Beispiel oben.

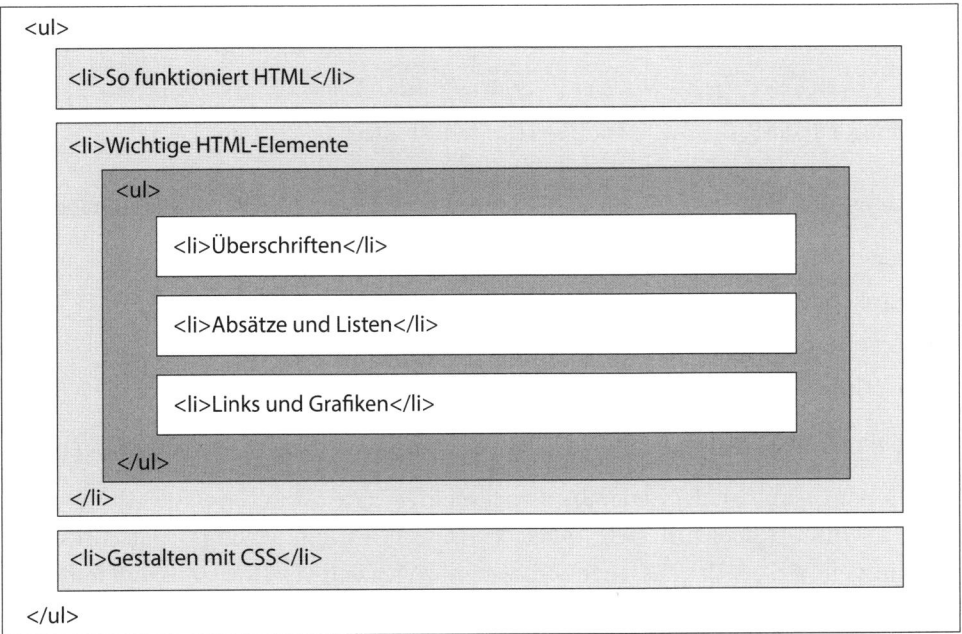

Abbildung 4.7 Listenkisten – schematische Darstellung der verschachtelten Liste

Bei der Gestaltung mit CSS ist die korrekte Verschachtelung der Kisten im HTML-Quelltext wichtig, um später einzelne Listenkisten gezielt gestalten zu können.

4.8   Jeder Browser hat ein eingebautes Stylesheet

Die Startseite sieht bis jetzt ungefähr so aus wie in Abbildung 4.8.

Abbildung 4.8 Die Beispielseite mit Überschriften, Absätzen und Listen

Hier sehen Sie, dass die Elemente im Browserfenster bereits Formatierungen haben:

▶ Überschriften sind fett und groß.

▶ Zwischen Absätzen stehen scheinbar Leerzeilen.

▶ strong wird fett und em kursiv.

▶ Die Listen haben bereits Aufzählungspunkte.

Im Quelltext steht nichts dergleichen. Woher kommen also diese Formatierungen?

Des Rätsels Lösung ist, dass jeder Browser fest eingebaute Gestaltungsanweisungen hat. Wenn er eine h1-Überschrift sieht, denkt er: »Mmmh. h1. Eine wichtige Überschrift. Hier steht nirgendwo, wie das aussehen soll, also mach ich den Text mal groß und fett.«

Solche gespeicherten Gestaltungsanweisungen heißen in vielen Programmen *Format-vorlagen* oder auf Englisch *style*. Eine Sammlung von solchen Styles heißt *Stylesheet*, und in jedem Browser ist ein solches Stylesheet fest eingebaut. Im Firefox heißt dieses Browser-Stylesheet *html.css*, und Sie können es ganz einfach anschauen:

▶ Blenden Sie gegebenenfalls die Navigations-Symbolleiste ein.

▶ Geben Sie links oben im Adressfeld folgende Adresse ein:

```
resource://gre-resources/html.css
```

Firefox zeigt daraufhin im Browserfenster das Browser-Stylesheet an (Abbildung 4.9).

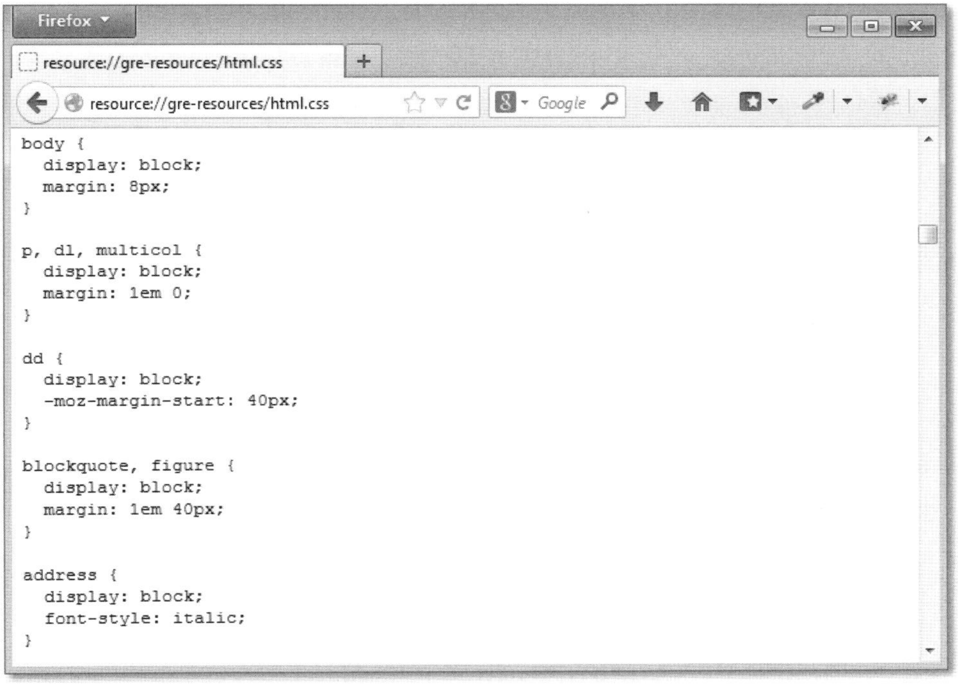

4

Abbildung 4.9 Das Browser-Stylesheet des Firefox

Mit CSS (*Cascading Style Sheets*) erstellen Sie eigene Formatvorlagen, die die eingebauten Formatvorlagen der Browser überschreiben. Alles, was Sie nicht definieren, wird jedoch weiterhin von den Stylesheets der Browser formatiert.

4.9   Auf einen Blick

Hier sind noch einmal die wichtigsten Punkte dieses Kapitels im Überblick:

▶ Beim Gestalten mit CSS wird die Webseite meist in verschiedene Layoutbereiche wie Kopf-, Navigations-, Text- und Fußbereich eingeteilt.

▶ Text auf Webseiten wird meist überflogen. Bieten Sie dem Auge des Lesers Landeplätze an: Überschriften, kurze Absätze, Hervorhebungen und Listen.

▶ Benutzen Sie Überschriften (h1 bis h6), und wählen Sie die Gliederungsebene nicht aufgrund der Schriftgröße.

▶ Normale Absätze im Fließtext stehen in einem p-Element, und Text kann mit strong und em hervorgehoben werden.

▶ Bei der Verschachtelung von HTML-Elementen dürfen sich die Elemente nicht überlappen: Das zuerst geöffnete Element wird zuletzt wieder geschlossen.

▶ Die beiden wichtigsten Arten von HTML-Elementen sind *Block* und *Inline*:

  – Blockelemente erzeugen einen Zeilenumbruch und werden so breit, wie es geht (div, h1 bis h6, p, ul, ol, li und andere).

  – Inline-Elemente erzeugen keinen Zeilenumbruch und werden nur so breit wie der Inhalt des Elements (strong, em und andere).

▶ Listen sind ein wichtiges Stilmittel zur Auflockerung des Textes:

  – Ungeordnete Listen (Aufzählungen) bestehen aus ul und li.

  – Geordnete Listen (Nummerierungen) bestehen aus ol und li.

  – Bei verschachtelten Listen wird das li-Element erst *nach* der eingeschobenen Liste beendet.

▶ Browser haben ein eingebautes Stylesheet, das durch eigene Styles außer Kraft gesetzt wird.

Kapitel 5
HTML-Elemente für Links, Bilder und mehr

Worin Sie weitere wichtige HTML-Elemente für Hyperlinks, Grafiken und ein paar andere Dinge kennenlernen sowie etwas über Sonderzeichen erfahren.

Die Themen im Überblick:

▶ »Hyperlinks – das Besondere am World Wide Web«, Seite 81

▶ »Die Wegbeschreibung zur Grafik – ›img‹«, Seite 87

▶ »Weitere nützliche HTML-Elemente«, Seite 89

▶ »Character Entities – allgemeine Sonderzeichen«, Seite 93

▶ »Know-how – Wissenswertes über Zeichensätze«, Seite 95

▶ »Auf einen Blick«, Seite 98

In diesem Kapitel komplettieren Sie den kurzen HTML-Grundkurs mit Elementen zum Erstellen von Hyperlinks und zum Einfügen von Bildern. Außerdem lernen Sie noch andere nützliche HTML-Elemente kennen. Den Abschluss bilden Sonderzeichen in HTML und ein Exkurs zur Rolle von Zeichensätzen wie Unicode.

5.1 Hyperlinks – das Besondere am World Wide Web

Hyperlinks sind das *Hyper* in Hypertext und sind bildlich gesprochen die Fäden, mit denen dieses weltweite Gewebe namens Web gesponnen wird. In gewisser Weise typisch für HTML ist, dass das wichtigste Element in dem ganzen Laden nicht `hyperlink` heißt, sondern schlicht und einfach `a` (wie Anker). Es gibt übrigens tatsächlich ein Element namens `link`, aber das macht etwas anderes und tritt erst in einem späteren Kapitel in Erscheinung.

5.1.1   Anatomie eines Hyperlinks

Hyperlinks haben immer denselben Aufbau:

```
<a href="...">Sichtbarer Text</a>
```

Hier das Beispiel im Detail:

- ▶ Das Element zum Erstellen eines Hyperlinks heißt einfach nur a.
- ▶ Das Attribut href steht für *Hypertext Reference* und enthält die Wegbeschreibung zu einer Datei, die nach einem Klick im selben Browserfenster angezeigt wird. Hier kann ein Dateiname oder auch eine komplette URL stehen.
- ▶ Zwischen <a> und </a> steht der Text, der vom Browser standardmäßig blau und unterstrichen hervorgehoben wird.
- ▶ </a> beendet den Hyperlink.

Im folgenden ToDo erstellen Sie einen einfachen Hyperlink zur Website zum Buch.

ToDo: Erstellen Sie einen Hyperlink

1. Erstellen Sie folgenden Quelltext auf der Beispielseite *unterhalb* der verschachtelten Liste und *innerhalb* von #textbereich:

   ```
   <p>Besuchen Sie <a href="http://little-boxes.de/">die Website zum
   Buch</a> für weitere Informationen.</p>
   ```

2. Speichern Sie die Seite, und betrachten Sie sie in einem Browser.

So wie in Abbildung 5.1 sieht der Hyperlink im Browser aus.

Die schönsten Links sind lila

Beachten Sie, dass der Hyperlink lila wird, nachdem der Link das erste Mal angeklickt oder die im a-Element gespeicherte URL mit diesem Browser bereits besucht worden ist. Wenn Sie die Chronik des Browsers löschen, werden auch die besuchten Links wieder blau dargestellt.

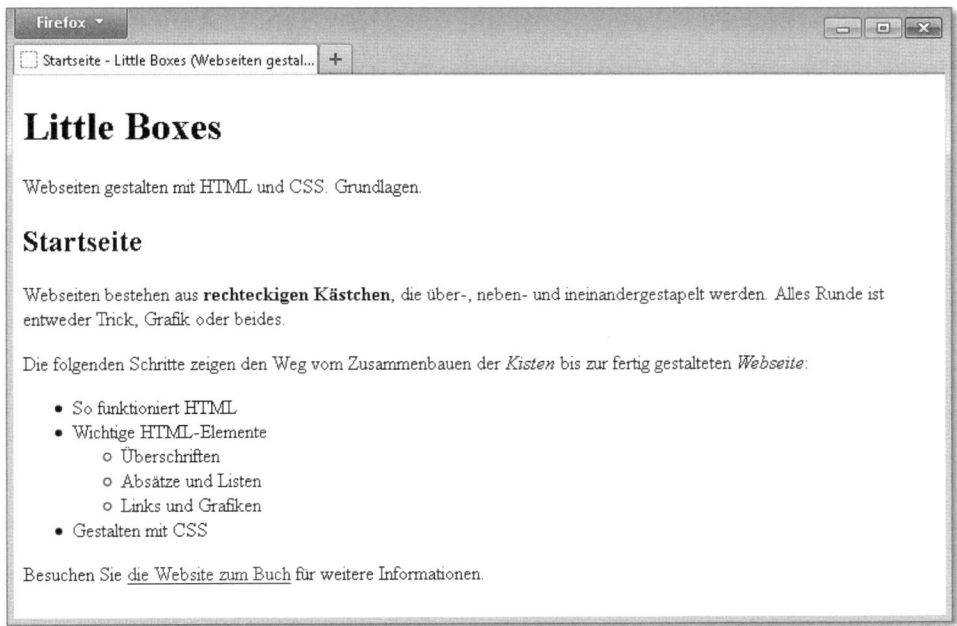

Abbildung 5.1 Ein Hyperlink im Browser – blau und unterstrichen

5.1.2   Hyperlinks verfeinern – »title«

Sie können einem Hyperlink mit dem Attribut title noch zusätzliche Informationen mit auf den Weg geben. title erzeugt bei Berührung mit dem Mauszeiger im Browserfenster eine kleine gelbe Quickinfo, in der der Wert des Attributs dargestellt wird.

ToDo: Den Hyperlink mit »title« verfeinern

1. Ändern Sie den Hyperlink auf der Startseite wie folgt :

   ```
   <p>Besuchen Sie <a href="http://little-boxes.de/"
   title="little-boxes.de - mit Infos zum Buch">die Website zum Buch</a>
   für weitere Informationen.</p>
   ```

2. Speichern Sie die Seite, und betrachten Sie sie in einem Browser.

Abbildung 5.2 zeigt den Absatz mit Hyperlink und Quickinfo im Browser. Wenn der Mauszeiger über dem Hyperlink schwebt, wird ganz links unten der Wert des Attributs `href` angezeigt, und am Hyperlink selbst erscheint ein Quickinfo mit dem Wert des Attributs `title`.

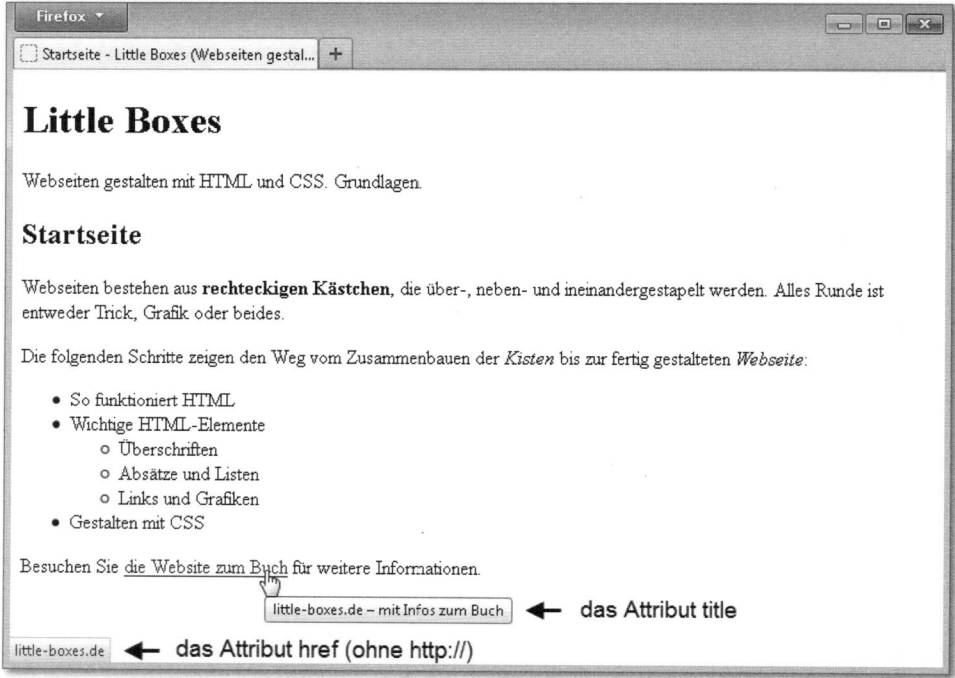

Abbildung 5.2 Ein Hyperlink mit dem Attribut »title«

Ein Hyperlink zurück nach oben auf derselben Seite

Falls Sie auf einer langen Webseite unten auf der Seite einen Link anbieten möchten, der »zurück nach oben« an den Beginn der Webseite springt, so können Sie eine bereits vorhandene ID als Sprungziel benutzen.

Auf den Beispielseiten könnte das zum Beispiel so aussehen:

```
<a href="#wrapper">Nach oben</a>
```

Die Raute # sagt dem Browser, dass `wrapper` eine ID ist. Ein Klick auf diesen Link führt zum Element `<div id="wrapper">` direkt unterhalb von `<body>`.

5.1.3 Die Navigation – eine ungeordnete Liste mit Hyperlinks

Eine Navigation ist im Prinzip eine Auflistung von Hyperlinks, und aus diesem Grund wird sie oft als ungeordnete Liste notiert. Das Aussehen der Liste wird später per CSS geregelt.

ToDo: Eine Navigationsliste erstellen

1. Ergänzen Sie den fett gedruckten Quelltext auf der Beispielseite innerhalb des Navigationsbereichs:

```
<div id="navibereich">
<ul>
  <li><a href="index.html">Startseite</a></li>
  <li><a href="kontakt.html">Kontakt</a></li>
</ul>
</div> <!-- Ende navibereich -->
```

2. Speichern Sie die Seite, und betrachten Sie sie in einem Browser.

Der Link zur Seite *kontakt.html* funktioniert noch nicht, da die Seite erst im nächsten Kapitel erstellt wird, aber der Link kann trotzdem schon eingebaut werden.

Der obere Bereich der Beispielseite sieht im Browser jetzt so aus wie in Abbildung 5.3. Gestaltet wird die Navigationsliste später per CSS.

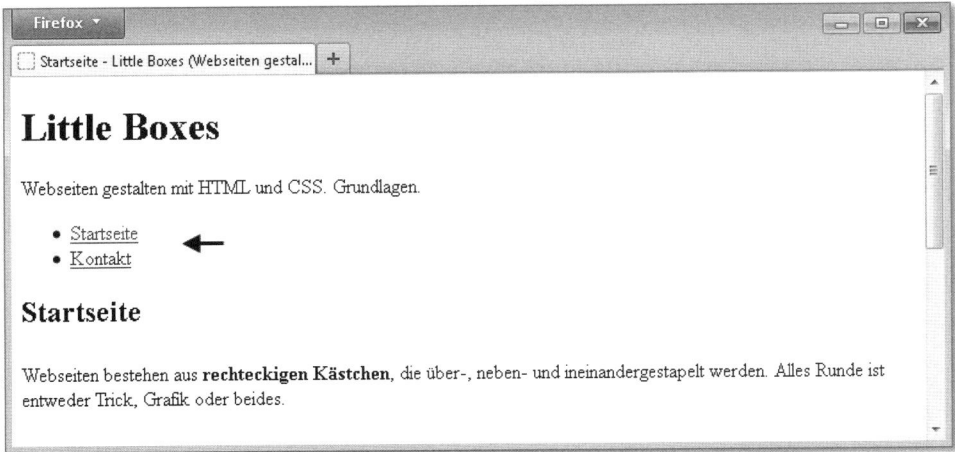

Abbildung 5.3 Die Beispielseite mit einer Navigationsliste

Mit dem Attribut `title` könnten Sie natürlich auch den Hyperlinks in der Navigation zusätzliche Informationen mit auf den Weg geben. Zum Beispiel so:

```
<a href="kontakt.html" title="Zu unserem Kontaktformular">Kontakt</a>
```

5.1.4   Links auf andere Dateien – PDF, MP3 etc.

Hyperlinks müssen nicht unbedingt auf andere Webseiten zeigen. Das Ziel des Hyperlinks kann auch ein PDF, ein MP3 oder irgendeine andere Datei sein, die Sie dem Besucher zum Download anbieten möchten. Dazu benutzen Sie einen ganz normalen Hyperlink, dem Sie im Attribut `href` den Namen der gewünschten Datei geben.

Im Linktext sollten Sie dem Besucher ein paar Informationen über Dateityp und -größe geben, damit er schon vor dem Anklicken weiß, was ihn erwartet. Für ein PDF könnte das so aussehen:

```
<a href="leseprobe.pdf">Leseprobe (PDF, 1,2Mb)</a>
```

Was genau nach dem Anklicken eines solchen Links im Browser des Besuchers passiert, können Sie dabei nicht kontrollieren, denn ob der Browser ein Dialogfeld zum Speichern der Datei anbietet oder das PDF sofort darstellt, hängt von der Konfiguration des Browsers ab.

Öffnen und lesen kann ein Besucher das PDF aber in jedem Fall nur, wenn er auch ein entsprechendes Programm wie den Adobe Reader installiert hat oder sein Browser PDF von selbst darstellen kann.

Hyperlinks in einem neuen Fenster öffnen – »target="_blank"«

Normalerweise ersetzt ein Link die vorhandene Seite im Browser, so dass der Benutzer mit dem ZURÜCK-Button wieder auf die vorherige Seite gelangt. Wenn ein Link stattdessen in einem neuen Fenster erscheinen soll, können Sie dazu das Attribut `target` benutzen:

```
<a href="http://little-boxes.de/" target="_blank">die Website zum Buch</a>
(in neuem TAB oder Fenster)
```

Sie sollten `target` allerdings sparsam einsetzen, denn im neuen TAB oder Fenster funktioniert zum Beispiel der ZURÜCK-Button nicht, was besonders ungeübte Surfer verwirrt. Außerdem kann der Benutzer bei Bedarf den Link über das Kontextmenü selbst in einem neuen Tab oder Fenster öffnen. Mit `target` hingegen lassen Sie ihm keine Wahl.

5.2   Die Wegbeschreibung zur Grafik – »img«

Das Element zum Einfügen einer Grafik heißt img, kurz für *Image* (»Bild«). Hier ein Beispiel:

```
<img src="logo.gif" alt="Little Boxes" width="222" height="32">
```

Das <img>-Tag im Quelltext der Webseite enthält lediglich die Wegbeschreibung zur Grafikdatei. Er wird auf der Webseite einfach durch die Grafik oder den Inhalt des Attributs alt ersetzt, weswegen man img auch als »ersetztes Element« bezeichnet. Aus diesem Grund gibt es auch kein Ende-Tag </img>. Im Web bleiben Grafik und Webseite also immer – anders als auf Papierseiten – getrennte Dateien.

5.2.1   Die Attribute zu »img«

Das Element img kennt jede Menge Attribute, hier eine kurze Erklärung der wichtigsten:

▶ src="bildname.jpg"

Das erste und wichtigste Attribut zu <img> sind die Buchstaben src, was für *Source* steht und »Quelle« heißt. src enthält die Wegbeschreibung zur Grafikdatei. Nur ein Dateiname bedeutet, dass die Grafikdatei im selben Ordner liegt wie die Webseite.

▶ alt="Alternativer Text"

Die Eingabe eines *alternativen* Textes ist Pflicht. Er wird angezeigt, wenn die Grafik nicht (oder *noch* nicht) dargestellt wird. Möchten Sie aus irgendeinem Grund keinen alternativen Text angeben, schreiben Sie einfach alt="".

▶ width und height: Breite und Höhe der Grafik

width und height sagen dem Browser, wie viel Platz er für die Grafik reservieren soll, schon *bevor* er sie erhalten hat. Die Werte für width und height entsprechen im Normalfall der tatsächlichen Bildgröße der Grafik.

▶ title="Text für die kleine Quickinfo"

Das Attribut title ist optional und sorgt wie bei den Hyperlinks für ein kleines gelbes Quickinfo-Kästchen, wenn der Mauscursor das Bild berührt.

img hat keinen integrierten Zeilenumbruch, sondern fließt wie ein Inline-Element einfach in der Zeile mit.

In der folgenden Übung ergänzen Sie die Beispielseite um eine einfache Grafik, die anstelle des Textes »Little Boxes« als h1-Überschrift in die Seite eingebunden wird. Die im Beispiel verwendete Grafik finden Sie in den Beispieldateien oder links oben im Kopfbereich auf der Website *little-boxes.de*.

ToDo: Eine Grafik als Überschrift einbinden

1. Speichern Sie die Grafik *little-boxes-logo.gif* im selben Ordner wie die Startseite *index.html*.

2. Ändern Sie dazu den Quelltext der Seite wie folgt:

```
<h1>
<img src="little-boxes-logo.gif" id="logo" alt="Little Boxes"
width="222" height="32">
</h1>
```

3. Speichern Sie die Seite, und betrachten Sie sie in einem Browser.

Die Grafik bekommt im HTML eine ID mit einem aussagekräftigen Namen (id="logo"). Dies ist nicht zwingend notwendig, erleichtert es aber später im CSS, das Logo auszuwählen und zu gestalten. Die Beispielseite sieht jetzt im Browser ungefähr so aus wie in Abbildung 5.4.

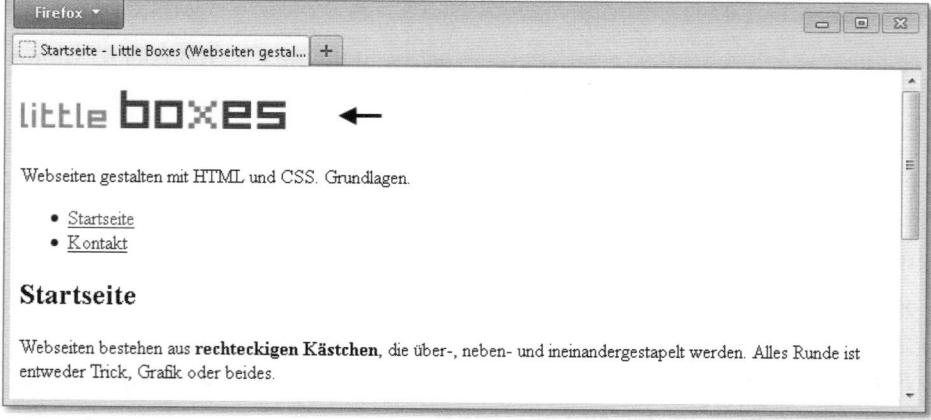

Abbildung 5.4 Die Beispielseite mit einer Grafik als Überschrift

5.2.2 Ein Logo als Überschrift?

Wenn das Logo auf der Beispielseite aus irgendeinem Grund nicht angezeigt wird, stellen einige Browser den alternativen Text so dar, wie es das umgebende Element vorgibt, in diesem Falle also als h1-Überschrift.

Auf diese Weise bleibt das Logo der Site auch ohne Grafik als Überschrift für die Seite erkennbar (Abbildung 5.5).

Abbildung 5.5 Der »alt«-Text als »h1«-Überschrift

Dekorationsgrafiken per CSS als Hintergrundbild einbinden

Beim Einfügen von Grafiken lautet eine Grundregel, dass inhaltlich relevante Grafiken wie das Logo im Beispiel per img in den HTML-Quelltext eingebunden werden sollten.

Grafiken, die eher der Dekoration dienen, werden im CSS als Hintergrundgrafik eingebunden. Wie das geht, erfahren Sie in Abschnitt 9.8.

5.3   Weitere nützliche HTML-Elemente

Diese kurze HTML-Einführung ist keine komplette Referenz und zeigt nur die wichtigsten Elemente. Zur Abrundung lernen Sie hier noch ein paar nützliche Vertreter kennen.

5.3.1   Beginne eine neue Zeile mit »br«

Falls Sie an einer bestimmten Stelle im Textfluss einen Zeilenumbruch wünschen, können Sie diesen mit br erzeugen, was für *Break* steht (»Umbruch«):

```
<br>
```

br ist ein sogenanntes *leeres Element*, ein Element ohne Inhalt und hat deshalb kein Ende-Tag. Das br-Element ist nicht dazu gedacht, um Abstände in Layouts zu erzeugen. Dafür gibt es die CSS-Eigenschaften margin und padding.

Auch als Zeilenumbruch sollten Sie br sehr sparsam einsetzen, da der Textfluss auf Webseiten durch eine Vielzahl von Faktoren bestimmt wird und anders als auf Papierseiten vom Autor nicht wirklich kontrolliert werden kann.

5.3.2   »address« für Kontaktadressen

Wenn Sie auf einer Webseite eine Kontaktadresse darstellen, bietet es sich an, dafür das Element address zu benutzen, denn es ist eines der wenigen HTML-Elemente, bei denen man am Namen zumindest halbwegs sehen kann, was der Inhalt bedeutet.

Achten Sie im folgenden ToDo auf die korrekte Schreibweise: address, mit Doppel-d *und* Doppel-s.

ToDo: Eine Adresse (mit Zeilenumbruch) erstellen

1.   Öffnen Sie gegebenenfalls die Beispielseite *index.html*.

2.   Ergänzen Sie den folgenden Quelltext im Fußbereich:

```
<address>
Little Boxes &middot; Kästchenweg 12 &middot; 01234 Boxberg
<br>
Tel: 01234 567890 &middot; Fax: 01234 567891
</address>
```

3.   Speichern Sie die Seite, und betrachten Sie sie in einem Browser.

Die meisten Browser stellen das Element address kursiv dar, aber das können (und werden) Sie später per CSS ändern. Das Sonderzeichen · ergibt übrigens einen kleinen runden Punkt, der vertikal in der Mitte der Zeile steht. Abbildung 5.6 zeigt die Beispielseite nach diesem ToDo im Browser.

»address« ist nicht für normale Post- oder E-Mail-Adressen

address sollte nicht für normale Postadressen benutzt werden, sondern nur für Kontaktadressen für die Webseite, auf der das Element steht. Unter der fiktiven Beispieladresse im Fußbereich würden Sie also jemanden erreichen, der etwas mit der Erstellung der Beispielseite zu tun hat.

Normale Post- oder E-Mail-Adressen im Fließtext können Sie mit einem ganz normalen p-Element auszeichnen und Zeilenumbrüche darin mit einem br.

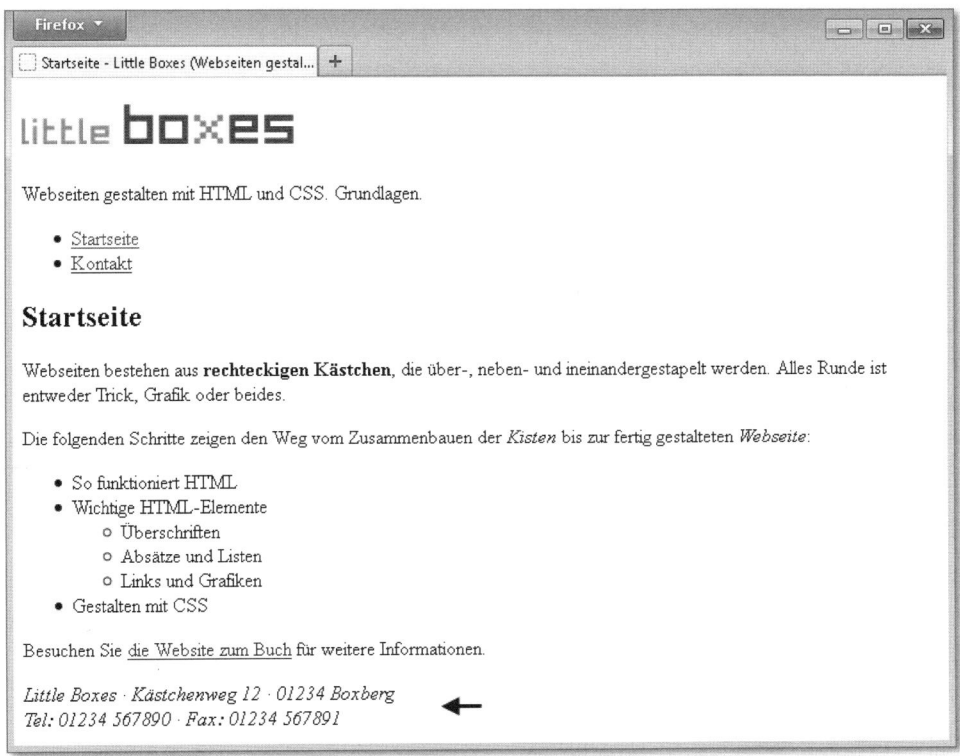

Abbildung 5.6 Das Element »address« wird vom Browser kursiv dargestellt.

5.3.3   »span« ist ein semantisch neutrales Inline-Element

Das semantisch neutrale Blockelement div zur Gruppierung von anderen Elementen kennen Sie bereits. span (»umspannen«) ist ein semantisch neutrales Inline-Element, das also keine besondere Bedeutung hat und mit dem Sie bei Bedarf beliebigen Fließtext markieren können, wobei Sie im Browserfenster keinerlei Veränderung sehen werden.

Sie können damit zum Beispiel einem Wort eine Sprache mit auf den Weg geben, damit es von einem Screenreader korrekt ausgesprochen wird:

```
Wir haben eine neue <span lang="en">Homepage</span>.
```

Auch zur Gestaltung mit CSS ist es manchmal sinnvoll, bestimmte Textpassagen mit span zu markieren. Genau wie div wird auch span häufig zusammen mit den Attributen id und class benutzt. Mehr zu id und class finden Sie in Abschnitt 8.5.

ToDo: Ein Wort mit »span« umspannen

1. Öffnen Sie gegebenenfalls die Beispielseite *index.html* im Editor, und fügen Sie in den Kopfbereich das Element span ein:

   ```
   <p id="slogan">Webseiten gestalten mit HTML und CSS. <span>Grundlagen.
   </span></p>
   ```

2. Speichern Sie die Seite.

Wenn Sie die Seite im Browser betrachten, werden Sie nach diesem ToDo keinerlei Änderung feststellen, aber wer weiß, vielleicht brauchen Sie das span ja später noch. Zum Beispiel in Abschnitt 8.4.2 zur Hervorhebung des Wortes *Grundlagen* inklusive Punkt im Kopfbereich der Beispielseiten.

5.3.4 »blockquote« und »cite« für Zitate

Wie der Name schon andeutet, ist blockquote ein Blockelement für Zitate. Das Element ist ideal für längere Zitate geeignet. Mit dem Element cite können Sie eine URL für die Quelle angeben:

```
<blockquote>
Die Verwendung von Zitaten ist durch das Urheberrecht geregelt und unter
bestimmten Voraussetzungen gestattet, ohne dass eine Erlaubnis des Urhebers
eingeholt oder diesem eine Vergütung gezahlt werden muss [...]
<br>
<cite><a href="http://de.wikipedia.org/wiki/Zitat">Wikipedia</a></cite>
</blockquote>
```

Listing 5.1 Beispiel für die Verwendung von »blockquote« und »cite«

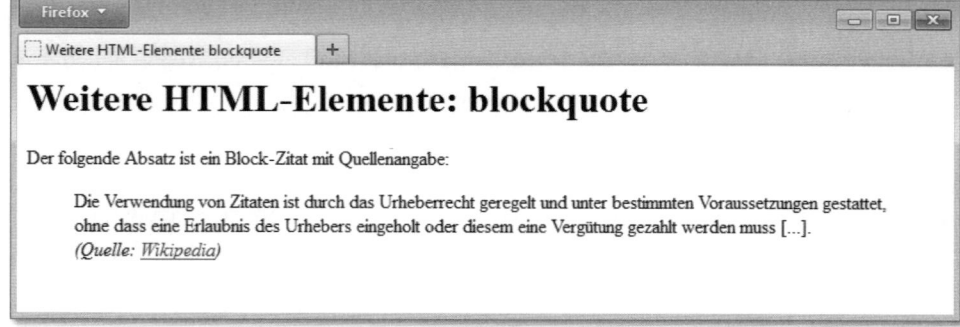

Abbildung 5.7 Ein Zitat mit »blockquote« und »cite«

Den Text innerhalb von blockquote können Sie auch mit anderen Blockelementen, wie zum Beispiel p, auszeichnen. Das Element blockquote wird von den meisten Browsern etwas eingerückt, während cite in der Regel kursiv dargestellt wird. Das Browser-Stylesheet des Firefox formatiert dieses HTML so wie in Abbildung 5.7.

»blockquote« kann auch ein Attribut namens »cite« haben.

Die Zitatquelle kann auch mit dem *Attribut* cite angegeben werden:

```
<blockquote cite=" http://de.wikipedia.org/wiki/Zitat">
```

Da die meisten Browser diese URL aber nicht anklickbar wiedergeben, bevorzugen viele Autoren die Quelle des Zitats mit dem *Element* cite.

5.4   Character Entities – allgemeine Sonderzeichen

Wenn ein Übersetzer die Bedeutung eines Wortes nicht genau kennt, wird es oft einfach »eingedeutscht«, und wahrscheinlich wurden so die englischen *Entities* zu deutschen *Entitäten*. Entitäten? Sonderzeichen.

Wie so oft bei Computern gibt es auch auf Webseiten Probleme mit Sonderzeichen aller Art. Streng genommen ist die Kodierung der Umlaute bei Angabe des richtigen Zeichensatzes per meta nicht unbedingt notwendig. Um aber sicher zu sein, dass die Sonderzeichen im Browser der Besucher Ihrer Seiten korrekt erscheinen, können Sie sie trotzdem kodieren. Vielleicht macht Ihr Editor das auch bereits für Sie.

Die Kodierung der Sonderzeichen im HTML-Quelltext geschieht in einer besonderen Form: Sie beginnen mit &, gefolgt von einem Kürzel, das eine Buchstaben- oder Zahlenkombination sein kann, und enden mit einem Semikolon:

```
&euro;
```

Im Browserfenster wird das Kürzel € durch das Eurosymbol € ersetzt:

▶ Wenn ein Browser das & sieht, weiß er: »Hier beginnt ein Sonderzeichen.«

▶ Danach erwartet er ein definiertes Kürzel wie euro.

▶ Durch das Semikolon weiß der Browser, dass das Sonderzeichen beendet ist und es normal weitergeht.

Tabelle 5.1 zeigt eine Übersicht der allerwichtigsten Entities.

Zeichen	Im HTML	Englisch
<	&lt;	less than
>	&gt;	greater than
&	&amp;	Ampersand
"	&quot;	quotation marks
€	&euro;	euro
©	&copy;	copyright
®	&reg;	registered trademark
·	&middot;	middle dot
geschützte Leerstelle		non breakable space

Tabelle 5.1 Einige häufig benötigte Sonderzeichen

Tabelle 5.2 zeigt – der Vollständigkeit halber – die Kodierung für die »German Umlauts«, wie die Amerikaner das nennen.

Zeichen	Im HTML	Englisch
Ö	&Ouml;	O umlaut
ö	&ouml;	o umlaut
Ä	&Auml;	A umlaut
ä	&auml;	a umlaut
Ü	&Uuml;	U umlaut
ü	&uuml;	u umlaut
ß	&szlig;	sz ligature

Tabelle 5.2 »German Umlauts« als Sonderzeichen im HTML

Sonderzeichen übersichtlich dargestellt

Die folgenden Websites eignen sich zum Kennenlernen der HTML-Sonderzeichen:

▶ *nice-entity.com*

▶ *unicode-table.com/de*

Beide Sites sind recht übersichtlich und anschaulich gemacht.

5.5   Know-how – Wissenswertes über Zeichensätze

Auf einer gut geschriebenen Webseite steht ziemlich am Anfang des Quelltextes ein `meta`-Element, das den Zeichensatz definiert, mit dem der Browser die Webseite darstellen soll. Was es damit auf sich hat und welche Zeichensätze zur Wahl stehen, erläutert der folgende Abschnitt.

5.5.1   Zeichensätze sind Schablonen für Buchstaben

Im Arbeitsspeicher eines Computers stehen keine Buchstaben, sondern Zahlen. Diese Zahlen werden anhand einer Schablone am Bildschirm als Zeichen dargestellt. Eine solche Schablone wird im Allgemeinen *Zeichensatz* genannt und war lange Zeit auf maximal 256 Zeichen begrenzt.

Da in den auf diesem Planeten benutzten Sprachen weit mehr als 256 Zeichen vorkommen, gibt es verschiedene Zeichensätze mit jeweils unterschiedlichen Zeichen. Deshalb muss der Computer beim Speichern und bei der Darstellung am Bildschirm wissen, welche dieser Schablonen er benutzen soll.

Die der UNO unterstellte "International Standards Organization" (ISO) hat in der Norm mit der Nummer 8859 fünfzehn verschiedene Zeichensätze definiert, in denen je nach Sprache unterschiedliche Zeichen bereitgestellt werden. Der Zeichensatz ISO-8859-1 (der auch manchmal als ANSI bezeichnet wird) ist dabei für westeuropäische Sprachen gedacht und wird heutzutage noch häufig eingesetzt.

Um die Grenze von 256 Zeichen pro Schablone zu sprengen, wurde *Unicode* erfunden. Das »Uni« im Namen steht für *universell*, ein Zeichensatz für alle Zeichen. Das Unicode-Format *UTF-8* hat im Internet eine zentrale Bedeutung als globale Zeichenkodierung und kann bis zu 1.114.112 Zeichen abbilden.

UTF-8 hat sich in den letzten Jahren zum Zeichensatzstandard für das Web entwickelt, und moderne Betriebssysteme wie Windows (XP, Vista oder 7 und 8), Linux oder OS X haben damit keine Probleme.

Wenn nichts dagegenspricht, sollten Sie immer mit UTF-8 arbeiten, allerdings spielen bei Webseiten der Editor und der Webserver noch eine besondere Rolle:

▶ Ihr Editor muss Dateien als UTF-8 speichern können.

▶ Der Webserver muss sie dementsprechend ausliefern.

Mehr dazu erfahren Sie in den folgenden beiden Abschnitten.

Details zu Zeichensätzen beim W3C

Eine gelungene Darstellung der Zusammenhänge und Empfehlungen im Umgang mit Zeichensätzen findet sich beim W3C (auf Deutsch):

▶ *w3.org/International/questions/qa-what-is-encoding.de.php*

▶ *w3.org/International/tutorials/tutorial-char-enc/*

5.5.2   UTF-8 und der Editor

Zunächst zum Editor: Er muss die Speicherung von Dateien mit dem Zeichensatz UTF-8 unterstützen, und wenige ältere Editoren können das nicht.

Idealerweise sollte der Editor UTF-8 in der Variante ohne *BOM* anbieten. Das BOM (kurz für *Byte Order Mark*) besteht aus drei Bytes, die ganz am Anfang des Dokuments stehen. Da das BOM unter UTF-8 optional ist und es bei der Ausgabe im Browser unter ungünstigen Umständen als wirre Zeichenfolge (ï»¿) am Anfang der Webseite erscheint und auch sonst nur Probleme macht, sollten die Dateien möglichst ohne BOM gespeichert werden.

Um herauszufinden, ob Ihr Editor "UTF-8 ohne BOM" kann, schauen Sie sich dessen Menüs oder die Feature-Liste genauer an. Beim in Abbildung 5.8 dargestellten Editor wird der gewünschte Zeichensatz einfach im Dialogfeld SPEICHERN UNTER ... ausgewählt:

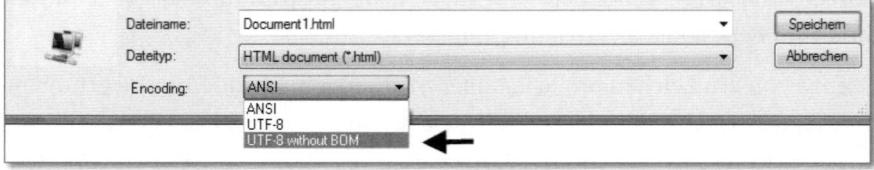

Abbildung 5.8 Ein Editor mit der Option »UTF-8 ohne BOM«

Unter OS X wird übrigens standardmäßig ohne BOM gespeichert, so dass ein Editor UTF-8 eigentlich immer ohne BOM abspeichert, solange nicht explizit »mit BOM« dransteht.

Bei Windows-Editoren ist die Lage unterschiedlich. Im weit verbreiteten PSPad zum Beispiel ist die Einstellung dafür gut versteckt: Im Menü EINSTELLUNGEN unter PROGRAMM EINSTELLEN... gibt es in der Kategorie PROGRAMM-VERHALTEN die Option IDENT. BYTES BEI UTF-8 HINZUFÜGEN. Diese Option muss ausgestellt sein, um eine Datei ohne BOM zu speichern.

> **Die Kodierung der Sonderzeichen – »&kuerzel;«**
>
> Wenn Sie oder Ihr Editor sich die Mühe gemacht und alle Sonderzeichen nach dem Schema &kuerzel; kodiert haben, kommen sie im Browser des Besuchers auf jeden Fall richtig an, unabhängig vom verwendeten Zeichensatz.

5.5.3   UTF-8 und der Webserver

Neben dem Editor spielt auch der Webserver noch eine wichtige Rolle, denn er muss die Webseite entweder ohne oder mit der Angabe des korrekten Zeichensatzes ausliefern: Wenn Sie die Seite im Editor als UTF-8 speichern, der Webserver sie mit einem Hinweis auf ISO8859-1 ausliefert und Sie im Quelltext wieder UTF-8 deklarieren, kann es sein, dass die Browser durcheinanderkommen und nicht kodierte Sonderzeichen unter Umständen falsch darstellen.

Um herauszufinden, wie Ihr Webserver sich verhält, surfen Sie zu Ihren Webseiten und rufen dann in der Symbolleiste WEB DEVELOPER im Menü INFORMATIONEN ganz unten den Befehl RESPONSE-HEADER ANZEIGEN auf.

Durch diese Aktion wird der *HTTP-Header* sichtbar gemacht. Das ist die Antwort des Webservers auf die Anfrage des Browsers, in der für den Zeichensatz die Zeile *Content-Type* wichtig ist.

- ▶ Ist dort keine Zeichensatzangabe vorhanden, mischt der Webserver sich nicht ein.
- ▶ Ist dort aber ein Zeichensatz angegeben, sollte dieser mit dem von Ihnen beim Speichern verwendeten Zeichensatz übereinstimmen.

In Abbildung 5.9 gibt der Webserver die Webseite mit der Angabe des Zeichensatzes UTF-8 aus.

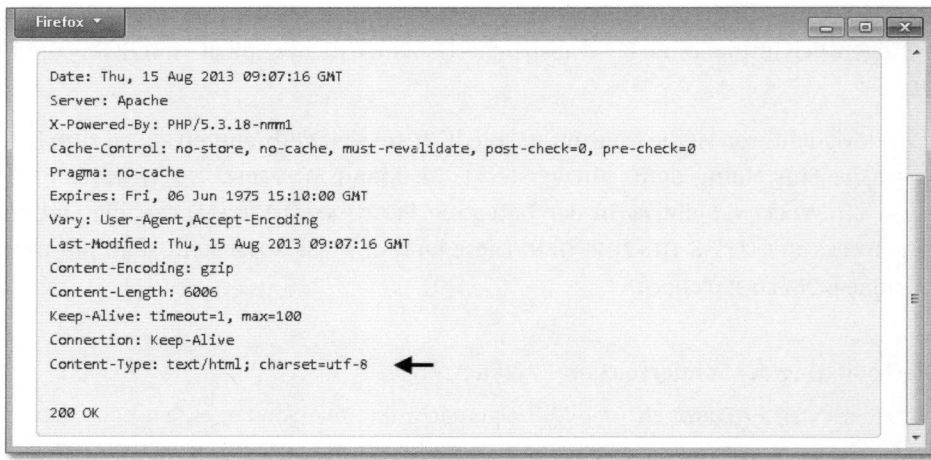

Abbildung 5.9 Dieser Webserver gibt als Zeichensatz »UTF-8« an.

5.6   Auf einen Blick

Hier sind noch einmal die wichtigsten Punkte dieses Kapitels im Überblick:

▶ Hyperlinks werden mit dem Element a erstellt.

▶ Eine Navigation ist eine normale ungeordnete Liste mit Hyperlinks, deren Aussehen mit CSS gestaltet wird.

▶ Webseiten enthalten keine Grafiken, nur die Wegbeschreibung dorthin.

▶ Falls nötig, können Sie mit <br> einen Zeilenumbruch erzwingen.

▶ Für Kontaktadressen gibt es address, mit zwei *d* und zwei *s*.

▶ Für Zitate gibt es unter anderem die Elemente blockquote und cite.

▶ span ist für Inline-Elemente, was div für Blockelemente ist.

▶ Sonderzeichen heißen *Entities* und folgen dem Schema &kürzel;.

▶ UTF-8 hat sich als universeller Zeichensatz im Web durchgesetzt.

▶ Wenn im HTML <meta charset="utf-8"> steht, muss die Seite im Editor auch tatsächlich mit dem Zeichensatz »UTF-8« gespeichert werden. Am besten »ohne BOM«.

Kapitel 6
Das HTML für die Beispielseiten

Worin Sie die vorhandene Startseite validieren, eine zweite Seite erstellen und beide mit einem geliehenen Stylesheet formatieren.

Die Themen im Überblick:

▶ »Stimmt die Statik? Der HTML-Validator«, Seite 99

▶ »CSS zum Ausprobieren – die W3C Core Styles«, Seite 102

▶ »Die Kontaktseite – von der Seite zur Site«, Seite 103

▶ »Der Quelltext der Webseiten im Überblick«, Seite 105

▶ »Auf einen Blick«, Seite 108

In diesem Kapitel validieren Sie die Beispielseite und gestalten sie mit einem Core-Stylesheet vom W3C. Anschließend erweitern Sie die *Beispielseite* durch das Erstellen einer Kontaktseite zu einer kleinen *Beispielsite*.

6.1 Stimmt die Statik? Der HTML-Validator

Die Startseite sieht im Firefox etwa so aus wie in Abbildung 6.1.

Zum Abschluss der Arbeiten sollten Sie den HTML-Quelltext von einem amtlich geprüften Grammatikkenner begutachten lassen, um zu sehen, ob die HTML-Kästchen solide gebaut sind. Das geht zum Beispiel unter folgender Adresse:

▶ *validator.w3.org*

Mit dieser URL rufen Sie den *The W3C Markup Validation Service* auf, wie der Validator mit offiziellem Namen heißt. Hier hat man die Wahl zwischen drei Optionen:

▶ Bei Validate by URI können Sie eine beliebige Webadresse eingeben. Wundern Sie sich nicht über das »I« am Ende. Gemeint ist das, was Sie als URL kennen.

▶ Mit der Option Validate by File Upload können Sie lokal auf Ihrem Rechner gespeicherte Webseiten validieren.

▶ Und SMALL CAPS: Validate by Direct Input ermöglicht die Validierung von HTML, das Sie über die Zwischenablage hier einfügen.

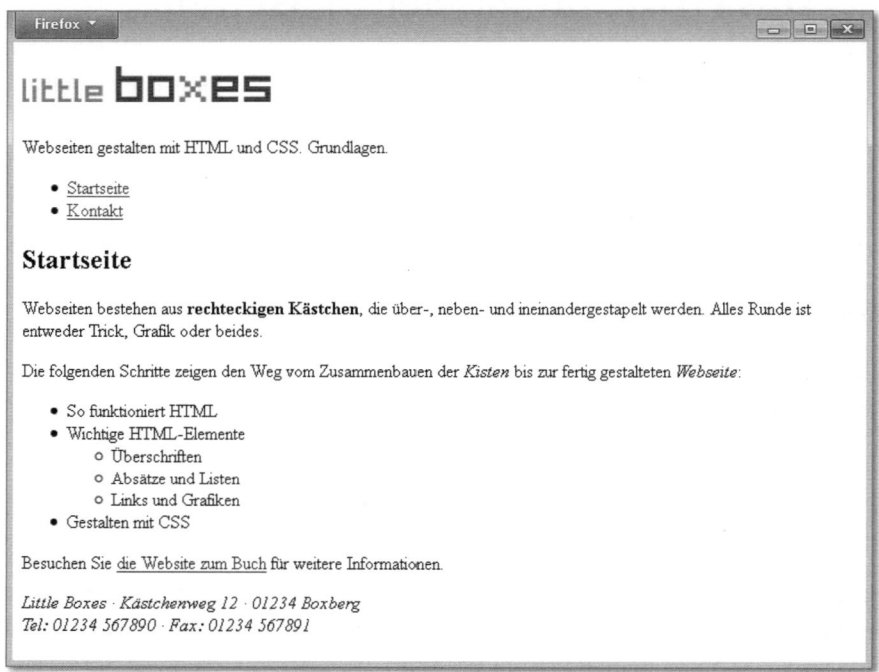

Abbildung 6.1 Die Startseite im Firefox

Bei den Optionen kann man zwischen verschiedenen Zeichensätzen (*Character Encoding*) und verschiedenen HTML-Versionen wählen, darunter auch HTML5.

Das Validieren von selbst geschriebenem HTML-Quelltext ist nicht nur eine gute Angewohnheit, sondern hilft vor allem auch beim Finden von Flüchtigkeitsfehlern. Im folgenden ToDo hilft Ihnen dabei die bereits vorgestellte Web-Developer-Toolbar, die es für Firefox und Chrome gibt.

ToDo: HTML validieren mit der Symbolleiste »Web Developer«

1. Öffnen Sie die Beispielseite *index.html* im Browser.
2. Klicken Sie in der Symbolleiste WEB DEVELOPER auf das Menü WERKZEUGE.
3. Wählen Sie den Befehl LOKALES HTML VALIDIEREN.

Dieser Befehl schickt den Quelltext direkt zum Validator zur Überprüfung. Wenn der Validator keine Fehler findet, sehen Sie eine Meldung wie in Abbildung 6.2.

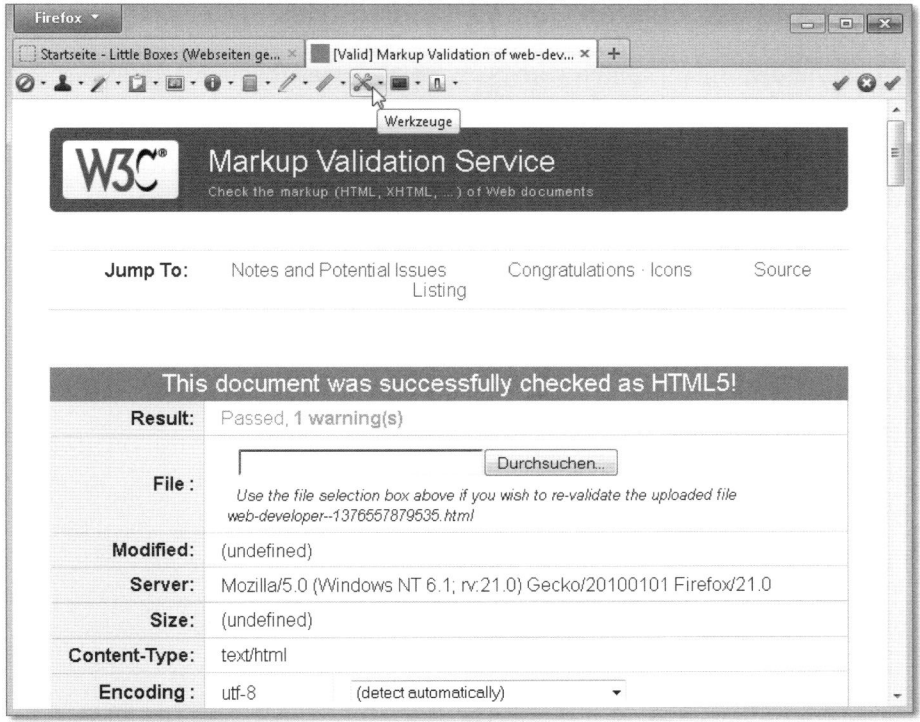

Abbildung 6.2 Der Validator hat alles für gut befunden.

Damit ist gewissermaßen amtlich zertifiziert, dass das HTML auf der geprüften Webseite keine Grammatikfehler enthält, und die Formatierung kann beginnen. Falls Sie keinen grünen Balken haben, versuchen sie die Fehlermeldungen zu verstehen, und vergleichen Sie, falls Sie keine Fehler finden, Ihren Quelltext mit den ToDo-Kästchen oder der fertigen Beispieldatei für dieses Kapitel.

Die Meldung 1 WARNING(s) bezieht sich übrigens darauf, dass sich der HTML5-Validator selbst noch vorsichtig als »experimental feature« einstuft.

Der Validator ist nur ein Hilfsmittel

Der Validator ist ein sehr hilfreiches Werkzeug, um Fehler zu finden, aber kein Selbstzweck. Er überprüft nur die Grammatik, nicht die Eleganz des Quelltextes.

Das ist ähnlich wie bei normalen Texten: Nur weil ein Aufsatz keinerlei Rechtschreibfehler hat, ist er noch lange kein guter Aufsatz. Und umgekehrt kann es durchaus passieren, dass ein Autor, der weiß, was er tut, Dinge manchmal absichtlich *föllig valsch* schreibt, das Gesamtwerk aber trotzdem wertvoll ist, obwohl es nicht validiert.

6.2   CSS zum Ausprobieren – die W3C Core Styles

Das W3C hat in den Anfangszeiten von CSS vor vielen, vielen Jahren acht Stylesheets erstellt, mit denen man zu Übungs- und Demonstrationszwecken Webseiten per CSS formatieren kann, ohne selbst eine Zeile CSS schreiben oder kennen zu müssen.

Eines dieser Stylesheets verbinden Sie im folgenden ToDo mit Ihrer Übungsseite. Dazu fügen Sie im Head der Webseite ein HTML-Element mit dem schönen Namen link ein, das Webseite und Stylesheet miteinander verbindet und auch in einer Zeile stehen kann.

ToDo: Formatieren Sie die Webseiten mit dem Core Style »Traditional«

1. Öffnen Sie gegebenenfalls *index.html* in einem Editor.

2. Fügen Sie vor `</head>` das fett gedruckte Element link ein:

    ```
    <head>
      <!-- meta-Elemente und title unverändert lassen -->
      <!-- Das folgende Element kann auch in einer Zeile stehen -->
      <link href="http://www.w3.org/StyleSheets/Core/Traditional"
            rel="stylesheet" media="screen">
    </head>
    ```

3. Speichern Sie die Seite, und betrachten Sie sie in einem Browser.

Wenn alles funktioniert, hat sich die Seite optisch etwas verändert und sieht etwas so aus wie in Abbildung 6.3.

Das HTML-Element link lernen Sie zu Beginn des nächsten Kapitels noch genauer kennen. Im ToDo verbindet es eine Webseite mit einem Stylesheet. Im Beispiel liegt dieses Stylesheet auf den Computern des World Wide Web und heißt *Traditional*.

Neben *Traditional* gibt es beim W3C noch ein paar andere Core-Stylesheets:

Midnight, *Ultramarine*, *Chocolate*, *Oldstyle*, *Modernist*, *Steely* und *Swiss*

Zum Ausprobieren ersetzen Sie im link-Element einfach das Wort Traditional durch eine andere Variante. Speichern. Anschauen. Staunen.

Abbildung 6.3 Die Startseite mit dem W3C-Core-Stylesheet »Traditional«

6.3 Die Kontaktseite – von der Seite zur Site

Bevor es im nächsten Kapitel mit CSS losgeht, benötigen Sie noch eine zweite Webseite. Die Kontaktseite *kontakt.html* erstellen Sie am besten als Kopie der Startseite *index. html,* die Sie anschließend ein wenig bearbeiten.

ToDo: Erstellen Sie die Kontaktseite (als Kopie der Startseite)

1. Erstellen Sie eine Kopie der Startseite *index.html* unter dem Namen *kontakt.html*.

2. Öffnen Sie *kontakt.html* im Editor.

3. Ändern Sie den Titel der Seite wie folgt:

   `<title>`**Kontaktseite** `- Little Boxes (Webseiten gestalten mit HTML und CSS)</title>`

4. Ändern Sie die Seitenbeschreibung im Head der Webseite wie folgt:

   `<meta name="description" content="Kontaktformular für Little Boxes">`

5. Ändern Sie die h2-Überschrift im Textbereich:

   `<h2>`**Kontaktseite**`</h2>`

6. Entfernen Sie den Fließtext (Absätze und Listen) aus dem Textbereich, und schreiben Sie stattdessen folgenden Absatz:

   `<p>Hier kommt das Kontaktformular hin.</p>`

7. Der Fußbereich bleibt unverändert.

8. Speichern Sie die Seite, und betrachten Sie sie in einem Browser.

9. Um Flüchtigkeitsfehler auszuschließen, sollten Sie *kontakt.html* nach der Fertigstellung validieren.

Fertig. Im Browser sollte die Kontaktseite ungefähr so aussehen wie in Abbildung 6.4.

Abbildung 6.4 Die Kontaktseite mit dem Core-Stylesheet »Traditional«

Nach diesem ToDo haben Sie eine aus zwei Webseiten bestehende Minisite und können mit der kleinen, aber feinen Navigation zwischen beiden Seiten hin- und herspringen. Diese beiden Seiten werden Sie in den folgenden Kapiteln gestalten.

6.4   Der Quelltext der Webseiten im Überblick

Bevor es gleich mit dem Gestalten per CSS losgeht, sehen Sie hier noch einmal den Quelltext der beiden Beispieldateien im Überblick.

6.4.1   Der Quelltext der Startseite »index.html«

Der Quelltext der Startseite sieht zurzeit etwa so aus. Die Zeilennummerierung dient nur der Orientierung und sollte nicht in der Datei stehen:

```
01 <!DOCTYPE html>
02 <html lang="de">
03 <head>
04   <meta charset="utf-8">
05   <title>Startseite - Little Boxes (Webseiten gestalten mit HTML
     und CSS)</title>
06   <meta name="description" content="Little Boxes führt Sie
     durch das Labyrinth von HTML und CSS, von den ersten
     Schritten bis zur professionell gestalteten Webseite.">
07   <link href="http://www.w3.org/StyleSheets/Core/Traditional"
     rel="stylesheet" media="screen">
08 </head>
09
10 <body>
11 <div id="wrapper">
12 <div id="kopfbereich">
13 <h1><img src="little-boxes-logo.gif" id="logo" alt="Little Boxes"
   width="222" height="32"></h1>
14 <p id="slogan">Webseiten gestalten mit HTML und CSS. <span>Grundlagen.
   </span></p>
15 </div> <!-- Ende kopfbereich -->
16
17 <div id="navibereich">
18 <ul>
19   <li><a href="index.html">Startseite</a></li>
20   <li><a href="kontakt.html">Kontakt</a></li>
```

```
21 </ul>
22 </div> <!-- Ende navibereich -->
23
24 <div id="textbereich">
25 <h2>Startseite</h2>
26 <p>Webseiten bestehen aus <strong>rechteckigen Kästchen</strong>,
   die über-, neben- und ineinandergestapelt werden. Alles Runde ist
   entweder Trick, Grafik oder beides.</p>
27
28 <p>Die folgenden Schritte zeigen den Weg vom Zusammenbauen der
   <em>Kisten</em> bis zur fertig gestalteten <em>Webseite</em>:</p>
29
30 <ul>
31   <li>So funktioniert HTML</li>
32   <li>Wichtige HTML-Elemente
33   <ul>
34     <li>Überschriften</li>
35     <li>Absätze und Listen</li>
36     <li>Links und Grafiken</li>
37   </ul>
38   </li><!-- beginnt VOR "Wichtige HTML-Elemente" -->
39   <li>Gestalten mit CSS</li>
40 </ul>
41
42 <p>Besuchen Sie <a href="http://little-boxes.de/"
   title="little-boxes.de – mit Infos zum Buch">die Website zum Buch
   </a> für weitere Informationen.</p>
43 </div> <!-- Ende textbereich -->
44
45 <div id="fussbereich">
46 <address>
47 Little Boxes &middot; Kästchenweg 12 &middot; 01234 Boxberg
48 <br>
49 Tel: 01234 567890 &middot; Fax: 01234 567891
50 </address>
51 </div> <!-- Ende fussbereich -->
52 </div> <!-- Ende wrapper -->
53 </body>
54 </html>
```

Listing 6.1 Der Quelltext der Startseite »index.html«

Der Quelltext sollte im Editor so übersichtlich wie möglich sein. Sie können so viele Leerzeilen, Zeilenumbrüche und Kommentare einfügen wie Sie möchten. Den Browser interessieren wie gesagt nur die Tags.

6.4.2   Der Quelltext der Kontaktseite »kontakt.html«

Der Quelltext der Kontaktseite sieht zurzeit etwa so aus. Auch hier dient die Zeilennummerierung nur der Orientierung und sollte nicht in der Datei stehen:

```
01 <!DOCTYPE html>
02 <html lang="de">
03 <head>
04   <meta charset="utf-8">
05   <title>Kontaktseite - Little Boxes (Webseiten gestalten mit HTML
      und CSS)</title>
06   <meta name="description" content="Kontaktformular für Little Boxes">
07   <link href="http://www.w3.org/StyleSheets/Core/Traditional"
      rel="stylesheet" media="screen">
08 </head>
09
10 <body>
11 <div id="wrapper">
12 <div id="kopfbereich">
13 <h1><img src="little-boxes-logo.gif" id="logo" alt="Little Boxes"
   width="222" height="32"></h1>
14 <p id="slogan">Webseiten gestalten mit HTML und CSS.
   <span>Grundlagen.</span></p>
15 </div> <!-- Ende kopfbereich -->
16
17 <div id="navibereich">
18 <ul>
19   <li><a href="index.html">Startseite</a></li>
20   <li><a href="kontakt.html">Kontakt</a></li>
21 </ul>
22 </div> <!-- Ende navibereich -->
23
24 <div id="textbereich">
25 <h2>Kontaktseite</h2>
26
27 <p>Hier kommt das Kontaktformular hin.</p>
28
```

```
29 </div> <!-- Ende textbereich -->
30
31 <div id="fussbereich">
32 <address>
33 Little Boxes &middot; Kästchenweg 12 &middot; 01234 Boxberg
34 <br>
35 Tel: 01234 567890 &middot; Fax: 01234 567891
36 </address>
37 </div> <!-- Ende fussbereich -->
38 </div> <!-- Ende wrapper -->
39 </body>
40 </html>
```

Listing 6.2 Der Quelltext der Kontaktseite »kontakt.html«

In Kapitel 12, »Ein Kontaktformular erstellen«, erstellen Sie übrigens ein voll funktionierendes Kontaktformular, das den Platzhalter-Absatz in Zeile 27 ersetzt.

6.5   Auf einen Blick

Hier sind noch einmal die wichtigsten Punkte dieses Kapitels im Überblick:

▶ Eine HTML-Grammatikprüfung finden Sie unter der folgenden Adresse: *validator.w3.org*

▶ Die Web-Developer-Toolbar ermöglicht die Validierung von Webseiten mit wenigen Klicks.

▶ Mit den *Core Styles* vom W3C kann man die Möglichkeiten von CSS in Aktion sehen, ohne CSS selbst zu schreiben.

TEIL III
CSS Grundlagen – Kästchen gestalten

Kapitel 7
CSS kennenlernen – Schriften, Farben und Hyperlinks

Worin Sie Cascading Style Sheets kennenlernen, indem Sie Text formatieren, einige Farben definieren und Hyperlinks gestalten.

Die Themen im Überblick:

- »Ein Stylesheet ist eine Sammlung von Formatvorlagen«, Seite 111

- »Überblick: CSS und das Gestalten der HTML-Kästchen«, Seite 112

- »Das erste eigene Stylesheet«, Seite 112

- »Hintergrund- und Schriftfarben definieren«, Seite 114

- »Schriftart und -größe gestalten«, Seite 119

- »Die Kontaktadresse im Fußbereich gestalten«, Seite 121

- »Hyperlinks gestalten«, Seite 123

- »Styles können an drei verschiedenen Stellen definiert werden«, Seite 128

- »Das Stylesheet im Überblick«, Seite 130

- »Auf einen Blick«, Seite 131

CSS (kurz für *Cascading Style Sheets*) ist eine Sprache, die speziell zur Gestaltung von HTML-Elementen erfunden wurde.

7.1 Ein Stylesheet ist eine Sammlung von Formatvorlagen

Was genau sind diese *Cascading Style Sheets*? Ein Blick auf die einzelnen Teile hilft, das Ganze besser einzuordnen:

- Ein *Style* ist eine *Formatvorlage*, eine gespeicherte Gestaltungsanweisung.

- Ein *Sheet* ist ein Blatt Papier, oder im übertragenen Sinn eine *Sammlung*.

Ein *Stylesheet* ist also eine *Sammlung von Formatvorlagen für HTML-Elemente*. Und *Cascading*? Laut Duden ist eine »Kaskade« unter anderem ein »stufenförmiger Wasserfall« oder ein »wagemutiger Sprung«. Beides stimmt, sagt in Bezug auf CSS aber eher wenig. Was es mit dem *Cascading* auf sich hat, ist vorab schwierig zu erklären, weshalb ich dieses Unterfangen auf später verschiebe und ihm dann dafür gleich ein ganzes Kapitel widme (siehe Kapitel 15, »Kaskade, Vererbung oder Standardwert«).

7.2   Überblick: CSS und das Gestalten der HTML-Kästchen

CSS gestaltet die mit HTML erstellten rechteckigen Kästchen. Die Gestaltungsmöglichkeiten von CSS kann man grob in folgende Bereiche unterteilen:

▶ Schriften und Farben: den Inhalt der Kästchen gestalten

▶ Abstände und Rahmenlinien: die Kästchen selbst gestalten

▶ Positionierung: die Kästchen auf der Webseite verschieben

▶ Mehrspaltige Layouts: die Kästchen auf der Webseite in Spalten anordnen

In dieser Reihenfolge werden Sie CSS auf den folgenden Seiten kennenlernen:

▶ Kästchen gestalten:

– In Kapitel 7 und Kapitel 8 geht es zunächst um den Inhalt der Kästchen, also um Text, Farben und Links.

– Ab Kapitel 9 lernen Sie mit dem Box-Modell die Gestaltung von Abständen und Rahmenlinien kennen und gestalten unter anderem eine horizontale Navigation und ein Kontaktformular.

▶ Kästchen verschieben:

– In den Kapiteln 16 bis 19 lernen Sie die grundlegenden Techniken zur Positionierung der Kästchen auf einer Webseite und deren Anwendung.

– In den Kapiteln 20 bis 23 folgt schließlich die Erstellung von mehrspaltigen Layouts.

Zwischendurch gibt es immer mal wieder Wissenswertes zu den grundlegenden Konzepten von CSS, um das Gelernte auch wirklich zu *verstehen*. Aber los geht es ganz sinnig mit dem ersten eigenen Stylesheet.

7.3   Das erste eigene Stylesheet

In diesem Abschnitt erstellen Sie ein leeres Stylesheet, schreiben einen CSS-Kommentar hinein und verbinden es dann mit den Beispielseiten *index.html* und *kontakt.html*.

7.3.1   Ein Stylesheet erstellen und einen CSS-Kommentar schreiben

Zunächst erstellen Sie eine leere Datei, in der später die CSS-Regeln (= Styles) gespeichert werden.

ToDo: Ein Stylesheet und einen CSS-Kommentar erstellen

1. Erstellen Sie mit Ihrem Lieblingseditor eine leere Datei.
2. Speichern Sie die Datei unter dem Namen *bildschirm.css*, und zwar im selben Ordner wie die HTML-Seiten.
3. Fügen Sie in der ersten Zeile der Datei folgenden CSS-Kommentar ein:

   ```
   /* Stylesheet für die Beispielsite aus "Einstieg in CSS" */
   ```

4. Speichern Sie die Datei.

Der Dateiname des Stylesheets sollte den üblichen Regeln für Dateinamen auf Webseiten entsprechen (keine Leerstellen, keine Sonderzeichen und Kleinschreibung) und die Endung *.css* haben.

Die Datei darf kein HTML-Grundgerüst enthalten. CSS ist eine eigene Sprache, und es gibt darin weder ein HTML-Grundgerüst noch HTML-Tags.

Kommentare stehen in CSS anders als in HTML zwischen /* und */ (Schrägstrich – Sternchen und Sternchen – Schrägstrich) und dürfen *nicht verschachtelt* werden. Innerhalb eines Kommentars darf also kein weiterer Kommentar stehen.

CSS-Kommentare ganz einfach

Wenn Sie auf der Tastatur einen Ziffernblock haben, geht das Erstellen von CSS-Kommentaren wirklich einfach:

▶ Der Schrägstrich ⌗/⌗ ist das Symbol für »geteilt durch« (Division).
▶ Das Sternchen ⌗*⌗ ist das Malzeichen (Multiplikation) direkt daneben.

Das erspart Ihnen das Drücken von ⌗⇧⌗ + ⌗7⌗ und ⌗⇧⌗ + ⌗+⌗.

7.3.2   Die Verbindung zwischen HTML und CSS – »link«

Im letzten Kapitel haben Sie die beiden Beispielseiten mit einem vom W3C geliehenen Stylesheet verbunden. Wenn Sie jetzt Ihr eigenes Stylesheet erstellen, müssen Sie nur noch die Wegbeschreibung im link-Element ändern, um die Seiten mit Ihrem eigenen Stylesheet zu gestalten.

ToDo: Die Webseite mit Ihrem (noch leeren) Stylesheet verbinden

1. Öffnen Sie die beiden HTML-Dateien *index.html* und *kontakt.html*.

2. Ändern Sie auf *beiden* HTML-Seiten die Wegbeschreibung zum Stylesheet wie folgt:

    `<link href="`**`bildschirm.css`**`" rel="stylesheet" media="screen">`

3. Speichern Sie die beiden Webseiten, und betrachten Sie sie in einem Browser.

Die Formatierungen des am Ende des vorigen Kapitels eingebauten W3C-Stylesheets sollten nicht mehr zu sehen sein, und die beiden Webseiten sind somit wieder völlig ohne Styling.

Die Attribute im `link`-Element haben übrigens folgende Bedeutung:

▶   `href` gibt (wie immer) den Pfad zu einer Datei an. Ein Dateiname ohne Pfadangabe bedeutet wie immer »ist im selben Ordner gespeichert«.

▶   `rel` ist kurz für *relation* (Beziehung). `rel="stylesheet"` heißt: »Die verknüpfte Datei ist ein Stylesheet zur Gestaltung dieser Datei.«

▶   `media` besagt, dass der Browser das Stylesheet nur für ein bestimmtes Ausgabemedium benutzen soll, in diesem Fall für die Ausgabe auf einem Bildschirm (`screen`).

Die in *bildschirm.css* gespeicherten Styles gelten für *alle* HTML-Dateien, die mit dem Stylesheet verbunden sind, egal, ob das wie im Beispiel momentan zwei, 200 oder 2.000 sind.

Das Attribut »type« ist nicht mehr notwendig

In früheren HTML-Versionen war das Attribut `type="text/css"` Pflichtprogramm, das dem Browser mitteilt, dass *bildschirm.css* eine in CSS geschriebene Textdatei ist. Dieses Attribut ist in HTML5 nicht mehr nötig, wenn Ihr Stylesheet in CSS geschrieben ist.

7.4   Hintergrund- und Schriftfarben definieren

Im ersten Schritt definieren Sie die Hintergrund- und Schriftfarben für `body` und danach für den »Schutzumschlag« `<div id="wrapper">`.

7.4.1 Hintergrund- und Schriftfarbe für »body«

Das folgende ToDo gestaltet die Schrift- und die Hintergrundfarbe für das Element body. Um ein Element zu gestalten, müssen Sie es im CSS zunächst auswählen, und dazu schreiben Sie einfach den Namen des Elements hin, also schlicht und einfach body.

Die gewünschten Gestaltungsanweisungen folgen dann zwischen geschweiften Klammern. Es empfiehlt sich übrigens beim Schreiben der Styles, die schließende geschweifte Klammer direkt nach der öffnenden zu schreiben, dann vergisst man sie nicht so leicht. Achten Sie auch darauf, dass jede Anweisung mit einem Semikolon endet.

Die Hintergrundfarbe eines Elements wird mit der CSS-Eigenschaft background-color gestaltet, die Eigenschaft für die Schriftfarbe heißt einfach nur color und nicht *text-color* oder *font-color*.

ToDo: Schrift- und Hintergrundfarbe für »body« gestalten

1. Schreiben Sie die folgenden Zeilen unterhalb des Kommentars. Die /* Kommentare */ dienen lediglich der Erläuterung und müssen nicht abgetippt werden:

```
/* Gestalte das HTML-Element mit dem Namen body */
body {
   background-color: #8c8c8c; /* Hintergrundfarbe */
   color: white; /* Schriftfarbe */
}
```

2. Speichern Sie das Stylesheet, und betrachten Sie die beiden Webseiten *index.html* und *kontakt.html* (und *nicht* das Stylesheet!) in einem Browser.

Nach diesem Schritt sieht die Startseite im Browser ungefähr so aus wie in Abbildung 7.1.

Die Webseite ist jetzt grau mit weißer Schrift. Das ist nicht besonders hübsch, aber die Veränderung ist deutlich sichtbar.

Ein Wort noch zur Definition von Farben: Hexadezimale Farbangaben wie #8c8c8c kennen Sie vielleicht bereits aus HTML, aber in CSS können Sie für einige Farben auch englische Farbnamen wie *white* oder *black* benutzen. Mehr dazu erfahren Sie in Abschnitt 8.8.

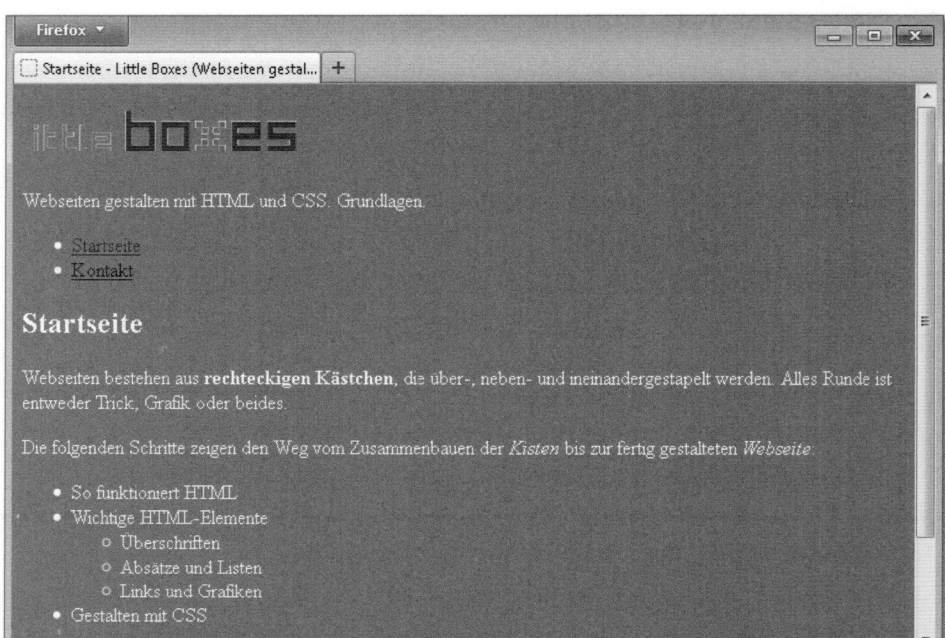

Abbildung 7.1 »body« mit grauem Hintergrund und weißer Schrift

7.4.2   Hintergrund- und Schriftfarbe für »div#wrapper«

Um den »Schutzumschlag« `<div id="wrapper">` innerhalb von body zu gestalten, müssen Sie im CSS zunächst wieder den Namen des Elements hinschreiben. Da es auf der Seite aber mehrere div-Elemente gibt und Sie nicht alle gestalten möchten, ergänzen Sie danach noch die ID, die mit einem #-Zeichen an den Elementnamen gehängt wird. Das div-Element mit der ID wrapper heißt in CSS also div#wrapper.

ToDo: Schrift- und Hintergrundfarbe für »#wrapper« gestalten

1. Schreiben Sie im Stylesheet *bildschirm.css* die folgenden Zeilen unterhalb des Styles für body:

```
/* Gestalte das div mit id="wrapper" */
div#wrapper {
  background-color: white;
  color: black;
}
```

2. Speichern Sie das Stylesheet, und betrachten Sie die beiden Webseiten im Browser.

116

Wenn alles geklappt hat, sind die Start- und die Kontaktseite jetzt wieder etwas besser lesbar (siehe Abbildung 7.2).

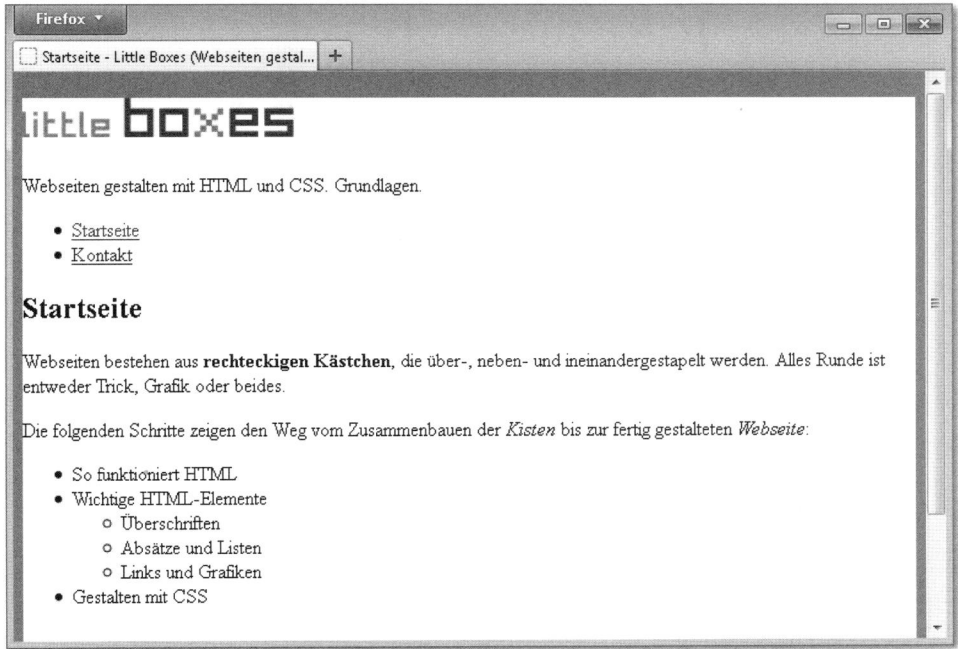

Abbildung 7.2 »body« in Grau, »#wrapper« in Weiß

Der Text sitzt sehr dicht am Rand, und auch sonst ist die Seite noch nicht besonders hübsch, aber es ist ein Anfang.

Vielleicht ist Ihnen aufgefallen, dass die für body mit der Eigenschaft color definierte Schriftfarbe auf der Seite momentan gar nicht zum Einsatz kommt, weil der gesamte Text innerhalb von div#wrapper steht und deshalb schwarz wird. Es ist aber eine gute Angewohnheit, Schrift- und Hintergrundfarbe *immer* zusammen zu definieren, damit sich nicht durch seltsame Zufälle unbeabsichtigte Kombinationen wie weiße Schrift auf weißem Grund ergeben.

Übrigens: Da die ID wrapper auf jeder Webseite nur ein einziges Mal vorkommen darf, können Sie das div davor auch weglassen und einfach nur #wrapper schreiben, aber zumindest am Anfang ist es mit dem div davor deutlicher. Mehr über Selektoren und ihre möglichen Schreibweisen folgt in Kapitel 8, »Selektoren, Einheiten und Farben«.

Die doppelte Rolle der Raute (#)

Das Rautenzeichen # (engl. *number sign*) hat in unserem Alltag viele unterschiedliche Namen und Bedeutungen, so auch im CSS:

▶ *Vor* den geschweiften Klammern steht im Beispiel div#wrapper.
Hier heißt das Rautenzeichen: »Gestalte das div-Element mit dem Attribut id= "wrapper".«

▶ *Innerhalb* der geschweiften Klammern findet sich die Zeichenfolge background-color: #8c8c8c.
Das Rautenzeichen vor einer Farbangabe bedeutet lediglich: »Es folgt ein hexadezimaler Wert.«

7.4.3 Hintergrund- und Schriftfarben im Kopfbereich

Der auf beiden Webseiten vorhandene Kopfbereich, im HTML <div id="kopfbereich">, soll ebenfalls eine Hintergrundfarbe bekommen, und wie eben gesehen definieren Sie im folgenden ToDo die Schriftfarbe am besten gleich mit. Danach erscheint der Kopfbereich auf beiden Seiten in einem gelborangen Ton.

ToDo: Eine Hintergrundfarbe für den Kopfbereich definieren

1. Fügen Sie am Ende des Stylesheets *bildschirm.css* folgende CSS-Regel ein:

```
div#kopfbereich {
    background-color: #f3c600; /* Gelb-Orange */
    color: black;
}
```

2. Speichern Sie das Stylesheet, und betrachten Sie die Webseiten im Browser.

Die Logo-Grafik ist ein transparentes GIF-Bild und wurde für einen weißen Hintergrund optimiert. Deshalb ist bei dem etwas dunkleren Hintergrund momentan um die Buchstaben herum ein leichter »Heiligenschein« zu sehen.

Per CSS können Sie dem HTML-Element img einen weißen Hintergrund geben, der dann im Browser sichtbar wird, weil das Logo wie gesagt eine transparente GIF-Grafik ist.

Die Grafik hat im HTML die ID logo:

```
<img src="logo.gif" id="logo" alt="Little Boxes" width="222" height="32">
```

Im CSS können Sie das Logo deshalb ganz einfach mit `img#logo` selektieren und anschließend gestalten.

ToDo: Eine Hintergrundfarbe für die Grafik im Kopfbereich definieren

1. Fügen Sie am Ende des Stylesheets *bildschirm.css* folgende CSS-Regel ein:

```
img#logo { /* Gestalte die Grafik mit id="logo" */
  background-color: white;
  color: black;
}
```

2. Speichern Sie das Stylesheet, und betrachten Sie die Webseiten im Browser.

Abbildung 7.3 zeigt, wie der Kopfbereich der Beispielseiten jetzt im Browser aussieht.

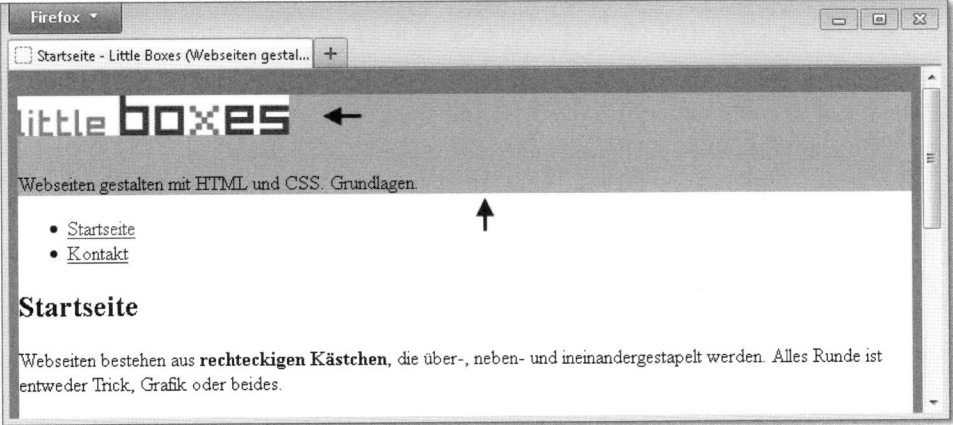

Abbildung 7.3 Kopfbereich und Logografik mit Hintergrundfarbe

7.5   Schriftart und -größe gestalten

In diesem Abschnitt gestalten Sie die Schriftart und die Schriftgröße für die gesamte Webseite und für die Überschriften.

7.5.1   Grundlegende Schriftformatierung für die ganze Seite

Webseiten bestehen wie erwähnt aus ineinander verschachtelten Kästchen, und für diese Kästchen gilt in CSS das sogenannte *Vererbungsprinzip*:

▶ Alle Kästchen innerhalb von body erben die Schriftformatierungen, die Sie für body festgelegt haben.

body eignet sich also hervorragend zur Einstellung der grundlegenden Schriftgestaltung, denn sie wird an alle anderen Elemente weitergegeben.

ToDo: Schrifteinstellungen für die Webseite definieren

1. Ergänzen Sie die bereits vorhandene CSS-Regel für body wie folgt:

```
body {
    background-color: #8c8c8c;
    color: white;
    font-family: Verdana, Arial, Helvetica, sans-serif;
    font-size: 87.5%; /* Schriftgröße 14px */
}
```

2. Speichern Sie das Stylesheet, und betrachten Sie die Webseiten im Browser.

Auf beiden Webseiten haben sich die Schrifteinstellungen geändert, und zwar für (fast) alle HTML-Elemente. Hier die beiden neuen Eigenschaften im Detail:

▶ font-family definiert die *Schriftart*.

Da Sie als Autor des Stylesheets nicht wissen, welche Schriftarten der Browser des Betrachters zur Verfügung hat, äußern Sie einfach mehrere Wünsche, jeweils durch Komma getrennt.

▶ font-size gestaltet die *Schriftgröße*.

Über die beste Methode zur Definition der Schriftgröße gibt es im Web intensive Diskussionen, aber für den Anfang ist 87.5 % eine gute Grundlage. Die Browser haben fast immer eine Standardschriftgröße von 16 px, und 87.5 % reduziert diesen Wert auf meist gut lesbare 14 px.

Mehr zur Vererbung von CSS-Eigenschaften erfahren Sie in Abschnitt 15.6 im Abschnitt über die Vererbung.

7.5.2 Schriftgröße für Überschriften ändern

Alle Elemente haben eine andere Schriftgröße bekommen, mit Ausnahme der Überschriften. In den Browser-Stylesheets werden Überschriften größer formatiert als normaler Text, und da wir bis jetzt für die Überschrift nichts definiert haben, gilt noch immer das im Browser eingebaute Stylesheet.

Im folgenden ToDo definieren Sie die Schriftgröße für alle Überschriften der ersten und zweiten Gliederungsebene.

ToDo: Schriftgröße für die Überschriften ändern

1. Schreiben Sie folgende Zeilen an das Ende des Stylesheets:

    ```
    h1 { font-size: 150%; }
    h2 { font-size: 130%; }
    ```

2. Speichern Sie das Stylesheet, und betrachten Sie die Webseiten im Browser.

Die 150 % für h1 haben momentan kaum sichtbare Auswirkungen, weil im Beispiel davon nur die Logo-Grafik betroffen ist, aber bei h2 können Sie die Änderung der Schriftgröße direkt sehen.

Die Prozentangabe bezieht sich übrigens auf die Schriftgröße für das betreffende Element. Falls nirgendwo etwas definiert wurde, wird diese von einem umgebenden Element geerbt. Im Beispiel bezieht sich die Prozentangabe auf die für body definierte Schriftgröße. Die Angabe in Prozent bewirkt, dass das Größenverhältnis zwischen Text und Überschriften automatisch erhalten bleibt, wenn Sie die Schriftgröße für body ändern.

7.6   Die Kontaktadresse im Fußbereich gestalten

Am Ende der Webseite steht im Element address eine (fiktive) Kontaktadresse. Die meisten Browser-Stylesheets stellen dieses Element kursiv dar, aber das muss natürlich nicht so bleiben. Das folgende ToDo zentriert die Kontaktadresse, verfeinert die Schriftgestaltung und verändert den Zeilenabstand.

Am besten speichern Sie im ToDo nach jeder Anweisung (also nach jedem Semikolon, aber vergessen Sie nicht die schließende geschweifte Klammer) und betrachten die Webseiten kurz im Browser. Dann können Sie die Auswirkungen Schritt für Schritt nachvollziehen.

ToDo: Die Schrift für das Element »address« gestalten

1. Schreiben Sie folgende CSS-Regel an das Ende des Stylesheets:

```
address {
  text-align: center;    /* zentrieren */
  font-size: 80%;         /* etwas kleiner als der Rest */
  font-style: normal;    /* normale Schrift, nicht kursiv */
  letter-spacing: 2px; /* Abstand zwischen den Buchstaben */
  line-height: 1.5;      /* Zeilenabstand, ohne Einheit */
}
```

2. Speichern Sie das Stylesheet, und betrachten Sie die Webseiten im Browser.

Der Text von `address` ist jetzt zentriert, etwas kleiner als der Rest der Seite (80 % der Bezugsgröße), nicht mehr kursiv, der Zeichenabstand zwischen den einzelnen Buchstaben ist um 2 px vergrößert, und der Zeilenabstand wurde auf das Anderthalbfache der Schriftgröße erhöht (Abbildung 7.4). Einheiten wie Pixel (px) lernen Sie übrigens im nächsten Kapitel noch genauer kennen.

Little Boxes · Kästchenweg 12 · 01234 Boxberg
Tel: 01234 567890 · Fax: 01234 567891

Abbildung 7.4 »address« mit Formatierungen

Gewöhnungsbedürftig ist das Kursiv- und Fettformatieren von Zeichen:

- *kursiv* bekommen Sie einen Text mit `font-style: italic;`.
- **fett** erreichen Sie zum Beispiel mit `font-weight: bold;`.

CSS-Referenzen zum Nachschlagen: »TheStyleworks« und »Sitepoint«

Falls Sie weitere Details zu den im Beispiel benutzten CSS-Eigenschaften, wie zum Beispiel `text-align`, suchen, führen die folgenden Links zu zwei CSS-Referenzen im Web.

Die CSS2.1-Referenz auf *thestyleworks.de* enthält auch gleich Links zur offiziellen Dokumentation beim W3C, so dass man nicht lange suchen muss:

- *Übersicht: thestyleworks.de/ref/*
- *Beispiel text-align: thestyleworks.de/ref/text-align.shtml*

Sitepoint ist zwar auf Englisch, aber dafür ist eine HTML-Referenz gleich um die Ecke, und man kann in der CSS-Referenz nicht nur lesen (LEARN), sondern auch gleich live ausprobieren (PLAY):

▸ *Startseite: reference.sitepoint.com/css*

▸ *Beispiel text-align: reference.sitepoint.com/css/text-align*

7.7   Hyperlinks gestalten

Die Gestaltung von Hyperlinks mit CSS ist ein sehr beliebtes Thema. Hier finden Sie zunächst eine kleine Einführung. Später geht es mit der Gestaltung der Navigationsliste weiter.

7.7.1   Hyperlinks – das HTML-Element »a«

Hyperlinks werden im Quelltext mit dem Element a markiert. Mit CSS können Sie Hyperlinks völlig neu gestalten, zum Beispiel könnten Sie die Unterstreichung der Links entfernen.

ToDo: Die Unterstreichung für alle Hyperlinks entfernen

1. Fügen Sie am Ende von *bildschirm.css* die folgende CSS-Regel ein:

   ```
   a { text-decoration: none; } /* Unterstreichung entfernen */
   ```

2. Speichern Sie das Stylesheet, und betrachten Sie die Webseiten im Browser.

Diese Regel entfernt auf beiden Webseiten die Unterstreichung von allen Hyperlinks. Viele Designer lieben diesen Trick, aber Sie sollten immer darauf achten, dass Hyperlinks trotzdem noch als solche zu erkennen sind.

Während die Unterstreichung von Hyperlinks in einem optisch abgesetzten Navigationsbereich meist nicht nötig ist, sollten Sie besonders im Textbereich überprüfen, ob die Links auch ohne Unterstreichung deutlich erkennbar sind. Im nächsten Kapitel erfahren Sie, wie Sie Hyperlinks nur im Textbereich selektieren und gestalten.

7.7.2   Besuchte und nicht besuchte Hyperlinks

Links können je nach Zustand ihr Aussehen verändern: Unbesuchte Hyperlinks werden vom Browser traditionell blau dargestellt, besuchte hingegen lila. Ob ein Link bereits besucht wurde, erkennt der Browser anhand seiner Chronik. Wenn Sie diese löschen, gelten alle Links wieder als unbesucht.

Für die verschiedenen Zustände eines Hyperlinks kennt CSS sogenannte *Pseudoklassen*, die mit einem Doppelpunkt hinter den Elementnamen a gehängt werden. Tabelle 7.1 zeigt die beiden wichtigsten Linkzustände und die entsprechenden CSS-Selektoren.

Hyperlink	CSS-Selektor
zu einer noch nicht besuchten Seite	a:link
zu einer besuchten Seite	a:visited

Tabelle 7.1 Besuchte und nicht besuchte Hyperlinks und die entsprechenden CSS-Selektoren

Wie das Rautenzeichen hat auch der Doppelpunkt in CSS eine doppelte Funktion:

▶ Ein Doppelpunkt *vor* den geschweiften Klammern verbindet den Namen eines Elements mit einer Pseudoklasse: a:link. Hier darf vor oder nach dem Doppelpunkt *keine Leerstelle* stehen, da sonst der Selektor nicht funktioniert.

▶ *Innerhalb* der geschweiften Klammern trennt der Doppelpunkt Eigenschaft und Wert, zum Beispiel color: #d90000. Hier sind Leerstellen davor und dahinter optional.

Details zum Aufbau einer CSS-Regel folgen gleich im nächsten Kapitel. Im folgenden ToDo sehen Sie erst einmal ein Beispiel für die Formatierung von besuchten und nicht besuchten Hyperlinks:

ToDo: Die Farben für besuchte und unbesuchte Links ändern

1. Fügen Sie am Ende des Stylesheets die folgenden CSS-Regeln hinzu:
   ```
   a:link { color: #d90000; }
   a:visited { color: #cc6666; }
   ```

2. Speichern Sie das Stylesheet, und betrachten Sie die Webseiten im Browser.

Unbesuchte Hyperlinks werden nach diesem ToDo dunkelrot eingefärbt (#d90000) und besuchte etwas dunkler und blasser (#cc6666). Falls Sie die Farben für Hyperlinks ändern, sollten Sie darauf achten, dass die Unterscheidung von besuchten und unbesuchten Hyperlinks möglich bleibt, sofern dies von Ihnen gewünscht wird.

7.7.3   Wenn die Maus darüberschwebt – »a:hover« und Kollegen

CSS kennt noch drei weitere Pseudoklassen für Hyperlinks, die in Tabelle 7.2 aufgelistet werden.

Hyperlink	CSS-Selektor
wenn der Mauszeiger darüberschwebt	`a:hover`
beim Durchsteppen per ⇆-Taste	`a:focus`
im Moment des Klicks	`a:active`

Tabelle 7.2 Weitere Pseudoklassen für Links

Die ersten beiden Pseudoklassen ähneln sich in gewisser Weise, die dritte macht etwas ganz anderes:

▶ `:hover` verändert den Hyperlink, während der Mauszeiger darüberschwebt.

▶ `:focus` gestaltet den Hyperlink, wenn der Link per Tastatur ausgewählt wird.

▶ `:active` formatiert den Hyperlink, wenn die Maustaste über dem Link gedrückt wird, also im Moment des Klicks.

In der Praxis bedeutet das, dass Sie `:hover` und `:focus` häufig gemeinsam deklarieren, da `:focus` in gewisser Weise die Tastaturentsprechung zu `:hover` ist. Schreiben Sie dazu die beiden Selektoren wie im folgenden ToDo durch ein Komma getrennt vor den Deklarationsblock, am besten jeweils auf einer eigenen Zeile.

ToDo: Pseudoklassen für Hyperlinks definieren

1. Ergänzen Sie am Ende des Stylesheets die folgenden CSS-Regeln:

```
a:hover,
a:focus {
  text-decoration: underline;
}
a:active {
  color: white;
  background-color: #d90000;
}
```

2. Speichern Sie das Stylesheet, und betrachten Sie die Webseiten im Browser.

Diese Regeln bewirken, dass bei :hover und :focus die Links wieder ihre typische Unterstreichung bekommen, die mit der Anweisung text-decoration: underline aktiviert wird. Im zweiten Style werden mit der Pseudoklasse :active im Moment des Klicks Hintergrund- und Schriftfarbe geändert, was mit ein bisschen Fantasie so aussieht, als ob ein Schalter gedrückt wird (Abbildung 7.5).

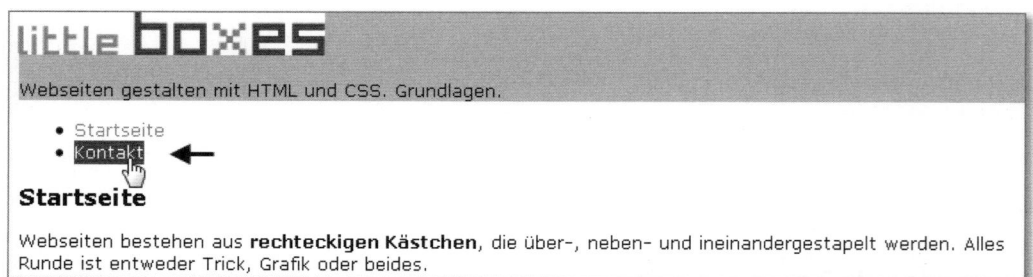

Abbildung 7.5 Der Link im Moment des Klicks mit der Pseudoklasse »:active«

Im folgenden ToDo verfeinern Sie die Unterstreichung der Links und benutzen statt text-decoration: underline die Eigenschaft border-bottom, die Sie in Kapitel 9, »Das Box-Modell«, noch genauer kennenlernen werden.

ToDo: Hyperlinks mit »border-bottom« unterstreichen

1. Ändern Sie im folgenden Style die fett gedruckte Deklaration:

   ```
   a:hover,
   a:focus {
     /* text-decoration: underline; */
     border-bottom: 1px solid #d90000;
   }
   ```

2. Speichern Sie das Stylesheet, und betrachten Sie die Webseiten im Browser.

---

border-bottom hat gegenüber text-decoration: underline zwei kleine Vorteile:

▶ Sie haben bei der Gestaltung mehr Möglichkeiten und können zum Beispiel für die Unterstreichung eine andere Farbe wählen als für den Link selbst.

▶ Die Unterstreichung ist etwas weiter vom Text entfernt, der dadurch besser lesbar wird.

Bei den Pseudoklassen :focus und :active erhalten Hyperlinks in einigen Browsern übrigens eine gepunktete Umrisslinie oder eine andere Hervorhebung, die viele Webdesigner als unschön empfinden. Diesen Umriss können Sie meist entfernen, indem Sie dem Selektor a in Ihrem Stylesheet die Deklaration outline: none; hinzufügen:

```
a {
  text-decoration: none;
  outline: none;
}
```

Das sollten Sie allerdings nur tun, wenn der Rahmen wirklich stört und die beiden Link-zustände aufgrund anderer Styles trotzdem deutlich erkennbar sind. Tastaturbenutzer können beim Navigieren per Tastatur (zum Beispiel mit der ⇆-Taste) sonst nicht erkennen, welcher Link gerade ausgewählt ist.

Auf Touchscreens gibt es keinen Hover-Effekt

Die Gestaltung für den über einem Element schwebenden Mauszeiger sollten Sie nicht übertreiben, denn Touchscreens, zum Beispiel auf Smartphones oder Tablets, werden mit dem Finger bedient, und dabei gibt es weder einen Mauszeiger noch einen Hover-Effekt.

7.7.4 Die Reihenfolge der Pseudoklassen im Stylesheet ist wichtig

Beim Definieren der Pseudoklassen in Ihrem Stylesheet müssen Sie die richtige Reihenfolge beachten:

1. a:link
2. a:visited
3. a:hover und a:focus (Reihenfolge egal)
4. a:active

Ein Merkspruch dazu wäre love-hate. Für die Pseudoklasse :focus müssen Sie sich einfach merken, dass es zu :hover gehört.

Detaillierte Informationen zu Pseudoklassen

Details zum Umgang mit Pseudoklassen finden Sie bei The Styleworks:

▸ *thestyleworks.de/ref/index_pc.shtml*

Dort sehen Sie auch, dass es noch diverse andere Pseudoklassen gibt.

7.8   Styles können an drei verschiedenen Stellen definiert werden

Bis jetzt kennen Sie nur CSS-Regeln in einem externen Stylesheet, aber es gibt drei verschiedene Möglichkeiten, CSS-Regeln zu speichern.

7.8.1   Möglichkeit 1: Extern – CSS-Regeln in einer eigenen CSS-Datei

CSS-Regeln werden wie auch in diesem Kapitel meist in einer eigenen Datei mit der Endung *.css* gespeichert. Die Verbindung zwischen Webseite und CSS-Datei erfolgt im head des HTML-Quelltextes zum Beispiel mithilfe des Elements link:

```
<head>
  <!-- Andere HTML-Elemente -->
  <link href="dateiname.css" rel="stylesheet">
</head>
```

Listing 7.1 Die Verbindung zum Stylesheet mit dem Element »link«

7.8.2   Möglichkeit 2: Zwischen <head> und </head> im Element »style«

Wie Sie in Kapitel 2, »HTML und CSS im Schnelldurchlauf« bereits gesehen haben, können CSS-Regeln mit dem HTML-Element style auch im head einer HTML-Datei gespeichert werden:

```
<head>
  <!-- Andere HTML-Elemente -->
  <style>
    body { background-color: yellow; /* nur für diese eine Webseite */ }
  </style>
</head>
```

Listing 7.2 Das HTML-Element »style« im »head« einer Webseite

In diesem Styleblock stehen zwischen den Tags <style> und </style> ganz normale CSS-Regeln, die aber nur für diese eine Webseite gelten, auf der sie gespeichert sind. In früheren HTML-Versionen benötigte das Anfangs-Tag <style> noch das Attribut type= "text/css", aber das kann in HTML5 fehlen.

7.8.3   Möglichkeit 3: Direkt im HTML-Element mit dem Attribut »style«

Die dritte Methode ist es, CSS-Regeln direkt in das Anfangs-Tag eines HTML-Elements zu schreiben. Diese Methode wird manchmal auch *Inline-Style* genannt, weil die CSS-

Deklarationen direkt im HTML-Element stehen (ohne geschweifte Klammern drumherum):

```
<p style="background-color: #c0c0c0; color: red;">Rot auf grau!</p>
```

Listing 7.3 Das Attribut »style« im Anfangs-Tag eines HTML-Elements

Roter Text und grauer Hintergrund. Diese beiden Deklarationen gelten nur für diesen einen Absatz. Besonders zum Experimentieren während der Erstellung einer Webseite sind Inline-Styles sehr praktisch.

7.8.4   Vorfahrt – welche Styles gewinnen?

Die Dreiteilung von Styles als externe Datei, als Element im HTML-Head und als Attribut direkt im Anfangs-Tag des Elements ist hierarchisch gestaffelt, so dass der Browser immer genau weiß, welche Regel er anwenden muss.

Der Grundsatz lautet, je dichter am zu gestaltenden Text, desto wichtiger:

▶ CSS-Regeln im *HTML-Element* haben Vorrang vor denen im head einer Seite.
▶ Bei CSS-Regeln im head ist die Reihenfolge im Quelltext wichtig: Die in einem Styleblock im Head deklarierten Styles »gewinnen«, sofern sie *nach* dem per link eingebundenen externen Stylesheet stehen.

Durch diese Staffelung können Sie in einer separaten CSS-Datei ein einheitliches Aussehen für die ganze Site festlegen und Abweichungen davon für jede einzelne Webseite und sogar für jedes einzelne HTML-Element definieren.

Bei der Einbindung von CSS empfiehlt sich folgende Vorgehensweise:

▶ Schreiben Sie so viel wie möglich in eine externe CSS-Datei.
▶ Benutzen Sie Styles im HTML-Quelltext so sparsam wie möglich.

Die Teilung der Styles ist Teil der Kaskade
Die Speicherung der Styles an drei verschiedenen Orten ist Teil der Kaskade von CSS. Details zur kompletten Kaskade finden Sie in Kapitel 15, »Kaskade, Vererbung oder Standardwert«.

7.9   Das Stylesheet im Überblick

Am Ende dieses Kapitels sieht das Stylesheet *bildschirm.css* so aus:

```
01 /* Stylesheet für die Beispielsite aus "Einstieg in CSS" */
02
03 body {
04    background-color: #8c8c8c;
05    color: white;
06    font-family: Verdana, Arial, Helvetica, sans-serif;
07    font-size: 87.5%;
08 }
09 div#wrapper {
10    background-color: white;
11    color: black;
12 }
13 div#kopfbereich {
14    background-color: #f3c600;    /* Gelb-Orange */
15    color: black;
16 }
17 img#logo {    /* Die Grafik mit der id="logo" */
18    background-color: white;
19    color: black;
20 }
21 h1 { font-size: 150%; }
22 h2 { font-size: 130%; }
23 address {
24    text-align: center;    /* zentrieren */
25    font-size: 80%;        /* etwas kleiner */
26    font-style: normal;    /* normale Schrift, nicht kursiv */
27    letter-spacing: 2px;   /* Abstand zwischen den Buchstaben */
28    line-height: 1.5;      /* Zeilenabstand */
29 }
30 a {
31    text-decoration: none;    /* Unterstreichung entfernen */
32    /* outline: none; */    /* nur wenn es Sie echt stört */
33 }
34 a:link { color: #d90000; }
35 a:visited { color: #cc6666; }
36 a:hover,
37 a:focus {
```

```
38   border-bottom: 1px solid #d90000;
39 }
40 a:active {
41   color: white;
42   background-color: #d90000;
43 }
```

Listing 7.4 Das Stylesheet bildschirm.css im Überblick

7.10   Auf einen Blick

Hier sind noch einmal die wichtigsten Punkte dieses Kapitels im Überblick:

▶ Ein Stylesheet ist eine Sammlung von Formatvorlagen.

▶ Die Gestaltungsmöglichkeiten von CSS lassen sich in folgende Gruppen unterteilen:

 – Schriften und Farben: den Inhalt der Kästchen gestalten

 – Abstände und Rahmenlinien: die Kästchen selbst gestalten

 – Positionierung: die Kästchen auf der Webseite verschieben

 – Mehrspaltige Layouts: die Webseite in Spalten unterteilen

▶ Das Element link verbindet eine HTML-Datei mit einem Stylesheet.

▶ Häufig genutzte CSS-Eigenschaften zur Gestaltung von Elementen sind unter anderem:

 – background-color für die Hintergrundfarbe

 – color für die Schriftfarbe

 – font-family für die gewünschte Schriftart

 – font-size für die gewünschte Schriftgröße

▶ Der Style a { text-decoration: none; } entfernt die Unterstreichung von allen Links und sollte vorsichtig eingesetzt werden.

▶ Zur Gestaltung der verschiedenen Zustände von Links gibt es in CSS diverse *Pseudoklassen*:

 – a:link und a:visited

 – a:hover und a:focus

 – a:active

▶ Zur Speicherung von Styles gibt es drei Möglichkeiten:

 – in einer externen CSS-Datei

- – im head zwischen `<style>` und `</style>`
- – im HTML-Element selbst mit dem Attribut `style="..."`
▶ Empfohlene Vorgehensweise ist, die CSS-Regeln möglichst in externen Dateien zu speichern.

Kapitel 8
Selektoren, Einheiten und Farben

Worin Sie verschiedene Arten von Selektoren und ein einfaches Punkte-system kennenlernen, das den schwierigen Namen »Spezifität« trägt. Außerdem erfahren Sie, welche Einheiten Sie in CSS verwenden können und wie man Farben definiert.

8

Die Themen im Überblick:

- ▶ »Style – der Aufbau einer CSS-Regel«, Seite 133
- ▶ »Ein Selektor wählt das zu gestaltende Kästchen aus«, Seite 134
- ▶ »Überblick: Die HTML-Elemente im DOM-Baum«, Seite 136
- ▶ »Selektoren kombinieren – Nachfahren auswählen«, Seite 138
- ▶ »Eigene Namen vergeben – ›id‹ und ›class‹«, Seite 141
- ▶ »Spezifität – das Punktesystem für Selektoren«, Seite 145
- ▶ »Werte und Maße in CSS – die Qual der Wahl«, Seite 147
- ▶ »Farben definieren – hexadezimal, dezimal und Namen«, Seite 150
- ▶ »Auf einen Blick«, Seite 152

Der Umgang mit Selektoren ist eine der wichtigsten Fertigkeiten beim Erlernen von CSS, und deshalb bekommen Selektoren fast ein ganzes Kapitel für sich. Danach erfahren Sie das Wichtigste zu Maßen und Einheiten sowie zu Farbdefinitionen in CSS.

8.1 Style – der Aufbau einer CSS-Regel

CSS ist eine Sprache, und jede Sprache kennt Vokabeln und Grammatik. Nachdem Sie ein paar Beispiele gesehen haben, folgen jetzt der schematische Aufbau einer CSS-Regel und die wichtigsten Vokabeln dazu:

```
Selektor {
  Eigenschaft: Wert;
  Eigenschaft: Wert;
}
```

Listing 8.1 Ein einfacher Elementselektor

Eine CSS-Regel (engl. *style* oder *css rule*) besteht aus folgenden Einzelteilen:

▶ **Selektor** *(selector)*

Der *Selektor* steht vor der geschweiften Klammer und wählt aus (*selektiert*), welche Kästchen auf der Seite gestaltet werden sollen.

▶ **Deklaration** *(declaration)*

Zwischen geschweiften Klammern stehen eine oder mehrere *Deklarationen*, auch *Anweisungen* genannt. Sie beschreiben die Gestaltung der Elemente, auf die der Selektor zutrifft. Jede Deklaration besteht aus einem Eigenschaft-Wert-Paar und wird mit einem Semikolon beendet.

▶ **Eigenschaft** *(property)*

Die zu gestaltende *Eigenschaft* (Farbe, Schriftart etc.) des Elements steht vor dem Doppelpunkt. Leerstellen vor und nach dem Doppelpunkt sind optional.

Es ist eine gute Angewohnheit, Eigenschaft und Doppelpunkt direkt aneinanderzuhängen, zwischen dem Doppelpunkt und dem Wert aber eine Leerstelle zu setzen. Das entspricht der allgemeinen Rechtschreibung.

▶ **Wert** *(value)*

Der *Wert*, den die Eigenschaft annehmen soll, steht nach dem Doppelpunkt. Danach folgt ein Semikolon, um die Deklaration zu beenden.

Die Begriffe *Style*, *CSS-Regel*, *Gestaltungsanweisung* und *Formatvorlage* werden übrigens mehr oder weniger synonym gebraucht. Manche Autoren und Programme verwenden auch *Stil*, *Stilregel* oder *Formatdefinition*.

8.2   Ein Selektor wählt das zu gestaltende Kästchen aus

Jede CSS-Regel beginnt also mit mindestens einem *Selektor*. Selektoren wählen aus, welches Kästchen auf der Webseite gestaltet werden soll, und beziehen sich auf eines von drei Dingen (oder eine Kombination davon):

- den Namen eines HTML-Elements
- eine ID (id)
- eine Klasse (class)

8.2.1 »Der Name der Kiste« – einfache Elementselektoren

Eine CSS-Regel wie die folgende kennen Sie bereits:

```
h2 { font-size: 130%; }
```

Der einfachste Selektor ist der Name des Kästchens, das gestaltet werden soll, und wird auch *Elementselektor* oder *Typselektor* genannt, weil er alle Elemente eines bestimmten Typs auswählt: Der Selektor h2 selektiert auf den zu gestaltenden Webseiten also *alle* Überschriften der zweiten Ebene.

8.2.2 Mehrere Kästchen auf einmal – Selektoren gruppieren mit Komma

Schauen Sie sich die folgenden zwei Regeln zur Gestaltung von Überschriften an:

```
h1 {
    font-family: Verdana, Arial, Helvetica, sans-serif;
    font-size: 150%;
}
h2 {
    font-family: Verdana, Arial, Helvetica, sans-serif;
    font-size: 130%;
}
```

Listing 8.2 Zwei einfache Elementselektoren mit einer identischen Deklaration

Für beide Überschriften wird dieselbe Schriftartfamilie definiert, nur die Schriftgröße ist unterschiedlich. Durch eine Gruppierung der Selektoren mit einem Komma können Sie sich ein bisschen Tipparbeit sparen und die Übersichtlichkeit erhöhen:

```
h1, h2 { font-family: Verdana, Arial, Helvetica, sans-serif; }
h1 { font-size: 150%; }
h2 { font-size: 130%; }
```

Listing 8.3 Eine Gruppe von Selektoren, durch Komma getrennt

Wenn Sie jetzt irgendwann den Überschriften eine andere Schriftart zuweisen möchten, brauchen Sie nur noch eine Zeile zu ändern.

> **Bei der Gruppierung das Komma nicht vergessen**
>
> Bei der Gruppierung von Selektoren dürfen Sie das Komma zwischen den einzelnen Selektoren nicht vergessen, sonst erhalten Sie versehentlich einen *Nachfahrenselektor*, der weiter unten vorgestellt wird und etwas völlig anderes bewirkt.

8.2.3   Alle Kästchen auf der Seite – der Universalselektor »*«

Sie werden ihn nur selten benutzen, aber es gibt ihn: das Sternchen * als universellen Selektor, der »alle Kästchen« auf einer Webseite selektiert:

```
* {
  padding: 0;
  margin: 0;
}
```

Listing 8.4 Das Sternchen als universeller Selektor

Dieses Beispiel setzt die Eigenschaften `padding` und `margin` für alle HTML-Elemente auf null und wird im Kapitel über das Box-Modell in Abschnitt 9.3 genauer erklärt

8.3   Überblick: Die HTML-Elemente im DOM-Baum

Bevor Sie im nächsten Abschnitt kombinierte Selektoren kennenlernen, möchte ich Ihnen kurz einen ganz besonderen Baum vorstellen, nämlich den DOM-Baum, der die Basis einer jeden Webseite bildet.

Eine HTML-Datei ist im Grunde genommen nichts anderes als eine hierarchische Verschachtelung von HTML-Elementen. Wenn ein Browser vom Webserver einen Quelltext bekommt, versucht er zunächst, sich eine Übersicht über diese Hierarchie zu verschaffen, und erstellt dazu ein Modell, das *Document Object Model* (abgekürzt DOM) genannt wird, weil es ein Modell der Objekte, also der Dinge auf einer Webseite ist.

Um sich ein Bild von diesem Modell zu machen, klicken Sie im Firefox oder im Chrome mit der rechten Maustaste irgendwo ins Browserfenster und wählen im Kontextmenü den Befehl ELEMENT UNTERSUCHEN.

Daraufhin erscheinen in der unteren Hälfte des Browserfensters die Entwickler-Tools. Abbildung 8.1 zeigt den INSPEKTOR im Firefox. Links sehen Sie die HTML-Struktur der Startseite *index.html* als Baum.

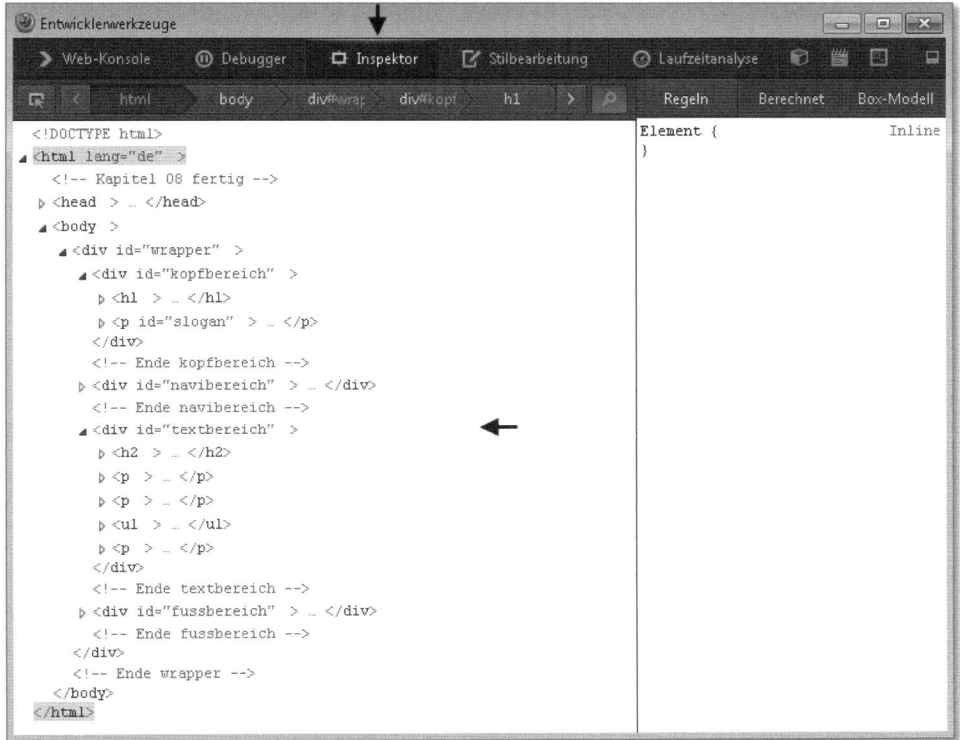

Abbildung 8.1 Der Stammbaum der Startseite im Inspektor des Firefox

Wie bei Computern üblich, steht auch dieser Baum auf dem Kopf, und die Zweige wachsen nur nach rechts:

▶ Das oberste Element einer jeden Webseite ist html. Das Stammelement. Abraham. Der Urvater aller Elemente auf dieser Seite.

▶ Von html gehen zwei Elemente ab: head und body. Man kann also sagen, dass sowohl head als auch body Kindelemente von html und somit Geschwister sind.

▶ body hat nur ein Kindelement namens div#wrapper. Umgekehrt ist body das Elternelement von div#wrapper.

▶ div#wrapper wiederum hat vier Kinder, nämlich die div-Elemente mit den IDs kopfbereich, navibereich, textbereich und fussbereich.

Und so ist das ganze HTML-Dokument eine schrecklich nette Familie mit diversen verwandtschaftlichen Beziehungen.

Begriffe wie *Kindelement* oder *Elternelement* sind anfangs eher ungewohnt und Sätze »li ist ein Kind von ul« führen bei manchen Novizen zu einem leichten Grinsen. Aber diese Begriffe umschreiben die Beziehungen der Elemente ziemlich genau, und man gewöhnt sich daran.

Sie sind kein Browser und müssen nicht für jede Webseite einen solchen Stammbaum entwerfen, aber bei der Arbeit mit Selektoren ist ein Blick unter die Motorhaube mit einem Entwicklerwerkzeug im Browser durchaus hilfreich, da kombinierte Selektoren auf genau diese Hierarchie Bezug nehmen.

8.4   Selektoren kombinieren – Nachfahren auswählen

Die Kombination von mehreren Selektoren wird in der Praxis ausgiebig eingesetzt, denn sie ermöglicht es, HTML-Elemente aufgrund Ihrer Position im DOM-Baum auszuwählen.

Im Folgenden möchte ich Ihnen anhand einiger Beispiele zunächst die *Nachfahrenselektoren* vorstellen, die es erlauben, Elemente nur in einem bestimmten Bereich der Seite zu gestalten.

8.4.1   Beispiel 1: Nur die Hyperlinks im Textbereich gestalten

Schauen Sie sich im folgenden ToDo die CSS-Regel etwas genauer an, insbesondere die Selektoren am Anfang.

ToDo: Hyperlinks wieder unterstreichen, aber nur im Textbereich

1. Fügen Sie am Ende des Stylesheets die folgenden CSS-Regeln ein:

```
div#textbereich a {
  border-bottom: 1px dotted #cc0000;
}
div#textbereich a:hover,
div#textbereich a:focus {
  border-bottom: 1px solid #d90000;
}
```

2. Speichern Sie das Stylesheet, und betrachten Sie die Webseiten in einem Browser.

Die beiden Selektoren `div#textbereich` und `a` werden durch eine Leerstelle getrennt. Diese Regel betrifft somit nur Hyperlinks, die in einer `div`-Kiste mit dem Attribut `id=`

"textbereich" stehen. Alle anderen Hyperlinks auf der Webseite sind davon nicht betroffen.

In der ersten CSS-Regel bekommt der Link statt der normalen Unterstreichung eine 1 Pixel dicke, gepunktete (*dotted*) Rahmenlinie, die im zweiten Style bei Mausberührung oder Aktivierung per ⇆-Taste zu einer durchgezogenen Linie wird.

8.4.2   Beispiel 2: Schriftgestaltung nur für den Slogan im Kopfbereich

In diesem Abschnitt soll das Wort »Grundlagen.« im Kopfbereich rot eingefärbt werden. Der Trick ist dabei – wie so oft – der Selektor zur Auswahl des Elements. Erinnern Sie sich noch an das span aus der HTML-Einführung? Das kommt jetzt zum Einsatz.

Falls Ihnen das span nicht mehr ganz gegenwärtig ist, zeigt das folgende Listing den etwas verkürzten HTML-Quelltext für den Kopfbereich:

```
<div id="kopfbereich">
<h1><img src="logo.gif" ...></h1>
<p id="slogan">Webseiten gestalten mit HTML und CSS.
<span>Grundlagen.</span></p>
</div>
```

Listing 8.5 HTML – das »span« im Kopfbereich

Das folgende ToDo gestaltet nur das Wort »Grundlagen.« inklusive des Punktes dahinter.

ToDo: Das Wort »Grundlagen.« im Slogan rot hervorheben

1. Schreiben Sie die folgenden Styles an das Ende von *bildschirm.css*:

   ```
   p#slogan span {
     color: #d90000; /* Schriftfarbe */
   }
   ```

2. Speichern Sie das Stylesheet, und betrachten Sie die Webseiten im Browser.

Der Selektor p#slogan span wählt auf der Beispielseite nur das Wort »Grundlagen.« aus. Abbildung 8.2 zeigt den fertigen Kopfbereich im Browser.

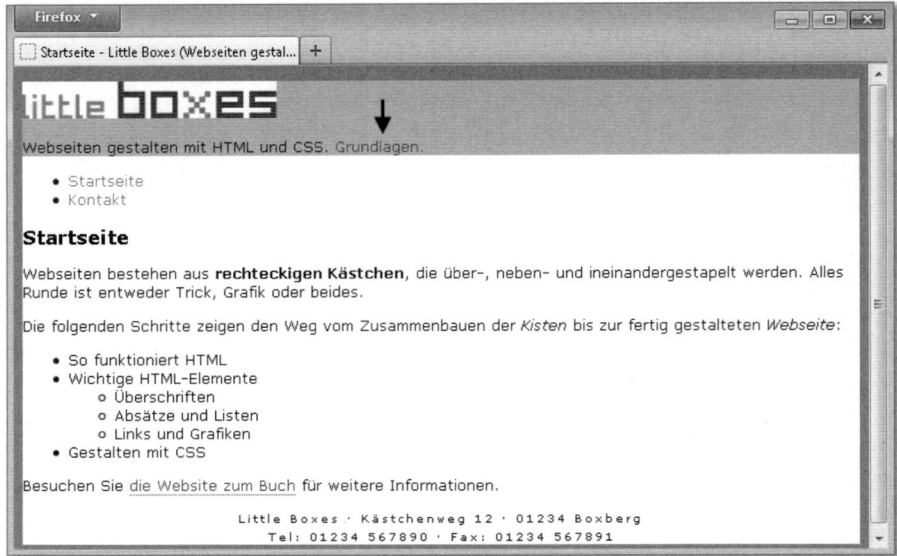

Abbildung 8.2 Grundlagen. wird rot hervorgehoben.

8.4.3 Beispiel 3: Aufzählungszeichen nur in ungeordneten Listen gestalten

Ein anderes Beispiel: Sie möchten statt der üblichen runden Aufzählungszeichen gerne quadratische verwenden. Um das zu erreichen, versuchen Sie es mit folgender CSS-Regel in Ihrem Stylesheet:

```
li { list-style-type: square; }
```

Listing 8.6 Quadratische Aufzählungszeichen – auch in Nummerierungen

Auf den ersten Blick scheint alles okay zu sein, und Aufzählungen mit ul bekommen tatsächlich ein kleines Quadrat. li ist aber ein einfacher Typselektor und selektiert *alle* Elemente vom Typ li, und so bekommt eine Nummerierung (ol) statt einer Zahl ebenfalls ein kleines Quadrat. Hoppla.

Eine Lösung bietet die Kombination von Selektoren:

```
ul li { list-style-type: square; }
```

Listing 8.7 Quadratische Aufzählungszeichen nur für ungeordnete Listen

Dieser Selektor beschränkt das Wirkungsgebiet der quadratischen Aufzählungszeichen auf ungeordnete Listen. Die Listenelemente innerhalb von ol-Nummerierung sind davon nicht betroffen.

8.4.4   Beispiel 4: Unterschiedlich nummerierte Ebenen bei geordneten Listen

Die Kombination von Selektoren ist nicht auf eine Ebene begrenzt. Um Ihnen einen kleinen Vorgeschmack auf die Möglichkeiten zu geben, hier ein Beispiel zur Nummerierung von Listen:

```
ol li { list-style-type : decimal; }
ol ol li { list-style-type : lower-alpha; }
```

Listing 8.8 Unterschiedliche Nummerierung mit kombinierten Selektoren

Die mit den beiden obigen Styles gestalteten nummerierten Listen sehen übrigens so aus wie in Abbildung 8.3.

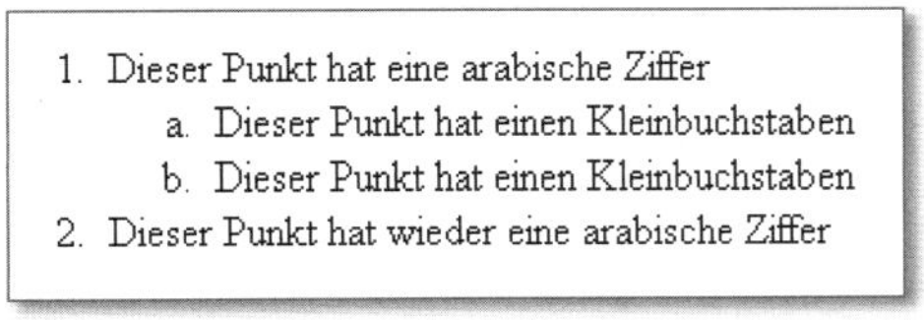

Abbildung 8.3 Unterschiedlich nummerierte Ebenen in geordneten Listen

8.5   Eigene Namen vergeben – »id« und »class«

Mit der Gruppierung und Kombination von Typselektoren kann man schon einiges erreichen, aber richtig praktisch wird die Sache erst durch die Möglichkeit, Elementen im HTML eigene Namenszusätze zu geben und diese dann im CSS gestalten zu können.

Um eigene Namenszusätze für bestehende Elemente zu ergänzen, gibt es im HTML zwei sogenannte Universalattribute, die Sie fast allen Elementen zuweisen können: id und class.

8.5.1   Es kann nur einen geben – »id«, der Selektor mit der Raute

Das Attribut id haben Sie bereits mehrfach eingesetzt. *ID* ist die Kurzform für *Identität* und im Englischen unter anderem die Abkürzung für einen »Ausweis«. Die Frage »Can I see your ID, please?« meint, ob man sich ausweisen kann.

Da ein Ausweis in der Regel einmalig ist, darf ein und dieselbe ID frei nach dem Highlander-Prinzip »Es kann nur einen geben« pro Webseite nur ein einziges Mal vorkommen:

```
<div id="kopfbereich"> ... </div>
```

Listing 8.9 Der Kopfbereich – ein HTML-Element mit dem Attribut »id«

Um dieses Element im CSS zu gestalten, benutzen Sie den Namen des Elements und das Rautenzeichen (#) gefolgt von der ID als Selektor:

div#kopfbereich { ... }

Listing 8.10 Gestalte das »div«-Element mit dem Attribut »id="kopfbereich"«

Sie können ID-Selektoren übrigens auch ohne den Namen des Elements davor schreiben, denn eine ID darf ja pro Seite nur einmal auftauchen:

#kopfbereich { ... }

Listing 8.11 Gestalte das Element mit dem Attribut »id="kopfbereich"«

8.5.2   Gruppenbildung – »class«, der Selektor mit dem Punkt

Stellen Sie sich vor, dass Sie auf Ihren Webseiten farblich hinterlegte und mit einem Rahmen versehene Infoboxen haben möchten. Um mehrere Absätze auf der Seite gleich zu gestalten, ist ein einfacher Selektor wie p zu ungenau, da er alle Absätze auswählt, und eine ID nicht geeignet, weil der Wert einer ID pro Webseite nur einmal vorkommen darf. Für solche Situationen gibt es *Klassen*.

Jeder Absatz, der wie eine solche Infobox aussehen soll, bekommt im HTML das Attribut class mit einem bestimmten Wert:

```
<p class="infobox">Dieser Text ist eine Infobox.</p>
```

Listing 8.12 Ein HTML-Element mit dem Attribut »class«

Um alle so markierten Absätze auszuwählen, schreiben Sie im CSS nach dem Namen des Elements einen Punkt, gefolgt vom Namen der Klasse:

```
p.infobox {
  color: black;
  background-color: #8c8c8c;
  border: 3px solid #ecf7dd;
}
```

Listing 8.13 Der Selektor mit dem Punkt wählt Elemente einer Klasse aus.

Wichtig ist der unscheinbare kleine Punkt. Dadurch weiß der Browser, dass diese Regel für alle p-Elemente mit dem Attribut class="infobox" gilt.

Sie können im CSS den Elementnamen genau wie bei einer ID auch weglassen, so dass der Selektor mit dem Punkt beginnt:

```
.infobox {
  color: black;
  background-color: #8c8c8c;
  border: 3px solid #ecf7dd;
}
```

Listing 8.14 Der Selektor mit dem Punkt, ohne den Namen des Elements

Mit dem Selektor .infobox wählt der Browser alle HTML-Elemente mit dem Attribut class="infobox" aus, egal, ob es Absätze, Listen oder sonst irgendwas sind. Sinnvoll ist dies unter anderem, wenn verschiedene HTML-Elemente, wie zum Beispiel p und div, dieselbe Klasse haben sollen.

Man kann einem HTML-Element übrigens auch mehrere Klassen mit auf den Weg geben. Die einzelnen Klassen werden dabei im HTML jeweils durch eine Leerstelle getrennt. Im folgenden Beispiel werden einem div-Element die beiden Klassen galerie und clearing zugewiesen:

```
<div class="galerie clearing"> ... </div>
```

Listing 8.15 Mehrere CSS-Klassen für ein HTML-Element

Wundersamerweise verstehen das alle gängigen Browser. Dieses Element wird sowohl von den Selektoren .clearing als auch von .galerie gefunden.

Wenn Sie im CSS Elemente auswählen möchten, die im HTML *mehrere* Klassen haben sollen, schreiben Sie die Namen der Klassen einfach hintereinander weg. Für das obige Beispiel sähe das so aus:

```
div.galerie.clearing { ... }
```

Listing 8.16 Ein Element mit mehreren Klassen selektieren

8.5.3   ID oder Klasse – wann nimmt man was?

Der Unterschied zwischen class und id bereitet vielen CSS-Einsteigern Probleme, ist aber im Grunde ganz einfach:

- ID und Klasse bieten die Möglichkeit, eigene Namenszusätze für HTML-Elemente zu vergeben.
- Eine id ist *einmalig* und darf auf einer Webseite nur einmal vorkommen.
- Eine class darf auf einer Webseite mehrfach verwendet werden.

Mit IDs sollte man sehr sparsam umgehen. Die Hauptbereiche der Beispielseite wie #kopfbereich oder #textbereich bekommen eine id, weil sie pro Seite einmalig sind. Infoboxen hingegen können auf einer Seite mehrfach auftreten und bekommen deshalb eine class.

Ein weiterer Unterschied ist, dass ein Element mit einer ID als Sprungziel für einen Hyperlink dienen kann. Das haben Sie im Abschnitt über die Erstellung von Hyperlinks bereits in Aktion gesehen, und zwar beim Link »Zurück nach oben«:

<a href="#wrapper">Nach oben</a> springt direkt zu dem Element <div id="wrapper">.

IDs, Klassen und Content-Management-Systeme (CMS)

Auf vielen Webseiten wird der HTML-Quelltext nicht von Hand geschrieben, sondern von einem Content-Management-System wie WordPress, Contao, Joomla! oder Drupal automatisch erzeugt. Dabei werden für die HTML-Elemente meist auch entsprechende Klassen und IDs vergeben, damit sie per CSS leichter gestaltet werden können.

8.5.4 Sinnvolle Namen – »id« und »class« sollten die Bedeutung des Elements beschreiben

Der Vorteil der Vergabe von eigenen Namen ist, dass Sie damit wirklich jedes Element auf einer Seite ansprechen können. Ein möglicher Nachteil ist, dass eine Änderung der Namen im HTML *und* im CSS erfolgen muss, so dass es sich lohnt, über die Vergabe von Namen für IDs und Klassen ein bisschen nachzudenken.

Oberster Grundsatz bei der Auswahl der Namen ist, dass diese die *Bedeutung* des Elements beschreiben und nicht dessen *Gestaltung*. Hier ein Beispiel:

- Sie wollen die Schrift in einigen Absätzen rot hervorheben, weil diese wichtig sind, und weisen diesen Absätzen deshalb class="rot" zu.
- Falls Sie die Schriftfarbe später ändern, haben Sie eine Klasse namens rot, die den Text dann blau oder gelb oder sonstwie färbt.

Das ist Täuschen und Tarnen. Ein Name sollte nicht das Aussehen des Elements beschreiben, sondern dessen *Bedeutung*: Ein besserer Klassenname wäre beispielsweise wichtig oder warnung.

8.6 Spezifität – das Punktesystem für Selektoren

Sobald Stylesheets ein bisschen länger werden, gibt es früher oder später für ein HTML-Element mehrere CSS-Regeln, die sich zum Teil widersprechen. Die Frage ist, wie der Browser in solchen Konfliktfällen entscheidet.

8.6.1 Einer wird gewinnen – so funktioniert Spezifität

Die Lösung für dieses Entscheidungsproblem ist ganz einfach: Der Browser berechnet anhand eines einfachen Punktesystems, welcher Selektor der wichtigste ist.

Im CSS-Jargon heißt dieses Punktesystem *specificity*, auf Deutsch *Spezifität* oder manchmal auch *Spezifizität* – ein komisches Wort für eine eigentlich ganz einfache Sache.

Tabelle 8.1 zeigt zunächst einmal die Punkteverteilung.

Selektortyp	Beispiel	Punkte
einfacher Typselektor	p	1
Klasse	.infobox	10
Pseudoklasse	:visited	10
ID	#navibereich	100
Attribut style=" "	style="color: red;"	1.000

Tabelle 8.1 Spezifität – das Punktesystem für Selektoren

8.6.2 Ein paar Beispiele für die Punktewertung

Tabelle 8.2 zeigt ein paar Beispiele für die Spezifität von Selektoren. Bei kombinierten Selektoren werden die Punktezahlen für die einzelnen Selektoren addiert, bei gruppierten Selektoren hingegen nicht.

Selektor	Beschreibung	Punkte	Gesamt
body	Typselektor	1	1
h1, h2	gruppiert	1	1
a:visited	Typ + Pseudo-Klasse	1 + 10	11
.infobox	ungebundene Klasse	10	10
p.infobox	gebundene Klasse	1 + 10	11
#navibereich	ID	100	100
div#navibereich	Typselektor + ID	1 + 100	101
#navibereich a	ID + Typ	100 + 1	101
#navibereich a:visited	ID + Typ + Pseudo-Klasse	100 + 1 + 10	111
#startseite #navibereich	ID + ID	100 + 100	200
<p style="color: red;">	Attribut style	1.000	1.000

Tabelle 8.2 Spezifität – Beispiele für die Punkteverteilung bei Selektoren

Bei einem Unentschieden gibt es übrigens weder Verlängerung noch Elfmeterschießen. Bei gleichem Punktestand entscheidet die Reihenfolge im Stylesheet: Es gewinnt die am weitesten unten notierte Regel, ganz nach dem biblischen Motto »Die Letzten werden die Ersten sein«.

Im Abschnitt über die Gestaltung eines horizontalen Navigationsbereichs erleben Sie dieses Punktesystem in Aktion und in Kapitel 15, »Kaskade, Vererbung oder Standardwert«, über die namensstiftende Kaskade erfahren Sie, welche Rolle die Spezifität in der Kaskade spielt.

8.6.3 Die Spezifität ist in Wirklichkeit eine Matrix ...

Das Punktesystem zur Erklärung der Spezifität ist einfach zu verstehen, und in CSS 1 hat das W3C die Spezifität tatsächlich als ein Punktesystem (»score«) behandelt:

▶ *w3.org/TR/CSS1/#cascading-order*

In CSS 2.1 wird die Berechnung der Spezifität etwas abstrakter als eine Matrix aus vier voneinander getrennten Werten beschrieben:

▶ *w3.org/TR/CSS21/cascade.html#specificity*

Dieser Unterschied ist aber zumindest für Einsteiger eher akademischer Natur, denn solange ein Selektor nicht mehr als zehn IDs oder zehn Klassen aufweist, kommt man mit beiden Methoden zum selben Ergebnis, und das Punktesystem ist für die meisten Einsteiger einfacher zu begreifen.

Die Matrix erklärt

Falls Sie die Matrix-Variante genauer interessiert, hat Klaus Langenberg von The Styleworks das wunderbar erklärt:

▶ *thestyleworks.de/basics/specificity.shtml*

Andy Clark benutzt Figuren aus »Star Wars«, um in seinem Beitrag »Specificity Wars« die Matrix zu visualisieren:

▶ *stuffandnonsense.co.uk/archives/css_specificity_wars.html*

Sehr anschaulich. Besonders für Fans von »Star Wars«.

8.6.4 Sparsam benutzen – »!important«

Wenn Sie möchten, dass der Browser eine ganz bestimmte Eigenschaft auf jeden Fall verwendet, egal, was bei der Berechnung der Spezifität herauskommt, können Sie dieser Eigenschaft sagen, dass sie wichtig ist:

```
h2 { color: red !important; }
```

Listing 8.17 Eine »wichtige« Eigenschaft

Beachten Sie, dass nach dem Wert eine Leerstelle folgt, die Zeichenfolge `!important` aber noch *vor* dem abschließenden Semikolon steht. In Kapitel 15 über die Kaskade von CSS erfahren Sie, dass Eigenschaften mit `!important` im Punktesystem quasi außer Konkurrenz mitlaufen und warum sie fast immer gewinnen.

8.7 Werte und Maße in CSS – die Qual der Wahl

CSS kennt jede Menge verschiedene Maßeinheiten. Diese Wahl kann besonders anfangs leicht zur Qual werden, weshalb ich Ihnen auf den folgenden Seiten ein paar Entscheidungshilfen geben möchte.

8.7.1 Grundregeln: Die Leerstelle, die Null und der Anführungsstrich

Einige grundlegende Regeln vorweg:

▶ Bei CSS steht zwischen dem Wert und einer Maßeinheit **keine Leerstelle**: Es heißt 130% und *nicht* 130 %, 12px und *nicht* 12 px. Das ist anfangs wohl der häufigste Fehler.

▶ Wenn ein Wert 0 (null) ist, muss danach keine Einheit folgen. Null ist null, egal ob Pixel oder Kilometer, und die Angaben 0px und 0 sind in CSS identisch.

▶ Werte werden im Gegensatz zu HTML nicht in Anführungsstriche gesetzt. Es heißt also color: black und *nicht* color: "black".

Eine Ausnahme von der letzten Regel sind Schriftnamen, die aus mehreren Worten bestehen, wie zum Beispiel *Times New Roman*, die in einfachen oder doppelten Anführungsstrichen stehen sollten:

```
body { font-family: "Times New Roman", Times, serif; }
```

Listing 8.18 Mehrteilige Schriftnamen stehen in Anführungsstrichen.

8.7.2 Für den Bildschirm – relative Einheiten

Relative Einheiten eignen sich vorzüglich für die Darstellung von Webseiten am Bildschirm: Pixel (px), Emms (em) und Prozent (%).

Die Einheit px (Pixel)

Ein Pixel ist ein Bildpunkt und relativ zur Bildschirmauflösung: Bei 800×600 gibt es 480.000 Pixel auf dem Monitor, bei 1.024×768 sind es bereits 768.432. Da sich der Monitor nicht vergrößern kann, werden bei einer höheren Auflösung die Pixel kleiner. Die Größe eines Pixels ist also nicht absolut, sondern relativ zu der verwendeten Bildschirmauflösung.

Die Einheit *Pixel* ist für Einsteiger vergleichsweise leicht zu verstehen und zu berechnen. Zur Definition von Schriftgrößen sind px aber nicht ideal, unter anderem weil die Pixel bei hohen Auflösungen immer kleiner und somit fast unleserlich werden.

Die Einheit em (»emm« gesprochen)

Die Einheit em ist relativ zur Schriftgröße, die ein Benutzer eingestellt hat, und wird wirklich »emm« ausgesprochen.

Die Einheit em ist sehr flexibel, ändert sich, wenn der Benutzer die Schriftgröße im Browser verändert und hat zwei unterschiedliche Bezugsgrößen:

▶ Bei einer mit em definierten Schriftgröße gilt als Basis für ein em die Schriftgröße des *Elternelements*. Eine Angabe von zum Beispiel 0.8em wird also bei jeder Verschachtelung ein Stückchen kleiner und schwerer berechenbar.

▶ Bei einer Box-Modell-Eigenschaft wie margin-bottom orientiert sich em an der Schriftgröße des Elements selbst. Ändert sich die Schriftgröße, ändert sich der Abstand, was zum Beispiel bei vertikalen Abständen im Fließtext häufig ein gewünschter Effekt ist.

Die Einheit em wird denn auch häufig für vertikale Abstände im Fließtext benutzt. Das Layouten mit em hingegen ist zwar sehr flexibel, anfangs aber ein bisschen schwer zu fassen, wie ein Stück Seife in der Badewanne.

»em« und »em« haben nichts miteinander zu tun

Die in CSS verfügbare Einheit em hat außer den Buchstaben *e* und *m* nichts, aber auch gar nichts mit dem bereits vorgestellten HTML-Element em zur Hervorhebung von Text zu tun. Such is life.

Die Einheit % (Prozent)

Die Einheit *Prozent* ist definitiv relativ, und zwar zu verschiedenen Dingen, und so ist bei *Prozent* immer sofort die erste Frage: »Prozent von was?« Bei CSS ist die Bezugsgröße meist die umgebende Kiste, auch *Elternelement* genannt. Die Deklaration width:50% bedeutet also »die Hälfte der Breite des Elternelements«.

Falls irgendwas bei der Angabe von Prozenten überhaupt nicht klappt, schauen Sie am besten in einer CSS-Referenz nach, worauf genau sich die Prozentangabe bei der verwendeten CSS-Eigenschaft bezieht.

8.7.3   Für den Drucker – absolute Einheiten

Absolute Einheiten wie cm, in (*inch*, dt. *Zoll*) und pt sind für Bildschirm-Stylesheets ungeeignet. Sie werden vor allem in Printmedien verwendet, in Druckereien für den Druck von Büchern, Zeitungen, Visitenkarten, Werbeprospekten; am Computer für den Ausdruck von Worddokumenten, PFD-Dateien, Bildern, Webseiten.

Absolute Einheiten sind für Bildschirm-Stylesheets ungeeignet und in erster Linie für Stylesheets zum Ausdrucken der Webseite gedacht:

▶ cm ist ein Zentimeter.

▶ in steht für *Inch*, eine Maßeinheit, die auf Deutsch *Zoll* heißt und 2,54 cm lang ist.

▶ pt (kurz für *Punkt*) ist die traditionelle Einheit zur Angabe einer Schriftgröße im Printbereich und entspricht in CSS 1/72 Inch.

Wie gesagt: Für den Ausdruck sind absolute Einheiten okay, für den Bildschirm sind sie meist ungeeignet.

Übersicht zu verschiedenen Maßeinheiten

Stefan Münz hat in der Online-Version seines HTML5-Handbuches alle CSS-Maßeinheiten für numerische Werte auf einer Seite zusammengefasst:

▶ *webkompetenz.wikidot.com/html-handbuch:css-massheinheiten*

8.8 Farben definieren – hexadezimal, dezimal und Namen

Am Bildschirm werden alle Farben aus Rot, Grün und Blau gemischt. Zur Definition der jeweiligen Farbanteile gibt es in CSS zum Beispiel folgende Möglichkeiten:

▶ Hexadezimal, normal: #rrggbb (**r**ot **r**ot **g**rün **g**rün **b**lau **b**lau)

Nach der Raute kommen jeweils zwei Zeichen für Rot, Grün und Blau. Knallgelb ist in dieser Schreibweise zum Beispiel #ffff00: So viel Rot und Grün wie möglich und überhaupt kein Blau. Hier ein paar einfache Merkhilfen:

– ff steht für *folles Fund*. »Alle drei Farben auf folles Fund« ist Weiß: #ffffff

– 00 (*Doppelnull*) steht für *Licht aus*. »Alle drei Farben aus« ist Schwarz: #000000

▶ Hexadezimal, kurz: #rgb

Knallgelb ist #ff0. Jedes Zeichen wird gedoppelt. Diese Schreibweise ist praktisch, funktioniert aber natürlich nur für bestimmte Farbwerte.

▶ Dezimal: *rgb(rrr, ggg, bbb)*

Mit Werten zwischen 0 und 255. Gelb wäre also rgb(255, 255, 0).

▶ Prozentual: *rgb(rrr%, ggg%, bbb%)*

Knallgelb entspricht in dieser Schreibweise rgb(100%, 100%, 0%).

Außerdem sind unter anderem noch Farbnamen erlaubt, von denen die gebräuchlichsten in Tabelle 8.3 vorgestellt werden.

Farbname	Farbton	Hexadezimal normal	Hexadezimal kurz
white	Weiß	#ffffff	#fff
black	Schwarz	#000000	#000

Tabelle 8.3 Farbnamen und ihre hexadezimalen Entsprechungen

Farbname	Farbton	Hexadezimal normal	Hexadezimal kurz
red	Knallrot	#ff0000	#f00
maroon	Dunkelrot	#800000	-
lime	Knallgrün	#00ff00	#0f0
green	Dunkelgrün	#008000	-
blue	Knallblau	#0000ff	#00f
navy	Dunkelblau	#000080	-
gray	Dunkelgrau	#808080	-
silver	Hellgrau	#c0c0c0	-
yellow	Knallgelb	#ffff00	#ff0
orange	Orange	#ffa500	-
olive	Oliv	#808000	-
purple	Dunkellila	#800080	-
fuchsia	Helllila	#ff00ff	#f0f
aqua	Türkis	#00ffff	#0ff
teal	Aquamarin	#008080	-

Tabelle 8.3 Farbnamen und ihre hexadezimalen Entsprechungen (Forts.)

Eine ausführliche Übersicht über Farbwerte mit Beispielen für die jeweilige Farbe finden Sie bei unter anderem unter der folgenden URL:

▶ *webkompetenz.wikidot.com/html-handbuch:css-farben*

Die Qual der Wahl – Farbschema erstellen

Eine Schwalbe macht noch keinen Sommer und eine Farbe noch kein Design. Unentbehrliches Browserwerkzeug bei der Arbeit mit Farben ist *ColorZilla* (für Chrome und Firefox):

▶ *colorzilla.com*

ColorSchemer Studio ist ein tolles, aber nicht kostenloses Programm (Win und Mac) zum Mischen und Zusammenstellen von Farben:

▶ *colorschemer.com*

Ebenfalls einen Besuch wert sind zum Beispiel folgende Sites:

▶ *colorschemedesigner.com* (Farbschema erstellen)

▶ *kuler.adobe.com* (Farbschema erstellen)

▶ *colorlovers.com* (allgemeine Site mit Farbschemata und mehr)

▶ *degraeve.com/color-palette/* (Farbschema aus Foto generieren)

8.9   Auf einen Blick

Hier sind noch einmal die wichtigsten Punkte dieses Kapitels im Überblick:

▶ Die folgenden Begriffe zur Syntax einer CSS-Regel sind wichtig:
  - Ein *Selektor* wählt aus, welcher Teil einer Webseite gestaltet werden soll.
  - Eine *Deklaration* ist eine Gestaltungsanweisung und besteht aus einer *Eigenschaft* und einem *Wert* für diese Eigenschaft.

▶ Selektoren beziehen sich auf eines von drei Dingen (oder eine Kombination davon):
  - Name eines HTML-Elements
  - ID (id)
  - Klasse (class)

▶ Selektoren können mit einem Komma gruppiert werden: h1, h2.

▶ Wenn ein Browser den Quelltext einer Webseite erhält, erstellt er zuerst einen Stammbaum des Dokuments (DOM, *Document Object Model*).

▶ Die Entwickler-Tools der Browser visualisieren die Hierarchie der HTML-Elemente als Baum.

▶ Selektoren können mit einer Leerstelle kombiniert werden, um den Wirkungsbereich einzuschränken: #textbereich a.

▶ Mit den Attributen id und class können Sie eigene Namen vergeben.
  - Jede ID gibt es pro Seite nur einmal.
  - Eine Klasse kann auf jeder Seite beliebig oft verwendet werden.

▶ Ein Punktesystem namens Spezifität (*specificity*) hilft dem Browser, bei Konfliktfällen die Wichtigkeit von Selektoren zu bewerten.

▶ Für die Gestaltung am Bildschirm werden die Einheiten px, em und % empfohlen, für die Ausgabe auf den Drucker cm, in und pt.

▶ In CSS gibt es zahlreiche Methoden, Farbangaben zu definieren. Hexadezimal und Farbnamen sind am weitesten verbreitet.

Kapitel 9
Das Box-Modell

Worin Sie das Box-Modell kennenlernen, eine der wichtigsten Grund-
lagen für das Gestalten mit CSS. Neben Details zu »padding«, »border«
und »margin« erfahren Sie noch einiges über Hintergründe und
»collapsing margins«.

Die Themen im Überblick:

▶ »Zuerst in modernen Browsern testen«, Seite 153

▶ »Das Box-Modell in der Übersicht«, Seite 154

▶ »Kalibrierung – Abstände auf null setzen«, Seite 159

▶ »Webseite zentrieren mit ›width‹ und ›margin‹«, Seite 162

▶ »Rahmenlinien erstellen – ›border‹«, Seite 164

▶ »Ein bisschen Abstand drumherum – ›padding‹«, Seite 165

▶ »Das Box-Modell und die farbliche Gestaltung«, Seite 168

▶ »Hintergrundgrafiken per CSS«, Seite 171

▶ »Vertikale Außenabstände kollabieren – ›collapsing margins‹«, Seite 178

▶ »Das Stylesheet im Überblick«, Seite 183

▶ »Auf einen Blick«, Seite 185

Das Kapitel 2, »HTML und CSS im Schnelldurchlauf«, begann mit der Feststellung, dass Webseiten aus rechteckigen Kästchen bestehen. *Alle* Texte und Grafiken einer Webseite liegen in solchen Kästchen, ohne Ausnahme. Man kann so ein Kästchen wie gesagt auch *Kiste* oder *Container* nennen. Auf Englisch heißt es *Box*.

9.1 Zuerst in modernen Browsern testen

Kästchen alias Boxen sind die Bausteine einer Webseite und das A und O beim Gestalten von Webseiten. Boxen können aber auch zum Hauptproblem werden, wofür es im Wesentlichen zwei Gründe gibt:

▶ Mangelnde CSS-Kenntnisse des Seitenbauers

Viele Webseitenbauer wissen wenig über das Verhalten von Boxen in der freien Wildbahn. Dieses Kapitel bietet daher eine Anleitung zur Aufzucht und Hege.

▶ Mangelnde CSS-Kenntnisse der Browser

Die Browser, oder besser die Programmierer der Browser, haben CSS auch erst nach und nach gelernt. Moderne Browser setzen CSS inzwischen recht zuverlässig um, ältere haben so ihre Probleme.

Die Quintessenz ist, dass Sie sich des Öfteren in einer Situation wiederfinden werden, in der Sie sich fragen: »Hab ich das jetzt falsch gemacht, oder spinnt der Browser?«

Testen Sie Ihre Webseiten also am besten zuerst in einem modernen Browser und erst dann in den älteren Versionen 7 und 8 des Internet Explorers. Aktuelle Versionen von Firefox, Opera, Safari, Chrome und auch der Internet Explorer ab Version 9 beherrschen CSS sehr gut, und wenn die Seiten in diesen Browsern gut aussehen, haben Sie wahrscheinlich alles richtig gemacht.

9.2   Das Box-Modell in der Übersicht

Alle Boxen sind nach einem bestimmten Schema aufgebaut, das *Box-Modell* genannt wird.

9.2.1   Alle Boxen sind gleich – das Modell

Abbildung 9.1 zeigt eine schematische Darstellung des Box-Modells für Blockboxen.

Fast alle HTML-Elemente haben die in der Grafik dargestellten Eigenschaften `width`, `height`, `padding`, `border` und `margin`. Je besser Sie dieses Boxmodell verstehen, desto leichter wird Ihnen das Gestalten von Webseiten mit CSS fallen.

Tabelle 9.1 zeigt eine kleine Übersicht der zentralen Begriffe und einiger Übersetzungen, die mir im Laufe der Zeit in verschiedenen Dokumentationen und Programmen begegnet sind.

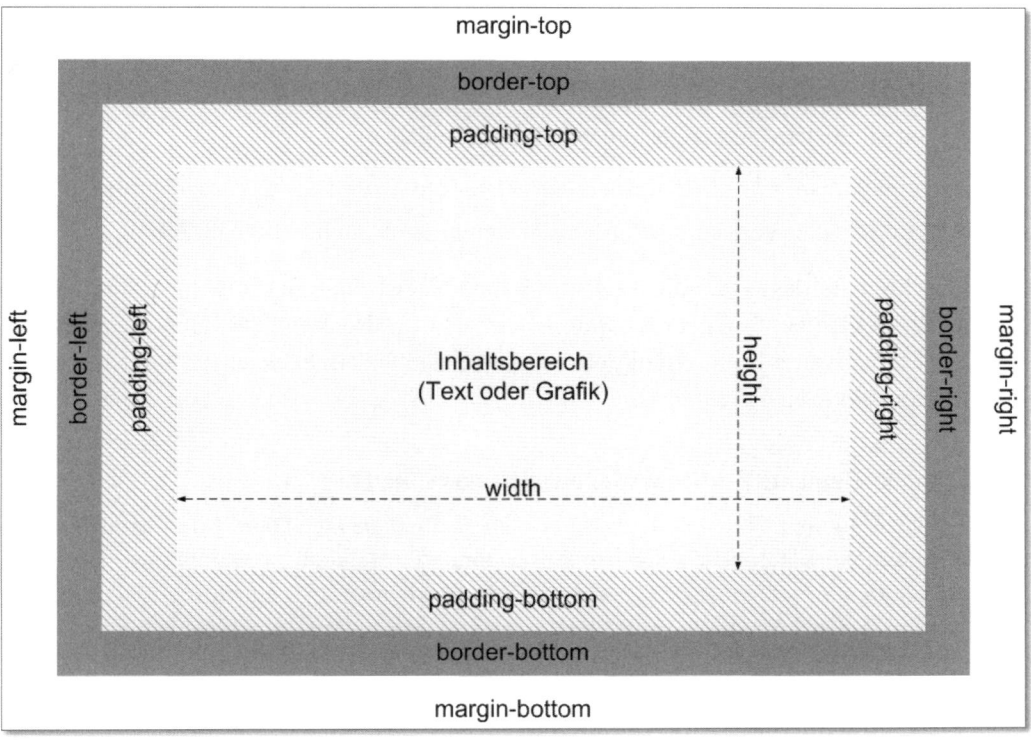

Abbildung 9.1 Das Box-Modell – Grundlage des Gestaltens mit CSS

Englisch	Deutsch
box model	Box-Modell, Kästchenmodell
content	Inhalt, Inhaltsbereich
width	Breite, Inhaltsbreite
padding	Innenabstand, Polsterung, Auffüllung, Füllung
border	Rahmen, Rahmenlinie
margin	Außenabstand

Tabelle 9.1 Begriffe rund um das Box-Modell

9.2.2   Der Inhaltsbereich – »width« (Breite) und »height« (Höhe)

Text und Grafiken stehen im Inhaltsbereich eines Elements, dessen Breite mit width und dessen Höhe mit height definiert wird. Wenn diese Angaben nicht explizit im Stylesheet auftauchen, gelten die folgenden Grundregeln:

▶ Ohne Angabe von width werden *Blockelemente* so breit wie das umgebende Element.

▶ Ohne Angabe von height werden alle Elemente nur so hoch wie ihr Inhalt.

Beachten Sie, dass width die Breite des Inhaltsbereichs definiert und *nicht* die Gesamtbreite des Elements. Eigentlich wäre content-width (also Breite des Inhalts) ein genauerer Name. Weiter hinten in diesem Kapitel finden Sie ein Beispiel zur Berechnung der Gesamtbreite eines Elements.

Inline-Elemente kennen weder »width« noch »height«

Eine Besonderheit in CSS ist, dass bei Inline-Elementen wie strong, a und em die Breite und Höhe automatisch durch die Ausdehnung des Inhalts bestimmt werden. Sie bekommen weder mit width eine feste Breite noch mit height eine feste Höhe. Details dazu finden Sie in Abschnitt 11.5 im Abschnitt über das »Das Box-Modell für Inliner«.

9.2.3   Der Innenabstand – »padding«

Nach dem Inhaltsbereich folgt in jeder Box der Innenabstand (padding). Das padding liegt *innerhalb* der Box und übernimmt die Hintergrundfarbe des Inhaltsbereichs. Mit padding wird der Abstand innerhalb der Box zwischen content und border erzeugt.

padding kann für alle vier Seiten einer Box einzeln definiert werden. Die Eigenschaften heißen dann wie folgt:

▶ padding-top für den oberen Innenabstand

▶ padding-right für den rechten Innenabstand

▶ padding-bottom für den unteren Innenabstand

▶ padding-left für den linken Innenabstand

Das padding funktioniert übrigens bei Block- und Inline-Elementen absolut identisch.

Der Hintergrund – Inhaltsbereich plus »padding«

Wenn ein Element eine Hintergrundfarbe oder -grafik hat, so erstreckt sich diese über Inhaltsbereich und padding. Deshalb hat das padding in Abbildung 9.1 dieselbe Farbe wie der Inhaltsbereich und ist lediglich schraffiert.

9.2.4   Der Rahmen drumherum – »border« (Rahmenlinien)

Um das `padding` legt sich der Rahmen (`border`), der eine eigene Breite (`width`), Linienart (`style`) und Farbe (`color`) annehmen kann. Auch `border` kann für alle vier Seiten unterschiedlich sein. Die Eigenschaften heißen dann:

▶ `border-top` für die Rahmenlinie oben

▶ `border-right` für die rechte Rahmenlinie

▶ `border-bottom` für die untere Rahmenlinie

▶ `border-left` für die linke Rahmenlinie

border ist sehr flexibel und kann für jede dieser vier Seiten eine gesonderte Breite, Linienart und Farbe erhalten. Macht summa summarum maximal *zwölf* mögliche `border`-Deklarationen für *eine* CSS-Regel, die dann so wunderschöne Namen wie `border-top-width`, `border-right-color` oder `border-left-style` haben.

Die Regeln zur Erstellung von Rahmenlinien mit `border` gelten ohne Einschränkung auch für Inline-Elemente.

9.2.5   Der Außenabstand – »margin«

Jede Box kann einen Außenabstand (`margin`) haben, der einen Abstand zwischen den Elementen erzeugt. `margin` kann ebenfalls für alle vier Seiten einzeln definiert werden:

▶ `margin-top` für den oberen Außenabstand

▶ `margin-right` für den rechten Außenabstand

▶ `margin-bottom` für den unteren Außenabstand

▶ `margin-left` für den linken Außenabstand

Der Außenabstand liegt außerhalb der Box und übernimmt die Hintergrundfarbe des umgebenden Elements. `margin` darf – im Gegensatz zu `border` und `padding` – übrigens auch negative Werte haben.

Inline-Elemente ohne »margin-top« und »margin-bottom«

Kleine, aber feine Einschränkung bei den Außenabständen:

▶ Inline-Elemente kennen weder `margin-top` noch `margin-bottom`.

Links und rechts funktioniert mit `margin-left` und `margin-right` alles wie gewohnt, aber oben und unten gibt es bei Inline-Elementen keinen Außenabstand. Details dazu finden Sie in Abschnitt 11.5.

9.2.6   Wenig intuitiv – die Gesamtbreite einer Box berechnen

Auf den ersten Blick ungewöhnlich ist die Berechnung der Gesamtbreite einer Box. width heißt zwar »Breite«, damit ist aber wie erwähnt nicht die Gesamtbreite der Box gemeint, sondern die Breite des *Inhaltsbereichs*.

Zur Erklärung ein Beispiel, dem folgende CSS-Regel zugrunde liegt:

```
div {
    width: 720px;
    padding: 20px;
    border: 0;
    margin: 10px;
}
```

Listing 9.1 CSS-Beispiel zur Berechnung der Gesamtbreite einer Box

Die Gesamtbreite der Box setzt sich aus width, padding, border und margin zusammen. Tabelle 9.2 zeigt die Berechnung für das CSS aus Listing 9.1.

Berechnung	Beispiel
width	720px
+ padding-right	+ 20px
+ padding-left	+ 20px
+ border-right-width	+ 0
+ border-left-width	+ 0
+ margin-right	+ 10px
+ margin-left	+ 10px
===============	================
Gesamtbreite der Box	780px

Tabelle 9.2 Berechnung der Gesamtbreite einer Box

Man muss manchmal wirklich rechnen, bis alles passt.

Für die Höhe gilt übrigens dasselbe: Die Gesamthöhe eines Elements setzt sich zusammen aus height plus padding-top plus padding-bottom plus border-top-width plus border-bottom-width plus margin-top plus margin-bottom.

Es gibt ein alternatives Box-Modell

Die Berechnung der Gesamtbreite einer Box fanden so viele Webworker gewöhnungs-bedürftig, dass es inzwischen eine Alternative zum traditionellen Box-Modell namens »Border-Box« gibt. Mehr Infos dazu finden Sie in Abschnitt 21.4 und in einem Artikel von mir bei Dr. Web:

▸ *bit.ly/border-box*

Alle Browser verwenden aber standardmäßig das traditionelle Box-Modell, und deshalb lernen Sie in dieser Einführung zunächst die klassische, auch als *Content-Box* bezeichnete Variante kennen.

9.3   Kalibrierung – Abstände auf null setzen

Alle Browser haben ein eingebautes Stylesheet, und eine ziemlich nervige Sache beim Lernen von CSS ist, dass die Browser für padding und margin zum Teil sehr unterschiedliche Standardvorgaben haben.

9.3.1   Die Abstände der eingebauten Browser-Stylesheets annullieren

Um nicht jedes Mal wieder auf Fehlersuche gehen zu müssen, greifen viele Webdesigner zu einer Maßnahme, die auf den ersten Blick radikal erscheinen mag, die sich aber für den Einstieg bewährt hat:

▸ padding und margin werden für alle HTML-Elemente auf 0 (null) gesetzt und anschließend neu definiert.

Betrachten Sie es als Kalibrierung, denn durch diese Maßnahme, die auch unter dem Begriff *CSS-Reset* bekannt ist, werden die unterschiedlichen Werte der eingebauten Browser-Stylesheets außer Kraft gesetzt, wodurch eine einheitliche Ausgangssituation geschaffen wird.

Im folgenden ToDo erledigen Sie gleich noch eine Sache, die in gewisser Weise auch etwas mit Kalibrierung zu tun hat: Einige Browser blenden die Bildlaufleiste am rechten Fensterrand nur ein, wenn die Seite wirklich länger ist als das Browserfenster. Dadurch »springt« das Layout beim Übergang von einer Seite mit Scrollbar zu einer Seite ohne (und umgekehrt). Mit einer einfachen CSS-Regel bringen Sie den Browser dazu, die Scrollbar immer einzublenden:

```
html { overflow-y: scroll; }
```

Die Eigenschaft `overflow-y` wurde zwar offiziell erst in CSS3 eingeführt, und nicht alle Browser kennen sie, aber sie bereitet auch in älteren Browsern keine Probleme und hat keinerlei verborgene Risiken oder Nebenwirkungen.

ToDo: Abstände für alle Elemente kalibrieren

1. Ergänzen Sie die folgende CSS-Regeln *am Anfang des Stylesheets* – nach dem einleitenden Kommentar und noch vor der Regel für body:

   ```
   * { padding: 0; margin: 0; }
   html { overflow-y: scroll; }
   ```

2. Speichern Sie das Stylesheet, betrachten Sie die Webseiten im Browser – und erschrecken Sie nicht.

Das Sternchen als Selektor bedeutet »alles«. Erschrecken Sie nicht, wenn Sie die Seite nach dieser Änderung im Browser betrachten, denn Überschriften, Absätze, Listen und sogar die verschachtelte Liste – alle Elemente sitzen ohne Abstand dicht aufeinander (Abbildung 9.2). Aber keine Angst, es wird alles wieder gut.

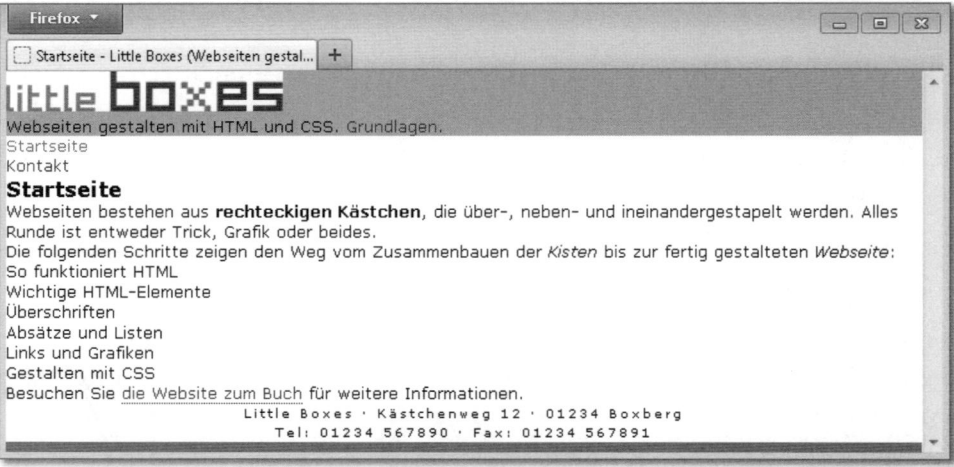

Abbildung 9.2 Radikale Kalibrierung

9.3.2   Die Abstände für die wichtigsten Elemente neu definieren

Die Abstände für Überschriften, Absätze und Listen werden in der folgenden Regel wieder auf akzeptable Werte gesetzt.

ToDo: Abstände für Überschriften, Absätze und Listen restaurieren

1. Definieren Sie am Ende des Stylesheets die folgenden CSS-Regeln:

    ```
    /* Abstand nach unten */
    h2, p, ul, ol, blockquote { margin-bottom: 1em; }


    /* Verschachtelte Listen ohne Abstand */
    ul ul, ul ol, ol ol, ol ul { margin-bottom: 0; }


    /* Abstand von links */
    ul, ol { margin-left: 2em; }
    ```

2. Speichern Sie das Stylesheet, und betrachten Sie die Webseiten im Browser.

Abbildung 9.3 zeigt die Beispielseite mit den restaurierten Abständen.

Abbildung 9.3 Absätze und Listen mit restauriertem »margin«

Mit diesen drei Regeln restaurieren Sie die wichtigsten Abstände:

▶ Für die bisher eingesetzten HTML-Elemente, h2-Überschriften, Absätze, Listen und Zitate, wird ein margin-bottom von 1em definiert. Die h1-Überschrift fehlt absichtlich, denn sie kommt nur einmal vor und benötigt keinen Abstand nach unten

▶ Bei verschachtelten Listen, also Listen *innerhalb* von Listen, wird der im ersten Style definierte margin-bottom wieder entfernt. Der Selektor ul ul, ul ol, ol ol, ol ul listet die vier möglichen Verschachtelungen von geordneten und ungeordneten Listen auf.

161

► Alle Listen (`ul,ol`) bekommen einen Abstand nach links von 2em, damit sie etwas eingerückt werden und die Aufzählungszeichen wieder sichtbar werden.

Noch mehr Abstände zum Restaurieren

Falls Sie auf Ihren Webseiten später weitere Elemente wie h3-Überschriften oder
Tabellen und Formulare verwenden, denken Sie daran, gegebenenfalls auch für diese
Elemente die gewünschten Abstände zu restaurieren.

9.4   Webseite zentrieren mit »width« und »margin«

In diesem Schritt definieren Sie mit der Eigenschaft `width` zunächst eine feste Breite für
den Bereich `#wrapper` und zentrieren diesen dann im Browserfenster.

9.4.1   Die Breite eines Elements – »width«

Das folgende ToDo begrenzt die Breite des Wrappers auf 720 px.

ToDo: Eine feste Breite für »#wrapper« definieren

1. Ergänzen Sie den Style für den Wrapper um die fett gedruckte Zeile zur Definition
   einer festen Breite:

   ```
   div#wrapper {
     color: black;
     background-color: white;
     width: 720px; /* feste Breite definieren */
   }
   ```

2. Speichern Sie das Stylesheet, und betrachten Sie die Webseiten im Browser.

Die Breite von 720 px ist so gewählt, dass die Seite auch bei einer Bildschirmauflösung
von 800×600 px noch akzeptabel aussieht. Da auf den Beispielseiten nicht so viel
Inhalt ist, reicht das völlig aus. Falls Ihnen die Seiten mit 720 px zu schmal sind: 760 px
(oder für mehrspaltige Layouts auch 960 px) sind im wahrsten Sinne des Wortes weit
verbreitet.

Mit einer festen Breite nehmen Sie der Webseite zwar ein Stück ihrer natürlichen Flexibilität, weil die Seite sich dem Browserfenster nicht mehr anpasst, aber feste Layouts
mit Pixelangaben sind zum Lernen gut geeignet. Später werden Sie sehen, wie Sie die

Seiten dazu bringen, auf einem schmaleren Bildschirm wie zum Beispiel auf einem Smartphone eine gute Figur zu machen.

Flexible Breiten

Wenn Sie Lust auf Experimente haben, ersetzen Sie 720 px einfach durch eine Prozentangabe wie 70 %. In dem Fall hat #wrapper immer eine Breite von 70 % des umgebenden Elements, und das ist body.

9.4.2   Die Seite zentrieren mit »margin: auto«

Text und Inline-Elemente kann man mit der Anweisung text-align: center zentrieren, aber für Blockelemente funktioniert das leider nicht. Da es keinen Befehl wie »Zentriere ein Blockelement auf der Seite« gibt, benutzen Sie einen kleinen Trick:

▸ Wenn die Außenabstände (margin) für links und rechts auf *automatisch* gesetzt werden, sind sie immer gleich groß.

▸ Wenn die Außenabstände links und rechts gleich groß sind, ist das Element zentriert.

Außerdem bekommt div#wrapper im folgenden ToDo einen oberen und unteren Außenrand von 10 px damit der Bereich nicht ganz oben am Rand des Browserfensters klebt.

ToDo: »#wrapper« auf der Webseite zentrieren

1. Ergänzen Sie den Style für div#wrapper um die fett gedruckten Zeilen zur Definition von margin:

```
div#wrapper {
  color: black;
  background-color: white;
  width: 720px;
  margin-top: 10px;
  margin-right: auto;   /* Abstand rechts automatisch */
  margin-bottom: 10px;
  margin-left: auto;    /* Abstand links automatisch */
}
```

2. Speichern Sie das Stylesheet, und betrachten Sie die Webseiten im Browser.

Nach diesem Schritt sieht die Startseite in etwa so aus wie in Abbildung 9.4.

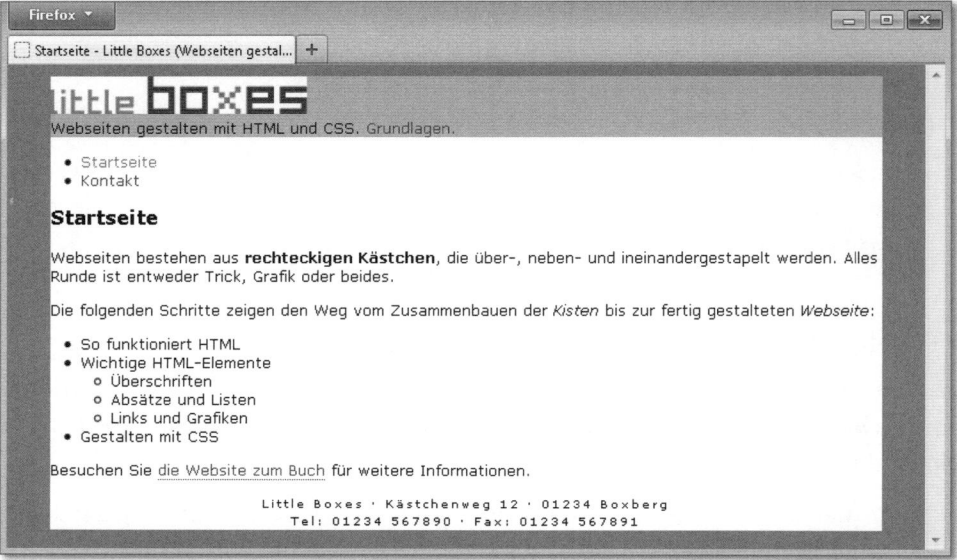

Abbildung 9.4 Zentriert und oben ein »margin« von 10 px

Ein mit margin definierter Außenabstand übernimmt die Farbe des umgebenden Elements, so dass in diesem Fall rechts und links von div#wrapper die Hintergrundfarbe von body sichtbar wird.

Zentrieren von HTML-Elementen – Inline vs. Block

Da es anfangs immer wieder zu Problemen führt, hier noch einmal eine Zusammenfassung zum Zentrieren von HTML-Elementen:

▶ Text und Inline-Elemente werden mit text-align:center zentriert.

▶ Blockelemente hingegen werden zentriert, indem Sie mit margin-right: auto und margin-left: auto für das Element links und rechts einen automatischen Außenabstand definieren.

Das ist nicht sonderlich intuitiv, aber man gewöhnt sich daran.

9.5   Rahmenlinien erstellen – »border«

Mit border können Sie Rahmenlinien definieren. Im folgenden ToDo geben Sie dem Fußbereich auf den Beispielseiten eine obere Rahmenlinie und gestalten die Abstände darunter (padding-top) und darüber (margin-top).

ToDo: Eine obere Rahmenlinie für »#fussbereich« erstellen

1. Erstellen Sie am Ende des Stylesheets *bildschirm.css* folgenden Style für den Fußbereich:

   ```
   div#fussbereich {
       padding-top: 10px;            /* unterhalb der Rahmenlinie */
       border-top: 1px solid #8c8c8c; /* Rahmenlinie oben */
       margin-top: 20px;             /* oberhalb der Rahmenlinie */
   }
   ```

2. Speichern Sie das Stylesheet, und betrachten Sie die Webseiten im Browser.

Anfangs werden padding und margin ab und an verwechselt. Dieses Beispiel mit der Rahmenlinie zeigt den Unterschied der beiden Eigenschaften sehr schön. Die Deklarationen aus dem ToDo bewirken Folgendes:

▶ padding-top ist der Abstand zwischen dem Text von address und der Rahmenlinie
  darüber.

▶ border-top erzeugt eine Rahmenlinie oben: 1 px dick, durchgezogen (solid) und
  farbig.

▶ margin-top regelt den Abstand zwischen der Linie und dem Element darüber.

9.6   Ein bisschen Abstand drumherum – »padding«

Ein Problem beim Gestalten mit CSS ist, dass man manchmal nicht genau weiß, welcher Box man welche Eigenschaft zuweisen muss, um einen gewünschten Effekt zu
erreichen.

Momentan klebt der Text im Textbereich links und rechts direkt am Rand, was unschön
aussieht. Um zwischen dem Außenrand von div#wrapper und dem Text ein kleines Pols-
ter zu erzeugen, läge es nahe, einfach dem Element div#wrapper ein padding von zum
Beispiel 20 px zu geben. Diese Maßnahme hat allerdings nicht wirklich den gewünschten Effekt, denn dadurch erscheint zum Beispiel auch um den Kopfbereich ein weißer
Abstand (siehe Abbildung 9.5).

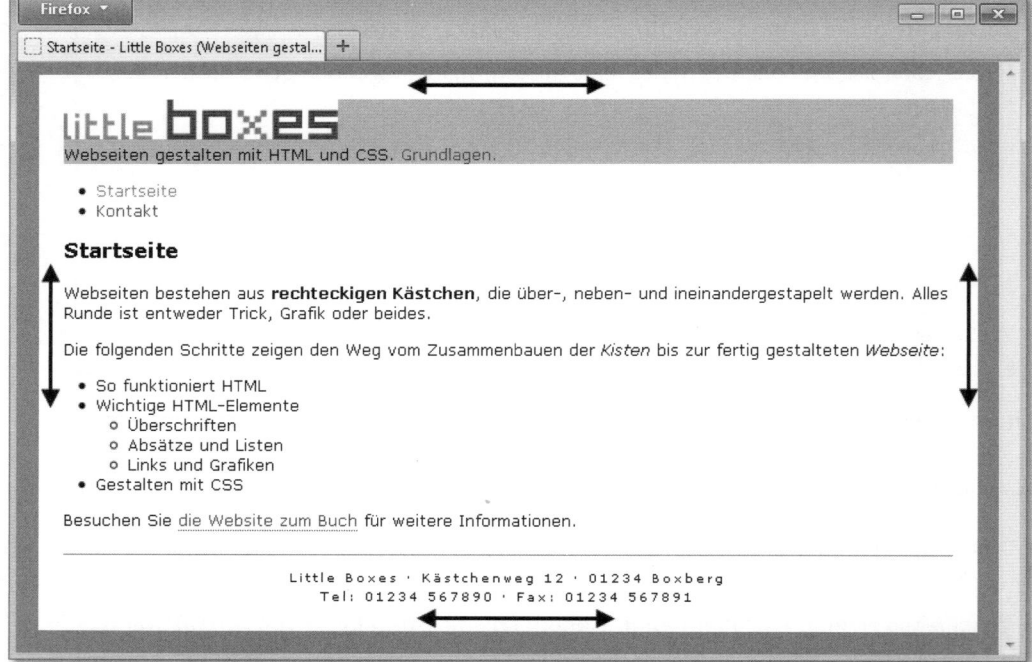

Abbildung 9.5 »#wrapper« mit 20 px »padding« – nicht wirklich gelungen

Eine bessere Lösung ist es in diesem Fall, für die vier Layoutbereiche jeweils ein indivi-
duelles padding zu definieren. Auch wenn dies umständlich erscheint und eine Menge
Tipparbeit bedeutet, ist es der bessere Ansatz.

ToDo: Einen Innenabstand für die Layoutbereiche definieren

1. Ergänzen Sie den Style für den Kopfbereich um die fett gedruckten Zeilen für das
    padding:

    ```
    div#kopfbereich {
      background-color: #f3c600; /* Gelb-Orange */
      color: black;
      padding-top: 10px;
      padding-right: 20px;
      padding-bottom: 0;
      padding-left: 20px;
    }
    ```

---

2. Fügen Sie nach dem Style für div#kopfbereich die folgenden CSS-Regeln ein:

```
div#navibereich {
  padding-top: 5px ;
  padding-right: 20px;
  padding-bottom: 5px;
  padding-left: 20px;
}
div#textbereich {
  padding-top: 20px ;
  padding-right: 20px;
  padding-bottom: 20px;
  padding-left: 20px;
}
```

3. Ergänzen Sie die Regel für den Fußbereich wie folgt:

```
div#fussbereich {
  padding-top: 10px;
  padding-right: 20px;
  padding-bottom: 20px;
  padding-left: 20px;
  border-top: 1px solid #8c8c8c;
  margin-top: 0;    /* war 20px */
}
```

4. Speichern Sie das Stylesheet, und betrachten Sie die Webseiten im Browser.

Alle Layoutbereiche haben nach diesem ToDo ein leicht unterschiedliches padding, und insgesamt sieht das Ergebnis schon ganz brauchbar aus. Das margin-top für den Fuß-bereich wurde auf 0 gesetzt, weil die vorher definierten 20 px durch das padding für den Textbereich nicht mehr nötig waren. Abbildung 9.6 zeigt die Beispielseite nach diesem ToDo.

Kurzschreibweise für »padding« und »margin«

Bei der Definition des padding für die div-Bereiche haben Sie oben, rechts, unten und links jeweils einzeln geschrieben. Das ist zwar sehr anschaulich, aber auf Dauer sehr viel Getippe. Im folgenden Kapitel werden Sie in Abschnitt 10.5 diverse Kurzschreib-weisen für padding und margin kennenlernen.

Abbildung 9.6 Startseite mit »padding« für die »div«-Bereiche

9.7 Das Box-Modell und die farbliche Gestaltung

Bei der farblichen Gestaltung der Flächen auf einer Webseite ist das Box-Modell besonders wichtig. Deshalb zeigt Tabelle 9.3 eine explizite Zusammenfassung.

Eigenschaft	Verhalten
background-color	Definiert die Hintergrundfarbe für den Inhaltsbereich der Box.
padding	Die Polsterung *in* der Kiste übernimmt die Hintergrundfarbe (background-color) des Inhaltsbereichs.
border	Die Begrenzung der Kiste hat eine *eigene Farbe*, Linienart und Breite.
margin	Der Abstand *außerhalb* der Kiste übernimmt die *Farbe der umgebenden Box* (Elternelement).

Tabelle 9.3 Das Box-Modell und die farbliche Gestaltung

Die Hintergrundfarbe des Inhaltsbereichs geht übrigens bis *unter* die Rahmenlinie. Wenn die Rahmenlinie also wie bei den Linienarten dashed, dotted oder double Lücken aufweist, sollte darin die Hintergrundfarbe des Elements durchscheinen.

9.7.1   Das Logo mit gestalten – »padding« und »border« in Aktion

Klingt alles gut, aber ein Bild sagt ja oft mehr als tausend Worte. Im folgenden Beispiel wird das transparente GIF-Logo im Kopfbereich mit einem hellgrauen Rahmen umgeben, und zwar nur mit Eigenschaften aus dem Box-Modell.

ToDo: Die Grafik im Kopfbereich farblich gestalten

1. Ergänzen Sie die Regel von img#logo wie folgt:

```
img#logo {
  background-color: white;
  color: black;
  padding: 10px;
  border: 10px solid #d9d9d9;
}
```

2. Speichern Sie das Stylesheet, und betrachten Sie die Webseiten im Browser.

Abbildung 9.7 zeigt die Logo-Grafik nach diesem ToDo.

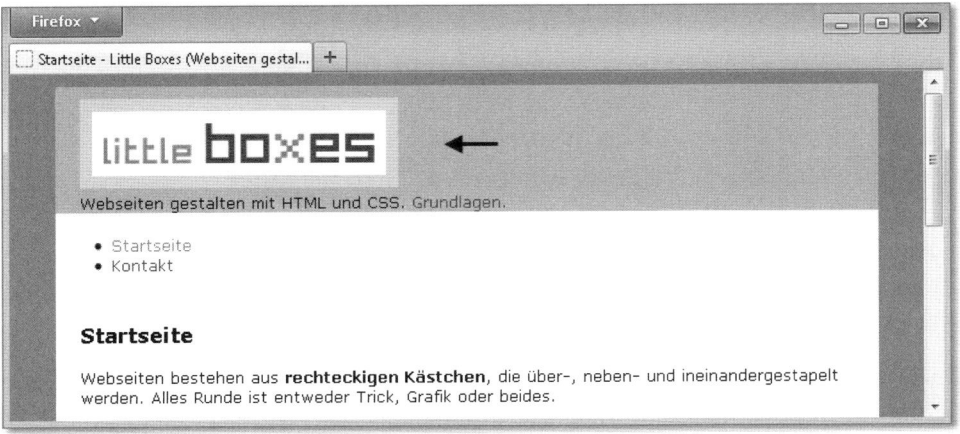

Abbildung 9.7 Die Logo-Grafik mit »padding« und »border«

9.7.2   Das Box-Modell in den Entwickler-Tools der Browser

Mit dem Inspektor vom Firefox können Sie sich das Box-Modell für jedes einzelne Element direkt im Browser anschauen. Um das Logo zu untersuchen, gehen Sie wie folgt vor:

▶ Klicken Sie mit der rechten Maustaste auf das Logo.

▶ Wählen im Kontextmenü den Befehl ELEMENT UNTERSUCHEN.

▶ Klicken Sie im Inspektor ganz rechts außen auf dem Befehl BOX-MODELL.

Abbildung 9.8 zeigt den Inspektor mit dem Box-Modell für die Logo-Grafik.

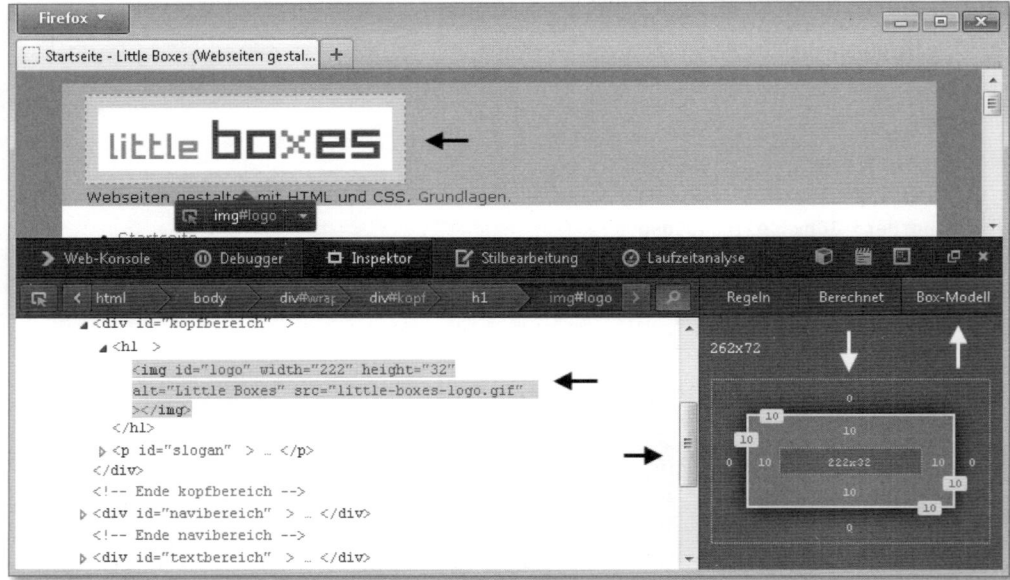

Abbildung 9.8 Das Box-Modell für die Logo-Grafik im Firefox-Inspektor

In den Entwicklerwerkzeugen von anderen Browsern, wie zum Beispiel Chrome, ist die Vorgehensweise recht ähnlich: Sie klicken mit der rechten Maustaste auf die Seite und wählen im Kontextmenü den Befehl ELEMENT UNTERSUCHEN.

Bei Chrome hat die Option für das Box-Modell den Namen METRICS und die farbliche Gestaltung ist etwas übersichtlicher (Abbildung 9.9).

Im Chrome Entwickler-Tool können Sie die Werte im Box-Modell sogar anklicken und direkt in der grafischen Darstellung ändern. Der Browser zeigt die Änderung direkt oben auf der Webseite an. Zum Ausprobieren von verschiedenen Werten ist das ziemlich genial.

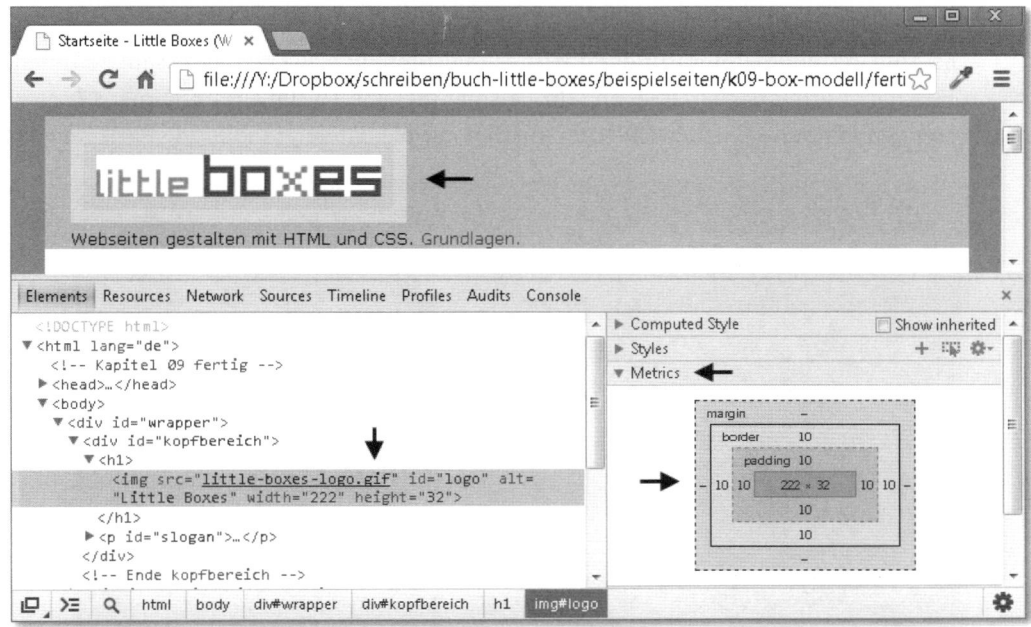

Abbildung 9.9 Das Box-Modell für die Logo-Grafik im Entwickler-Tool von Chrome

»Firebug« – das Profi-Entwicklerwerkzeug für den Firefox

In der zum Zeitpunkt des Schreibens aktuellen Version des Firefox (V 24) können Sie das Box-Modell im Inspektor nur betrachten. Falls Sie es live editieren möchten, installieren Sie das Firefox-Add-on *Firebug*, das Sie zum Beispiel unter *getfirebug.com* downloaden können. Firebug ist der Urahn aller Browser-Entwickler-Tools und so etwas wie der Firefox-Inspektor hoch zwei.

Zum Starten von Firebug klicken Sie mit der rechten Maustaste auf das gewünschte Element und wählen im Kontextmenü den Befehl ELEMENT MIT FIREBUG UNTERSUCHEN. Die Option zum Anzeigen des Box-Modells heißt im Firebug nicht METRICS, sondern LAYOUT.

9.8   Hintergrundgrafiken per CSS

Grafiken mit Informationsgehalt, wie zum Beispiel das Logo im Kopfbereich, werden mit dem Element img in den HTML-Quelltext eingebunden. Dekorative Grafiken hingegen werden im CSS als Hintergrundgrafiken eingebaut.

9.8.1   Hintergrundgrafik einbinden – »background-image«

Die Aufgabe einer Hintergrundgrafik ist es meistens, eine Fläche interessant zu füllen, ohne dabei großartig aufzufallen. Ein Beispiel für eine solche Grafik namens *hintergrund.png* finden Sie in der ZIP-Datei mit den Beispieldateien (Abbildung 9.10).

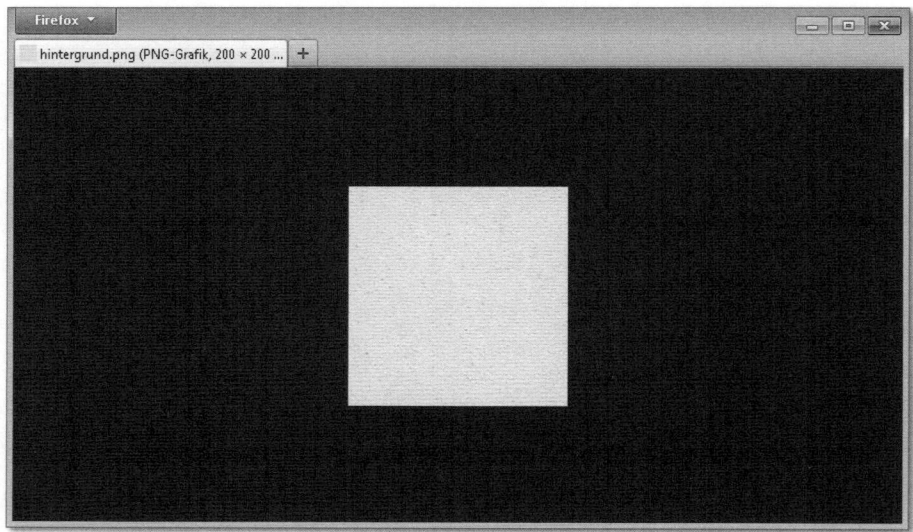

Abbildung 9.10 »hintergrund.png« ist 200×200 px groß.

Im folgenden ToDo binden Sie diese Grafik auf den Beispielseiten ein. Die Pfadangabe zur Grafikdatei bezieht sich immer auf den Speicherort des Stylesheets.

ToDo: Hintergrundgrafik für die Beispielseiten einbinden

1. Ergänzen Sie das Stylesheet um die fett gedruckte Zeile zum Einbinden der Hintergrundgrafik:

```
body {
    background-color: #8c8c8c; /* Hintergrundfarbe */
    background-image: url(hintergrund.png);
    color: white;
    font-family: Verdana, Arial, Helvetica, sans-serif;
    font-size: 87.5%;
}
```

2. Speichern Sie das Stylesheet, und betrachten Sie die Webseiten im Browser.

Abbildung 9.11 zeigt die Startseite nach diesem ToDo im Browser.

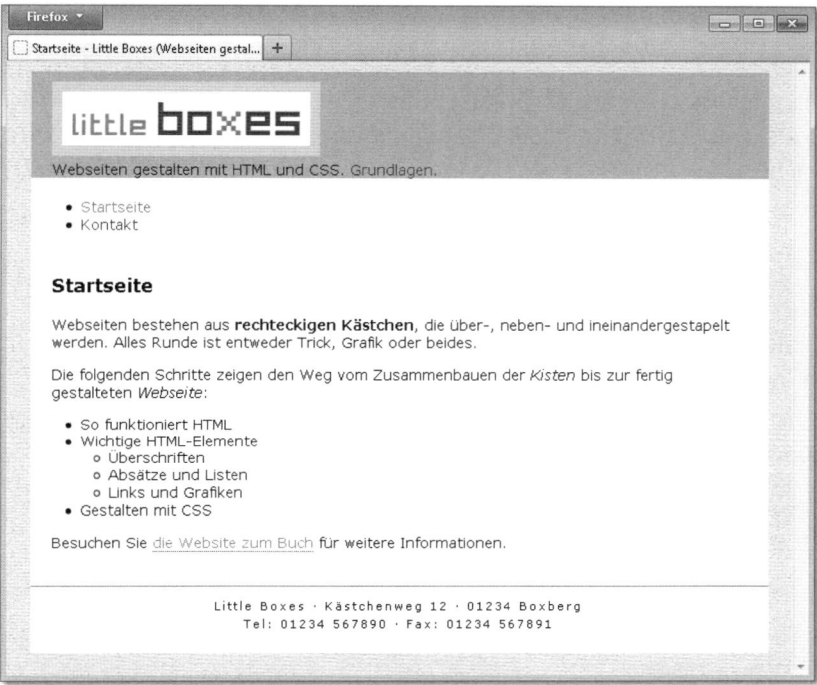

Abbildung 9.11 Die Hintergrundgrafik füllt das gesamte Browserfenster.

Beim Einfügen einer Hintergrundgrafik sind zunächst einmal zwei Dinge bemerkenswert:

▶ Die Hintergrundgrafik legt sich über die Hintergrundfarbe. Sollte die Grafik nicht angezeigt werden, wird die Hintergrundfarbe sichtbar.

▶ Eine Hintergrundgrafik wird im Browser horizontal und vertikal so lange wiederholt, bis der zur Verfügung stehende Raum aufgebraucht ist.

Dezente Hintergrundgrafiken gibt es auf »subtlepatterns.com«

Die Hintergrundgrafik aus dem Beispiel stammt von der Website *subtlepatterns.com*

Dort gibt es eine Sammlung interessanter, aber trotzdem unauffälliger Muster für Hintergrundgrafiken. Subtile Muster – der Name ist Programm.

9.8.2   Hintergrundgrafiken wiederholen – »background-repeat«

Eine Hintergrundgrafik wird wie gesehen horizontal und vertikal so lange wiederholt, bis der zur Verfügung stehende Platz aufgebraucht ist. Im CSS gibt es allerdings einige

Möglichkeiten, die Wiederholung der Grafik zu steuern. Dabei gibt es vier Variationen: repeat, repeat-y, repeat-x und no-repeat.

Eine vertikale und horizontale Wiederholung der Grafik erreichen Sie mit background-repeat: repeat. Das ist die Standardeinstellung, die vom Browser genommen wird, wenn sonst nichts gesagt wird. Die anderen drei Optionen schränken die Wiederholung ein:

- ▶ Eine vertikale Wiederholung entlang der y-Achse (untereinander, vertikal) erreichen Sie mit background-repeat: repeat-y.
- ▶ Eine horizontale Wiederholung entlang der x-Achse (nebeneinander) definieren Sie mit background-repeat: repeat-x.
- ▶ Wenn eine Hintergrundgrafik gar nicht wiederholt werden soll, benutzen Sie den Wert background-repeat: no-repeat.

Die folgende CSS-Regel zeigt die Standardeinstellung für background-repeat:

```
body {
  background-color: #8c8c8c;
  background-image: url(hintergrund.png);
  background-repeat: repeat;
}
```

Listing 9.2 Hintergrundgrafik horizontal und vertikal wiederholen

9.8.3   Hintergrundgrafik positionieren – »background-position«

Hintergrundgrafiken können mit der Eigenschaft background: position innerhalb eines Elements positioniert werden. Die Position kann mit den Worten left, right, top, bottom oder center bestimmt werden.

Standardwert für background: position ist left top, also links oben. Wenn Sie das explizit hinschreiben möchten, sieht das so aus:

```
body {
  background-color: #8c8c8c; /* Hintergrundfarbe */
  background-image: url(hintergrund.png);
  background-repeat: repeat;
  background-position: left top;
}
```

Listing 9.3 Die Hintergrundgrafik beginnt links oben

Wenn statt der Schlüsselwörter zwei Zahlenwerte, wie zum Beispiel 50 % 20 %, zur Positionierung verwendet werden, steht der erste für die horizontale und der zweite für die vertikale Position.

Details zu »background-position«

Weitere Informationen und Beispiele zur Anwendung von background-position finden Sie zum Beispiel bei CSS4You:

▶ *css4you.de/background-position.html*

9.8.4   Hintergrundgrafik fixieren – »background-attachment«

Normalerweise bewegt sich die Hintergrundgrafik beim Scrollen im Browserfenster zusammen mit der Webseite nach oben und nach unten. Dafür verantwortlich zeichnet background-attachment mit dem Standardwert scroll.

Mit dem Wert fixed können Sie die Hintergrundgrafik fixieren. Probieren Sie es ruhig einmal aus:

```
body {
  background-color: #8c8c8c; /* Hintergrundfarbe */
  color: white;
  font-family: Verdana, Arial, Helvetica, sans-serif;
  font-size: 87.5%;
  background-image: url(hintergrund.png);
  background-attachment: fixed;
}
```

Listing 9.4 Die Hintergrundgrafik fixieren

Wenn die Hintergrundgrafik fixiert ist, rollt der Inhalt beim Scrollen über die Hintergrundgrafik hinweg, was zum Teil wirklich verblüffende Effekte ergibt.

Ein wunderschönes Beispiel für einen fixierten Hintergrund ist die Mozart-Variante vom Zen Garden:

▶ *csszengarden.com/?cssfile=189/189.css*

Achten Sie beim Scrollen auf die Noten im Hintergrund.

9.8.5   Die Kurzschreibweise – »background«

Es gibt zur Definition der Hintergrundformatierung mit der Eigenschaft background auch eine Kurzschreibweise. Für die Beispielseiten könnte das so aussehen wie im folgenden Listing:

```
body {
  background: #8c8c8c url(hintergrund.png) fixed repeat left top;
}
```

Listing 9.5 Die Kurzschreibweise für »background«

Mit dieser Schreibweise legen Sie alle Formatierungen für den Hintergrund in einer einzigen Anweisung fest: zuerst die Farbe, dann die Grafikdatei, gefolgt von Angaben zur Wiederholung und Positionierung.

Falls in der Kurzschreibweise für background statt der Schlüsselwörter top, bottom, left oder right zwei Zahlenwerte angegeben werden, steht der erste für die horizontale und der zweite für die vertikale Ausrichtung. So gesehen wäre es eine gute Angewohnheit, diese Reihenfolge auch bei den Schlüsselwörtern einzuhalten, und die Angabe von left bottom wäre sinnvoller als die von bottom left, auch wenn es dem Browser egal ist.

Wenn Sie die Kurzschreibweise benutzen und zum Beispiel nur eine Hintergrundfarbe definieren, werden alle nicht genannten Eigenschaften auf den Standardwert gesetzt. Betrachten Sie einmal die folgenden CSS-Regeln:

```
body { background-color: #8c8c8c; } /* nur die Hintergrundfarbe */
body { background: #8c8c8c; }        /* Kurzschreibweise */
```

Auf den ersten Blick weisen beide Regeln eine Hintergrundfarbe zu, aber das stimmt nur zum Teil:

▶ Der erste Style, body { background-color: #8c8c8c; }, definiert nur die Hintergrundfarbe background-color und macht sonst gar nichts.

▶ Die Kurzschreibweise body { background: #8c8c8c; } definiert die Hintergrundfarbe, setzt aber außerdem alle nicht explizit erwähnten Eigenschaften wie background-image, background-repeat und background-position zurück auf den Standardwert.

Im Klartext: Mit der Kurzschreibweise würde in diesem Fall eine eventuell vorher definierte Hintergrundgrafik für body automatisch entfernt, weil background-image nicht erwähnt wird.

9.8.6 Das Box-Modell ist ein bisschen 3D

Bildschirme sind flach, das Box-Modell hingegen nicht. Es hat zumindest ansatzweise eine dritte Dimension, denn `margin`, `background-color`, `background-image`, `padding`, `border` und der Inhalt (`content`) werden übereinandergestapelt (Abbildung 9.12).

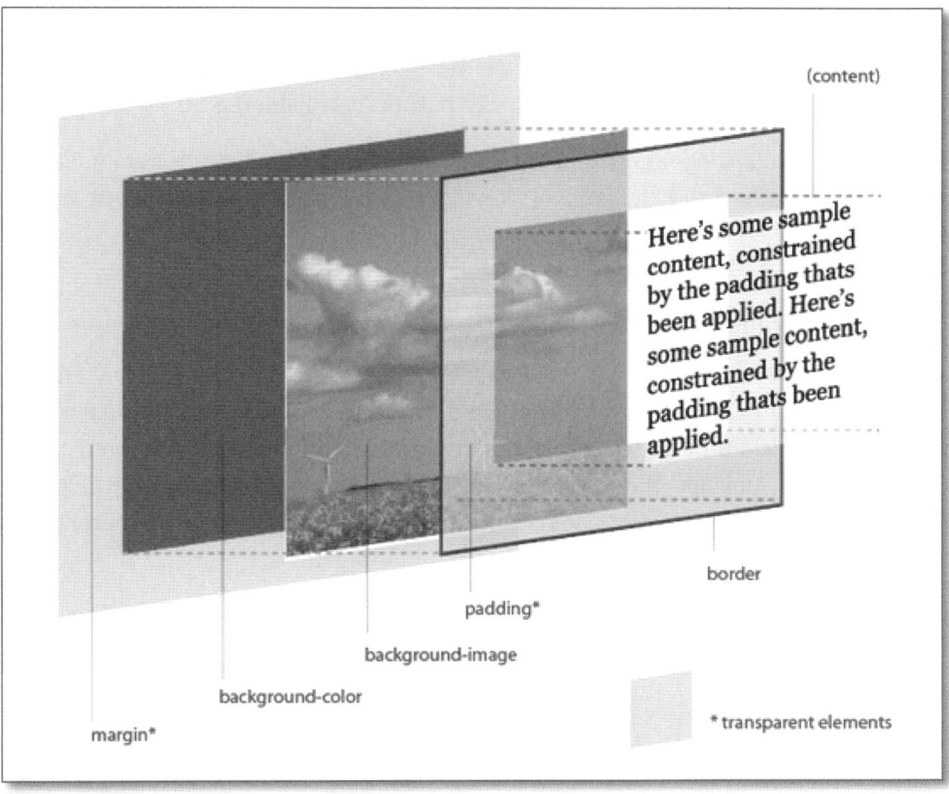

Abbildung 9.12 Das Box-Modell und die dritte Dimension

Dieses 3D-Box-Modell wurde von Jon Hicks entworfen, der es netterweise der Allgemeinheit zur Verfügung gestellt hat. Das Original finden Sie »in full colour« auf seiner Site:

▶ *hicksdesign.co.uk/boxmodel/*

9.9 Vertikale Außenabstände kollabieren – »collapsing margins«

Eine kleine Besonderheit von margin bereitet oft Kopfzerbrechen und soll deshalb noch kurz erwähnt werden:

▶ *Horizontale* Außenabstände (margin-right und margin-left) sich berührender nebeneinanderstehender Boxen werden ganz normal addiert.

▶ *Vertikale* Außenabstände sind schreckhafter: Wenn sich margin-bottom und margin-top zweier untereinanderstehender Boxen berühren, kollabieren sie.

Pfft. Luft raus. *Collapsing margins* nennt man dieses Phänomen. Der größere Außenabstand bleibt bestehen, der kleinere verschwindet. Und manchmal verschieben sie sich auch.

9.9.1 Kollabierende Außenabstände bei aufeinanderfolgenden Elementen

Stellen Sie sich zwei Absätze vor, die im Quelltext direkt aufeinanderfolgen. Für alle Absätze wurde ein margin-top: 15px und margin-bottom: 30px definiert. Normalerweise würde man zwischen den Absätzen somit einen Abstand von 45 px erwarten. Wenn aber der untere und der obere Außenabstand aufeinanderstoßen, verschwindet der kleinere spurlos (Abbildung 9.13). Das klingt zunächst seltsam, ist aber im Fließtext ganz praktisch, wenn mehrere Absätze direkt aufeinanderfolgen.

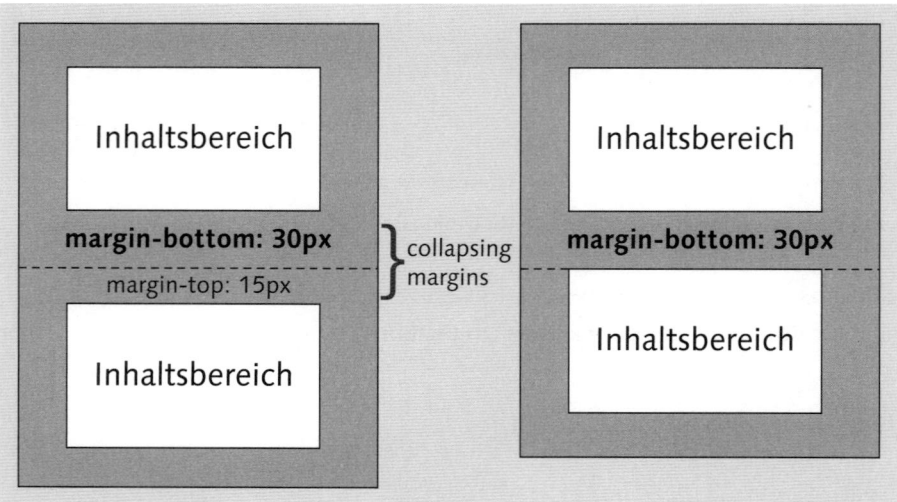

Abbildung 9.13 Wenn sich zwei vertikale »margins« von aufeinanderfolgenden Elementen berühren, kollabieren sie.

9.9.2   Unerwartete Abstände – ein Beispiel aus dem Alltag

Im CSS-Alltag sorgt zum Beispiel die Tatsache für Verwirrung, dass die Außenabstände nicht nur wie im vorherigen Beispiel bei Elementen derselben Hierarchie-Ebene verschmelzen, sondern auch zwischen Eltern, Kindern und sonstigen Nachfahren.

Im folgenden HTML-Listing werden eine h1-Überschrift und ein Absatz von einem Kopfbereich umgeben. Der Kopfbereich wird mit einem Style zentriert und bekommt einen dunkelroten Hintergrund:

```
<!DOCTYPE html>
<html lang="de">
<head>
  <meta charset="utf-8">
  <title>Collapsing Margins - "Einstieg in CSS"</title>
  <style>
  div#kopfbereich {
    font-family: Verdana, sans-serif;
    background-color: darkred;
    color: white;
    width: 720px;
    margin-right: auto; /* zentrieren */
    margin-left: auto;
  }
  h1 { margin-top: 0; margin-bottom: 0.5em; }
  p { margin-top: 0; margin-bottom: 1em; }
  </style>
</head>
<body>
  <div id="kopfbereich">
    <h1 lang="en">Collapsing Margins</h1>
    <p>Webseiten gestalten mit HTML und CSS</p>
  </div>
</body>
</html>
```

Listing 9.6 Ein dunkelroter Kopfbereich mit Überschrift und Absatz

Abbildung 9.14 zeigt diesen Quelltext im Browser: Ein zentrierter, dunkelrot hinterlegter Kopfbereich mit einer Überschrift und einem Absatz.

Um die verwirrenden Auswirkungen zusammenfallender Außenabstände in Aktion zu sehen, fügen Sie am Ende des Styleblocks aus Listing 9.6 eine einfache CSS-Regel für h1 ein:

```
h1 { margin-top: 100px; }
```

Listing 9.7 Die Überschrift bekommt einen oberen Außenabstand von 100 px.

Abbildung 9.14 Ein dunkelroter Kopfbereich mit Überschrift und Absatz

Normalerweise würde man erwarten, dass margin-top die Überschrift *innerhalb* des Kopfbereichs nach unten drückt und dass somit *oberhalb* der Überschrift ein dunkelroter, 100 px hoher Bereich entsteht.

Abbildung 9.15 zeigt hingegen, dass im Browser margin-top nicht *innerhalb* sondern *oberhalb* des Kopfbereichs entsteht. Der margin-top für die h1-Überschrift, die ja im Kopfbereich steht, verschiebt den gesamten Kopfbereich nach unten, so als ob man den margin-top an den Kopfbereich vergeben hätte.

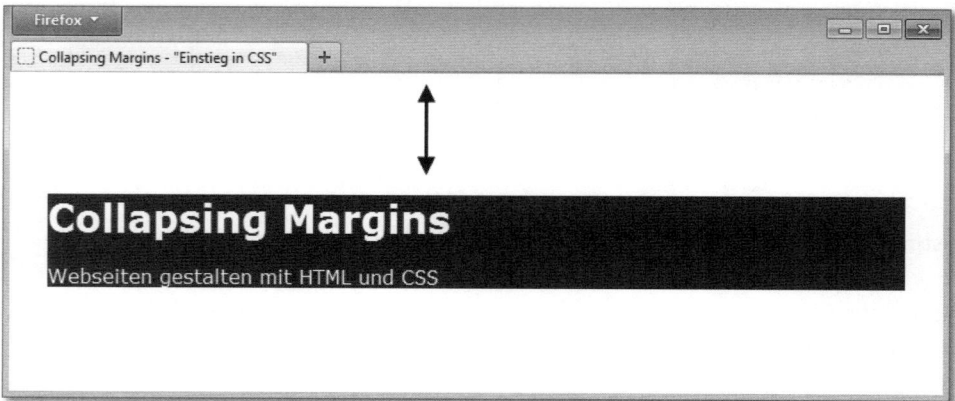

Abbildung 9.15 »margin-top« für »h1« schiebt den Kopfbereich nach unten.

CSS-Einsteiger begeben sich an dieser Stelle unweigerlich auf die Suche nach Tipp- oder Denkfehlern. Ursache ist aber die Tatsache, dass sich die oberen Außenabstände von h1 und div#kopfbereich berühren und daraufhin kollabieren, so dass der margin-top der Überschrift quasi tatsächlich zum margin-top des umgebenden Kopfbereichs wird.

Es gibt viele Möglichkeiten, diesen Effekt zu verhindern, aber für den Einstieg reicht es zum Beispiel, dem Kopfbereich ein padding-top von 1 px zu geben, das sich quasi zwischen die margin-top von Überschrift und Kopfbereich schiebt:

```
div#kopfbereich {
  background-color: darkred;
  color: white;
  width: 720px;
  padding-top: 1px;
   margin-right: auto; /* zentrieren */
  margin-left: auto;
}
```

Listing 9.8 Der Kopfbereich bekommt »padding-top:1px«.

Durch dieses eine Pixel berühren sich die oberen Außenabstände von Überschrift und Kopfbereich nicht mehr, dennoch entspricht das Bild im Browser den Erwartungen, und das margin-top für die Überschrift bleibt innerhalb des Kopfbereichs (Abbildung 9.16).

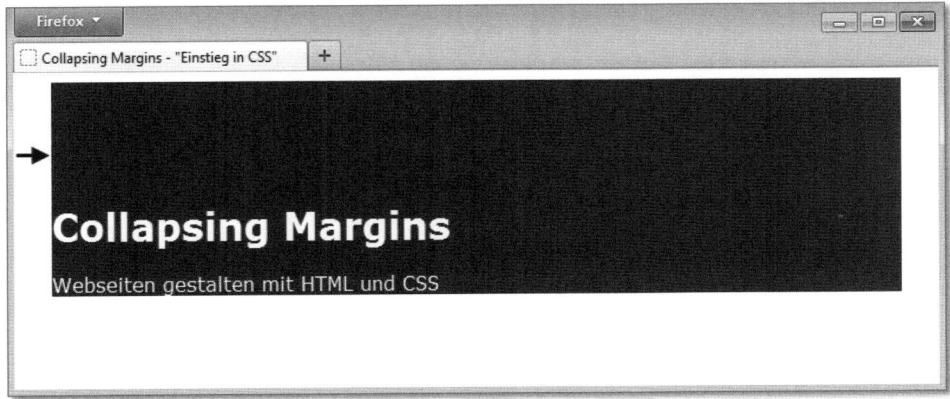

Abbildung 9.16 Der »margin-top« für die Überschrift kollabiert nicht mehr.

Eine andere Möglichkeit wäre, statt des padding-top: 1px eine obere Rahmenlinie zu vergeben, der man als Farbe transparent mit auf den Weg gibt, damit sie im Browserfenster nicht sichtbar wird:

```
border-top: 1px solid transparent;
```

Die Lösung ist also eigentlich relativ simpel, aber kollabierende Außenabstände haben schon so manchen CSS-Neuling an den Rand eines Nervenzusammenbruchs und darüber hinaus gebracht.

Nehmen Sie zum Beispiel den Absatz `<p>Webseiten gestalten mit HTML und CSS</p>` direkt unterhalb der Überschrift. Das Element `p` hat einen `margin-bottom` von `1em`. Dieser untere Außenabstand ist im Kopfbereich nicht sichtbar, und jetzt dürfen Sie genau einmal raten, warum nicht. Richtig. Collapsing margins.

Ein `padding-bottom` oder eine durchsichtige untere Rahmenlinie von 1px für den Kopfbereich genügen, um diesen Abstand innerhalb des Kopfbereichs sichtbar zu machen (Abbildung 9.17). Probieren Sie es aus. Man gewöhnt sich daran.

Abbildung 9.17 Jetzt ist »margin-bottom« innerhalb vom Kopfbereich.

Ausführliche Infos zu kollabierenden Außenabständen

Der Vollständigkeit halber sei erwähnt, dass es natürlich Ausnahmen gibt. Außenabstände kollabieren nicht bei:

- gefloateten Elementen
- absolut positionierten Elementen
- Inline-Blockelementen
- Elementen, bei denen `overflow` einen anderen Wert als `visible` hat
- geclearten Elementen
- dem Stammelement `html`
- Mehr zum Thema erfahren Sie bei Bedarf in folgendem Artikel:
- *reference.sitepoint.com/css/collapsingmargins*

Auf Englisch, aber dafür sehr ausführlich und relativ verständlich.

9.10   Das Stylesheet im Überblick

Am Ende dieses Kapitels wird das Stylesheet langsam, aber sicher etwas unübersichtlich. Aufgeräumt wird gleich im nächsten Kapitel. Hier der aktuelle Stand der Dinge:

```
01 * { padding: 0; margin: 0; }
02 html { overflow-y: scroll; }
03 body {
04    background: #8c8c8c url(hintergrund.png) fixed repeat left top;
05    color: white;
06    font-family: Verdana, Arial, Helvetica, sans-serif;
07    font-size: 87.5%;
08 }
09 div#wrapper {
10    background-color: white;
11    color: black;
12    width: 720px;
13    margin-top: 10px;
14    margin-right: auto;
15    margin-bottom: 10px;
16    margin-left: auto;
17 }
18 div#kopfbereich {
19    background-color: #f3c600;
20    color: black;
21    padding-top: 10px;
22    padding-right: 20px;
23    padding-bottom: 0;
24    padding-left: 20px;
25 }
26 div#navibereich {
27    padding-top: 5px ;
28    padding-right: 20px;
29    padding-bottom: 5px;
30    padding-left: 20px;
31 }
32 div#textbereich {
33    padding-top: 20px ;
34    padding-right: 20px;
35    padding-bottom: 20px;
36    padding-left: 20px;
```

```
37 }
38 div#fussbereich {
39    padding-top: 10px;
40    padding-right: 20px;
41    padding-bottom: 20px;
42    padding-left: 20px;
43    border-top: 1px solid #8c8c8c;
44    margin-top: 0;
45 }
46 img#logo {
47    background-color: white;
48    color: black;
49    padding: 10px;
50    border: 10px solid #d9d9d9;
51 }
52
53 h1 { font-size: 150%; }
54 h2 { font-size: 130%; }
55 address {
56    text-align: center;
57    font-size: 80%;
58    font-style: normal;
59    letter-spacing: 2px;
60    line-height: 1.5;
61 }
62 a {
63     text-decoration: none;
64     /* outline: none; */
65 }
66 a:link { color: #d90000; }
67 a:visited { color: #cc6666; }
68 a:hover, a:focus {
69    border-bottom: 1px solid #d90000;
70 }
71 a:active {
72    background-color: #d90000;
73    color: white;
74 }
```

```
75 div#textbereich a {
76    border-bottom: 1px dotted #cc0000;
77 }
78 div#textbereich a:hover,
79 div#textbereich a:focus {
80    border-bottom: 1px solid #d90000;
81 }
82 p#slogan span {
83   color: #d90000; /* Schriftfarbe */
84 }
85 h2, p, ul, ol, blockquote { margin-bottom: 1em ; }
86
87 /* Verschachtelte Listen ohne Abstand */
88 ul ul, ul ol, ol ol, ol ul { margin-bottom: 0; }
89
90 /* Abstand von links für Listen */
91 ul, ol { margin-left: 2em; }
```

Listing 9.9 Das Stylesheet bildschirm.css im Überblick

9.11   Auf einen Blick

Hier sind noch einmal die wichtigsten Punkte dieses Kapitels im Überblick:

▶ Das Box-Modell ist das Schema, nach dem alle Kästchen auf der Webseite aufgebaut sind.

▶ Das Box-Modell dient der Gestaltung von Abständen und Farbflächen.

▶ Jedes Blockkästchen besteht aus folgenden Eigenschaften:

  – Inhaltsbereich mit width und height

  – Innenabstand (padding)

  – Rahmen (border)

  – Außenabstand (margin)

▶ Inline-Elemente haben kein width, keine height, kein margin-top und kein margin-bottom.

▶ Die Gesamtbreite einer Box ist width plus padding plus border plus margin.

▶ Um unterschiedliche Browsereinstellungen auszugleichen, kann man padding sowie margin für alle Elemente auf null setzen und anschließend je nach Bedarf restaurieren.

- ▶ Die horizontale Zentrierung eines Blockelements erreichen Sie mit `margin: auto`.
- ▶ Text und Inline-Elemente werden mit `text-align: center` zentriert.
- ▶ Ziergrafiken werden im CSS als Hintergrundgrafik eingebunden.
- ▶ Die Eigenschaften zur Gestaltung des Hintergrunds lauten:
  - – `background-color` für die Hintergrundfarbe
  - – `background-image` für eine Hintergrundgrafik
  - – `background-repeat` für die Art der Wiederholung
  - – `background-position` zur Positionierung der Grafik
  - – `background-attachment` zur Fixierung der Grafik
- ▶ Mit `background` gibt es eine Kurzschreibweise, die alle Eigenschaften in einer Regel zusammenfasst.
- ▶ Das Box-Modell ist ein bisschen 3D.

Kapitel 10
Ordnung halten in den Stylesheets

Worin Sie einige Anregungen zur Organisation Ihrer Styles bekommen, Kurzschreibweisen kennenlernen und am Ende das CSS in verschiedene Stylesheets unterteilen und validieren.

Die Themen im Überblick:

▶ »Der Kommentar am Anfang«, Seite 187

▶ »Das Stylesheet in Abschnitte unterteilen«, Seite 188

▶ »Verschiedene Schreibweisen für Styles«, Seite 190

▶ »Die Reihenfolge der Deklarationen im Style«, Seite 192

▶ »Effektiv – Kurzschreibweisen für ›padding‹ und ›margin‹«, Seite 193

▶ »Mehrere Stylesheets erstellen und zentral einbinden«, Seite 196

▶ »Die Stylesheets für die Beispielsite im Überblick«, Seite 199

▶ »Der CSS-Validator«, Seite 204

▶ »Auf einen Blick«, Seite 206

Das Stylesheet wird langsam, aber sicher immer länger und unübersichtlicher, und in diesem Kapitel möchte ich Ihnen ein paar Beispiele zur Organisation eines Stylesheets und zum effektiveren Schreiben von CSS-Regeln geben.

Wie ausführlich Sie die Vorschläge aus diesem Kapitel umsetzen, hängt unter anderem von Ihrem persönlichen Ordnungsbedürfnis ab. Wichtig ist, dass *Sie* den Überblick behalten, und ich hoffe, Ihnen dafür ein paar brauchbare Anregungen geben zu können.

10.1 Der Kommentar am Anfang

Am Dateinamen eines Stylesheets kann man nicht immer erkennen, zu welcher Site es gehört und welchen Zweck es erfüllt. Darum empfiehlt es sich, am Anfang jeder CSS-Datei die wichtigsten Informationen in einem Kommentar festzuhalten.

Wie ausführlich dieser Kommentar ausfällt, hängt von Ihren persönlichen Vorlieben ab, Ihrem Ordnungsbedürfnis und der Komplexität des Projekts. Im Folgenden sehen Sie zwei Beispiele zur Anregung.

Zunächst eine Minimalvariante:

```css
/* Stylesheet für die Beispielsite "Einstieg in CSS", 09/2013 */
```

Listing 10.1 CSS-Kommentar am Anfang – Minimalvariante

Wenn Sie dieses Stylesheet in ein paar Wochen oder Monaten wieder öffnen, wissen Sie wenigstens noch, wann und wofür es geschrieben wurde.

Die folgende Variante erledigt im Grunde genommen dieselbe Aufgabe, ist aber etwas ausführlicher:

```css
/* ========================================================
Stylesheet für die Beispielsite aus "Einstieg in CSS"
Datei: bildschirm.css
Datum: 26. September 2013
Autor: Peter Müller
Aufbau: 1. Allgemeine Styles
        2. Styles für Layoutbereiche
        3. Sonstige Styles
======================================================== */
```

Listing 10.2 CSS-Kommentar am Anfang – ausführliche Variante

Je nach Lust und Laune können Sie zum Beispiel auch noch das verwendete Farbschema oder eine Liste der im CSS eingebundenen Grafikdateien dokumentieren.

10.2   Das Stylesheet in Abschnitte unterteilen

Stylesheets sind nicht selten mehrere hundert oder gar tausend Zeilen lang. Deshalb sollten Sie von Beginn an versuchen, das CSS so übersichtlich wie möglich zu schreiben. Dazu bietet es sich an, ein Stylesheet mit mehrzeiligen Kommentaren in verschiedene Abschnitte zu unterteilen.

Im folgenden Beispiel habe ich das bisherige Stylesheet, wie im Anfangskommentar oben angedeutet, in einige Abschnitte untergliedert:

```
/* =====================================
1. Allgemeine Styles
===================================== */



/* =====================================
2. Styles für die Layoutbereiche
===================================== */



/* =====================================
3. Sonstige Styles
===================================== */
```

Listing 10.3 Das Stylesheet in Abschnitte unterteilen

Statt des Gleichheitszeichens können Sie innerhalb der Kommentare auch eine Raute (#) oder ein beliebiges anderes Zeichen nutzen. Wichtig ist nur, dass die gesamte Konstruktion jeweils mit /* beginnt und mit */ endet.

> **Kalibrierung und Restauration in einem eigenen Stylesheet**
>
> Der Abschnitt mit den Regeln zur Kalibrierung (Reset) und zur Restaurierung der wichtigsten Abstände wird, wie Sie in Abschnitt 10.6 weiter hinten in diesem Kapitel sehen werden, in ein eigenes Stylesheet ausgelagert.

10.2.1   Teil 1: Allgemeine Styles

Im ersten Abschnitt legen Sie die allgemeinen, für die ganze Seite geltenden Einstellungen fest. Die meisten Selektoren in diesem Teil gelten für die gesamte body-Kiste, wobei sich folgende Reihenfolge anbietet:

1. die Elemente html und body
2. Blockelemente wie Überschriften, Absätze, Listen, Zitate etc.
3. Inline-Elemente: Hyperlinks, Bilder und Elemente wie strong und em
4. allgemeine Klassen und IDs wie .infobox oder img#logo

Im Zweifelsfall ordnen Sie die Selektoren einfach nach dem Punktesystem für Selektoren in umgekehrter Spezifität: Styles mit einem Punkt zuerst, IDs zuletzt.

10.2.2   Teil 2: Styles für die Layoutbereiche

Im zweiten Abschnitt folgen Selektoren, die nur in einem bestimmten Bereich der Seite gelten. Die Reihenfolge entspricht dabei der des Auftretens im HTML-Quelltext, von oben nach unten.

Verschachtelte Selektoren, die nur für einen bestimmten Bereich gelten, können Sie dabei vielleicht sogar leicht einrücken, so dass leicht erkennbar wird, wo der folgende Bereich beginnt.

Im Beispiel-Stylesheet könnte das im Überblick so aussehen:

```
/* =====================================
2. Styles für die Layoutbereiche
===================================== */
#wrapper { ... }
#kopfbereich { ... }
  p#slogan span { ... }
#navibereich { ... }
#textbereich { ... }
#fussbereich { ... }
```

Listing 10.4 Styles für die Layoutbereiche

10.2.3   Teil 3: Sonstige Styles

Teil 3 ist im Beispiel-Stylesheet momentan noch leer und fungiert als Platzhalter für alle Selektoren, die in den ersten beiden Abschnitten keinen Platz gefunden haben, zum Beispiel das CSS zur Gestaltung von Inhalten.

10.3   Verschiedene Schreibweisen für Styles

In diesem Abschnitt lesen Sie ein paar Gedanken und Empfehlungen zum übersichtlichen Aufbau von Styles.

10.3.1   Eine typische CSS-Regel

Eine typische CSS-Regel sieht ungefähr so aus:

```
body {
  background: #8c8c8c url(hintergrund.png) fixed repeat left top;
  color: white;
```

```
    font-family: Verdana, Arial, Helvetica, sans-serif;
    font-size: 87.5%;
}
```

Listing 10.5 Ein typischer Style

Der Aufbau dieses Styles ist recht übersichtlich und folgt einigen bisher unausgesprochenen Konventionen:

▸ In der ersten Zeile steht nur der Selektor und die öffnende geschweifte Klammer.

▸ Auf jeder Zeile steht – leicht eingerückt – nur eine Deklaration, und jede Deklaration endet mit einem Semikolon.

▸ Eigenschaft und Wert werden durch einen Doppelpunkt getrennt. Nach dem Doppelpunkt folgt eine Leerstelle. Sie ist zwar nicht zwingend erforderlich, entspricht aber unserer Rechtschreibung und erhöht die Lesbarkeit.

▸ Die schließende geschweifte Klammer steht in einer eigenen Zeile, bündig mit dem ersten Buchstaben des Selektors.

10.3.2   Alles in einer Zeile

Ausnahmen bestätigen die Regel, und so liegt es bei Styles mit nur einer Deklaration nahe, alles in eine Zeile zu schreiben. Der Einzeiler spart Platz und ist übersichtlich:

```
h1 { font-size: 150%; }
```

Listing 10.6 Der Einzeiler

Manche Autoren schreiben auch Styles mit einer Deklaration konsequent nach dem mehrzeiligen Schema, andere hingegen setzen sogar mehrere Deklarationen in eine Zeile, weil es Platz spart. Das ist eine Frage des Stils und manchmal auch einfach nur von der Tagesform abhängig.

10.3.3   Kombinierte und gruppierte Selektoren

Verschachtelte Selektoren wie `#textbereich a` stehen immer in einer Zeile. Bei mit Kommata gruppierten Selektoren hingegen empfiehlt es sich, pro Zeile nur eine Selektorengruppe zu notieren. Nach dem letzten Selektor folgt statt des Kommas die öffnende geschweifte Klammer:

```
#textbereich a:hover,
#textbereich a:focus {
  ...
}
```

Listing 10.7 Gruppierte Selektoren

10.4 Die Reihenfolge der Deklarationen im Style

In diesem Abschnitt möchte ich Ihnen zwei Möglichkeiten zeigen, um die Deklarationen zwischen den geschweiften Klammern zu ordnen.

Probieren Sie aus, welche der beiden Methoden Ihnen besser gefällt. Oder denken Sie sich etwas völlig Neues aus, aber irgendwann sollten Sie sich entscheiden. Konsistenz ist in diesem Fall eine Tugend ...

10.4.1 Möglichkeit 1: Die Reihenfolge orientiert sich am Aufbau der Boxen

Schauen Sie sich folgende fiktive CSS-Regel an:

```
#kopfbereich {
  position: relative;
  font-size: 100%;
  letter-spacing: 2px;
  background-color: white;
  padding-top: 10px;
  border-top: 1px solid black;
  margin-top: 20px;
}
```

Listing 10.8 Ein fiktiver Style für den Kopfbereich

Die Reihenfolge der Deklarationen orientiert sich am Aufbau der Boxen:

▶ Positionsangaben wie `float` oder `position` und dazugehörige Deklarationen wie `top`, `right`, `bottom` und `left` bestimmen die Position der Box auf der Seite und stehen ganz am Anfang.

▶ Danach folgen die Eigenschaften für den Inhaltsbereich des Kästchens: `font-size`, `font-style`, `letter-spacing` und eventuell noch andere.

▶ Am Ende des Styles werden die Definitionen für das Kästchen selbst aufgelistet: `width`, `height`, `background`, `padding`, `border` und `margin`.

In dieser Sortierung beschreiben die Deklarationen also zuerst die Positionierung auf der Seite und dann das Element selbst, von innen nach außen.

So verinnerlichen Sie beim Ordnen der Deklarationen ganz nebenbei den Aufbau des Box-Modells und können die Gestaltung des Elements schneller visualisieren.

10.4.2   Möglichkeit 2: Alphabetisch sortiert

Eine andere weit verbreitete Methode zur Notierung von Deklarationen ist die alphabetische Sortierung. Hier sehen Sie dieselbe CSS-Regel wie oben, aber alphabetisch sortiert:

```
#kopfbereich {
  background-color: white;
  border-top: 1px solid #003399;
  font-size: 100%;
  letter-spacing: 2px;
  margin-top: 20px;
  padding-top: 10px;
  position: relative;
}
```

Listing 10.9 Ein fiktiver Style für den Kopfbereich, alphabetisch sortiert

Der Vorteil der alphabetischen Sortierung ist, dass sie immer eindeutig und leicht einzuhalten ist.

Nachteilig ist hingegen, dass verwandte Eigenschaften wie background und padding weit auseinandergerissen werden und wichtige Positionsangaben wie float oder position mitten zwischen den anderen Eigenschaften vergraben liegen.

10.5   Effektiv – Kurzschreibweisen für »padding« und »margin«

Im Folgenden noch ein paar Hinweise zur effektiveren Schreibweise von Deklarationen für padding und margin.

10.5.1   Alle vier Seiten gleich

Die beiden folgenden CSS-Regeln bewirken dasselbe:

Ausführliche Schreibweise	Kurzschreibweise
``#kopfbereich {
padding-top: 20px;
padding-right: 20px;
padding-bottom: 20px;
padding-left: 20px;
}```	```#kopfbereich {
padding: 20px;
}```

Tabelle 10.1 Kurzschreibweise – alle vier Seiten haben den gleichen Wert.

10.5.2   Die Reihenfolge entscheidet – nur eine Seite anders

Das folgende Beispiel sorgt für ein padding von 20px rundherum, nur unten soll das Element keines haben. Dabei machen Sie sich die Tatsache zunutze, dass bei mehreren gleichwertigen Definitionen die jeweils zuletzt notierte gilt:

Ausführliche Schreibweise	Kurzschreibweise
``#kopfbereich {
padding-top: 20px;
padding-right: 20px;
padding-bottom: 0;
padding-left: 20px;
}```	```#kopfbereich {
padding: 20px;
padding-bottom: 0;
}```

Tabelle 10.2 Kurzschreibweise – eine Seite hat einen anderen Wert.

Bei der Kurzschreibweise wird in der ersten Zeile ein padding von 20 px definiert, und in der Zeile direkt darunter wird das padding-bottom auf 0 gesetzt. Bei sich widersprechenden Anweisungen gilt die zuletzt definierte.

Beachten Sie, dass der Kopfbereich im folgenden Beispiel ein unteres Padding von 20 px haben wird, obwohl padding-bottom explizit auf 0 gesetzt wurde.

Der Grund liegt darin, dass padding-bottom aus Zeile 2 in Zeile 3 gleich wieder überschrieben wird:

```
#kopfbereich {
  padding-bottom: 0; /* wird in der folgenden Zeile überschrieben */
  padding: 20px;
}
```

Listing 10.10 Der Kopfbereich wird ein »padding-bottom« von 20 px haben.

10.5.3 Unterschiedliche Werte für alle vier Seiten

Im folgenden Beispiel deklarieren Sie für die vier Seiten eines Elements zum Teil unterschiedliche Werte:

Ausführliche Schreibweise	Kurzschreibweise
```#kopfbereich { padding-top: 10px; padding-right: 20px; padding-bottom: 0; padding-left: 20px; }```	```#kopfbereich { padding: 10px 20px 0 20px; }```

Tabelle 10.3 Kurzschreibweise – unterschiedliche Werte für alle vier Seiten

Der Vorteil der ausführlichen Schreibweise ist, dass sie sehr leicht verständlich ist. Die Kurzschreibweise hingegen ist weniger Tipparbeit.

Die Reihenfolge der vier Angaben ist einfach zu merken, denn es geht immer oben los und dann im Uhrzeigersinn weiter:

`top` (oben) – `right` (rechts) – `bottom` (unten) – `left` (links)

10.5.4 Paarweise – »oben = unten« und »links = rechts«

Noch kürzer können Sie eine Deklaration schreiben, wenn für rechts und links sowie für oben und unten gleiche Werte stehen:

Ausführliche Schreibweise	Kurzschreibweise
```#wrapper { margin-top: 10px; margin-right: auto; margin-bottom: 10px; margin-left: auto; }```	```#wrapper { margin: 10px auto; }```

Tabelle 10.4 Kurzschreibweise – oben/unten und rechts/links gleich

> **One more thing – einen haben wir noch: Nur drei Werte**
>
> Es gibt noch eine Kurzschreibweise, bei der nur drei Werte genannt werden und die man oft in den Entwickler-Tools der Browser findet:
>
> `#kopfbereich: {padding: 20px 10px 30px;}`
>
> Dabei gilt der zweite Wert für rechts *und* links. Das bedeutet, dass oben 20 px padding sind, rechts *und* links jeweils 10 px und unten 30 px.

10.6 Mehrere Stylesheets erstellen und zentral einbinden

Bevor Sie an das Aufräumen des Stylesheets gehen, möchte ich Ihnen einen weiteren Trick zeigen, um beim CSS den Überblick zu behalten. Frei nach dem Motto »Teile und herrsche« erstellen viele Webautoren anstelle eines großen Stylesheets mehrere kleine und binden diese mit einem zentralen Stylesheet auf den Webseiten ein.

10.6.1 Teile und herrsche – Aufteilung der Styles

Dieses zentrale Stylesheet wird auf den Webseiten ganz normal mit dem `link`-Element eingebunden und ruft alle anderen benötigten Stylesheets auf. Abbildung 10.1 zeigt dies im Überblick:

▶ Auf den Webseiten *index.html* und *kontakt.html* wird das Stylesheet *zentrale.css* eingebunden

▶ In *zentrale.css* werden per `@import` andere Stylesheets importiert.

▶ Die CSS-Regeln selbst werden in den importierten Stylesheets gespeichert.

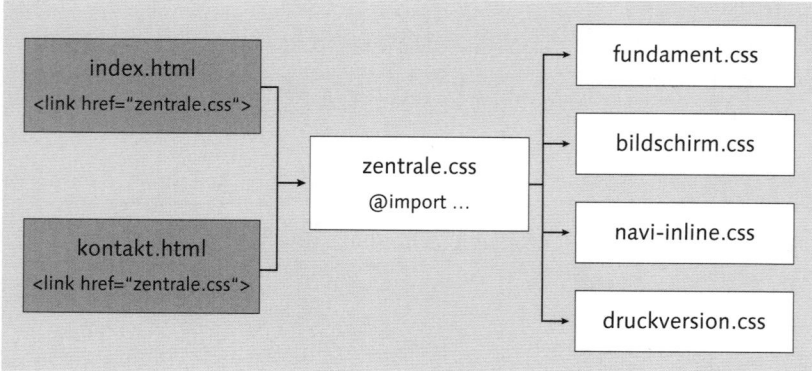

Abbildung 10.1 Ein zentrales Stylesheet lädt alle anderen.

Das klingt vielleicht auf den ersten Blick etwas umständlich, ist aber nach kurzer Einge-wöhnung sehr praktisch, denn die einzelnen Stylesheets werden entschlackt und über-sichtlicher.

Für die Beispielsite werden die bis jetzt vorhandenen Styles erst einmal auf zwei Style-sheets verteilt:

- *fundament.css* enthält die Kalibrierung und Restauration der Abstände für viele Ele-mente. Dieses Stylesheet kann auch in anderen Projekten wiederverwendet werden.
- *bildschirm.css* enthält Styles für die Ausgabe am Bildschirm.

In den nächsten Kapiteln kommen dann noch Stylesheets zum Beispiel für Navigation, Formulare und Druckversion hinzu.

10.6.2   Eines, sie zu binden – das zentrale Stylesheet »zentrale.css«

Im zentralen Stylesheet werden die anderen Stylesheets mit einer `@import`-Regel aufge-rufen, die konkret so aussieht:

```
@import url(fundament.css);
```

Ist Ihnen das Semikolon am Ende der Zeile aufgefallen? Falls nicht: Do not forget the Strichpunkt am Ende einer `@import`-Regel!

Im folgenden ToDo erstellen Sie zunächst das zentrale Stylesheet und die `@import`-Regeln zur Einbindung von *fundament.css* und *bildschirm.css*.

ToDo: Ein zentrales Stylesheet erstellen

1. Kopieren Sie die Dateien aus dem Basisordner zu diesem Kapitel in einen Übungs-ordner.

2. Erstellen Sie eine neue Datei, und speichern Sie diese als *zentrale.css* im Ordner mit den Übungsdateien.

3. Erstellen Sie am Anfang und Ende der Datei einen Kommentar und dazwischen die folgenden, teilweise auskommentierten `@import`-Regeln:

```
/* ========================================================
Zentrales Stylesheet - wird im <head> der Webseiten eingebunden
Datei: zentrale.css
Datum: ...
Autor: ...
======================================================== */
```

```
    @import url(fundament.css);
    @import url(bildschirm.css);

    /* Hier werden später weitere Stylesheets eingebunden */

    /* ====================================
       E N D E  zentrale.css
    ==================================== */
```
4. Speichern Sie das Stylesheet.

Das Stylesheet *fundament.css* wird etwas weiter unten in diesem Kapitel erstellt, aber mit diesen Zeilen ist alles schon so weit vorbereitet.

10.6.3   Einen Link zum zentralen Stylesheet erstellen

Im folgenden ToDo ändern Sie im HTML-Header der beiden Webseiten den Link zu den Stylesheets.

ToDo: Einen Link zum zentralen Stylesheet erstellen

1. Öffnen Sie die Webseiten *index.html* und *kontakt.html* in einem Editor.
2. Ändern Sie auf beiden Webseiten die Verknüpfung mit dem Stylesheet *bildschirm.css*, so dass sie auf *zentrale.css* zeigen, und entfernen Sie das Attribut `media`:

    ```
    <link href="zentrale.css" rel="stylesheet">
    ```
3. Speichern Sie die beiden Webseiten.

Im Browser sehen die Beispielseiten nach diesem ToDo genauso aus wie vorher. Geändert wurde nur die Art und Weise, wie die Styles geladen werden.

10.6.4   »@media« – Definition der Ausgabemedien

In den Beispielseiten wird das Ausgabemedium bis jetzt im `link`-Element mit dem Attribut `media="screen"` definiert. Durch den Einbau des zentralen Stylesheets ist diese Angabe vorübergehend entfallen.

Am einfachsten wäre die Definition des Ausgabemediums am Ende der `@import`-Regel im zentralen Stylesheet, zum Beispiel so:

```
@import url(fundament.css) all;
@import url(bildschirm.css) screen;
```

Listing 10.11 Definition des Ausgabemediums mit @import

Das ist übersichtlich, leicht zu verstehen, und sogar der Internet Explorer versteht diese Anweisung, zumindest ab der Version 8. Mit dieser Technik können Sie aber pro Stylesheet nur ein Ausgabemedium festlegen. Flexibler ist die Anweisung @media innerhalb der einzelnen Stylesheets.

@media umschließt alle anderen Styles, so dass die öffnende Zeile vor allen Styles steht und die schließende geschweifte Klammer danach. Eine Beschränkung eines Stylesheets auf die Bildschirmausgabe sähe so aus:

```
@media screen {
  /* Styles zur Gestaltung */
} /* Ende @media - nicht löschen! */
```

Listing 10.12 Definition des Ausgabemediums mit @media

Weil die schließende geschweifte Klammer unter Umständen viele Zeilen unterhalb der öffnenden steht, bekommt sie einen entsprechenden Kommentar, damit sie nicht nach dem Motto »Oh, da ist ja eine Klammer zu viel« versehentlich gelöscht wird.

10.7 Die Stylesheets für die Beispielsite im Überblick

Als Vorlage zum Aufräumen der Stylesheets finden Sie in diesem Abschnitt alle drei Dateien im Überblick.

10.7.1 Das zentrale Stylesheet »zentrale.css«

Das bereits erstellte zentrale Stylesheet ist kurz und übersichtlich:

```
/* ======================================================
Zentrales Stylesheet - wird im <head> der Webseiten eingebunden
Datei: zentrale.css
Datum: ...
Autor: ...
====================================================== */
```

```
@import url(fundament.css);
@import url(bildschirm.css);

/* Hier werden später weitere Stylesheets eingebunden */

/* ====================================
   E N D E  zentrale.css
==================================== */
```

Listing 10.13 Das Stylesheet »zentrale.css« im Überblick

10.7.2   Reset und Restaurierung der Abstände – »fundament.css«

Im Stylesheet *fundament.css* werden die Kalibrierung (Reset) und die Restaurierung der Abstände gespeichert. Das hat unter anderem den Vorteil, dass Sie die Datei auch in anderen Projekten einsetzen können.

Bisher haben Sie den Reset der Abstände für die Beispielseiten mit dem Universalselektor * gemacht. Das ist zwar eine gute Basis für ein browserübergreifendes Layout, bedeutet aber für den Browser viel Arbeit, da er nacheinander wirklich *alle Elemente* bearbeiten muss.

Im folgenden ToDo gehen Sie daher etwas spezifischer zu Werke und ersetzen den Universalselektor durch eine etwas längere Liste von Elementen, die Sie zum Teil noch gar nicht kennen.

ToDo: Das Stylesheet »fundament.css« erstellen

1. Erstellen Sie eine leere Datei, und speichern Sie sie unter dem Namen *fundament. css* im Übungsordner.

2. Erstellen Sie am Anfang der Datei einen Kommentar, wobei Sie gerne zusätzliche oder andere Angaben machen können.

    ```
    /* ====================================================
    Basis-Stylesheet mit Reset und Restaurierung der Abstände
    Datei: fundament.css
    Datum: ...
    Autor: ...
    ==================================================== */
    ```

3. Definieren Sie nach dem Kommentar folgendes CSS für den Reset:

```
@media all {

/* ==========================================
TEIL I - Reset
========================================= */
html { overflow-y: scroll; }

body, div,
h1, h2, h3, h4, h5, h6,
p, blockquote, pre, code,
ul, ol, li,
table, th, td,
form, fieldset, legend, input, textarea {
  padding: 0; margin: 0;
}
```

4. Definieren Sie nach dem eben erstellten Reset folgende Styles zur Restaurierung der Abstände:

```
/* ==========================================
TEIL II - Abstände restaurieren
========================================= */
h2, h3, h4, h5, h6,
p, blockquote, pre,
ul, ol {
  margin-bottom: 1em;
}
ul, ol { margin-left: 2em; }
ul ul, ul ol, ol ol, ol ul { margin-bottom: 0; }
blockquote { margin: 1em 2em; }
```

5. Schließen Sie die Anweisung @media mit einer geschweiften Klammer, und fügen Sie die folgenden Kommentare hinzu:

```
} /* Ende @media - nicht löschen! */

/* ====================================
E N D E fundament.css
==================================== */
```

6. Speichern Sie das Stylesheet.

Die genauen Werte in diesem ToDo sind als Anregungen gedacht und nicht als gesetzlich festgelegte Richtwerte. Experimentieren Sie, und entscheiden Sie sich für Werte, die Ihren Vorlieben und Bedürfnissen am ehesten entsprechen. Die Beispielseiten sollten nach diesem Schritt im Browser genau so aussehen wie vorher.

10.7.3   Die Gestaltung für den Bildschirm – »bildschirm.css«

In diesem Abschnitt räumen Sie das Stylesheet *bildschirm.css* auf, fügen Kommentare hinzu und teilen die Styles in Abschnitte ein. Das folgende Listing zeigt, wie bildschirm. css nach einer Aufräumaktion aussehen könnte:

```
/* ===========================================================
Stylesheet für die Beispielsite aus "Einstieg in CSS"
Datei: bildschirm.css
Datum: ...
Autor: ...
Aufbau: 1. Allgemeine Styles
        2. Styles für Layoutbereiche
        3. Sonstige Styles
=========================================================== */

@media screen {

/* ======================================
1. Allgemeine Styles
====================================== */
body {
  background: #8c8c8c url(hintergrund.png) fixed repeat left top;
  color: white; /* Schriftfarbe */
  font-family: Verdana, Arial, Helvetica, sans-serif;
  font-size: 87.5%; /* Schriftgröße */
}
h1 { font-size: 150%; }
h2 { font-size: 130%; }
address {
  text-align: center;
  font-size: 80%;
  font-style: normal;
  letter-spacing: 2px;
  line-height: 1.5;
}
a { text-decoration: none; }
```

```
a:link { color: #d90000; }
a:visited { color: #cc6666; }
a:hover,
a:focus {
  border-bottom: 1px solid #d90000;
}
a:active {
  color: white;
  background-color: #d90000;
}
/* Allgemeine Klassen und IDs */
img#logo {
  background-color: white;
  color: black;
  padding: 10px;
  border: 10px solid #d9d9d9;
}

/* ====================================
2. Styles für die Layoutbereiche
==================================== */
div#wrapper {
  background-color: white;
  color: black;
  width: 720px;
  margin: 10px auto;
}
div#kopfbereich {
  background-color: #f3c600;
  color: black;
  padding: 10px 20px 0 20px;
}
  p#slogan span { color: #d90000; }
div#navibereich { padding: 5px 20px; }
div#textbereich { padding: 20px; }
  div#textbereich a { border-bottom: 1px dotted #cc0000; }
  div#textbereich a:hover,
  div#textbereich a:focus {
    border-bottom: 1px solid #d90000;
  }
div#fussbereich {
  padding: 10px 20px 20px 20px;
```

```
  border-top: 1px solid #8c8c8c;
  margin-top: 0;
}


} /* Ende @media - nicht löschen! */

/* ===================================
   E N D E bildschirm.css
=================================== */
```

Listing 10.14 Das aufgeräumte Stylesheet »bildschirm.css«

ToDo: Das Stylesheet »bildschirm.css« aufräumen

1. Öffnen Sie das Stylesheet *bildschirm.css* im Editor, und ergänzen Sie am Anfang einen Kommentar.
2. Ändern Sie das Stylesheet, so dass es Listing 10.14 entspricht.
3. Speichern Sie das Stylesheet.

Auch nach diesem ToDo sollte sich das Aussehen der Beispielseiten nicht verändert haben. Sie haben die Stylesheets zwar grundlegend anders organisiert als vor diesem Kapitel, aber der Browser bekommt nach wie vor (fast) genau dieselben Formatierungsdefinitionen.

Nach der Entwicklung die Styles wieder in eine Datei schreiben

Während der Entwicklung einer Website ist die Aufteilung von Styles eine sehr gute Idee und hilft, den Überblick zu bewahren. Der einzige Nachteil ist, dass der Browser alle Stylesheets einzeln aufrufen muss und das kostet ein bisschen Zeit.

Wenn Sie das vermeiden möchten, sollten Sie vor der Freischaltung der Website alle Styles wieder in einer Datei vereinen. Dazu kopieren Sie die Styles einfach über die Zwischenablage in eine Datei, und zwar genau in der Reihenfolge, wie sie jetzt auch aufgerufen werden. Diese Datei binden Sie dann auf den Webseiten ein.

10.8 Der CSS-Validator

Nach einer solchen Aufräumaktion empfiehlt es sich, das CSS einmal von einem echten Kenner überprüfen zu lassen. In Kapitel 6, »Das HTML für die Beispielseiten«, haben Sie bereits den Validator für HTML kennengelernt, und das W3C stellt auch für CSS einen Validator zur Verfügung (Abbildung 10.2):

▶ *jigsaw.w3.org/css-validator/*

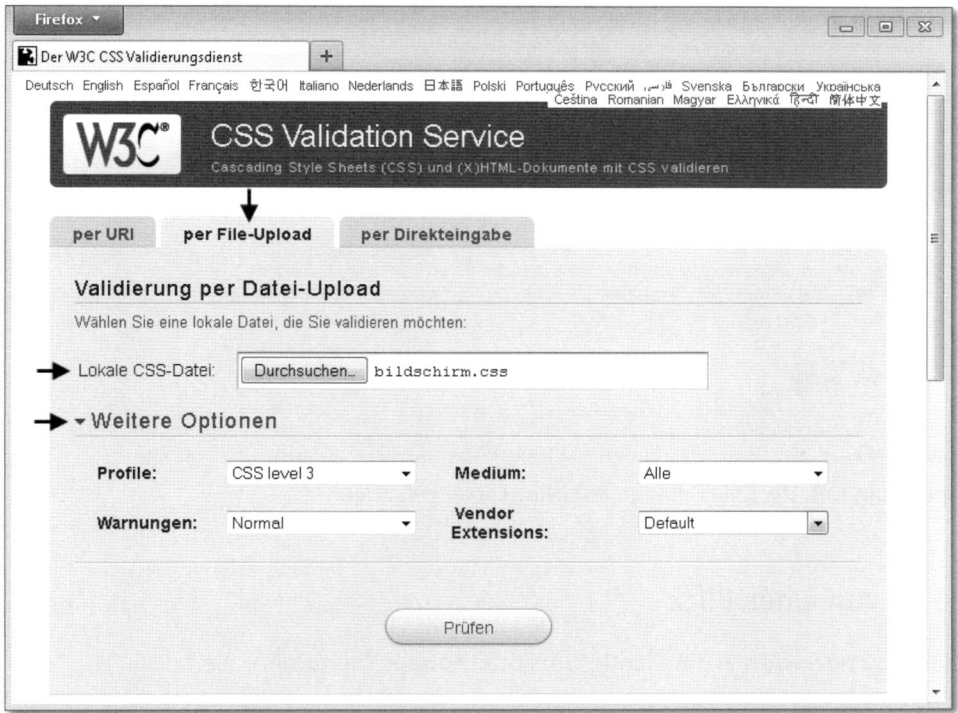

Abbildung 10.2 Der CSS-Validator des W3C

Der Validator bietet drei gut zugängliche Möglichkeiten zur Überprüfung des CSS:

▶ PER URI, wenn Ihr Stylesheet bereits im Web verfügbar ist. In dem Fall geben Sie hier einfach die Adresse zum Stylesheet ein.

▶ PER FILE-UPLOAD, wenn das Stylesheet auf Ihrer Festplatte gespeichert ist. Diese Option bietet sich für die Stylesheets der Beispielseiten an. Klicken Sie zum Hochladen der Dateien auf DURCHSUCHEN.

▶ PER DIREKTEINGABE, wenn Sie die Styles per Copy & Paste einfügen möchten.

Sie sollten prüfen, ob in den Optionen CSS LEVEL 3 eingestellt ist, und müssen die im zentralen Stylesheet eingebundenen Stylesheets einzeln validieren. Wie alle Grammatikprüfer ist auch der CSS-Validator ziemlich penibel, aber momentan sollte alles im grünen Bereich sein (Abbildung 10.3).

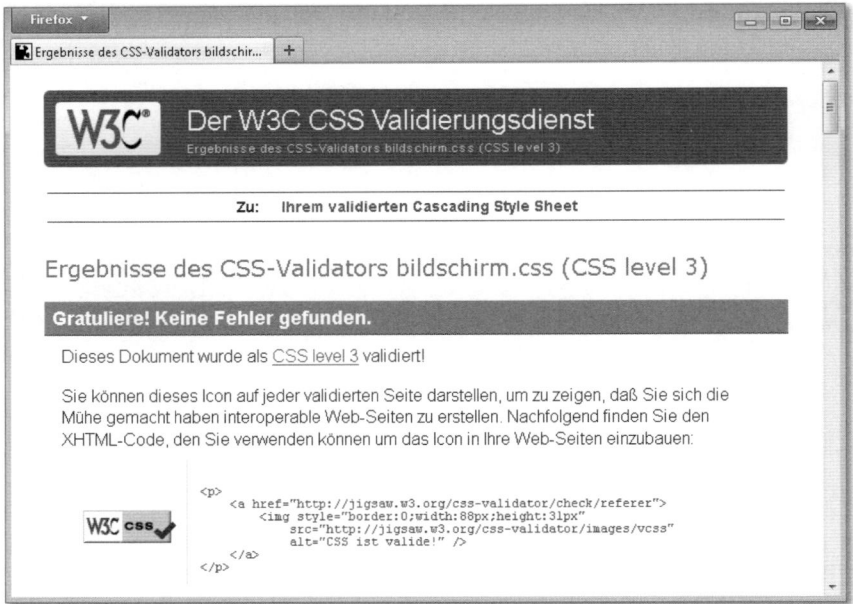

Abbildung 10.3 Der CSS-Validator hat keine Fehler gefunden.

10.9   Auf einen Blick

Hier sind noch einmal die wichtigsten Punkte dieses Kapitels im Überblick:

▶ Beginnen Sie das Stylesheet mit einem Kommentar, indem Sie das Stylesheet kurz beschreiben.

▶ Teilen Sie das Stylesheet in sinnvolle Abschnitte ein.

▶ Schreiben Sie die Styles so, dass Sie sie übersichtlich finden.

▶ Ordnen Sie die Deklarationen innerhalb der Styles systematisch.

▶ Für `padding` und `margin` gibt es diverse Kurzschreibweisen.

▶ Man kann die CSS-Regeln auf mehrere Stylesheets verteilen, die mit einem zentralen Stylesheet verwaltet werden.

▶ Im zentralen Stylesheet mit dem treffenden Namen *zentrale.css* werden die anderen Stylesheets per `@import` eingebunden.

▶ Das Ausgabemedium wird mit `@media` innerhalb der eingebundenen Stylesheets definiert.

▶ Das W3C bietet auch für CSS einen Validator, der Ihre Styles auf korrekte Syntax hin überprüft. Ideal zum Finden von Tipp-, Logik- und Flüchtigkeitsfehlern.

Kapitel 11

Eine horizontale Navigation per »display:inline«

Worin Sie den Navigationsbereich gestalten und die Listenelemente darin nebeneinanderstellen – zuerst in einer einfachen und dann in einer etwas aufwendigeren Version mit Tabs, in der der aktuelle Navigationspunkt optisch hervorgehoben ist. Zwischendurch erfahren Sie jede Menge Wissenswertes über Boxen, Elemente und Whitespace.

11

Die Themen im Überblick:

- ▶ »Einfache horizontale Navigation mit ›display: inline‹«, Seite 207
- ▶ »Punktsieg – Spezifität in der Praxis«, Seite 212
- ▶ »Von Elementen und Boxen«, Seite 214
- ▶ »Tabbed Navigation – Navigation mit Registern«, Seite 215
- ▶ »Know-how – das Box-Modell für Inliner«, Seite 223
- ▶ »Exkurs: Whitespace – der Leerstellenpakt«, Seite 226
- ▶ »Auf einen Blick«, Seite 230

11.1   Einfache horizontale Navigation mit »display: inline«

In diesem Abschnitt erstellen Sie eine einfache horizontale Navigation, indem Sie die Listenelemente nebeneinanderstellen und dann gestalten.

Die folgende Methode ist nicht die einzige Möglichkeit, das Ziel von nebeneinanderstehenden Listenelementen zu erreichen, aber sie hat den Vorteil, dass Sie alles dazu Notwendige bereits wissen. Die kreative Anwendung von einfachen Sachverhalten ist beim Gestalten mit CSS oft der Schlüssel zum Erfolg.

11.1.1   Der kombinierte Selektor »#navibereich li«

Die Grundlage für Navigationen bilden wie erwähnt meist ganz normale ungeordnete Listen, auch wenn man dies den gestalteten Navigationsleisten nicht mehr ansieht.

Listenelemente sind Blockelemente und stehen deshalb normalerweise untereinander. Mit der CSS-Eigenschaft display können Sie die Art der Anzeige ändern, zum Beispiel ein Block- als Inline-Element darstellen lassen oder umgekehrt.

Die Anweisung display: inline bedeutet im Klartext ungefähr Folgendes:

> *»Liebe Listenelemente, ihr seid zwar Blockelemente, aber bitte verhaltet euch im Browser doch ausnahmsweise einmal wie Inline-Elemente und steht nebeneinander. Vielen Dank und bis bald. Euer Seitenbauer.«*

Um die Änderungen an den Listenelementen auf den Navigationsbereich zu beschränken, benutzen Sie den kombinierten Selektor #navibereich li, sprich alle Listenelemente im Navigationsbereich.

Vorher erstellen Sie im folgenden ToDo noch ein neues Stylesheet für die Navigation namens *navi-inline.css* und binden es in *zentrale.css* ein.

ToDo: Listenelemente im Navigationsbereich nebeneinanderstellen

1. Erstellen Sie eine neue Datei, und speichern Sie sie im Übungsordner als *navi-inline.css*.

2. Fügen Sie, wie im vorherigen Kapitel gesehen, Anfangs- und Endekommentare sowie die Anweisung @media screen hinzu:

```
/* ====================================================
Stylesheet für die Beispielsite aus "Einstieg in CSS"
Datei: navi-inline.css
Datum: ...
Autor: ...
====================================================== */
@media screen {


} /* Ende @media – nicht löschen! */


/* ====================================
   E N D E  navi-inline.css
==================================== */
```

---

3. Binden Sie das neue Stylesheet in *zentrale.css* ein:

```
@import url(fundament.css);
@import url(bildschirm.css);
@import url(navi-inline.css);
```

4. Verschieben Sie den Style für #navibereich aus *bildschirm.css* in das neue Style-sheet *navi-inline.css*.

5. Ergänzen Sie im Stylesheet *navi-inline.css* die fett gedruckten Zeilen:

```
div#navibereich {
    background-color: #ffeda0;
    padding: 5px 20px 5px 20px;
}
div#navibereich li {
    display: inline;        /* li nebeneinander anzeigen */
    list-style-type: none; /* ohne Aufzählungspunkte */
}
```

6. Speichern Sie das Stylesheet, und betrachten Sie die Webseiten im Browser.

Abbildung 11.1 zeigt den Navigationsbereich mit den Anweisungen aus dem ToDo.

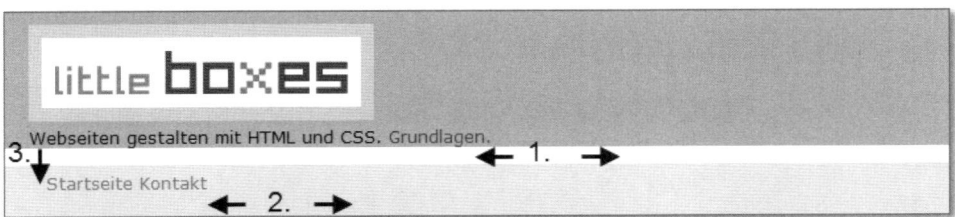

Abbildung 11.1 Listenelemente nebeneinander – schon fast gut

Drei Dinge bleiben noch zu tun, und diese Fehler sind so typisch für das Gestalten mit HTML und CSS, dass sie einzeln vorgestellt werden:

1. Zwischen dem Kopf- und dem Navigationsbereich klafft eine weiße Lücke.

2. Der Navigationsbereich hat einen zu großen Abstand nach unten.

3. Der erste Navigationspunkt hat eine ungewollte Einrückung von links.

Für alle drei Mängel stehen im Stylesheet Anweisungen, die sich hier ungewollt bemerk-bar machen. Die Schwierigkeit ist, die jeweiligen Verursacher zu finden. Aber der Reihe nach:

▶ Der weiße Zwischenraum entsteht durch das `margin-bottom` von `1em` für die Absätze.

▶ Für das `p` im Kopfbereich erscheint dieser `margin-bottom` aufgrund von *collapsing margins* nicht innerhalb, sondern *außerhalb* des Kopfbereichs. Mehr dazu erfahren Sie am Ende dieses Kapitels.

▶ Der große Abstand nach unten im Navigationsbereich wird durch das `margin-bottom` der ungeordneten Listen `ul` verursacht.

▶ Die ungewollte linke Einrückung des ersten Navigationspunktes entsteht, weil `ul` einen linken `margin` von `2em` hat.

11.1.2 Fehler finden mit den Entwickler-Tools im Browser

Um einen Fehler zu suchen, klicken Sie im Browser einfach mit der rechten Maustaste auf die fehlerhafte Stelle, und wählen Sie dann im HTML mit dem Mauszeiger nacheinander verschiedene Elemente aus. Auf der Webseite und im CSS-Bereich rechts daneben werden die vom Browser gefundenen CSS-Eigenschaften und Werte für das ausgewählte Element angezeigt.

Auf der Suche nach der Ursache für die Lücke Nr. 1 zwischen Kopf- und Navigationsbereich wählen Sie im HTML-Baum des Entwickler-Tools früher oder später den Absatz `p` im Kopfbereich aus. In dem Moment hebt das Entwickler-Tool oben im Browserfenster das entsprechende Element hervor, und die Lücke Nr. 1 wird farblich markiert. Abbildung 11.2 zeigt das Entwickler-Tool von Chrome.

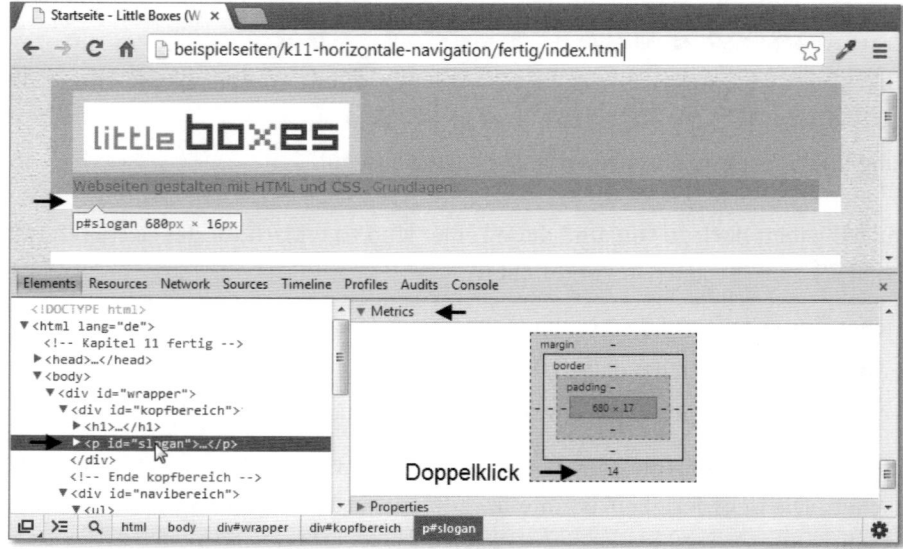

Abbildung 11.2 Fehler finden – die Lücke zwischen Kopf- und Navibereich

In der rechten Hälfte des Fensters sehen Sie im Bereich METRICS eine Visualisierung des Box-Modells für das im HTML-Baum ausgewählte Element. Dort steht für margin-bottom die Zahl 14. Gemeint sind damit 14 px. Im CSS steht für den Absatz im Kopfbereich ein margin-bottom von 1em, was der Schriftgröße des Elements entspricht. Im Stylesheet steht für body die Anweisung font-size:87.5 %, was die Browser in 14 px umrechnen. Der Absatz im Kopfbereich erbt diesen Wert, und so wird aus der CSS-Angabe von 1em im Entwickler-Tool eine 14.

Um zu schauen, ob Sie die richtige Stelle gefunden haben, doppelklicken Sie auf die 14, und setzen den Wert auf 0. Der Browser zeigt die Änderungen im Entwickler-Tool nach der Bestätigung mit ⏎ sofort auf der Webseite. Wenn die Lücke im Browserfenster verschwindet, haben Sie den Verdächtigen quasi überführt und können im Stylesheet eine entsprechende Anweisung hinzufügen. Das erledigen Sie im folgenden Abschnitt.

Firebug – Seiten analysieren im Firefox

Der im Firefox eingebaute Inspektor, den Sie Kapitel 2, »HTML und CSS im Schnell-durchlauf«, kennengelernt haben, ist für den Einstieg sehr übersichtlich, hat aber (noch) Schwächen bei der Visualisierung der Box-Modell-Eigenschaften. Da ist Chrome momentan einfach besser und vor allem übersichtlicher.

Wenn Sie den Quelltext trotzdem lieber im Firefox analysieren möchten, sollten Sie dazu das in Abschnitt 9.7.2 vorgestellte Add-on *Firebug* nutzen.

11.1.3   Feineinstellungen – Abstände und Hyperlinks anpassen

Zur Korrektur aller drei Fehler benutzen Sie verschachtelte Selektoren, die die Änderungen auf den jeweiligen Bereich beschränken. Im ToDo wird zusätzlich die Schriftfarbe für Hyperlinks in der Navigation auf Schwarz gesetzt. Am besten speichern Sie nach jedem Schritt das Stylesheet einmal kurz und überprüfen die Änderungen im Browser.

ToDo: Abstände und Hyperlinks für den Navigationsbereich ändern

1. Fügen Sie in *bildschirm.css* unterhalb des Styles für #kopfbereich folgende Regel in das Stylesheet ein:

```
p#slogan {
  padding: 5px 0 5px 0;
  margin-bottom: 0;
}
```

2. Fügen Sie im Stylesheet *navi-inline.css* die fett gedruckten Zeilen ein:

```
div#navibereich ul { margin: 0; }
div#navibereich li {
  display: inline;
  list-style-type: none;
  margin: 0 10px 0 0;        /* rechts 10px, sonst 0 */
}
div#navibereich a { color: black; }
```

3. Speichern Sie das Stylesheet, und betrachten Sie die Webseiten im Browser.

Nach diesem ToDo sieht der Navigationsbereich schon etwas ansprechender aus (Abbildung 11.3).

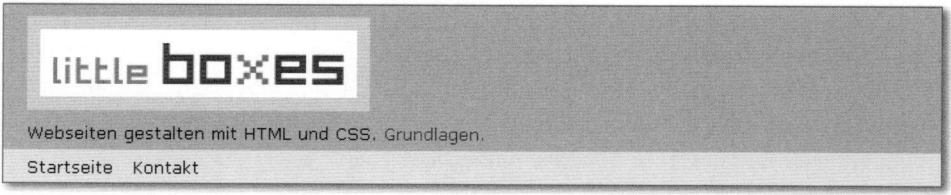

Abbildung 11.3 Der Navigationsbereich nach der Fehlerausbesserung

Wenn Sie mit der Maus über einen Link fahren, werden Sie sehen, dass für den Hover-Effekt immer noch die für `a:hover` definierte rote Unterstreichung per `border-bottom` gilt. Das wird gleich behoben.

11.2   Punktsieg – Spezifität in der Praxis

In Kapitel 8 über Selektoren haben Sie bereits etwas über *Spezifität* gelesen. Bei der Gestaltung der Navigationsliste ist dieses Punktesystem in voller Aktion.

11.2.1   »margin-bottom« für »ul«

Schauen Sie sich zum Beispiel die Regeln für `ul` an:

▶ `ul { margin-bottom: 1em; }` aus *fundament.css* ist ein einfacher Selektor (Typselektor) und bekommt nur 1 Punkt.

▶ `div#navibereich ul { margin: 0; }` aus *navi-inline.css* ist ein Typselektor plus eine ID plus noch ein Typselektor, macht zusammen 102 Punkte.

Mit 102 Punkten zu 1 ist `div#navibereich ul` also klarer Punktsieger, und die ungeordnete Liste im Navigationsbereich bekommt *keinen* `margin-bottom`.

11.2.2   Die Farbe der Hyperlinks

Bei der Farbe für die Hyperlinks sieht es ähnlich aus:

▶ `a:link` und `a:visited` bekommen jeweils 11 Punkte: 1 für `a` und 10 für die Pseudo-Klasse `:link` bzw. `:visited`.

▶ Die Deklarationen für `div#navibereich a` haben 102 Punkte und gewinnen.

Die Hyperlinks im Navigationsbereich bekommen also die Schriftfarbe *Schwarz*.

11

11.2.3   Feineinstellungen für die Hyperlinks

Beim Hover-Effekt gilt wie gesagt immer noch die für `a:hover` definierte rote Unterstreichung per `border-bottom`. Diesem Effekt fügen Sie jetzt noch einen roten Hintergrund und weiße Schrift hinzu. Außerdem wird im folgenden ToDo noch ein Style für `a:active` im Navigationsbereich definiert.

ToDo: Feineinstellungen für die Hyperlinks in der Navigation

1. Fügen Sie unterhalb des Styles für `div#navibereich a` (aber vor der schließenden Klammer von `@media`) folgende Regel hinzu:

```
div#navibereich a:hover,
div#navibereich a:focus {
  color: white;
  background-color: #d90000;
}
div#navibereich a:active {
  color: black;
  background-color: white;
  border-bottom-color: white;
}
```

2. Speichern Sie das Stylesheet, und betrachten Sie die Webseiten im Browser.

Auch diese Einstellungen gewinnen aufgrund einer höheren Spezifität gegenüber den Einstellungen für einfache Selektoren im ersten Teil des Stylesheets. Beim Hover-Effekt wird die Anweisung für `border-bottom` von `a:hover` geerbt, für die Pseudoklasse `:active` wird die Linienfarbe mit `border-bottom-color: white` überschrieben.

11.3   Von Elementen und Boxen

Um potenziellen Verwirrungen in Bezug auf Begriffe wie *Inline-Element* und *Inline-Box* vorzubeugen, möchte ich zunächst den Unterschied zwischen Element und Box deutlich machen.

11.3.1   Im Quelltext »Element«, am Bildschirm »Box«

Sie können es auch *Rechteck, Kästchen, Kiste, Container* oder sonst wie nennen. Im Englischen heißt es *Box*, denn dort wird fast jedes viereckige Ding mit was drin als Box bezeichnet, Zigarettenschachteln ebenso wie Häuser oder DVD-Hüllen.

Eine Box ist also das, was ein *Element* im Browserfenster am Bildschirm erzeugt. Unterschiedliche Arten von Elementen erzeugen unterschiedliche Arten von Boxen:

▶ Blockelemente erzeugen Block-Boxen.

▶ Inline-Elemente erzeugen Inline-Boxen.

Der Aufbau aller Boxen orientiert sich am bekannten Box-Modell, aber zwischen Block-Boxen und Inline-Boxen gibt es einige wichtige Unterschiede. Mehr dazu erfahren Sie in Abschnitt 11.5.

11.3.2   »display« ändert nur die Box, nicht das Element

Um den Unterschied zwischen Elementen und Boxen zu verdeutlichen, hilft ein Blick auf die Inline-Navigation der Beispielsite:

▶ Im HTML-Quelltext steht eine ganz normale ungeordnete Liste.

▶ Am Bildschirm werden die Listenelemente per `display:inline` nebeneinandergestellt.

Listenelemente erzeugen von Haus aus *Block-Boxen* und stehen deshalb untereinander. Die Anweisung `display:inline` bittet ein *Blockelement*, am Bildschirm eine *Inline-Box* zu erzeugen. Inline-Boxen haben keinen integrierten Zeilenumbruch und stehen deshalb nebeneinander.

Die CSS-Eigenschaft `display` ändert aber nur die Darstellung am Bildschirm, nicht das HTML-Element selbst. Im Klartext: Blockelemente erzeugen mit `display:inline` im

Browserfenster zwar *Inline-Boxen*, bleiben aber trotzdem *Blockelemente*. Bei der Gestaltung am Bildschirm gelten die Regeln für Inline-Boxen, im HTML-Quelltext die für Blockelemente.

Zur Verdeutlichung dient folgende Frage, die in der einen oder anderen Variante manchmal in Foren auftaucht:

> *»Ich würde gerne ein* <h2> *innerhalb eines* <p> *platzieren. Wenn ich* <h2> *als* display:inline *definiere, müsste das doch gehen?«*

Die Antwort ist ein eindeutiges »Nein«. h2 bleibt trotz display:inline ein Blockelement, und ein p darf kein Blockelement enthalten.

11.4   Tabbed Navigation – Navigation mit Registern

Tabs haben auf Webseiten nichts mit Corega zu tun, sondern sind die gängige Bezeichnung für das, was man auf Deutsch *Karteireiter* oder *Register* nennt. *Tabs* werden gerne zur Navigation eingesetzt, weil sie die einzelnen Optionen deutlich hervorheben und vielen Anwendern vertraut sind.

11.4.1   Schritt 1: Vorbereitende Maßnahmen für »#navibereich«

In diesem Abschnitt lernen Sie einen großen Vorteil der Zentralisierung der Stylesheets mit *zentrale.css* kennen, denn Sie können im Handumdrehen ein anderes Stylesheet zur Gestaltung der Navigation erstellen und einbinden.

Quasi zur Vorbereitung ändern Sie im folgenden ToDo ein paar Einstellungen für den Navigationsbereich:

▶ Text und Inline-Boxen im Navigationsbereich werden mithilfe der Eigenschaft text-align: right rechtsbündig ausgerichtet.

▶ Der Hintergrund wird dem des Kopfbereichs angepasst, damit Kopf- und Navigationsbereich wie ein Bereich aussehen.

▶ Das padding wird ein wenig geändert, damit der Bereich hübscher aussieht.

▶ Der Navigationsbereich erhält zur optischen Abgrenzung eine hellgraue, untere Rahmenlinie.

All diese Dinge erledigen Sie im folgenden ToDo.

ToDo: Den Navigationsbereich vorbereiten

1. Speichern Sie *navi-inline.css* unter dem Namen *navi-tabs.css*, und ändern Sie die Kommentare in der Datei entsprechend.

2. Ändern Sie in *zentrale.css* die @import-Anweisung von *navi-inline.css* in *navi-tabs.css*.

3. Ändern Sie in *navi-tabs.css* den Navigationsbereich im CSS wie folgt:

```
div#navibereich {
    text-align: right;        /* Inline-Boxen rechtsbündig */
    color: black;
    background-color: #f3c600;
    padding: 5px 20px 4px 20px;
    border-bottom: 1px solid #8c8c8c; /* Rahmenlinie unten grau */
}
```

2. Speichern Sie das Stylesheet, und betrachten Sie die Webseiten im Browser.

Nach diesen Änderungen sieht der obere Bereich der Webseite in etwa so aus wie in Abbildung 11.4.

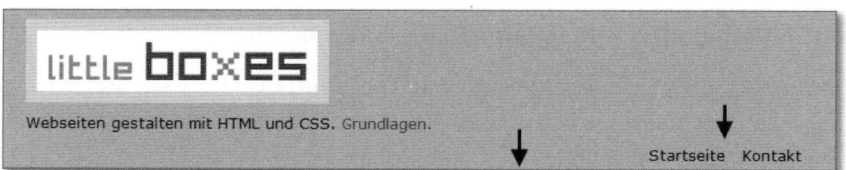

Abbildung 11.4 Text rechts und graue Rahmenlinie unten

Eine Anmerkung noch zur Ausrichtung der Listenelemente: text-align ist eine Eigenschaft zur Ausrichtung von Text und Inline-Elementen innerhalb eines Blockelements. Da Listenelemente aber von Haus aus Blockelemente sind, funktioniert text-align hier nur, weil die li-Elemente im Navigationsbereich per display:inline gebeten wurden, sich wie Inline-Elemente zu verhalten. Statt des Wertes right können Sie für text-align auch left (Standardwert) oder center ausprobieren.

11.4.2   Schritt 2: Die Hyperlinks im Navigationsbereich zu Tabs machen

Die Hyperlinks im Navigationsbereich müssen ebenfalls etwas angepasst werden:

▶ Die Links bekommen eine eigene Hintergrundfarbe.

▶ Das padding wird erhöht, damit der Text etwas Abstand vom Kistenrand hat.

▶ Die Hyperlinks bekommen rundherum die gleiche Rahmenlinie wie der Navigationsbereich unten.

Da die Hyperlinks jetzt ein eigenes padding bekommen, ist der rechte Außenrand für die
Listenelemente nicht mehr nötig und wird im ToDo von 10px auf 0 gesetzt.

ToDo: Die Hyperlinks im Navigationsbereich vorbereiten

1. Ändern Sie das CSS für Listenelemente und Links im Navigationsbereich in *navi-
   tabs.css* wie folgt:

```
div#navibereich li {
  display: inline;
  list-style-type: none;
  margin: 0; /* war vorher 10px für rechts */
}
div#navibereich a {
  color: black;
  background-color: #ffeda0;
  padding: 4px 8px 4px 8px;
  border: 1px solid #8c8c8c;
}
```

2. Speichern Sie das Stylesheet, und betrachten Sie die Webseiten im Browser.

Nach diesen Änderungen sieht der obere Bereich der Webseite etwa so aus wie in Abbildung 11.5.

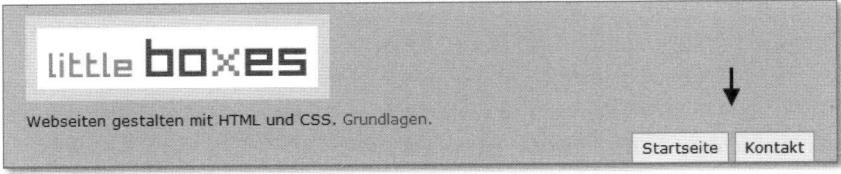

Abbildung 11.5 Navigationsbereich mit geänderten Hyperlinks – schon fast fertig

11.4.3   Schritt 3: Einen Rollover-Effekt für die Tabs definieren

Die in *navi-tabs.css* gestalteten Hyperlinks in der Navigation sollen einen Rollover-
Effekt mit folgenden Gestaltungsmerkmalen bekommen. Sobald der Mauszeiger über
den Links weilt,

▶ wird die Unterstreichung der Links in jedem Fall entfernt,

▶ bekommen die Hyperlinks schwarze Schrift auf weißem Hintergrund,

▶ verschwindet die untere Rahmenlinie, so dass der Tab sich scheinbar nach unten öffnet.

Das Verschwinden der Rahmenlinie erreichen Sie durch eine einfache, aber geniale Variation: Wenn der Mauszeiger über dem Hyperlink schwebt, wird die untere Rahmenlinie weiß statt grau.

ToDo: Rollover-Effekt für die Links im Navigationsbereich definieren

1. Ändern Sie das CSS für die Links im Navigationsbereich wie folgt:

```
div#navibereich a:hover,
div#navibereich a:focus {
  color: black;
  background-color: white;
  border-bottom-color: white;
}
```

2. Speichern Sie das Stylesheet, und betrachten Sie die Webseiten im Browser.

Nach diesen Änderungen sieht der obere Bereich der Webseite ungefähr so aus wie in Abbildung 11.6.

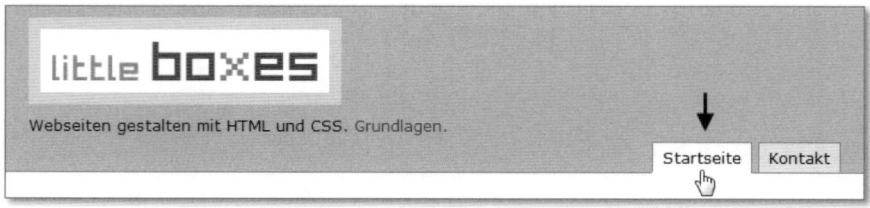

Abbildung 11.6 Gar nicht schlecht – die Navigation mit Effekt

---

Hervorhebung auch per Tabulator-Taste

Weil Sie im CSS zusammen mit :hover auch die Pseudoklasse :focus definiert haben, bekommt ein Benutzer, der statt der Maus mit der ⇆-Taste durch die Seite navigiert, ebenfalls die weiße Hervorhebung. Probieren Sie es einfach einmal aus.

11.4.4   Schritt 4: »Sie sind hier« – aktuelle Seite hervorheben

Was jetzt noch fehlt, ist das, was viele in der Stadt aufgestellte Stadtpläne mit einem roten Punkt und der Beschriftung »Sie sind hier« anbieten: die optische Rückmeldung an den Besucher, wo er sich gerade befindet.

Und wie so oft ist die Lösung einfach, wenn man weiß, wie. Zuerst geben Sie dem jeweils aktiven Menüpunkt im HTML eine zusätzliche Klasse, die Sie zum Beispiel `sie-sind-hier` nennen können. Auf der Startseite bekommt im Navigationsbereich das Listenelement mit dem Link zur Startseite diese Klasse:

```
<li class="sie-sind-hier"><a href="index.html">Startseite</a></li>
```

Auf der Kontaktseite hingegen vergeben Sie der Klasse das zweite Listenelement:

```
<li class="sie-sind-hier"><a href="kontakt.html">Kontakt</a></li>
```

Im folgenden ToDo ändern Sie zunächst das HTML und definieren dann das entsprechende CSS.

ToDo: Den aktuellen Navigationspunkt optisch hervorheben

1. Öffnen Sie die Datei *index.html* im Editor, und geben Sie dem ersten Listenelement im Navigationsbereich die Klasse `sie-sind-hier`. Listenelement und Link dürfen dabei ruhig in einer Zeile stehen:

    ```
    <div id="navibereich">
    <ul>
      <li class="sie-sind-hier">
        <a href="index.html">Startseite</a>
      </li>
      <li><a href="kontakt.html">Kontakt</a></li>
    </ul>
    </div>
    ```

2. Öffnen Sie die Datei *kontakt.html* im Editor, und geben Sie dem zweiten Listenelement im Navigationsbereich die Klasse `sie-sind-hier`:

    ```
    <div id="navibereich">
    <ul>
      <li><a href="index.html">Startseite</a></li>
      <li class="sie-sind-hier"><a href="kontakt.html">Kontakt</a></li>
    </ul>
    </div>
    ```

---

3. Speichern Sie die beiden Dateien.

4. Öffnen Sie das Stylesheet *navi-tabs.css* im Editor, und fügen Sie nach der Regel für div#navibereich a den folgenden Style hinzu:

```
div#navibereich li.sie-sind-hier a {
    color: black;
    background-color: white;
    border-bottom-color: white;
}
```

5. Speichern Sie das Stylesheet, und betrachten Sie die Webseiten im Browser.

Die CSS-Anweisungen sind identisch mit denen für den Hover-Effekt, und man könnte den Style zur Hervorhebung des aktiven Menüpunktes und für den Rollover-Effekt auch in einem Style zusammenfassen. Durch die Definition von zwei Styles bleiben Sie aber flexibler und können bei Bedarf die Hervorhebung für »Sie sind hier« und den Effekt beim Hovern sehr einfach getrennt gestalten.

Der eigentliche Trick zur Hervorhebung des aktuellen Menüpunktes ist nicht schwer zu verstehen:

▶ Auf der Startseite gestaltet der Selektor div#navibereich li.sie-sind-hier a den ersten Menüpunkt.

▶ Auf der Kontaktseite gestaltet derselbe Selektor den zweiten Menüpunkt.

Das ist einfach, aber pfiffig. Nach diesen Änderungen sieht der obere Bereich der Webseite so aus wie in Abbildung 11.7.

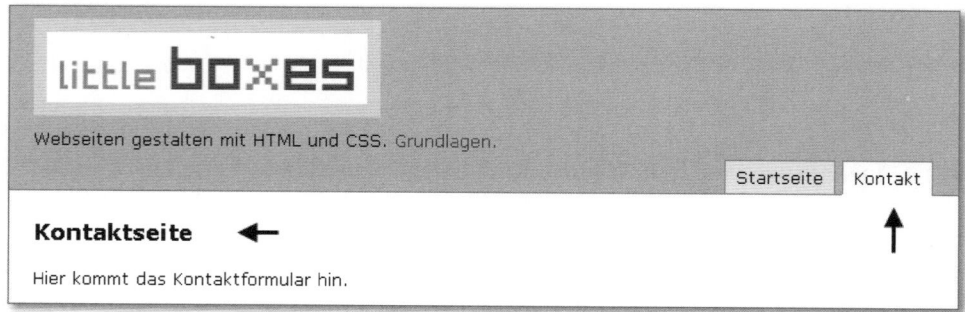

Abbildung 11.7 Der aktuelle Menüpunkt wird hervorgehoben.

Bezeichnung für Klassen zur Hervorhebung des aktiven Menüpunktes

In der freien Wildbahn heißen die Klassen zur Hervorhebung des aktiven Menüpunktes oft `active` oder `current`, aber `sie-sind-hier` ist eine deutliche und aussagekräftige Bezeichnung.

Besonders bei `active` besteht akute Verwechslungsgefahr: Der Selektor für die Klasse `active` lautet im CSS `.active` (mit normalem Punkt) und sieht der Pseudoklasse `:active` (mit Doppelpunkt) sehr ähnlich, die einen Link im Moment des Klicks gestaltet und trotz der Namensähnlichkeit nichts mit der Hervorhebung des aktiven Menüpunktes zu tun hat.

11.4.5   Standardkonform, barrierefrei und flexibel

Mit wenigen CSS-Regeln haben Sie eine ganz normale ungeordnete HTML-Liste in eine recht ansehnliche horizontale Navigation mit Registern verwandelt. Wo Webdesigner früher diverse Grafiken und Tabellenzellen benötigten, reichen heute ein paar Zeilen CSS, und das Ergebnis wird den Möglichkeiten des Mediums gerecht:

▶ *Standardkonform* – HTML und CSS entsprechen den W3C-Standards.

▶ *Barrierefrei* – ohne CSS bleibt eine einfache Linkliste, die von einem Screenreader problemlos vorgelesen werden kann.

▶ *Flexibel* – wenn die Schrift vergrößert wird, wächst die Navigation einfach mit (Abbildung 11.8).

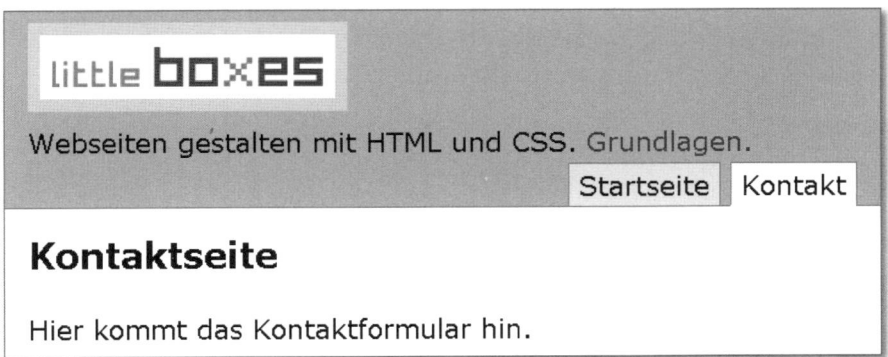

Abbildung 11.8 Die Navigation mit ziemlich großer Schrift im Firefox

Der einzige potenzielle Nachteil einer horizontalen Navigation mit `display: inline` ist, dass die Breite und die Höhe der Register von der Beschriftung abhängen. Da sich die `li`-Elemente im Browser wie Inline-Elemente verhalten, kennen sie kein `width` und `height` und können demzufolge auch keine feste Breite oder Höhe haben, wie Sie gleich in Abschnitt 11.5 sehen werden.

Eine horizontale Navigation mit fest definierten Breiten geht nur mit der Anweisung display:inline-block oder mit einer Eigenschaft namens float. Den Wert inline-block lernen Sie in diesem Kapitel noch kurz kennen, float kommt weiter hinten im Buch.

11.4.6   Die Styles zur Tabbed Navigation im Überblick

Im Folgenden finden Sie das komplette CSS für den Kopfbereich und zur Erstellung der horizontalen Navigation mit Tabs, inklusive Hervorhebung des aktuellen Menüpunktes.

Das folgende Listing zeigt zunächst die Gestaltung des Kopfbereichs in *bildschirm.css*:

```
div#kopfbereich {
  background-color: #f3c600;
  color: black;
  padding: 10px 20px 0 20px;
}
  p#slogan {
    padding: 5px 0 5px 0;
    margin-bottom: 0;
  }
  p#slogan span { color: #d90000; }
```

Listing 11.1 Das CSS zur Gestaltung des Kopfbereichs in bildschirm.css

Im Stylesheet *navi-tabs.css* wird dann die Navigation selbst formatiert:

```
div#navibereich {
  text-align: right;
  color: black;
  background-color: #f3c600;
  padding: 5px 20px 4px 20px;
  border-bottom: 1px solid #8c8c8c;
}

div#navibereich ul { margin: 0; }
div#navibereich li {
  display: inline;
  list-style-type: none;
  margin: 0;
```

```
  }
div#navibereich a {
  color: black;
  background-color: #ffeda0;
  padding: 4px 8px 4px 8px;
  border: 1px solid #8c8c8c;
}
div#navibereich li.sie-sind-hier a {
  color: black;
  background-color: white;
  border-bottom-color: white;
}
div#navibereich a:hover,
div#navibereich a:focus {
  color: black;
  background-color: white;
  border-bottom-color: white;
}
div#navibereich a:active {
  color: black;
  background-color: white;
  border-bottom-color: white;
}
```

Listing 11.2 Die Gestaltung der Navigation in navi-tabs.css

11.5   Know-how – das Box-Modell für Inliner

Inline-Boxen werden von Inline-Elementen oder durch die Deklaration von dis-play:inline erzeugt und verhalten sich etwas anders als Block-Boxen. Aber zunächst einmal werfen Sie einen genaueren Blick auf Inline-Elemente.

11.5.1   Es gibt verschiedene Arten von Inline-Elementen

Alle Inline-Elemente fließen innerhalb einer Zeile von links nach rechts. Sie können Text oder andere Inline-Elemente enthalten, aber keine Blockelemente. Man kann dabei drei Gruppen von Inline-Elementen unterscheiden, die sich bei der Formatierung zum Teil sehr unterschiedlich verhalten:

▶ **Semantische Inline-Elemente** beschreiben den enthaltenen Text gemäß seiner Bedeutung. Beispiele sind strong und a.

223

▶ **Ersetzte Inline-Elemente** (engl. *replaced elements*) werden auf der Webseite durch ein Bild oder ein anderes Objekt ersetzt. Beispiel: img.

▶ **Formularelemente** ermöglichen die Eingabe von Daten durch den Besucher (input, select, option, optgroup und textarea) oder helfen dabei (label, legend und button).

Formularelemente lernen Sie beim Erstellen eines Kontaktformulars im nächsten Kapitel kennen. Sie sind in gewisser Weise auch *ersetzte Elemente*, denn sie werden vom Browser auf der Webseite durch verschiedene Formularfelder und -schaltflächen ersetzt. Je nach Betriebssystem sehen sie überall unterschiedlich aus und sind bei der Gestaltung per CSS ziemlich widerspenstig.

Tabelle 11.1 zeigt die wichtigsten Inline-Elemente der drei Gruppen:

Semantische	Ersetzte	Formular
span, em, i, strong, b, a, cite, code, q, sub, sup	img	label, legend, input, button, select, option, optgroup, textarea

Tabelle 11.1 Die unterschiedlichen Arten von Inline-Elementen

Der Zeilenumbruch br ist zwar genau genommen auch ein Inline-Element, zählt aber in diesem Zusammenhang nicht wirklich mit, da er am Ort seines Auftauchens lediglich eine neue Zeile erzeugt und in der Regel nicht gestaltet wird.

11.5.2 Inline-Boxen sind etwas anders als Block-Boxen

Semantische Inline-Elemente erzeugen Inline-Boxen, und auf den ersten Blick sieht das Box-Modell für Inline-Boxen dem klassischen Box-Modell sehr ähnlich (Abbildung 11.9). Aber Inline-Boxen haben gegenüber dem klassischen Box-Modell einige Besonderheiten.

Zunächst einmal können Inline-Boxen keine feste Höhe oder Breite bekommen:

▶ Inline-Boxen sind immer nur so breit und so hoch wie ihr Inhalt. width und height sind bei Inline-Boxen wirkungslos.

▶ Die Höhe einer Inline-Box wird durch font-size beeinflusst.

Auch bei Innen- und Außenabständen gibt es Unterschiede zu Block-Boxen. Links und rechts verhalten sich padding, border und margin wie gewohnt, aber oben und unten müssen Sie aufpassen:

▶ margin-top und margin-bottom gibt es nicht. Außenabstände nach oben und unten haben bei Inline-Boxen keinerlei Effekt.

▶ `padding-top`, `padding-bottom`, `border-top` und `border-bottom` funktionieren, aber die Zeilenhöhe wird dadurch *nicht* verändert, so dass sich die Zeilen unter ungünstigen Umständen überlappen können und der Text unleserlich wird.

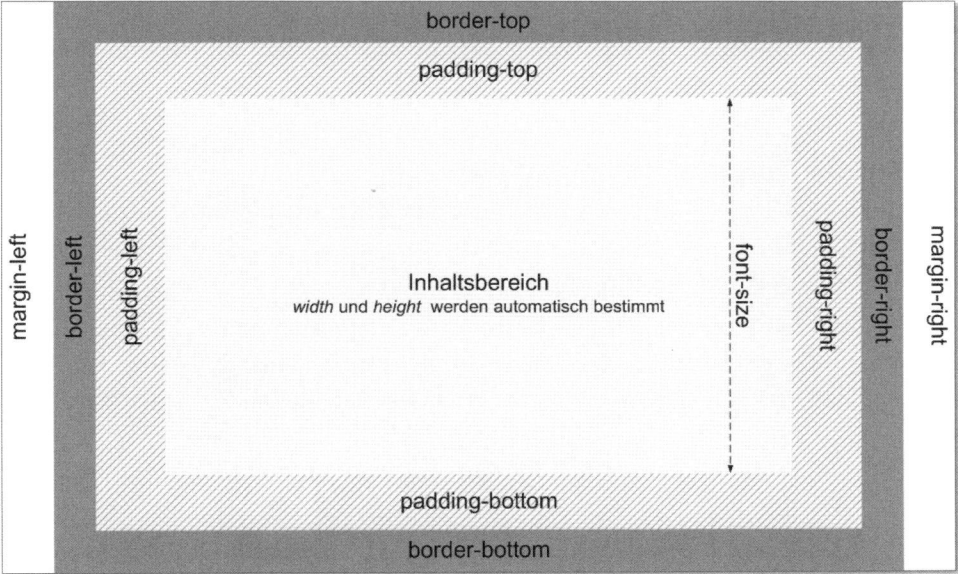

Abbildung 11.9 Das Box-Modell für Inline-Elemente

Beim Einsatz von vertikalen Innenabständen und Rahmenlinien müssen Sie also aufpassen.

11.5.3   Inline-Blockboxen sind ein Mittelding

Neben Block-Boxen und Inline-Boxen gibt es auch noch *Inline-Block-Boxen*. Das ist nicht so schlimm, wie es klingt:

Inline-Block-Boxen können zum Beispiel mit der Deklaration `display:inline-block` erzeugt werden und verhalten sich, wie der Name bereits andeutet, wie eine Mischung aus Inline- und Block-Boxen:

▶ Inline-Block-Boxen fließen wie Inline-Boxen in der Zeile mit.

▶ Inline-Block-Boxen können aber mit allen Box-Modell-Eigenschaften für Block-Boxen gestaltet werden.

Zur Gestaltung von Inline-Block-Boxen können Sie also, abgesehen von zwei kleinen Unterschieden, das klassische Box-Modell benutzen:

▶ Ohne Angabe von `width` werden Inline-Block-Boxen nur so breit wie ihr Inhalt und *nicht* so breit, wie es geht.

▶ Es gibt keine kollabierenden vertikalen Außenabstände. `margin-top` und `margin-bottom` von zwei sich berührenden Inline-Block-Boxen verschmelzen *nicht*.

Die anderen Box-Modell-Eigenschaften `height`, `padding` und `border` funktionieren genau wie bei Block-Boxen.

Horizontale Navigation mit »inline-block«

Sie könnten bei den in diesem Kapitel erstellten Inline-Navigationen die Listenelemente statt mit `display:inline` auch mit `display: inline-block` nebeneinanderstellen, ohne dass sich auf den ersten Blick etwas ändert.

Vorteil wäre, dass man dann auch eine feste Breite definieren könnte. Nachteil wäre, dass der Internet Explorer »inline-block« erst ab Version 8 wirklich versteht. Im IE 7 wurde der Wert nur für Elemente umgesetzt, die von Haus aus Inline-Elemente sind.

11.6   Exkurs: Whitespace – der Leerstellenpakt

Zum Abschluss dieses Kapitels noch ein paar Worte zum Thema *Whitespace* (wörtlich »weißer Raum«), die auf einem ganz ähnlichen Fall beruhen, der vor ein paar Jahren in einer CSS-Mailingliste intensiv diskutiert wurde. Besonderer Dank gebührt Nils Poker (*pookerart.de*), Rainer Wagener und Henrike Döding für den »Mut zur Lücke« und die Ideen zur Lösung.

11.6.1   Ein Zwischenraum, hindurchzuschaun …

In der mit `display:inline` erstellten Tab-Navigation der Beispielseiten ist zwischen den Listenelementen ein Zwischenraum, den man in Abbildung 11.10 gut erkennen kann:

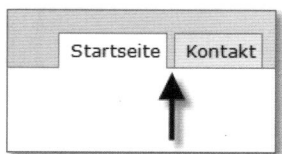

Abbildung 11.10 Ein Zwischenraum, hindurchzuschaun

Zwischen den Tabs für STARTSEITE und KONTAKT sind etwa 5 px Abstand. Dieser Zwischenraum ist in das Layout integriert und fällt nicht unangenehm auf, aber trotzdem bleibt die Frage, warum er überhaupt vorhanden ist, denn Innen- und Außenabstände aller beteiligten Elemente stehen definitiv auf 0. Bevor Sie lange grübeln: Der Grund für den mysteriösen Abstand ist der Umgang der Browser mit Whitespace, dem Thema dieses Abschnitts.

11.6.2   Whitespace – Leerstellen, Tabulatoren und Zeilenumbrüche

Whitespace ist eine Sammelbezeichnung für nicht sichtbare Zeichen, die von Webautoren benutzt werden, um den Quelltext übersichtlich zu strukturieren. Dazu gehören:

▶ mit der Leertaste erzeugte Leerstellen

▶ mit der ⇥-Taste erzeugte Tabulatoren

▶ mit ↵ bzw. ⇧ + ↵ erzeugte Zeilenumbrüche

Geschützte Leerstellen ( ) gelten nicht als Whitespace.

Whitespace wird vom Browser besonders behandelt:

▶ *Außerhalb* von Blockelementen wird im Quelltext vorhandener Whitespace ignoriert.

▶ *Innerhalb* von Blockelementen werden alle Whitespace-Zeichen in Leerstellen umgewandelt.

Bei dieser Umwandlung werden mehrere aufeinanderfolgende Leerstellen zu einer einzigen Leerstelle reduziert. Bei der Reduzierung von Leerstellen schaut der Browser sich das allererste Leerzeichen genauer an und übernimmt dessen Schriftformatierungen (font-size, font-family, letter-spacing etc.).

11.6.3   So entsteht der mysteriöse Zwischenraum

Hier ist zur Erinnerung der Quelltext der Navigationsliste von der Startseite:

```
<ul>
   <li class="sie-sind-hier"><a href="index.html">Startseite</a></li>
   <li><a href="kontakt.html">Kontakt</a></li>
</ul>
```

Listing 11.3 Der HTML-Quelltext für die Navigationsliste

Nach dem Anfangs-Tag <ul> und den beiden Ende-Tags </li> folgt im Quelltext jeweils ein mit ↵ erstellter Zeilenumbruch und die beiden <li>-Tags wurden der Übersichtlichkeit halber jeweils mit zwei Leerstellen eingerückt. Es gibt also jede Menge »white space« im HTML.

Aber wie entsteht nun die Lücke zwischen den Tabs? Ganz einfach:

1. Außerhalb von Blockelementen wird Whitespace im Quelltext normalerweise ignoriert.

2. Die Listenelemente li sind im CSS mit display:inline nebeneinandergestellt worden und verhalten sich daher wie Inline-Elemente.

3. Dadurch wird der Zeilenumbruch nach dem ersten </li> nicht mehr ignoriert, sondern in eine Leerstelle umgewandelt und zusammen mit den beiden einrückenden Leerstellen vor dem zweiten <li> zu einer einzigen Leerstelle zusammengefasst.

Und genau diese Leerstelle sehen Sie in Abbildung 11.10 zwischen den Tabs.

11.6.4   Sechs Möglichkeiten zur Entfernung der Lücke

Die Lücke ist wie gesagt perfekt ins Layout integriert und stört nicht. Falls sie aber einmal entfernt werden soll, bestehen dafür wie fast immer im Webdesign mehrere Möglichkeiten.

Möglichkeit eins wäre zunächst einmal, den Whitespace im HTML wegzulassen und die gesamte Liste ohne Zeilenumbrüche und einrückende Leerstellen einfach hintereinander zu schreiben:

```
<ul><li class="sie-sind-hier"><a href="index.html">Startseite</a></
li><li><a href="kontakt.html">Kontakt</a></li></ul>
```

Listing 11.4 Die Navigationsliste ohne Zeilenumbrüche und Leerstellen

Zwischen den Elementen gibt es jetzt keinerlei Leerstellen mehr, denn die Leerstellen *innerhalb* der Elemente vor und nach den Attributen zählen nicht.

Probieren Sie es einmal aus. Entfernen Sie auf der Startseite *index.html* alle Zeilenumbrüche und Leerstellen aus der Navigationsliste, speichern Sie die Datei, und betrachten Sie sie im Browser. Wie Abbildung 11.11 zeigt, ist die Leerstelle verschwunden.

Abbildung 11.11 Keine Leerstellen: Der Zwischenraum ist weg.

Eine zweite Methode zur Vermeidung der Leerstelle sieht auf den ersten Blick etwas seltsam und irgendwie kaputt aus: Die schließende spitze Klammer des Ende-Tags (das erste </li>) wird in eine neue Zeile geschrieben, und das zweite Listenelement beginnt direkt danach:

```
<ul class="navibereich">
  <li class="navi01"><a href="#">Startseite</a></li
```

```
  ><li class="navi02"><a href="#">Kontakt</a></li>
</ul>
```

Listing 11.5 Die schließende spitze Klammer steht in der nächsten Zeile.

Dieses HTML erzeugt keinen Leerraum, und die Lesbarkeit des Quelltextes bleibt einigermaßen erhalten. Das ist ziemlich pfiffig, denn Whitespace *innerhalb* eines Tags wird ignoriert, und *zwischen* den Tags ist kein Whitespace mehr.

Die dritte Möglichkeit klingt zunächst noch verrückter: Durch das Hinzufügen einer weiteren Leerstelle am Ende der Hyperlinks verschwindet die vorhandene Leerstelle zwischen den Tabs – frei nach dem Motto: Eine Leerstelle und noch eine Leerstelle gibt gar keine Leerstelle. Oder auf Englisch: *Set a space to fix a space*.

Probieren Sie es aus; ich habe es zuerst auch nicht geglaubt. Fügen Sie in beiden Links vor das schließende </a> eine ganz normale Leerstelle ein:

```
<ul>
   <li class="sie-sind-hier"><a href="index.html">Startseite  </a></li>
   <li><a href="kontakt.html">Kontakt  </a></li>
</ul>
```

Listing 11.6 Jeweils zwei Leerstellen vor </a>

Und wieder ist der Zwischenraum weg. Magic. Aber genau genommen ist die Leerstelle natürlich nicht wirklich verschwunden. Man sieht sie nur nicht mehr, weil sie Teil der Navigationslinks geworden ist und somit nicht mehr zwischen den Tabs erscheint. Wie hieß es etwas weiter oben? »Wenn mehrere Leerstellen zusammengefasst werden, wird die Formatierung der ersten übernommen«, in diesem Fall also die der Leerstelle im Hyperlink.

Die vierte Möglichkeit zur Eliminierung des Zwischenraums ist einfach ein negativer margin-right von 5 oder 6 px für die Listenelemente:

```
#navibereich li { margin-right: -5px; }
```

Listing 11.7 Ein negativer rechter »margin« für die Listenelemente

Dadurch wird das benachbarte Listenelement dichter herangezogen und die Lücke überdeckt.

Möglichkeit fünf wäre es, die Listenelemente statt mit display:inline mit float:left nebeneinanderzustellen. Das Floaten lernen Sie erst später kennen, aber es sei schon mal verraten, dass gefloatete Elemente immer Block-Boxen erzeugen. Dadurch würde der Zwischenraum verschwinden, weil Whitespace außerhalb von Block-Boxen ignoriert wird.

Und last but not least könnte man **als sechste Möglichkeit** die Listenelemente auch mit der Anweisung `display:table-cell` nebeneinanderstellen. Dadurch würden die Listenelemente wie beim Floaten Blockelemente bleiben und trotzdem in einer Zeile stehen, aber leider verstehen ältere Internet Explorer diese Anweisung überhaupt nicht.

Tja. Oder Sie lassen den Zwischenraum so, wie er ist. Schließlich sieht es mit dem Zwischenraum besser aus, und jetzt können Sie erklären, woher er kommt.

11.7   Auf einen Blick

Hier sind noch einmal die wichtigsten Punkte dieses Kapitels im Überblick:

▶ Die Grundlage für viele Navigationsbereiche ist eine ganz normale ungeordnete HTML-Liste.

▶ Mit `display: inline` können Sie Listenelemente nebeneinanderstellen.

▶ Mit CSS können Sie eine horizontale Navigation sehr unterschiedlich gestalten:
  – Navigation mit den Listenelementen nebeneinander
  – horizontale Navigation mit Tabs (Register)
  – Rollover-Effekte für Hyperlinks in der Navigation
  – Hervorhebung des aktuellen Menüpunktes

▶ Die CSS-Eigenschaft `display` ändert nur die auf dem Bildschirm dargestellte Box, nicht das Element selbst.

▶ Zur Hervorhebung des aktuellen Menüpunktes können Sie eine spezielle Klasse einsetzen.

▶ Das Box-Modell für Inliner weicht etwas vom klassischen Box-Modell ab.

▶ Es gibt verschiedene Inline-Elemente: semantische, ersetzte (*replaced*) und Formularelemente.

▶ Inline-Boxen sind etwas anders als Block-Boxen. Sie kennen weder `width` noch `height` und haben kein `margin-top` oder `margin-bottom`.

▶ Die Breite einer Inline-Box wird durch ihren Inhalt bestimmt, die Höhe durch `font-size`.

▶ Inline-Block-Boxen stehen wie Inline-Elemente nebeneinander, aber sie sind nach dem Box-Modell für Blockelemente aufgebaut und kennen deshalb auch `width`, `height`, `margin-top` und `margin-bottom`.

▶ Whitespace im Quelltext führt manchmal zu überraschenden Effekten.

Kapitel 12
Ein Kontaktformular erstellen

*Worin Sie HTML-Formulare kennenlernen und auf der Kontaktseite
ein funktionierendes Kontaktformular einbauen.*

Die Themen im Überblick:

▶ »Schritt 1: Das HTML für das Kontaktformular«, Seite 231

▶ »Schritt 2: Das Formular per CSS gestalten«, Seite 237

▶ »Schritt 3: Das Formular aktivieren und testen«, Seite 241

▶ »Exkurs: Ein mehrspaltiges Kontaktformular«, Seite 243

▶ »Auf einen Blick«, Seite 245

Von der Wiege bis zur Bahre – Formulare, Formulare. Im analogen Alltag haben Formulare einen eher negativen Beiklang, im Web basieren alle Interaktionen mit dem Besucher darauf.

▶ In Schritt 1 erstellen Sie das HTML für das Kontaktformular.

▶ In Schritt 2 gestalten Sie dieses HTML per CSS.

▶ In Schritt 3 bringen Sie das Formular ohne eigene Programmierung dazu, die eingegebenen Daten per E-Mail zu verschicken.

Im Exkurs am Ende des Kapitels gestalten Sie das Formular so, dass die Beschriftung vor den Formularfeldern steht, aber los geht es wie immer mit dem HTML.

12.1   Schritt 1: Das HTML für das Kontaktformular

Die Kontaktseite wartet bereits seit geraumer Zeit auf ein Kontaktformular, das sie jetzt bekommen soll. Die Erklärungen für die Formularelemente folgen nach dem ToDo.

ToDo: Das HTML für das Kontaktformular erstellen

1. Öffnen Sie die Beispielseite *kontakt.html* im Editor.

2. Fügen Sie im Textbereich unterhalb der h2-Überschrift KONTAKT die folgenden Zeilen ein (der dort vorhandene Absatz kann weg). Der Quelltext für die input-Elemente kann jeweils in einer Zeile stehen:

    ```
    <form id="kontaktformular" action="#">
    <div>
      <label for="besuchername">Ihr Name:</label>
      <input type="text" id="besuchername" name="besuchername">
    </div>
    <div>
      <label for="besuchermail">Ihre E-Mail:</label>
      <input type="email" id="besuchermail" name="besuchermail">
    </div>
    <div>
    <label for="nachricht">Ihre Nachricht:</label>
    <textarea id="nachricht" name="nachricht"
            cols="20" rows="5"></textarea>
    </div>
    <div>
    <input type="submit" value="Abschicken">
    </div>
    </form>
    ```

3. Speichern Sie die Webseite, und betrachten Sie sie im Browser.

Dieser Quelltext erzeugt ein Formular mit je einem einzeiligen Eingabefeld für Name und E-Mail-Adresse, einem mehrzeiligen Bereich für die Nachricht und einer Schaltfläche zum Abschicken des Formulars. Abbildung 12.1 sieht noch ziemlich durcheinander aus, aber es ist alles da.

12.1.1   Das Element »form« definiert ein Formular

Das Element form umschließt das gesamte Formular. Durch das Anfangs-Tag <form> weiß der Browser, dass ein Formular beginnt, und durch das Ende-Tag </form> wird es beendet:

```
<form id="kontaktformular" action="#"> ... </form>
```

Listing 12.1 Das Element »form« mit den Attributen »id« und »action«

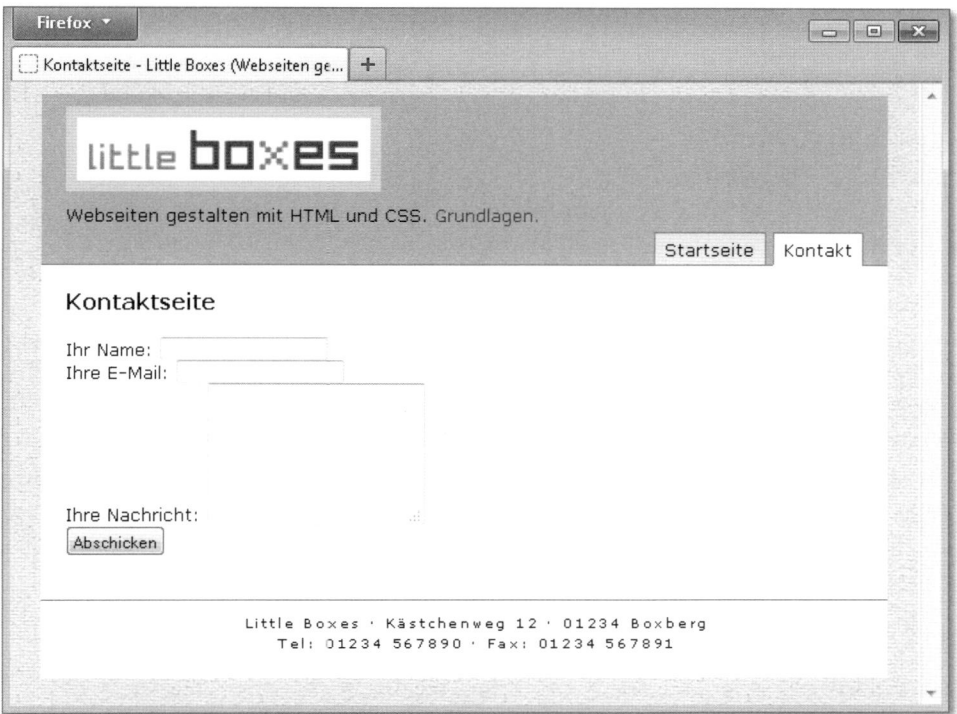

Abbildung 12.1 Das noch ungestaltete Formular

Jedes Formular hat im Anfangs-Tag ein Attribut namens action, das dem Browser sagt, wohin er die Formulardaten schicken soll. Da das Reiseziel für die Formulardaten erst in Schritt 3 festgelegt wird, dient das Rautezeichen # vorübergehend als Platzhalter. Zwischen <form> und </form> stehen die Formularelemente, mit denen der Besucher Daten eingeben und abschicken kann.

Fast alle Formularfelder haben übrigens sowohl eine ID (id="") als auch einen Namen (name="") mit identischen Werten. Die ID benutzen Sie für die Beschriftung mit label und zur Gestaltung per CSS in Schritt 2, das Attribut name hingegen wird zur Auswertung der Formulardaten auf der Serverseite benötigt.

12.1.2   Beschriftung der Formularfelder mit »label«

Jedes Formularfeld benötigt eine Beschriftung, damit der Besucher überhaupt weiß, was er in das Formular eingeben soll. Diese Beschriftung steht im HTML-Element label, dessen Attribut for sich auf die ID des zu beschriftenden Formularfeldes bezieht. Dadurch wird eine logische, auch für Programme ersichtliche Verbindung zwischen Beschriftung und Formularfeld hergestellt. `label` und `input` werden der Ordnung halber noch in einem `div` gruppiert.

```
<div>
  <label for="besuchername">Ihr Name:</label>
  <input type="text" id="besuchername" name="besuchername ">
</div>
```

Listing 12.2 Beschriftung von Formularfeldern mit »label«

Ein netter Nebeneffekt dieser Vorgehensweise ist, dass der Benutzer auf die Beschriftung klicken kann, um den Cursor in das Formularfeld zu setzen. Besonders zum Aktivieren von Optionsfeldern und Kontrollkästchen ist das sehr praktisch. Da sich der Mauszeiger aber über der Beschriftung nicht wie bei einem Link in eine Hand mit Klickfinger verändert, merkt das kaum ein Benutzer. Da werden Sie bei der Formulargestaltung in Schritt 2 ein klein wenig nachhelfen.

12.1.3   Ein ganz normales einzeiliges Eingabefeld

Das erste Formularelement ist ein ganz normales einzeiliges Eingabefeld:

```
<input type="text" id="besuchername" name="besuchername" >
```

Listing 12.3 Ein ganz normales einzeiliges Eingabefeld

Diese Eingabefelder sind echte Allzweckwaffen und können für alle möglichen Informationen benutzt werden. Die Werte für `id` und `name` sind frei wählbar, sollten aber keine Leerstellen, Umlaute oder sonstige Sonderzeichen enthalten.

Wenn Sie verhindern möchten, dass das Formular mit leeren Formularfeldern abgeschickt wird, können Sie bei ein- und mehrzeiligen Eingabefeldern das Attribut `required` hinzufügen. Moderne Browser prüfen dann, ob das Formularfeld ausgefüllt wurde, ältere ignorieren es einfach.

Das folgende Listing zeigt das Eingabefeld in einer platzgreifenden und etwas ungewöhnlichen, aber durchaus übersichtlichen Schreibweise. Sie erinnern sich? Whitespace *innerhalb* eines Tags wird vom Browser ignoriert:

```
<input type="text"
       id="besuchername"
       name="besuchername"
       required>
```

Listing 12.4 Ein einzeiliges Eingabefeld mit »required«

Cursor im ersten Formularfeld

Das Attribut autofocus bewirkt, dass der Cursor beim Laden der Seite automatisch in dieses Formularfeld gesetzt wird. Pro Formular sollte sinnvollerweise nur ein Element dieses Attribut erhalten. Das funktioniert in vielen modernen Browsern und im IE ab Version 10, ist aber besonders auf mobilen Geräten manchmal eher nervig. Probieren Sie es einfach aus.

12.1.4   Ein spezielles Eingabefeld für E-Mail-Adressen

Im Kontaktformular folgt ein einzeiliges Eingabefeld für eine E-Mail-Adresse:

```
<input type="email" id="besuchermail" name="besuchermail">
```

Listing 12.5 Ein spezielles Eingabefeld für E-Mail-Adressen

Es ist schwer zu glauben, aber ein Formularelement speziell für E-Mail-Adressen gibt es noch nicht so lange. Durch das Attribut type="email" weiß der Browser, dass die Daten in diesem Formularfeld eine E-Mail-Adresse sind, und könnte entsprechend darauf reagieren und zum Beispiel gleich die Gültigkeit der E-Mail-Adresse überprüfen.

Auf einem Smartphone zum Beispiel zeigen die Browser bei diesem Eingabefeld auf der virtuellen Tastatur automatisch das ansonsten nicht sichtbare @-Zeichen an, wenn der Cursor in ein input-Feld vom Typ email springt.

Browser, die das neue Formularelement (noch) nicht kennen, benutzen stattdessen automatisch das ganz normale einzeilige Eingabefeld <input type="text" ...>, so dass es keinerlei Nebenwirkungen gibt.

Neue Eingabefelder für URLs und Telefonnummern in HTML5

Neben diesem E-Mail-Feld gibt es in HTML5 noch andere neue Formularfelder, wie zum Beispiel <input type="url"> für Webadressen und <input type="tel"> zur Eingabe von Telefonnummern. Sie können diese Eingabefelder bereits problemlos einsetzen, denn es gibt auch hier keinerlei Nebenwirkungen. Browser, die die neuen Eingabetypen noch nicht kennen, benutzen automatisch <input type="text">.

12.1.5   Ein mehrzeiliges Eingabefeld mit »textarea«

Ein mehrzeiliges Eingabefeld erstellen Sie mit dem Element `textarea`.

```
<textarea id="nachricht" name="nachricht" cols="20" rows="5"></textarea>
```

Listing 12.6 Ein mehrzeiliges Eingabefeld

Im Anfangs-Tag einer `textarea` sollten Sie mit den Attributen `cols` (Spalten, kurz für *columns*) und `rows` (Zeilen) die Größe des Eingabefeldes angeben. Die Zahlen stehen übrigens für die ungefähre Anzahl von Zeichen bzw. Zeilen, die in das Feld passen sollen. Später im CSS können Sie die Größe des Eingabefeldes mit den Eigenschaften `width` und `height` bei Bedarf genauer definieren.

Zwischen dem Anfangs-Tag `<textarea ...>` und dem Ende-Tag `</textarea>` sollte nichts stehen. Kein Leerzeichen, kein Zeilenumbruch, kein gar nichts. Viele Browser setzen den Cursor sonst beim Ausfüllen des Formulars nicht an den Anfang des Feldes, sondern mitten hinein, was ziemlich nerven kann.

12.1.6   Submit: Eine Schaltfläche zum Abschicken der Formulardaten

Jedes Formular benötigt mindestens eine Schaltfläche zum Abschicken der Formular-daten:

```
<input type="submit" value="Abschicken">
```

Listing 12.7 Eine Schaltfläche zum Abschicken der Formulardaten

Diese Schaltfläche, die oft auch als Button bezeichnet wird, schickt die Daten zur Verarbeitung an das im Attribut `action` eingetragene Programm. Mit dem Attribut `value` können Sie die Beschriftung der Schaltfläche definieren. Diese darf beliebig lang sein und auch Umlaute oder sonstige Sonderzeichen enthalten, jedenfalls sofern im Head der Webseite der richtige Zeichensatz definiert wurde.

> **Weitere HTML-Formularelemente**
>
> Das Kontaktformular benötigt nicht mehr Formularfelder, aber es gibt natürlich noch jede Menge andere: runde Optionsfelder, eckige Kontrollkästchen und herausklappende Auswahllisten. Details dazu finden Sie in den in Abschnitt 25.6 genannten HTML-Referenzen.

12.2   Schritt 2: Das Formular per CSS gestalten

In diesem Abschnitt erstellen Sie zunächst ein neues Stylesheet und gestalten das Formular ein wenig ansprechender.

12.2.1   Ein neues Stylesheet für Formulare

Zunächst erstellen Sie ein neues Stylesheet namens *formulare.css* und binden es in *zentrale.css* ein.

ToDo: Ein neues Stylesheet für Formulare erstellen

1. Erstellen Sie eine neue Datei, und speichern Sie sie im Übungsordner unter dem Namen *formulare.css*.

2. Fügen Sie, wie im vorigen Kapitel gesehen, einen Anfangs- und einen Endekommentar sowie die Anweisung @media screen hinzu:

```
/* ======================================================
Stylesheet für die Beispielsite aus "Einstieg in CSS"
Datei: formulare.css
Datum: ...
Autor: ...
==================================================== */
@media screen {


} /* Ende @media – nicht löschen! */

/* ===================================
    E N D E formulare.css
=================================== */
```

3. Binden Sie das neue Stylesheet in *zentrale.css* ein:

```
@import url(fundament.css);
@import url(bildschirm.css);
@import url(navi-tabs.css);
@import url(formulare.css);
```

4. Speichern Sie beide Stylesheets.

Nach der Erstellung und Einbindung des Stylesheets geht es im nächsten Abschnitt los mit der eigentlichen Gestaltung des Formulars.

12.2.2 Die Gestaltung des Kontaktformulars

In diesem Abschnitt gestalten Sie das Kontaktformular mit ein paar einfachen CSS-Regeln. Die Erklärung der einzelnen Definitionen und der beiden neuen Selektoren folgt nach dem ToDo.

ToDo: Das Kontaktformular per CSS gestalten

1. Fügen Sie in *formulare.css* zwischen den geschweiften Klammern von `@media` den folgenden Style zur Gestaltung des Formulars hinzu:

```css
form {
    background-color: #eee;
    width: 320px;       /* Breite des Formulars */
    padding: 1em;
    margin-bottom: 2em;
    line-height: 1.2;
}
```

2. Unterhalb der `div`-Blöcke im Formular wird mit einem Kindselektor, der weiter unten kurz erklärt wird, ein bisschen Abstand erzeugt:

```css
form > div { margin-bottom: 1em; }
```

3. Mit dem folgenden Style gestalten Sie die Beschriftung der Formularfelder:

```css
label {
    display: block;    /* Beschriftung auf eigener Zeile */
    cursor: pointer;   /* Mauszeiger wird zur Hand */
    margin-bottom: 0.25em;
}
```

4. Es folgen zwei Styles zur Formatierung der Eingabefelder. Auch die Attributselektoren mit den eckigen Klammern werden weiter unten kurz erläutert:

```css
input[type="text"],
input[type="email"],
textarea {
    width: 280px;
    padding: 0.25em;
    margin-bottom: 1em;
}
textarea {
    max-width: 100%;
    min-height: 7em;
}
```

---

5. Zum Schluss verändern Sie die Hintergrundfarbe, für den Fall, dass ein Formularfeld den Fokus bekommt:

```
input:focus,
textarea:focus {
  background-color: #ffeda0;
}
```

6. Speichern Sie das Stylesheet, und betrachten Sie die Webseiten im Browser.

Nach diesem ToDo sollte das Formular etwa so aussehen wie in Abbildung 12.2.

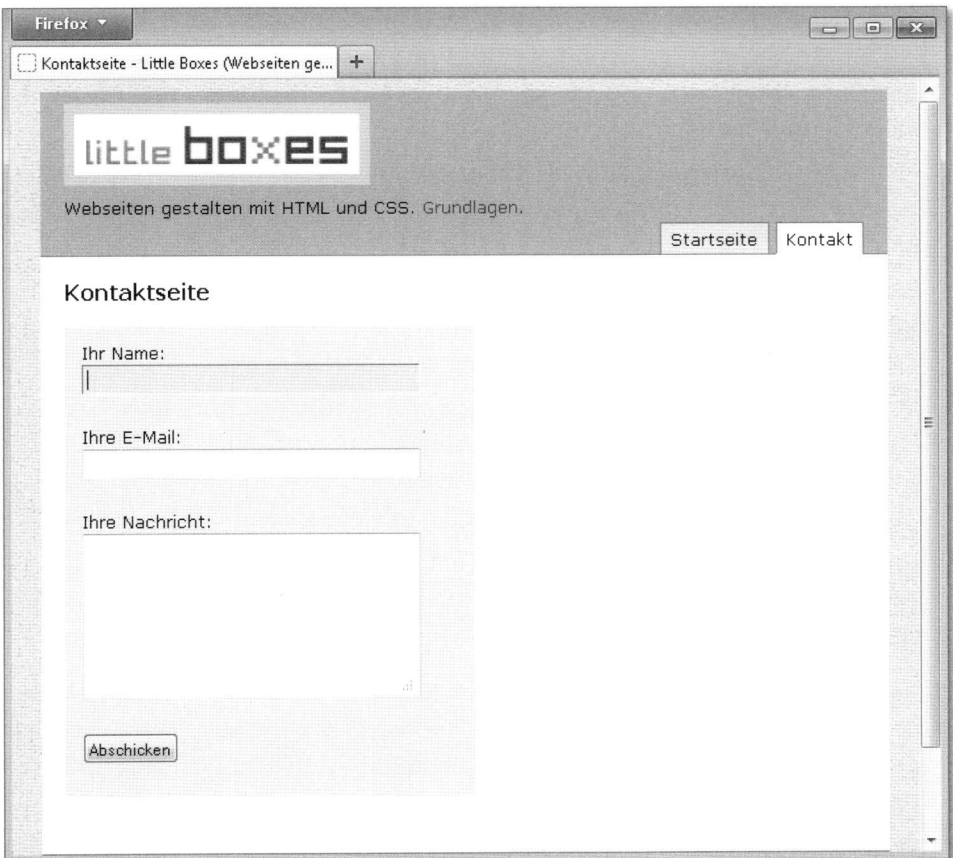

Abbildung 12.2 Das gestaltete Formular

Und hier sind die CSS-Regeln aus dem ToDo im Überblick:

▶ Als Selektor für das Formular nehmen Sie einfach den Typselektor `form`. Gestaltet werden Hintergrundfarbe, Breite, Innenabstand und Außenabstand nach unten – inzwischen schon fast alte Bekannte.

▶ Der Selektor `form > div` ist ein kombinierter Selektor, und zwar ein sogenannter Kindselektor. Er wählt nur `div`-Elemente aus, die im DOM-Baum direkte Kinder von `form` sind.

▶ Danach wird das Inline-Element `label` zum Blockelement befördert. Das ist ein einfacher Trick zur Ordnung der Formularfelder, denn dadurch rutschen die Eingabefelder in eine neue Zeile unter die Beschriftung. Blockelemente haben einen integrierten Zeilenumbruch.

▶ Die Deklaration `cursor:pointer` bewirkt, dass der Mauszeiger wie bei einem Hyperlink zur Hand wird, wenn er über der Beschriftung schwebt. So wird dem Benutzer signalisiert, dass er auch auf die Beschriftung klicken kann, um den Cursor in das Formularfeld zu setzen.

▶ Neu ist der Attributselektor mit den eckigen Klammern. `input[type="text"]` bedeutet: »Selektiere alle Elemente vom Typ `input`, die im HTML ein Attribut namens `type` mit dem Wert `text` haben.«

▶ Die beiden einzeiligen Eingabefelder und das Kommentarfeld `textarea` werden zum Teil gemeinsam formatiert: Maximal 280 px breit (`max-width`), mit einem Innenabstand von `0.25em` und einem Außenabstand nach unten von `1em`.

▶ Die `textarea` soll zusätzlich mindestens `7em` hoch sein (`min-height`). In vielen Browsern hat ein mehrzeiliges Eingabefeld rechts unten einen Anfasser, mit dem der Benutzer das Feld vergrößern kann. Die Anweisung `max-width: 100%;` bewirkt, dass die `textarea` dabei niemals größer wird als das umgebende Formular.

▶ Die letzte Regel weist den Eingabefeldern mit der Pseudo-Klasse `:focus` eine Hintergrundfarbe zu, wenn der Benutzer etwas in das Formularfeld schreibt. Das funktioniert in ganz alten Browsern nicht, verursacht aber keinerlei nachteilige Effekte.

Ein Kindselektor wie `form > div` ist eine besondere Form der kombinierten Selektoren und wählt nur Kindelemente aus. Dadurch ist er etwas genauer als der Nachfahrenselektor `form div` (ohne das Größer-als-Zeichen dazwischen), der *alle* `div`-Elemente innerhalb von `form` auswählen würde.

Attributselektoren erkennt man an den eckigen Klammern, und sie sind zum Beispiel sehr hilfreich, um die verschiedenen Formularfelder vom Typ `input` gestalten zu können, die sich nur dadurch unterscheiden, dass das Attribut `type` unterschiedliche Werte wie `text`, `email` oder `submit` hat. Wenn Sie die Schaltfläche zum Abschicken gestalten möchten, geht das mit dem Selektor `input[type="submit"]`.

12.3 Schritt 3: Das Formular aktivieren und testen

Ein Klick auf die Schaltfläche ABSCHICKEN sendet die Formulardaten zur Verarbeitung an ein Programm auf einem Webserver-Computer. Dieses Programm könnte zum Beispiel die Formulardaten überprüfen, in einer Datenbank speichern und per E-Mail verschicken, weshalb diese Skripte oft als *Form-Mailer* bezeichnet werden.

12.3.1 Das Reiseziel für die Formulardaten festlegen

Falls Sie momentan noch keinen Webspace oder zumindest keinen Zugriff auf einen Form-Mailer haben, können Sie in diesem Kapitel das Verschicken des Formulars mit dem *Formular-Chef* von *nettz.de* ausprobieren, und zwar ohne Registrierung und ohne irgendwelche Verpflichtungen:

▶ *formular-chef.de*

Falls Sie bereits Webspace haben und Ihr Webhoster Ihnen ein Programm zum Versenden von Formulardaten zur Verfügung stellt, können Sie statt des Formular-Chefs im Folgenden natürlich auch dieses Programm benutzen. In dem Fall überspringen Sie das folgende ToDo und setzen stattdessen die Anleitung Ihres Webhosters um.

ToDo: Das Reiseziel für die Formulardaten festlegen

1. Ergänzen Sie in *kontakt.html* das Anfangs-Tag von `form` wie folgt (kann alles in einer Zeile stehen):

```
<form id="kontaktformular"
      action="http://www.formular-chef.de/fc.cgi" method="post">
```

2. Fügen Sie direkt unterhalb von `<form>` die folgende Zeile zur Übermittlung der E-Mail-Adresse ein. Ersetzen Sie dabei die Zeichenfolge *IHRE_EMAIL* durch Ihre E-Mail-Adresse:

```
<input type="hidden" name="empfaenger" value="IHRE_EMAIL">
```

3. Haben Sie beim Attribut `value` den Wert `"IHRE_EMAIL"` wirklich durch Ihre eigene E-Mail-Adresse ersetzt?

4. Speichern Sie die Datei.

Das Attribut `action` gibt das Reiseziel der Formulardaten an, also das Programm, das die Formulardaten verarbeitet. Hier tragen Sie die komplette URL zum Formular-Chef ein. Außerdem müssen Sie noch `method="post"` angeben, damit der Formular-Chef funktioniert. Dieses Attribut stellt unter anderem sicher, dass die Formulardaten unsichtbar verschickt werden und nicht an die URL gehängt werden. Optional ist im Anfangs-Tag von `form` das Attribut `enctype="multipart/form-data"`. Dieses sorgt bei einem Formular mit Datei-Upload dafür, dass dieser reibungslos funktioniert.

Das HTML-Element `<input type="hidden">` schließlich erzeugt ein verstecktes, im Browserfenster nicht sichtbares Formularfeld mit dem Namen `empfaenger`. Der Formular-Chef erwartet die zum Versenden der Formulardaten benötigte E-Mail-Adresse in einem Formularfeld mit *genau diesem Namen*.

Damit die im Quelltext notierten E-Mail-Adressen von Spam-Programmen nicht so einfach gefunden werden können, bietet der Formular-Chef eine einfache Verschleierung. Ersetzen Sie dazu einfach das »@«-Zeichen durch die Zeichenfolge »X§X«. Statt

```
<input type="hidden" name="empfaenger" value="beispiel@test.de"/>
```

schreiben Sie:

```
<input type="hidden" name="empfaenger" value="beispielX§Xtest.de"/>
```

Trotzdem sollten Sie für ein im Web veröffentlichtes Kontaktformular eine gesonderte E-Mail-Adresse nutzen, denn die Spambots werden beim automatisierten Einsammeln der Adressen auch immer pfiffiger.

Formulare oder Links mit »mailto:« sind nicht wirklich eine Alternative

Das Attribut `action="mailto:ihre@email.de"` wird manchmal als Alternative zu einem serverseitigen Programm eingesetzt. Der Browser schickt die Formulardaten dann an das Standard-E-Mail-Programm des Besuchers. Voraussetzung für das Funktionieren von `mailto:` ist, dass der Besucher ein korrekt konfiguriertes E-Mail-Programm auf seinem Rechner hat. In Zeiten von Webmail mit GMX, Gmail & Co. ist dies häufig nicht mehr der Fall.

Wenn Sie Pech haben, erschreckt sich der Besucher ob des ihm unbekannten E-Mail-Programms, das womöglich noch ein Konto einrichten möchte und deshalb lauter unverständliche Dinge fragt. Mit ein bisschen Glück kann der Besucher die E-Mail sogar abschicken, aber es ist auf jeden Fall viel Arbeit. Vielleicht liegt die E-Mail aber auch nur im Postausgang. Der Besucher glaubt dann, er habe Ihnen eine E-Mail geschickt, aber Sie wissen davon nichts.

12.3.2   Das fertige Formular testen

Sie können das Formular direkt von Ihrer Festplatte im Browser aufrufen und testen, sofern Sie eine Verbindung zum Internet haben:

▶ Rufen Sie die Kontaktseite im Browser auf.

▶ Füllen Sie das Formular aus.

▶ Klicken Sie auf ABSCHICKEN.

Der Formular-Chef schickt die eingegebenen Formulardaten an die E-Mail-Adresse im versteckten Formularfeld, und der Besucher erhält im Browser eine Antwortseite, auf der *nettz.de* in der kostenlosen Version des Formular-Chefs ein Werbebanner einblendet.

---

nettz.de und der Formular-Chef

nettz.de betreibt den Formular-Chef bereits seit 1998, und in dieser Zeit hat es nach eigener Aussage keine rechtlichen oder sonstigen Probleme gegeben. *nettz.de* verbürgt sich außerdem dafür, dass keinerlei Adressen oder Daten gesammelt oder protokolliert werden.

12.4   Exkurs: Ein mehrspaltiges Kontaktformular

Momentan ist das Kontaktformular einspaltig, und die Beschriftung steht direkt oberhalb der Formularfelder. Diesen Effekt erreichen Sie mit `display: block` für das Element `label`, und für kurze Formulare ist das ideal.

Falls Sie aber lieber ein mehrspaltiges Formular hätten, bei dem die Beschriftung *vor* den Formularfeldern steht, genügen dazu wenige Änderungen im CSS. Dazu setzen Sie Inline-Blockboxen ein, die Sie in Abschnitt 11.5 bereits kurz kennengelernt haben.

Inline-Blockboxen sind eine Mischung aus Inline-Boxen und Blockboxen. Sie haben keinen integrierten Zeilenumbruch, so dass sie nebeneinanderstehen, können aber zum Beispiel eine definierte Breite haben. Anders ausgedrückt: Sie sind perfekt geeignet, um die Beschriftung vor den Formularelementen zu platzieren. Dazu genügen wenige Änderungen im Stylesheet *formulare.css*:

▶ Verbreitern Sie das Formular auf zum Beispiel `width: 440px`, damit genügend Platz zur Verfügung steht.

▶ Ändern Sie für `label` die Eigenschaft `display` auf `inline-block`, damit das Element keinen Zeilenumbruch mehr generiert, Sie ihm aber alle Box-Modell-Eigenschaften zuweisen können.

▶ Vergeben Sie für `label` eine feste Breite von zum Beispiel `width: 125px`. Optional können Sie die Beschriftung mit `text-align: right` auch rechtsbündig ausrichten.

▶ Um die Beschriftung der Textarea am oberen Rand auszurichten, geben Sie label noch die Anweisung vertical-align: top.

Der Style für label sieht nach diesen Änderungen im Stylesheet so aus:

```
label {
  display: inline-block;
  vertical-align: top;
  text-align: right;
  width: 125px;
  cursor: pointer;
}
```

Listing 12.8 Die Beschriftung vor den Formularfeldern mit »inline-block«

Der Abstand zwischen der Beschriftung und dem Formularfeld entsteht übrigens durch den Whitespace im Quelltext (siehe Abschnitt 11.6).

Zum Schluss fehlt noch die Ausrichtung des Buttons zum Abschicken, der einfach mit einem linken Außenabstand bis unter die Formularfelder geschoben wird. Den folgenden Style fügen Sie am besten am Ende von *formulare.css* ein, wobei Sie für den genauen Wert von margin-left eventuell ein wenig experimentieren müssen:

```
input[type="submit"] { margin-left: 130px; }
```

Listing 12.9 Den Submit-Button ausrichten mit »margin-left«

Abbildung 12.3 Mehrspaltiges Kontaktformular mit »inline-block«

Nach diesen Änderungen sieht das Formular etwa so aus wie in Abbildung 12.3. Beachten Sie, dass das Formular nicht wirklich mehrspaltig ist, sondern dass es durch den geschickten Einsatz von CSS nur so aussieht, als ob es mehrspaltig wäre.

12.5   Auf einen Blick

Hier sind noch einmal die wichtigsten Punkte dieses Kapitels im Überblick:

▶ HTML-Formulare beginnen mit `<form>` und enden mit `</form>`.

▶ Formularelemente werden mit `label` beschriftet. Das Attribut `for` enthält den Wert der ID des betreffenden Formularelements: `<label for="besuchername">`.

▶ Einzeilige Eingabefelder werden mit `<input type="text">` definiert.

▶ HTML5 führt neue Feldtypen für E-Mail (`email`), Webadressen (`url`) und Telefonnummern (`tel`) ein. Browser, die das nicht verstehen, benutzen ein Feld vom Typ `text`.

▶ Jedes Formular hat mindestens einen *Submit-Button*, also eine Schaltfläche zum Abschicken der Formulardaten.

▶ Mit CSS kann man leicht ansprechende Kontaktformulare gestalten.

▶ Zur Verarbeitung der Formulardaten wird in jedem Fall ein serverseitiges Programm benötigt.

▶ Der Formular-Chef ist eine kostenlose, werbefinanzierte Möglichkeit zum Verschicken von Formulardaten. Ideal zum Testen von Formularen, wenn serverseitige Skripte gerade nicht zur Verfügung stehen.

▶ Mit `display: inline-block` können Sie Elemente nebeneinanderstellen und so ein mehrspaltiges Kontaktformular bauen.

12

Kapitel 13
HTML-Tabellen erstellen und gestalten

Worin Sie lernen, wie HTML-Tabellen zur Darstellung tabellarischer Daten gedacht sind. Zunächst werden die wichtigsten HTML-Elemente zur Erstellung einer Tabelle vorgestellt und danach erfahren Sie Schritt für Schritt, wie Sie eine HTML-Tabelle per CSS gestalten können.

Die Themen im Überblick:

▶ »Das HTML für Tabellen«, Seite 247

▶ »Tabellen gestalten per CSS – ein Beispiel«, Seite 252

▶ »Übersichtliche Tabellen – Hover und Zebrastreifen«, Seite 256

▶ »Auf einen Blick«, Seite 258

Wie Sie im ersten Kapitel gelesen haben, waren Tabellen vor vielen Jahren die einzige Möglichkeit, Objekte auf einer Webseite zu positionieren. CSS hat diese Rolle übernommen, und inzwischen werden Tabellen nur noch entsprechend ihrer ursprünglichen Aufgabe eingesetzt, nämlich zur Darstellung tabellarischer Daten.

13.1   Das HTML für Tabellen

Bevor Sie Tabellen gestalten, müssen Sie zuerst im HTML erstellt werden.

13.1.1   Eine einfache Tabelle besteht aus »table«, »tr« und »td«

Es gibt nur wenige HTML-Elemente, die zum Erstellen einer einfachen Tabelle benötigt werden:

▶ Die Tabelle: `table`
Beginn und Ende der Tabelle werden mithilfe der Tags `<table>` und `</table>` markiert.

▶ Die Tabellenzeilen: `tr`
tr steht für *table row*. `<tr>` und `</tr>` kennzeichnen Beginn und Ende einer Zeile.

▶ Die Tabellenzellen: td

td heißt *table data* und enthält die Daten der Tabelle. Die Tags `<td>` und `</td>` begrenzen die einzelnen Zellen in der Tabelle. *Alle* Textzeichen und Grafiken in der Tabelle stehen zwischen `<td>` und `</td>`.

Tabellen sind eigentlich nicht so schwierig zu verstehen, aber sie werden im Quelltext sehr schnell sehr unübersichtlich. Achten Sie bei Tabellen von Anfang an auf korrekte Einrückungen, um den Quelltext lesbar und übersichtlich zu halten. Während der Bearbeitung einer Tabelle bietet es sich der Einfachheit halber an, die Rahmenlinien mit dem Attribut border sichtbar zu machen. Das folgende Listing zeigt eine einfache Tabelle mit zwei Zeilen und zwei Spalten:

```
<table border="1">
<tr>
  <td>Zeile 1, Spalte 1</td>
  <td> Zeile 1, Spalte 2</td>
</tr>
<tr>
  <td>Zeile 2, Spalte 1</td>
  <td> Zeile 2, Spalte 2</td>
</tr>
</table>
```

Listing 13.1 Eine einfache Tabelle mit zwei Zeilen und zwei Spalten

Im Browser sieht die Tabelle nur mit dem Browser-Stylesheet etwa so aus wie in Abbildung 13.1.

Im Quelltext stehen die Spalten untereinander

Die Unübersichtlichkeit des Quelltextes von Tabellen kommt daher, dass die Darstellung im Quelltext nicht der Darstellung im Browser entspricht.

Während im Browser eine Tabelle aus waagerechten Zeilen und senkrechten Spalten besteht, gibt es im Quelltext nur waagerechte Zeilen (tr) und Zellen (td). Es gibt kein Element zur Erstellung von Spalten, denn die Spalten ergeben sich aus der Anzahl der Zellen innerhalb der Zeilen. Tabellen sind im Quelltext verwirrend:

▶ Im Browserfenster stehen die Spalten einer Tabelle *nebeneinander*.

▶ Im Quelltext stehen die Spalten einer Tabelle *untereinander*.

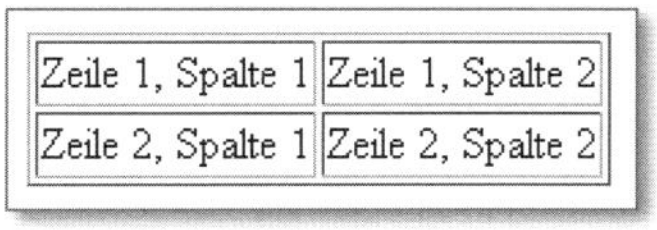

Zeile 1, Spalte 1	Zeile 1, Spalte 2
Zeile 2, Spalte 1	Zeile 2, Spalte 2

Abbildung 13.1 Eine einfache Tabelle mit zwei Zeilen und zwei Spalten

13.1.2 Überschriften in Tabellen stehen in »th«

Für Tabellenzellen gibt es neben td noch das Element th wie *table heading*, das in Überschriften anstelle von td benutzt werden kann:

```
<table border="1">
<tr>
  <th>Überschrift Spalte 1</th>
  <th>Überschrift Spalte 2</th>
</tr>
<tr>
  <td>Zeile 2, Spalte 1</td>
  <td> Zeile 2, Spalte 2</td>
</tr>
<tr>
  <td>Zeile 3, Spalte 1</td>
  <td> Zeile 3, Spalte 2</td>
</tr>
</table>
```

Listing 13.2 Eine einfache Tabelle mit Überschriften per »th«

Die meisten Browser-Stylesheets stellen den Zellinhalt zwischen <th> und </th> fett und zentriert dar. Im Browser sieht die Tabelle etwa so aus wie in Abbildung 13.2.

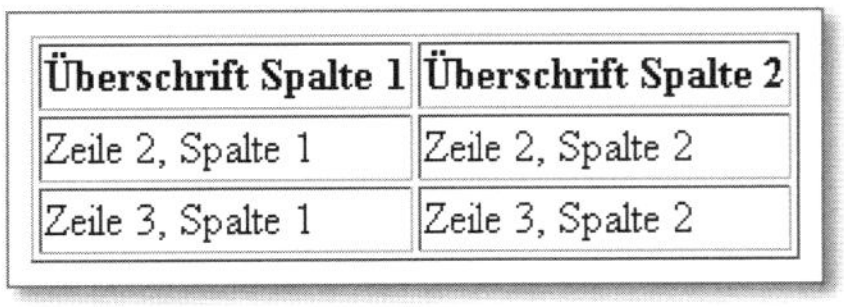

Überschrift Spalte 1	Überschrift Spalte 2
Zeile 2, Spalte 1	Zeile 2, Spalte 2
Zeile 3, Spalte 1	Zeile 3, Spalte 2

Abbildung 13.2 Tabelle mit Überschrift als »th«

13.1.3   Logische Bereiche in Tabellen – »thead«, »tbody« und »tfoot«

Komplexere Tabellen können im HTML in die logischen Bereiche Kopf, Körper und Fuß unterteilt werden. Die Elemente dazu heißen thead, tbody und tfoot.

Durch die Einteilung in logische Bereiche gibt es einige neue Möglichkeiten:

▶ Die logischen Bereiche der Tabelle lassen sich in einem Stylesheet sehr einfach selektieren und unterschiedlich gestalten.

▶ Beim Ausdruck einer langen Tabelle könnte ein Browser auf jeder Seite zum Beispiel die Spaltenüberschriften aus dem Tabellenkopf wiederholen.

In Tabellenkopf und -fuß stehen Informationen über die Tabellenspalten, zum Beispiel die Überschriften, während in tbody die eigentlichen Daten stehen. Das folgende Listing zeigt ein Beispiel:

```
<table border="1">
<thead>
  <tr>
    <th>thead, Spalte 1</th>
    <th>thead, Spalte 2</th>
  </tr>
</thead>
<tbody>
  <tr>
    <td>tbody, Zeile 1, Spalte 1</td>
    <td>tbody, Zeile 1, Spalte 2</td>
  </tr>
  <tr>
    <td>tbody, Zeile 2, Spalte 1</td>
    <td>tbody, Zeile 2, Spalte 2</td>
  </tr>
</tbody>
<tfoot>
  <tr>
    <td>tfoot, Spalte 1</td>
    <td>tfoot, Spalte 2</td>
  </tr>
</tfoot>
</table>
```

Listing 13.3 Einfache Tabelle mit Kopf, Körper und Fuß

Diese Tabelle sieht im Browser so aus wie in Abbildung 13.3.

Abbildung 13.3 Einfache Tabelle mit Kopf, Rumpf und Fuß

Früher saß bei Tabellen der Fuß immer zwischen Kopf und Rumpf

In früheren HTML-Versionen war eine den Grundsätzen der Anatomie widersprechende Reihenfolge Pflicht: Zuerst kam der Kopf (thead), dann kam der Fuß (tfoot) und zum Schluss der Körper (tbody). Seit HTML5 darf tfoot auch unterhalb von tbody stehen. Das ist leichter zu merken und entspricht den natürlichen Gegebenheiten.

13.1.4   Zellen verbinden – »colspan« und »rowspan«

Mit dem Attribut colspan (kurz für das englische *column span*, auf Deutsch etwa »über Spalten erstrecken«) kann eine Zelle mehrere Spalten oder Zeilen »überspannen«. Eine Zelle mit colspan="2" steht dabei für zwei Tabellenzellen, so dass man manchmal ein bisschen zählen muss, bis alles passt.

Um die Fußzeile aus dem Beispiel oben über zwei Spalten laufen zu lassen, müssen Sie den Quelltext wie folgt ändern:

```
<tfoot>
  <tr>
    <td colspan="2">Dieses td geht mit colspan über 2 Spalten </td>
    <!-- Das zweite td muss weg -->
  </tr>
</tfoot>
```

Listing 13.4 »tfoot« läuft über zwei Spalten.

Im Browserfenster sieht die Tabelle dann so aus wie in Abbildung 13.4.

Wenn eine Zelle sich über zwei *Zeilen* erstrecken soll, heißt das Attribut dazu rowspan, und es funktioniert im Prinzip genau wie colspan.

thead, Spalte 1	thead, Spalte 2
tbody, Zeile 1, Spalte 1	tbody, Zeile 1, Spalte 2
tbody, Zeile 2, Spalte 1	tbody, Zeile 2, Spalte 2
tfoot über 2 Spalten mit colspan	

Abbildung 13.4 Tabelle mit durchgehendem Fußbereich

13.2   Tabellen gestalten per CSS – ein Beispiel

Im Prinzip können Sie alle in HTML-Tabellen verwendeten Elemente wie gewohnt gestalten, allerdings gibt es gegenüber dem klassischen Box-Modell eine Besonderheit:

▶ width definiert die Breite einer Tabelle anders als beim klassischen Box-Modell. Rahmenlinien (border) werden von der Breite abgezogen und nicht addiert.

▶ height definiert die Höhe einer Tabelle ebenso inklusive eventuell vorhandener Rahmenlinien.

Tabellen werden also nach dem Border-Box-Modell aufgebaut, das Sie in Abschnitt 21.4 einsetzen werden.

13.2.1   Das HTML für die Beispieltabelle

Probieren Sie einmal, in Ihrem Editor das HTML für die Tabelle aus Abbildung 13.5 zu erstellen.

Nr.	Titel	Erstausstrahlung
1.	Jim Knopf und Lukas der Lokomotivführer	1961
2.	Jim Knopf und die Wilde 13	1962
3.	Kater Mikesch	1964
4.	Der Löwe ist los	1965
5.	Kommt ein Löwe geflogen	1966
6.	Gut gebrüllt, Löwe	1967
7.	Bill Bo und seine Kumpane	1968
8.	Urmel aus dem Eis	1969
9.	Kleiner König Kalle Wirsch	1970
Zum Teil wurden die Stücke in den 70er Jahren neu aufgelegt		

Abbildung 13.5 Die ungestaltete HTML-Tabelle mit Kopf, Rumpf und Fuß

Hier sind ein paar hilfreiche Hinweise für den Start:

▶ `table` hat das Attribut `border="1"`, um die Struktur der Tabelle sichtbar zu machen. Bei der Gestaltung per CSS wird dieses Attribut später wieder entfernt.

▶ Die Kopfzeile soll als `thead` ausgezeichnet werden.

▶ Die Fußzeile ist ein `tfoot` und geht über alle drei Spalten (`colspan="3"`).

Falls Sie nicht wissen, wie Sie anfangen sollen, Sie gerade keine Lust haben oder es einfach nicht klappen will, finden Sie hier das HTML:

```
<table border="1">
<thead>
  <tr>
    <th>Nr. </th>
    <th>Titel</th>
    <th>Erstausstrahlung</th>
  </tr>
</thead>
<tbody>
  <tr>
    <td>1.</td>
    <td>Jim Knopf und Lukas der Lokomotivführer</td>
    <td>1961</td>
  </tr>
  <tr>
    <td>2.</td>
    <td>Jim Knopf und die Wilde 13</td>
    <td>1962</td>
  </tr>

<!-- Noch ein paar Tabellenzeilen -->

</tbody>
<tfoot>
  <tr>
    <td colspan="3">Zum Teil [...] neu aufgelegt</td>
  </tr>
</tfoot>
</table>
```

Listing 13.5 Das HTML der noch ungestalteten Beispieltabelle

13.2.2   Die Gestaltung der Beispieltabelle per CSS

Diese Tabelle soll so gestaltet werden, dass sie Abbildung 13.6 gleicht.

Nr.	Titel	Erstausstrahlung
1.	Jim Knopf und Lukas der Lokomotivführer	1961
2.	Jim Knopf und die Wilde 13	1962
3.	Kater Mikesch	1964
4.	Der Löwe ist los	1965
5.	Kommt ein Löwe geflogen	1966
6.	Gut gebrüllt, Löwe	1967
7.	Bill Bo und seine Kumpane	1968
8.	Urmel aus dem Eis	1969
9.	Kleiner König Kalle Wirsch	1970
Zum Teil wurden die Stücke in den 70er Jahren neu aufgelegt		

Abbildung 13.6 Die gestaltete Beispieltabelle

Dazu sind unter anderem die folgenden Schritte nötig:

▸ Entfernen Sie das Attribut border aus dem Anfangs-Tag <table>.

▸ Geben Sie thead, tbody und tfoot jeweils eine Hintergrundfarbe, zum Beispiel #f3c600, #ffeb91 (etwas heller) und #fff6cc (noch heller).

▸ tfoot hat eine etwas kleinere Schriftgröße (85.71 %).

▸ Alle Zellen (th, td) bekommen ein leichtes padding.

▸ Der Text in den Tabellenzellen wird links (text-align: left) und oben (vertical-align: top) ausgerichtet.

Das CSS speichern Sie am besten in einem Styleblock im head-Bereich der Übungsseite. Probieren Sie es einfach. Übung macht den Meister.

Das folgende Listing zeigt das verwendete CSS im Überblick:

```
body {
  font-family: Verdana, Arial, Helvetica, sans-serif;
  font-size: 87.5% /* Schriftgröße 14px */
}
thead { background-color: #f3c600;  }
tbody { background-color: #ffeb91; }
tfoot {
  background-color: #fff6cc;
  font-size: 85.71%;  /* 85.71% von 14px = 12px */
```

```
th, td {
  vertical-align: top; /* Ausrichtung oben (Standard ist middle) */
  text-align: left;
  padding: 0.5em 1em;
}
```

Listing 13.6 Das CSS für die zu gestaltende Tabelle

Die Zwischenräume entstehen mit der Anweisung `border-collapse: separate` aus dem Browser-Stylesheet. Der Zwischenraum selbst wird ebenfalls im Browser-Stylesheet definiert, und zwar mit `border-spacing: 2px`. Diesen Wert können Sie aber natürlich ändern. Probieren Sie zum Beispiel einfach einmal `table { border-spacing: 10px; }` oder etwas in der Art aus. Und falls Sie farbige Zwischenräume bevorzugen, geben Sie `table` einfach eine Hintergrundfarbe. Die scheint dann in den Lücken durch.

13.2.3   Eine Tabelle ohne Zwischenräume – »border-collapse: collapse«

Um die Lücken zwischen den Tabellenzellen zu entfernen, genügt eine Anweisung in Ihrem Stylesheet:

```
table { border-collapse: collapse; }
```

Listing 13.7 Eine Tabelle ohne Zwischenräume

Abbildung 13.7 zeigt die Tabelle ohne Zwischenräume. Anmerkung für Veteranen: Früher wurde das mit `<table cellspacing="0">` im HTML gemacht.

Nr.	Titel	Erstausstrahlung
1.	Jim Knopf und Lukas der Lokomotivführer	1961
2.	Jim Knopf und die Wilde 13	1962
3.	Kater Mikesch	1964
4.	Der Löwe ist los	1965
5.	Kommt ein Löwe geflogen	1966
6.	Gut gebrüllt, Löwe	1967
7.	Bill Bo und seine Kumpane	1968
8.	Urmel aus dem Eis	1969
9.	Kleiner König Kalle Wirsch	1970
Zum Teil wurden die Stücke in den 70er Jahren neu aufgelegt		

Abbildung 13.7 Die Beispieltabelle ohne Zwischenräume

Für den Fuß der Tabelle wurde übrigens zusätzlich noch eine obere und untere Rahmenlinie definiert:

```
tfoot {
  background-color: #fff6cc;
  font-size: 85.71%;
  border-top: 1px solid #f3c600;
  border-bottom: 1px solid #f3c600;
}
```

Listing 13.8 Obere und untere Rahmenlinie für »tfoot«

13.3   Übersichtliche Tabellen – Hover und Zebrastreifen

Größere Tabellen werden durch ein paar einfache gestalterische Maßnahmen übersichtlicher.

13.3.1   Tabellenzeilen mit Hover-Effekt – »tr:hover«

Sie können den Besuchern Ihrer Webseiten das Studium der Tabellendaten mit einem einfachen Hover-Effekt für die Zeilen erleichtern:

```
tbody tr:hover { background-color: #fff6cc; }
```

Listing 13.9 Ein Hover-Effekt für die Tabellenzellen

Die Tabellenzeile unter dem Mauszeiger wird durch diese Anweisung farblich hervorgehoben. Der Selektor begrenzt diesen Effekt auf tbody, so dass Tabellenkopf und -fuß davon nicht betroffen sind.

Abbildung 13.8 zeigt den Hover-Effekt im Browser.

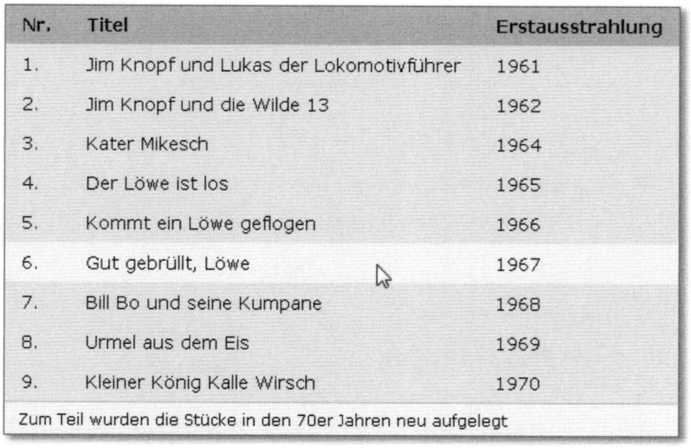

Nr.	Titel	Erstausstrahlung
1.	Jim Knopf und Lukas der Lokomotivführer	1961
2.	Jim Knopf und die Wilde 13	1962
3.	Kater Mikesch	1964
4.	Der Löwe ist los	1965
5.	Kommt ein Löwe geflogen	1966
6.	Gut gebrüllt, Löwe	1967
7.	Bill Bo und seine Kumpane	1968
8.	Urmel aus dem Eis	1969
9.	Kleiner König Kalle Wirsch	1970
Zum Teil wurden die Stücke in den 70er Jahren neu aufgelegt		

Abbildung 13.8 Tabellenzeilen mit Hover-Effekt

13.3.2   Eine Tabelle mit Zebrastreifen

Die einfachste und zuverlässigste Art für Tabellen mit Zebrastreifen sind Klassen für gerade und ungerade Zeilen im HTML:

```
<tbody>
  <tr class="ungerade">
    <td>1.</td>
    <td>Jim Knopf und Lukas der Lokomotivführer</td>
    <td>1961</td>
  </tr>
  <tr class="gerade">
    <td>2.</td>
    <td>Jim Knopf und die Wilde 13</td>
    <td>1962</td>
  </tr>
<!-- Noch ein paar Tabellenzeilen -->
```

Listing 13.10 Klassen für gerade und ungerade Zeilen im HTML

Von Hand artet die Vergabe der Klassen richtiggehend in Arbeit aus, aber viele Content-Management-Systeme vergeben solche Klassen automatisch. Wenn entsprechende Klassen vorhanden sind, reicht ein einziger Style:

```
tr.gerade { background-color: #fff6cc; }
```

Listing 13.11 Alle geraden Zeilen heller einfärben

Und schon haben Sie im Browser eine Zebrastreifentabelle (Abbildung 13.9).

Nr.	Titel	Erstausstrahlung
1.	Jim Knopf und Lukas der Lokomotivführer	1961
2.	Jim Knopf und die Wilde 13	1962
3.	Kater Mikesch	1964
4.	Der Löwe ist los	1965
5.	Kommt ein Löwe geflogen	1966
6.	Gut gebrüllt, Löwe	1967
7.	Bill Bo und seine Kumpane	1968
8.	Urmel aus dem Eis	1969
9.	Kleiner König Kalle Wirsch	1970
Zum Teil wurden die Stücke in den 70er Jahren neu aufgelegt		

Abbildung 13.9 Eine Tabelle mit Zebrastreifen

Falls die Tabellenzeilen im HTML keine Klassen haben, können Sie die Zebrastreifen auch mit dem CSS3-Selektor :nth-child() erzeugen. Eine Möglichkeit wäre wie folgt:

```
tbody tr:nth-child(even) { background-color: #fff6cc; }
```

Listing 13.12 Zebrastreifen mit dem Selektor :nth-child(even)

Dieser Selektor wählt innerhalb von `tbody` alle geraden Tabellenzeilen aus, also die zweite, vierte, sechste usw. Entsprechend würde `tr:nth-child(odd)` alle ungeraden Tabellenzeilen auswählen.

Der Internet Explorer versteht `:nth-child()` erst ab Version 9, aber damit geht es auch ohne Klassen im HTML. Weitergehende Infos und Beispiele zu fortgeschrittenen Selektoren wie `:nth-child()` finden Sie zum Beispiel in meinem Buch »Flexible Boxes«.

Weitere Informationen zu Tabellen

Ein sehr guter Beitrag zum Thema HTML, CSS und Tabellen hat Chris Coyier auf seiner Website *css-tricks.com* veröffentlicht:

▶ *A Complete Guide to the Table Element*
  css-tricks.com/complete-guide-table-element/

It's in English, aber sehr gut und ausführlich.

13.4   Auf einen Blick

Hier sind noch einmal die wichtigsten Punkte dieses Kapitels im Überblick:

▶ HTML-Tabellen dienen der Darstellung von tabellarischen Daten und nicht dem Layouten.

▶ Eine Tabelle besteht mindestens aus den Elementen `table`, `tr` (Zeile) und `td` (Zelle).

▶ Überschriften werden mit dem Element `th` ausgezeichnet.

▶ Zum Verbinden von Tabellenzellen gibt es im HTML die Attribute `colspan` und `rowspan`.

▶ Eine Tabelle kann in logische Bereiche wie `thead`, `tbody` und `tfoot` unterteilt und so leichter gestaltet werden.

▶ Zwischenräume zwischen den Tabellenzellen werden per CSS kontrolliert:
  – `border-collapse: collapse` erzeugt eine lückenlose Tabelle
  – `border-collapse: separate` erzeugt einen Zwischenraum.
  – `border-spacing` definiert die Größe der Zwischenräume.

▶ Zebrastreifen für Tabellen erzeugt man am einfachsten mit entsprechenden Klassen im HTML, die im CSS gestaltet werden.

▶ Ohne Klassen im HTML kann man Zebrastreifen zum Beispiel mit `:nth-child()` erzeugen.

Kapitel 14
Fließtext, Webfonts und Druckversion

Worin Sie den Fließtext lesbar gestalten, Google Fonts kennenlernen, eine Druckversion erstellen und zum Schluss ein Favicon einbinden.

Die Themen im Überblick:

- ▶ »Fließtext besser lesbar machen«, Seite 259
- ▶ »Webfonts – die Schriftart gleich mitliefern«, Seite 265
- ▶ »Eine Druckversion für die Beispielseiten«, Seite 269
- ▶ »Favicon – das Minilogo für Ihre Seiten«, Seite 277
- ▶ »Auf einen Blick«, Seite 278

14.1 Fließtext besser lesbar machen

Lesen am Bildschirm ist meist nicht sehr angenehm. Das beginnt mit der im Vergleich zu Papier meist geringeren Auflösung und endet damit, dass Desktop-Bildschirme einen festen Platz haben und dadurch dem Leser die Sitzposition vorschreiben. Text auf Webseiten sollte deshalb möglichst gut lesbar sein, und in diesem Kapitel gibt es einige Anregungen dazu.

14.1.1 Schriftart, Schriftgröße und Zeilenabstand

Die Lesbarkeit eines Textes ist das Ergebnis eines Prozesses, der mit dem Schreiben beginnt und über die Auswahl semantischer HTML-Elemente bis hin zu deren optischer Gestaltung geht.

Bei Schriftarten wird zunächst einmal zwischen solchen mit und ohne Serifen unterschieden. Serifen sind kleine Verzierungen an den Buchstaben, die man beim kleinen i besonders gut erkennen kann. Ob Sie Schriften mit oder ohne Serifen bevorzugen, ist weitgehend Geschmacks- und Umsetzungssache, denn gut lesbaren Fließtext kann es mit beiden geben.

Weit verbreitet sind unter anderem folgende serifenlosen Schriften:

▶ *Arial* ist eine Kopie des Klassikers *Helvetica*, gehört seit Version 3.1 zum Lieferumfang von Windows und ist dementsprechend weit verbreitet.

▶ *Verdana* ist speziell für den Bildschirm entwickelt worden, breiter als Arial, besonders bei kleineren Schriftgrößen gut lesbar und auch sehr weit verbreitet.

Bei den Serifenschriften findet man unter anderem die folgenden drei:

▶ *Times New Roman* ist die Windows-Kopie von *Times Roman* und somit der Serifen-Kollege von Arial. Sehr weit verbreitet, im Print ein Klassiker, aber im Web eher selten im Einsatz.

▶ *Georgia* ist die Schwester von *Verdana* und ebenfalls speziell für den Bildschirm entworfen. Im Gegensatz zur Times und vielen anderen Serifenschriften ist Georgia auch bei kleineren Schriftgraden noch relativ gut lesbar.

▶ Ein Newcomer ist *Constantia*, die zum Lieferumfang von Windows Vista gehörte und sowohl im Web als auch auf Papier eine gute Figur macht.

Mit den weiter unten in diesem Kapitel vorgestellten Google Fonts erweitert sich diese Palette um Schriften wie *Open Sans*, *Droid Sans* und andere, die ebenfalls sehr lesbar sind und zusammen mit der Webseite ausgeliefert werden.

Neben der Wahl einer geeigneten Schriftart leisten vertikale Abstände (`margin-bottom`) und ein ausreichender Zeilenabstand mit `line-height` einen wichtigen Beitrag zu gut lesbarem Fließtext. Der Zeilenabstand sollte bezogen auf die Schriftgröße nicht weniger als Faktor 1.5 haben. Da das sehr abstrakt klingt, hier ein konkretes Beispiel:

▶ Eine Schriftgröße von 14 px (87.5 % von 16 px) gilt momentan fast als untere Grenze für lesbaren Fließtext.

▶ Der Zeilenabstand sollte mindestens das Anderthalbfache der Schriftgröße betragen, also 21 px.

Auf den Beispielseiten wird der Text im Textbereich momentan als Verdana mit einer Größe von 14 px dargestellt. Abbildung 14.1 zeigt, dass der vom Browser berechnete Zeilenabstand laut Firefox-Inspektor momentan nur 17 px beträgt, also etwas mehr als Faktor 1.2 (17 geteilt durch 14 ist 1,21428571428571).

Da bisher nur sehr kurze Absätze vorhanden sind, fällt das nicht sonderlich auf, aber die Anweisung `line-height: 1.5` für den Fließtext im Textbereich ist trotzdem eine gute Maßnahme.

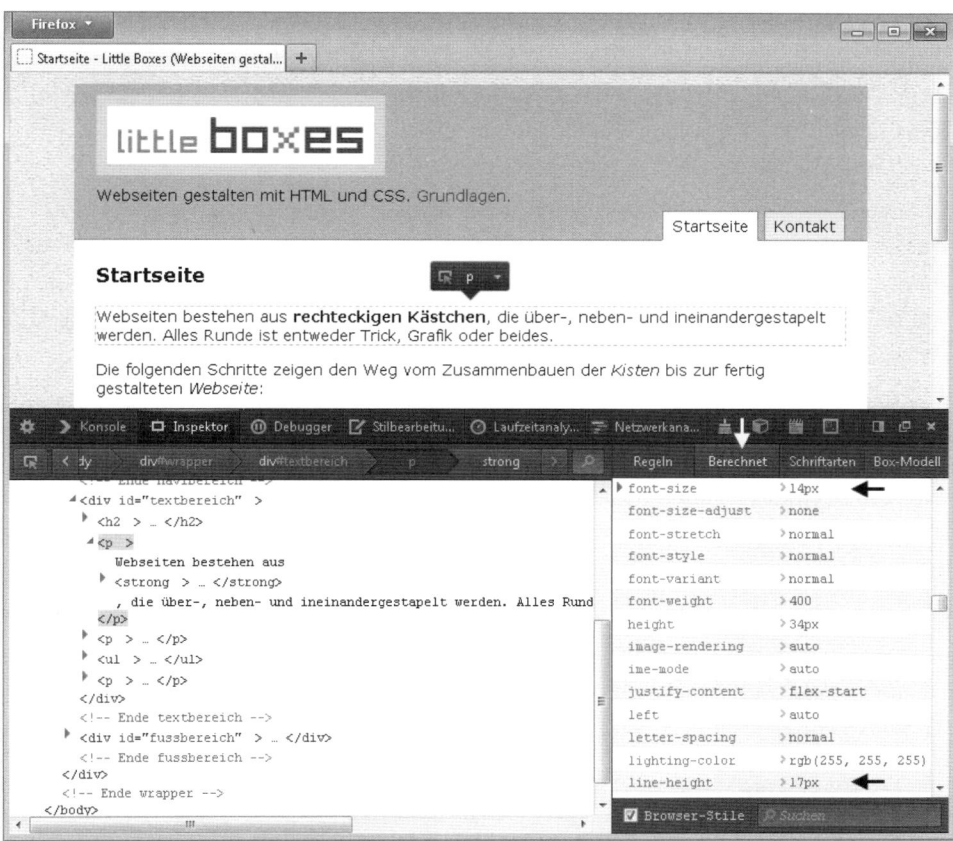

Abbildung 14.1 Seiteninspektor: »Berechnet« zeigt »line-height« mit 17px.

ToDo: Den Zeilenabstand für den Fließtext erhöhen

1. Öffnen Sie das Stylesheet *bildschirm.css* im Editor.

2. Ändern Sie den Style für div#textbereich wie folgt:

```
div#textbereich {
    line-height: 1.5;
    padding: 20px;
}
```

3. Speichern Sie das Stylesheet, und betrachten Sie die Webseiten im Browser.

Nach diesem ToDo ist der Zeilenabstand im Textbereich 21 px.

Lernen durch Beobachten – das Entwickler-Tool im Browser

Wenn Sie eine Webseite auf dem Bildschirm haben, die Sie besonders gut oder besonders schlecht lesbar finden, nehmen Sie sich einen Moment Zeit, und finden Sie heraus, woran genau das liegt.

Analysieren Sie mit dem Entwicklungs-Tools Ihres Browsers Faktoren wie Schriftart, Schriftgröße und Zeilenabstand. Ändern Sie die Werte, und beobachten Sie die Auswirkungen live im Browser. Besonders die Auswirkungen des Zeilenabstands auf die Lesbarkeit des Textes wird oft unterschätzt oder einfach vergessen. Ein Wert von 1.5 ist wie gesagt Minimum, aber auch 1.7 ist in vielen Fällen nicht übertrieben.

14.1.2   Zitate gestalten

Zitate, die in einem eigenen Absatz stehen, werden mit den Elementen blockquote und cite gekennzeichnet, die Sie in Abschnitt 5.3 bereits mit folgendem Beispiel kennengelernt haben:

```
<blockquote>
Die Verwendung von Zitaten ist durch das Urheberrecht geregelt und unter
bestimmten Voraussetzungen gestattet, ohne dass eine Erlaubnis des Urhebers
eingeholt oder diesem eine Vergütung gezahlt werden muss [...]
<br>
<cite><a href="http://de.wikipedia.org/wiki/Zitat">Wikipedia</a></cite>
</blockquote>
```

Listing 14.1 Beispiel für die Verwendung von »blockquote« und »cite«

Im folgenden ToDo wird das Zitat mit einfachen Box-Modell-Eigenschaften etwas ansprechender gestaltet.

ToDo: Ein Blockzitat gestalten

1. Kopieren Sie die Datei *blockquote.html* aus dem Ordner für diesen Abschnitt in einen Übungsordner auf Ihrer Festplatte.

2. Ergänzen Sie den Styleblock im head der Seite um folgende Regeln:
   ```
   body {
     h1  {font-size: 150%;}
     font-family: Verdana, Arial, Helvetica, sans-serif;
     font-size: 87.5%;
   }
   ```

```
blockquote {
  background: #fff6cc;
  line-height: 1.7;
  padding: 1em 2em;
  border-left: 0.5em solid #ffeb91;
  margin: 0 0 1em 0;
}
```

3. Fügen Sie darunter folgenden Style zur Gestaltung von cite ein:

```
blockquote cite {
  display: block;
  text-align: right;
  font-size: 85.71%;
  font-style: normal;
  letter-spacing: 1px;
}
```

4. Speichern Sie die Datei, und betrachten Sie sie im Browser.

Im Browser fällt das Zitat jetzt mehr auf als vorher (siehe Abbildung 14.2).

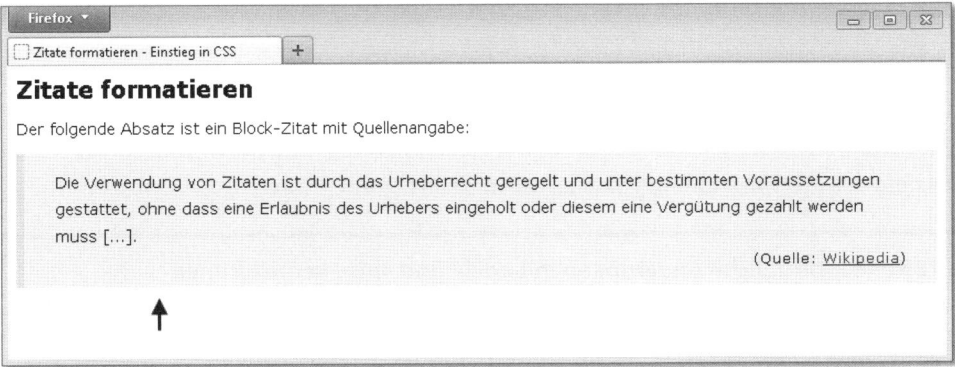

Abbildung 14.2 Ein gestaltetes Zitat

14.1.3   »del« und »ins« für Änderungen am Text

Wenn sich nach der Veröffentlichung eines Textes Änderungen ergeben, können Sie diese mit den zu Unrecht kaum bekannten Elementen ins und del markieren und gestalten. Besonders in schnelllebigen Blogs ist diese Möglichkeit zuweilen sehr praktisch.

Mit del (kurz für *delete*, »löschen«) markieren Sie den zu streichenden Textteil, mit ins (wie *insert*, »einfügen«) den neu hinzugekommenen. Das Attribut datetime ermöglicht es sogar, im Anfangs-Tag von del oder ins (oder beiden) das Datum der Änderung anzugeben:

```
<p>1805 komponiert der 35-Jährige <del datetime="2007-10-28">Mozart</del>
<ins>Beethoven</ins> die ersten Skizzen für seine 5. Sinfonie.</p>
```

Listing 14.2 Beispiel für die Auszeichnung von Textänderungen

Im Browser sieht dieses HTML ohne weitere Gestaltung ungefähr so aus wie in Abbildung 14.3.

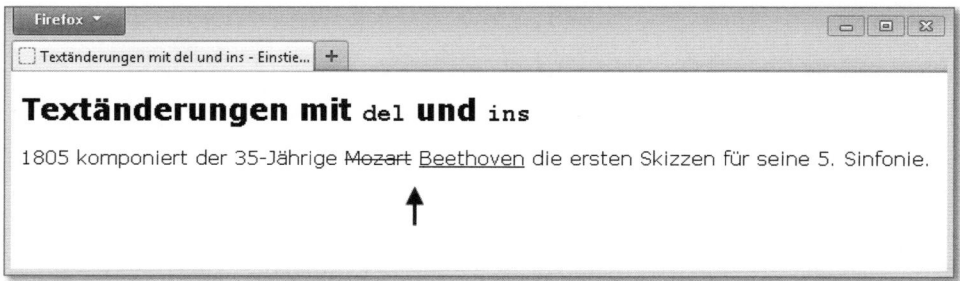

Abbildung 14.3 Nachträgliche Textänderungen mit »del« und »ins«

Die Durchstreichung ist deutlich, aber die Einfügung sieht unterstrichen fast wie ein Hyperlink aus. Mit ein bisschen CSS lässt sich das optimieren, indem der neue Text statt einer Unterstreichung zum Beispiel einen gelben Hintergrund bekommt, so dass es so aussieht, als ob er mit einem Textmarker markiert worden wäre.

ToDo: Nachträgliche Änderungen mit »del« und »ins« kennzeichnen

1. Kopieren Sie die Datei *del_ins.html* aus dem Ordner für diesen Abschnitt in einen Übungsordner auf Ihrer Festplatte.

2. Ergänzen Sie den Styleblock im head der Seite um folgende Regel:

```
del {
    text-decoration: line-through;
    background-color: #ccc;
}
ins {
    text-decoration: none;
```

```
        background-color: yellow; /* wie ein Textmarker */
    }
```
3. Speichern Sie die Datei, und betrachten Sie sie im Browser.

Abbildung 14.4 zeigt, dass die Einfügung jetzt wie mit einem Textmarker gelb hervorgehoben wird.

Abbildung 14.4 Textänderungen, mit CSS hervorgehoben

Die Elemente ins und del sind übrigens eine Art Zwitter zwischen Block- und Inline:

▶ Werden sie wie im Beispiel *innerhalb* von *Blockelementen* eingesetzt, verhalten sie sich wie Inline-Elemente.

▶ *Außerhalb* von Blockelementen werden sie zum Blockelement und können somit andere Blockelemente sowie deren Inhalt einschließen.

Dieses Verhalten ist besonders bei längeren Textpassagen sehr praktisch.

14.2   Webfonts – die Schriftart gleich mitliefern

Die Schriftart wird mit der Eigenschaft font-family definiert, wobei das Problem ist, dass in der Regel die dort angegebene Schriftart auch auf dem Computer des Besuchers installiert sein muss. Webdesigner äußern bei font-family deshalb immer eine ganze Reihe von Wünschen bezüglich der Schriftart und ordnen diese dann der Reihe nach.

14.2.1   Die bisherige Entwicklung im Überblick

Quasi in Notwehr entwickelten Webdesigner das zumindest für Überschriften einsetzbare *Image Replacement*, bei dem der Text mit CSS versteckt und durch eine vorher erstellte Grafik ersetzt wird. Das ist aber ziemlich umständlich, denn bei jeder Änderung musste jedes Mal auch eine neue Grafik erstellt werden.

Bei Techniken wie *sIFR* (kurz für *Scalable Inman Flash Replacement*) oder *Cufon* erfolgte die Umwandlung des Textes immerhin schon automatisch. Bei beiden Techniken wird der Text mithilfe von JavaScript nach dem Laden der Seite direkt im Browser manipuliert. sIFR verwandelt den Text in Flash, Cufon in SVG- bzw. VML- Grafiken.

All diese Methoden sind und bleiben aber Notlösungen. Interessanter (und auch unübersichtlicher) sind die Entwicklungen rund um den Einsatz von *Webfonts*. Das ist ein Sammelbegriff für verschiedenste Bestrebungen mit dem Ziel, eine gewünschte Schriftart zur Darstellung von Text auf Webseiten im Browser gleich mitzuliefern.

In CSS3 gibt es mit `@font-face` eine Eigenschaft zur Einbindung von Schriftarten in Webseiten, aber technische und rechtliche Probleme haben die Entwicklung verzögert:

- ▶ Rechtlich geht es in erster Linie darum, dass lizenzrechtlich geschützte Fonts via `@font-face` oft nicht verwendet werden dürfen, da die Besucher ja im Normalfall keine Lizenz dafür haben.

- ▶ Technisch tobt der Streit um die genaue Syntax von `@font-face` und um das richtige Dateiformat, und dabei gibt es eine wahrlich verwirrende Vielfalt mit so schönen Abkürzungen wie EOT und WOFF.

Der technisch bequemste und rechtlich sicherste Weg, auf den eigenen Webseiten beliebige Schriften einsetzen zu können, führt momentan wohl über (kostenpflichtige) Hosting Services wie TypeKit (*typekit.com*) oder FontDeck (*fontdeck.com*).

Diese Dienste stellen die qualitativ hochwertigen Schriften in webgerechten Formaten auf zentralen Servern bereit, erzeugen die zur Einbindung benötigten Befehle und kümmern sich auch um die rechtliche Seite mit den Schriftherstellern. Aber diese Services sind nicht ganz billig und zumindest für Privatanwender jenseits des Budgets.

Und dann kam Google.

14.2.2 Die Google Fonts – einfach und kostenlos

Google hat sich des Problems der Webfonts angenommen und stellt eine Auswahl von zum Teil sehr hochwertigen Schriften kostenlos zur Verfügung:

- ▶ *google.com/fonts*

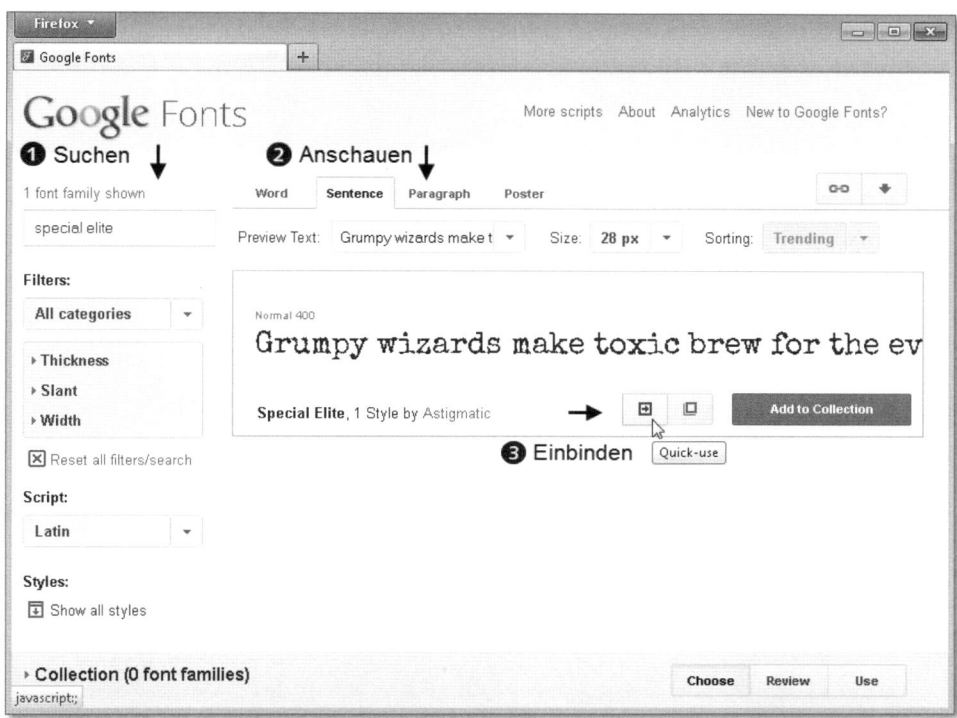

Abbildung 14.5   Google Fonts zeigt »Special Elite«

Besonders gelungen ist bei den Google Fonts die einfache Einbindung der Schriften auf den Webseiten. Sie müssen nichts herunterladen oder installieren. Der gewünschte Font wird einfach als ganz normales Stylesheet per link-Element oder @import eingebunden, das direkt von den Google-Servern geladen wird. Es ist wirklich total einfach (Abbildung 14.5):

❶ Suchen Sie auf *google.com/fonts* eine Schriftart, die Ihnen gefällt, zum Beispiel die *Special Elite*.

❷ Schauen Sie sich die Schriftart als Wort, Satz, Absatz oder Poster an.

❸ Klicken Sie auf die Schaltfläche QUICK USE.

Auf der folgenden Seite wählen Sie die gewünschten Schriftschnitte (STYLES) und Zeichensätze (CHARACTER SETS) und kopieren den gewünschten CODE zum Einbinden auf Ihren Webseiten (Abbildung 14.6).

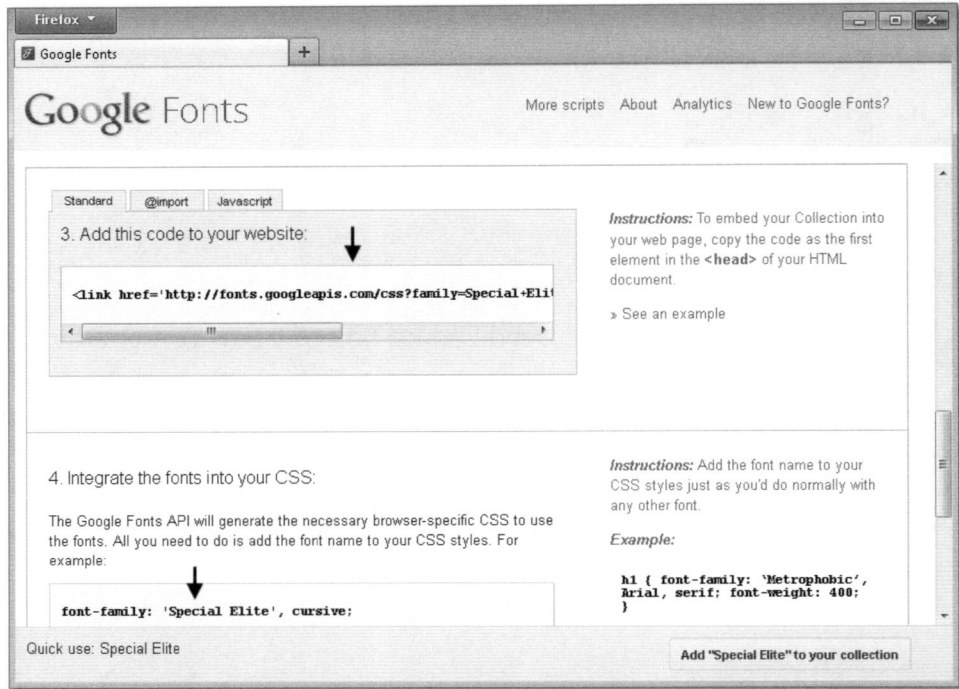

Abbildung 14.6 Kopieren Sie den gewünschten Code.

Um die Schriftart *Special Elite* auf Ihren Webseiten einsetzen zu können, müssen Sie danach nur noch die von den Google Fonts kopierte Zeile im Head der Webseiten einfügen:

```
<link href='http://fonts.googleapis.com/css?family=Special+Elite'
     rel='stylesheet' type='text/css'>
```

Listing 14.3 Der von Google kopierte Code zur Einbindung der Schrift

Die Schrift wird direkt von den Google-Servern für den Einsatz in einem Stylesheet zur Verfügung gestellt, und Sie können diese Schriftart in Ihrem Stylesheet einsetzen. Eine Überschrift gestalten Sie zum Beispiel wie folgt:

```
h1 {
  font-family: 'Special Elite', cursive;
  font-size: 150%;
}
```

Listing 14.4 Die Gestaltung von »h1« mit der neuen Schrift

Die Angabe von cursive bedeutet übrigens: »Nimm bitte irgendeine andere Schriftart mit Schnörkeln, die ein bisschen wie eine Handschrift aussieht.« Abbildung 14.7 zeigt das Ergebnis dieses Styles: eine h1-Überschrift mit dem Font *Special Elite*.

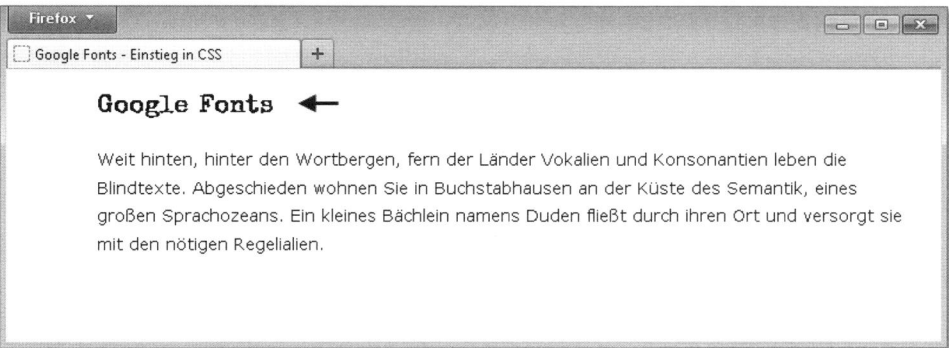

Abbildung 14.7 Der Google Font »Special Elite« im Einsatz

14.3   Eine Druckversion für die Beispielseiten

Haben Sie schon einmal eine Webseite ausgedruckt und dann festgestellt, dass auf dem Ausdruck rechts am Rand ein Stück Text fehlt? Erinnern Sie sich an die in Abschnitt 1.4 beschriebene Tatsache, dass sowohl Zwiebeln als auch Webseiten aus Schichten bestehen.

14.3.1   Stylesheet nur für die Anzeige am Bildschirm

Zu Beginn eine gute Nachricht, denn genau genommen haben Sie sogar schon eine Druckversion. Um Papier zu sparen, drucken Sie zum Testen die Beispielseiten nicht jedes Mal aus, sondern betrachten sie einfach in der DRUCKVORSCHAU des Browsers, die Sie irgendwo im Menü DATEI finden (sofern Ihr Browser eine solche Funktion bietet). Abbildung 14.8 zeigt die Startseite im Firefox.

In der Druckvorschau zeigt der Firefox die Beispielseiten ungestaltet, fast komplett ohne CSS. So sehen sie zwar nicht hübsch aus, passen sich aber den Gegebenheiten beim Ausdruck flexibel an, so dass rechts am Rand nichts vom Text fehlen wird.

Ursache dafür ist, dass mit Ausnahme von *fundament.css* alle Styles von der Anweisung @media screen umschlossen werden, die die Gestaltung auf das Ausgabemedium Bildschirm beschränkt. Die meisten der bisher erstellten Styles werden also vom Browser beim Ausdruck der Webseite nicht verwendet.

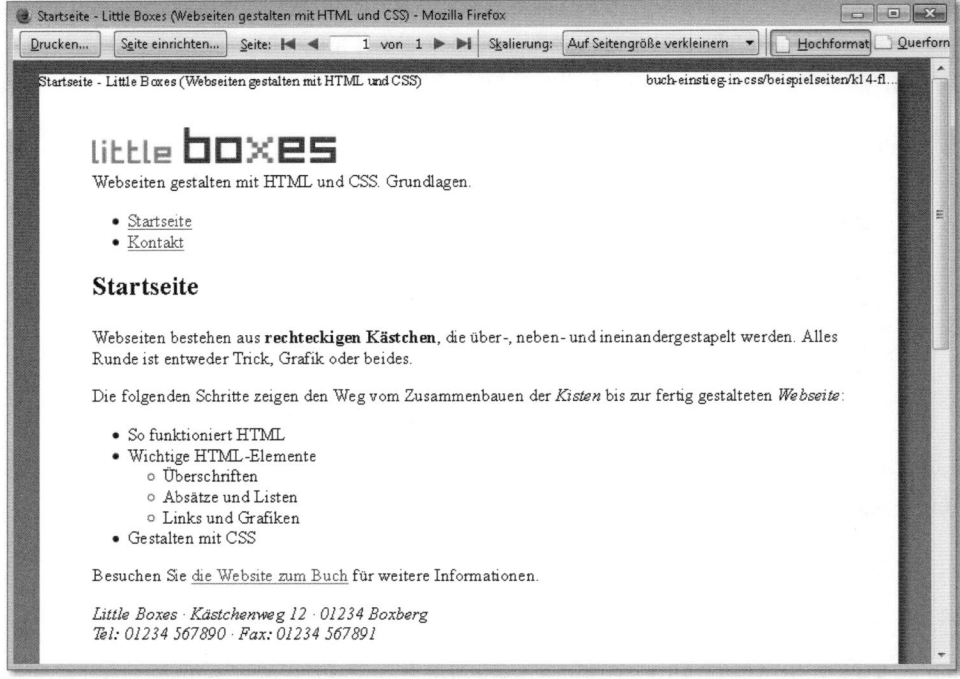

Abbildung 14.8 Genau genommen gibt es schon eine Druckversion.

14.3.2   Ein Stylesheet nur für den Ausdruck

In diesem Abschnitt erstellen Sie ein neues Stylesheet mit dem passenden Namen *druckversion.css* und binden es in *zentrale.css* ein. Durch die Angabe von @media print werden die in diesem Stylesheet gespeicherten Formatierungen nur zum Ausdrucken der Seite verwendet.

Im folgenden ToDo erstellen Sie ein neues Stylesheet mit dem Namen *druckversion.css*.

ToDo: Ein Stylesheet für die Druckversion erstellen

1.   Erstellen Sie eine neue Datei, und speichern Sie sie im Übungsordner unter dem Namen *druckversion.css*.

2.   Fügen Sie die üblichen Kommentare und die Anweisung @media print hinzu:

```
/* ========================================================
Stylesheet für die Beispielsite aus "Einstieg in CSS"
Datei: druckversion.css
Datum: ...
```

```
    Autor: ...
    ============================================================ */
    @media print {


    } /* Ende @media – nicht löschen! */


    /* =====================================
       E N D E druckversion.css
    ===================================== */
```

3. Speichern Sie das Stylesheet, und binden Sie es in *zentrale.css* ein:

```
@import url(fundament.css);
@import url(bildschirm.css);
@import url(navi-tabs.css);
@import url(formulare.css);
@import url(druckversion.css);
```

Damit sind die Vorbereitungen erledigt, und es kann losgehen.

14.3.3 Grundlegende Schriftgestaltung für die Druckversion

Sie beginnen die Gestaltung der Druckversion mit einer einfachen CSS-Regel zur Schriftgestaltung.

ToDo: Die grundlegende Schriftgestaltung für »body« erstellen

1. Öffnen Sie das Stylesheet *druckversion.css* in einem Editor, und geben Sie unterhalb des Kommentars die folgende CSS-Regel ein:

```
body {
  font-family: Georgia, "Times New Roman", Times, serif;
  font-size: 12pt;
}
```

2. Speichern Sie die Änderungen im Stylesheet.

Testen Sie die Druckversion in der Druckvorschau des Browsers. Sie sollte etwa so aussehen wie Abbildung 14.9.

little **boxes**

Webseiten gestalten mit H TML und CSS. Grundlagen.

- Startseite
- Kontakt

Startseite

Webseiten bestehen aus **rechteckigen Kästchen,** die über-, neben- und ineinandergestapelt werden. Alles Runde ist entweder Trick, Grafik oder beides.

Die folgenden Schritte zeigen den Weg vom Zusammenbauen der *Kisten* bis zur fertig gestalteten *Webseite*:

- So funktioniert HTML
- Wichtige HTML-Elemente
  - Überschriften
  - Absätze und Listen
  - Links und Grafiken
- Gestalten mit CSS

Besuchen Sie die Website zum Buch für weitere Informationen.

Abbildung 14.9 Die Druckversion mit einer Serifenschrift

Die Anweisungen für Schriftart und -grad werden – wie in CSS üblich – an alle Elemente zwischen <body> und </body> vererbt, sofern für sie nicht etwas anderes definiert wurde.

Die Eigenschaften font-family und font-size kennen Sie bereits, und doch ist einiges neu:

▶ font-family definiert eine Serifenschrift für die Druckausgabe. Auf dem Monitor werden wie gesagt meist serifenlose Schriften bevorzugt, auf Papier hingegen, besonders für den Fließtext, sind Schriften mit Serifen wie Georgia oder Times New Roman einfacher zu erfassen.

▶ font-size definiert die Schriftgröße, aber für die Druckversion mit der Einheit pt. Am Bildschirm ist die Skalierbarkeit der Schrift wichtig, daher werden relative Einheiten wie em oder % bevorzugt. In einem Druckstylesheet können Sie genau wie in Word die Einheit pt benutzen.

Auf diese Weise können Sie die Schrift für alle gewünschten HTML-Elemente speziell für den Ausdruck formatieren.

14.3.4   Gestaltung der Überschriften für die Druckversion

Mit den folgenden Regeln gestalten Sie die Überschriften auf den Beispielseiten.

> **ToDo: Die Überschriften für den Ausdruck gestalten**
>
> 1. Geben Sie am Ende des Stylesheets die folgenden CSS-Regeln ein:
>
> ```css
> h2 {
>     font-family: Arial, Helvetica, sans-serif;
>     font-size: 18pt;
>     padding-top: 6pt;  /* Abstand zwischen Text und Rahmenlinie */
>     border-top: 3pt solid #d90000; /* rote Rahmenlinie oben */
>     margin-top: 12pt;
> }
> ```
>
> 2. Speichern Sie das Stylesheet, und betrachten Sie die Webseiten in der Druckvorschau eines Browsers.

Abbildung 14.10 zeigt die Druckversion in der Druckvorschau des Firefox.

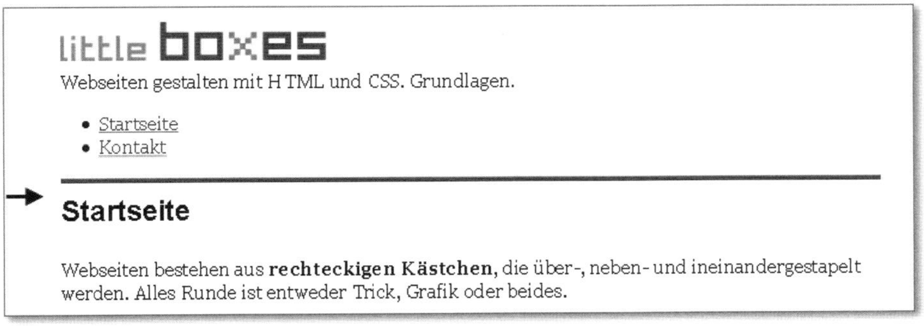

Abbildung 14.10 Die Druckversion mit formatierter Überschrift

Fast alle HTML-Elemente können Sie so gestalten, wie Sie es vielleicht in Word oder einem DTP-Programm gewohnt sind. Sollen zum Beispiel Zitate eingerückt und kursiv erscheinen, verwenden Sie eine CSS-Regel wie die folgende:

```css
blockquote {
  font-style: italic;
  padding-left: 2cm;
  padding-right: 2cm;
}
```

Listing 14.5 Zitate einrücken für die Druckversion

Zentimeter. Sie haben richtig gelesen. In einem Druckstylesheet können Sie eine absolute Einheit wie cm zur Gestaltung von Abständen problemlos einsetzen, am Bildschirm nicht.

14.3.5 Navigation beim Ausdruck ausblenden

In einer Druckversion ist die Navigation ziemlich nutzlos und kann deshalb einfach ausgeblendet werden.

ToDo: Navigation beim Ausdruck ausblenden

1. Geben Sie am Ende des Stylesheets die folgende CSS-Regel ein:

   ```
   div#navibereich { display: none; }
   ```

2. Speichern Sie das Stylesheet, und betrachten Sie die Webseiten in der Druckvorschau eines Browsers.

Zum Testen rufen Sie wieder die Druckvorschau des Browsers auf. Abbildung 14.11 zeigt, dass die Navigation fehlt.

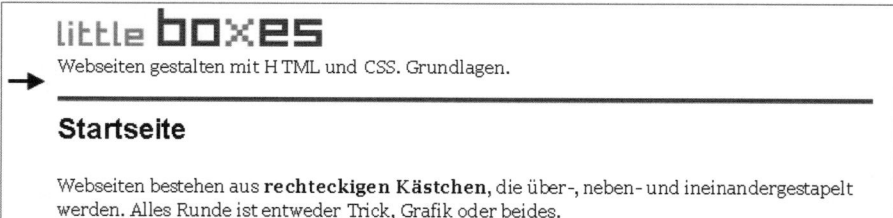

Abbildung 14.11 Die Druckversion mit ausgeblendeter Navigation

14.3.6 URL der Hyperlinks sichtbar machen

Hypertext gibt es nicht auf Papier, sondern nur in elektronischen Medien. Sobald Sie eine Webseite ausdrucken, verliert der Hypertext das »Hyper« und wird ganz normaler Text. Die Links auf einer ausgedruckten Webseite sind dann zwar nach wie vor unterstrichen, aber Sie können draufdrücken, so viel Sie wollen, Sie springen nirgendwo hin.

Die folgenden CSS-Regeln gestalten die Hyperlinks und machen in einigen Browsern die URL des Hyperlinks auf dem Ausdruck sichtbar.

Die erste Regel ist einfach, die zweite hingegen wirkt auf den ersten Blick eher unübersichtlich. In Browsern, die das Pseudo-Element `:after` verstehen, gibt sie direkt hinter dem Text in eckigen Klammern die URL des Links aus. Abbildung 14.12 zeigt dies in der Druckvorschau des Firefox.

ToDo: URLs der Hyperlinks sichtbar machen

1. Geben Sie am Ende des Stylesheets die folgenden CSS-Regeln ein:

```
a {
  color: black ;
  text-decoration: none;
}
a[href]:after {
  content:" [URL: "attr(href)"] "; /* [URL] nach Linktext */
}
```

2. Speichern Sie das Stylesheet, und betrachten Sie die Webseiten in der Druckvorschau eines Browsers.

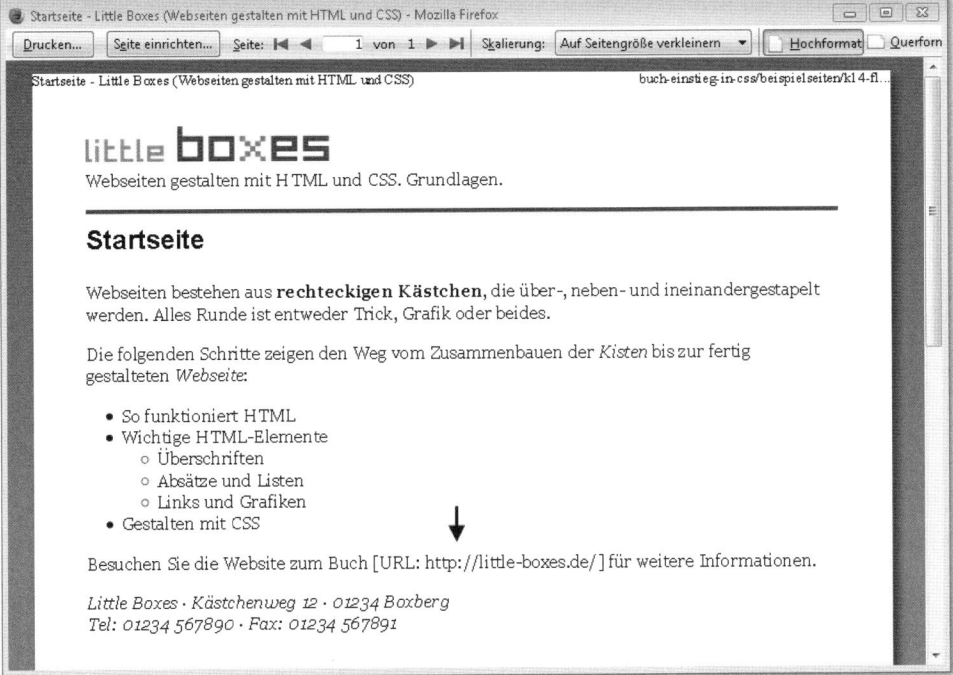

Abbildung 14.12 Die fertige Druckversion mit URL in eckigen Klammern

Der Selektor a[href]:after ist wie folgt aufgebaut:

▶ a[href] ist ein Attributselektor und selektiert im HTML alle Hyperlinks, die das Attribut href enthalten.

▶ `:after` ist ein Pseudo-Element, das zum Beispiel mit der Eigenschaft `content` definierten Text einfügt. Dieser Inhalt wird ganz am Ende des Elements eingefügt, *nach* dem Inhalt, aber noch *innerhalb* des Elements.

Die Deklaration `content:" [URL: "attr(href)"] ";` ist auf den ersten Blick etwas unübersichtlich und wird deshalb im Folgenden Stück für Stück erklärt:

▶ Die Eigenschaft `content` sagt dem Browser wie gesagt einfach nur, dass er im Quelltext ein bisschen Inhalt einfügen soll.

▶ Welcher Inhalt eingefügt werden soll, steht nach dem Doppelpunkt:
  `" [URL: "attr(href)"] "`

Zeichen, die der Browser direkt in den Quelltext schreiben soll, stehen in Anführungsstrichen. Diese Zeichen werden von Programmierern auch als »String« bezeichnet. Insgesamt besteht der Block zum Einfügen des Inhalts aus drei Teilen und enthält insgesamt vier Anführungsstriche:

▶ Teil 1 wird von den ersten beiden Anführungsstrichen umgeben:
  `" [URL: "`.
  Der Browser soll eine Leerstelle, eine öffnende eckige Klammer und das Wort *URL* ausgeben, gefolgt von einem Doppelpunkt und noch einer Leerstelle.

▶ Teil 2 ist komplett ohne Anführungsstriche:
  `attr(href)`
  Das heißt auf Deutsch so viel wie: »Schreibe an dieser Stelle den Wert des Attributs `href` hin«, also die URL des Hyperlinks.

▶ Teil 3 ist dann wieder von Anführungsstrichen umgeben:
  `"] "`
  Der Browser soll eine schließende eckige Klammer und anschließend noch eine Leerstelle ausgeben.

Zum Beenden der Deklaration folgt das in CSS übliche Semikolon.

Internet Explorer 7 kennt kein »:after«

Der Internet Explorer versteht bis inklusive Version 7 das für diesen Trick benötigte Pseudo-Element `:after` nicht und ignoriert daher den betreffenden Style. Nix ist mit URLs im Ausdruck. Aber es hat auch keinerlei Nebenwirkungen. Ab Version 8 kann er es dann.

14.4   Favicon – das Minilogo für Ihre Seiten

Das *Favorites Icon* ist nicht unbedingt eine semantisch wertvolle Ergänzung der Beispielsite, aber trotzdem nützlich und ein kleines Phänomen. Ursprünglich im Internet Explorer 5 als Symbol für die dort *Favoriten* genannten *Lesezeichen* eingeführt, erfreuen sich diese 16×16 Pixel kleinen Kunstwerke inzwischen allgemeiner Beliebtheit und geben einer Site ein Stück Identität.

Im Browserfenster sieht man sie an den verschiedensten Stellen, und selbst außerhalb davon tauchen sie in der Windows-Taskleiste und bei Verknüpfungen zu den Webseiten wieder auf.

Zum Erstellen eines Favicons gibt es bequeme Online-Möglichkeiten:

- Falls Sie sich schnell ein einfaches Favicon basteln möchten, geht das zum Beispiel bei *www.antiFavicon.com*.
- Wenn Sie ein Favicon Pixel für Pixel selbst entwerfen möchten, können Sie das bei *www.Favicon.cc*.

Sobald Sie ein Favicon haben, zeigt Ihnen das folgende ToDo, wie Sie es einbauen. Falls Sie keine Lust haben, selbst eines zu bauen, können Sie natürlich auch das Favicon aus den Beispielseiten benutzen.

ToDo: Favicon auf Ihren Seiten einbauen

1. Speichern Sie Ihr Favicon im Übungsordner als *favicon.ico*.
2. Öffnen Sie die beiden Webseiten *index.html* und *kontakt.html* in einem Editor.
3. Ergänzen Sie die fett gedruckte Zeile zwischen `<head>` und `</head>`:

```
<head>
  <!-- andere Elemente im Head --- unverändert lassen -->
  <link href="favicon.ico" rel="shortcut icon">
  <link href="zentrale.css" rel="stylesheet">
</head>
```

4. Speichern Sie die Webseiten.

Im Firefox sieht die Startseite mit einem Favicon so aus wie in Abbildung 14.13. Achten Sie auf den Tab links oben.

Abbildung 14.13 Favicon – ein Minilogo für Tabs und Lesezeichen

Mehr zu Favicons

Im Web gibt es viele Quellen mit weiteren Infos zu Favicons. Eine Favicon-Galerie und viele interessante Infos bietet die Site *www.Favicons.de*.

14.5   Auf einen Blick

Hier sind noch einmal die wichtigsten Punkte dieses Kapitels im Überblick:

▶ Achten Sie darauf, dass die Schrift am Bildschirm gut lesbar ist. 14 px gelten derzeit als Untergrenze für den Fließtext, auch wenn es zunächst vielleicht recht groß erscheint.

▶ Das Verhältnis von Schriftgröße und Zeilenhöhe bestimmt die Lesbarkeit von Fließtext. Mit `line-height` sollte man das Verhältnis auf einen Wert von 1.5 bis 1.7 setzen.

▶ Zitate können mit einfachen CSS-Anweisungen optisch hervorgehoben werden.

▶ Änderungen am Text kann man mit `ins` und `del` markieren und dann mit CSS formatieren.

▶ Mit Google Fonts können Sie Schriften auf Ihren Webseiten einbinden und so mitliefern.

▶ Durch Definition des Ausgabemediums `print` können Sie per CSS ganz einfach eine Druckversion erstellen.

▶ In Stylesheets für den Ausdruck können Sie HTML-Elemente per `display:none` ausblenden oder absolute Einheiten wie `pt` oder `cm` benutzen.

▶ Ein *Favicon* gibt Ihren Seiten ein Stück Identität.

Kapitel 15
Kaskade, Vererbung oder Standardwert

Worin Sie die Webseite aus der Sicht eines Browsers betrachten, der auf der Suche nach der richtigen Formatierung drei Konzepte einsetzt: Kaskade, Vererbung und Standardwert.

Die Themen im Überblick:

- ▶ »Überblick: DOM-Baum und Kaskade«, Seite 279
- ▶ »Der Anfang: Sammle alle relevanten Deklarationen«, Seite 283
- ▶ »Stufe 1: Sortiere nach Wichtigkeit (importance)«, Seite 286
- ▶ »Stufe 2: Sortiere nach Spezifität (specificity)«, Seite 289
- ▶ »Stufe 3: Sortiere nach Reihenfolge (order)«, Seite 290
- ▶ »Die Vererbung (inheritance)«, Seite 291
- ▶ »Der Standardwert (initial value)«, Seite 293
- ▶ »Auf einen Blick«, Seite 294

Dieses Kapitel ist eher theoretischer Natur, und wenn Sie gerade keine Lust auf Theorie haben, können Sie es gern erst einmal überspringen.

Falls Sie in Ihrem Stylesheet vor scheinbar unlösbaren Phänomenen stehen, die Sie an den Rand des Wahnsinns treiben, kommen Sie zurück, und lesen Sie sich dieses Kapitel über die Kaskade ganz in Ruhe durch. Es ist die Antwort auf viele Rätsel.

15.1 Überblick: DOM-Baum und Kaskade

Eine HTML-Datei ist im Grunde genommen nichts anderes als eine hierarchische Verschachtelung von HTML-Elementen. Wenn ein Browser vom Webserver einen Quelltext bekommt, versucht er als Erstes, sich eine Übersicht über diese Hierarchie zu verschaffen, und erstellt dazu ein Modell.

Der Browser nennt dieses Modell des Quelltextes das *Document Object Model* (abgekürzt *DOM*), weil es ein Modell der Objekte, also der Dinge auf einer Webseite ist. Gesprochen wird DOM übrigens nicht »dohm« wie in »Kölner Dom«, sondern mit einem kurzen »o« wie in »domm«.

Wie bei Computern üblich, steht auch der DOM-Baum auf dem Kopf:

- Das oberste Element einer jeden Webseite ist `html`. Das Stammelement. Abraham. Der Urvater aller Elemente auf dieser Seite.
- Von `html` gehen zwei Elemente ab: `head` und `body`. Man kann also sagen, dass sowohl `head` als auch `body` Kinder von `html` und somit Geschwister sind.

Und so ist das ganze HTML-Dokument eine schrecklich nette Familie mit diversen verwandtschaftlichen Beziehungen und Al Bundy in der Rolle des `body`.

15.1.1 Der DOM-Baum für die Startseite

In Abbildung 15.1 sehen Sie einen Ausschnitt aus dem Baum für die Startseite *index.html* im Entwickler-Tool eines Browsers.

```
  <!DOCTYPE html>
⊟ <html lang="de">
    ⊞ <head>
    ⊟ <body>
        ⊟ <div id="wrapper">
            ⊟ <div id="kopfbereich">
                ⊞ <h1>
                ⊞ <p id="slogan">
              </div>
            ⊟ <div id="navibereich">
                ⊟ <ul>
                    ⊟ <li class="sie-sind-hier">
                          <a href="index.html">Startseite</a>
                      </li>
                    ⊟ <li>
                          <a href="kontakt.html">Kontakt</a>
                      </li>
                  </ul>
              </div>
            ⊟ <div id="textbereich">
                  <h2>Startseite</h2>
                ⊞ <p>
                ⊞ <p>
                ⊞ <ul>
                ⊞ <p>
              </div>
            ⊟ <div id="fussbereich">
                ⊞ <address>
              </div>
          </div>
      </body>
  </html>
```

Abbildung 15.1 Der Stammbaum der Startseite im Entwickler-Tool

Beim Schreiben der Styles oder spätestens, wenn etwas partout nicht klappen will, ist so ein DOM-Baum manchmal durchaus hilfreich. Ob Sie ihn auf Papier skizzieren, gedanklich im Kopf entwerfen oder einfach in den Entwickler-Tools des Browsers betrachten, spielt dabei keine Rolle.

15.1.2   Drei Konzepte – Kaskade, Vererbung und Standardwert

Nachdem der Browser den Dokumentenstammbaum erstellt hat, versucht er, herauszufinden, wie er die HTML-Elemente im Browserfenster darstellen soll. Dabei muss er für jedes zu gestaltende Element für jede CSS-Eigenschaft einen eindeutigen Wert finden. Bei seiner Entscheidung, welchen Wert er nehmen soll, helfen dem Browser drei Konzepte:

- ▶ Kaskade
- ▶ Vererbung
- ▶ Standardwert

Diese drei Konzepte werden in diesem Kapitel vorgestellt und erläutert.

Bei der Gestaltung eines Elements sammelt der Browser zunächst für jede CSS-Eigenschaft alle *relevanten* Deklarationen und schreibt sie auf einen metaphorischen Zettel. Als relevant gilt eine Deklaration dann, wenn der Medientyp zutrifft und der Selektor das zu gestaltende HTML-Element auswählt.

Nach dieser Sammlung aller relevanten Deklarationen gibt es für den Browser drei Möglichkeiten:

- ▶ **Keine Deklaration gefunden**: In diesem Fall prüft der Browser, ob die Eigenschaft vererbt wird (siehe Abschnitt 15.6). Gibt es auch keinen vererbten Wert, wird ein Standardwert angewendet (siehe Abschnitt 15.7).
- ▶ **Eine Deklaration gefunden**: Der Browser nimmt die gefundene Deklaration zur Gestaltung des Elements. Fertig.
- ▶ **Mehrere Deklarationen gefunden**: Gibt es mehrere Deklarationen, werden diese in der Kaskade nach *Wichtigkeit*, *Spezifität* und *Reihenfolge* sortiert, bis ein eindeutiger Gewinner feststeht.

Eine »Deklaration« besteht aus »Eigenschaft« und »Wert«

Nur zur Erinnerung: Eine *Deklaration* ist die durch einen Doppelpunkt getrennte und mit einem Semikolon beendete Kombination aus *Eigenschaft* und *Wert*, zum Beispiel

`margin-bottom: 1em;`

Ein anderes Wort für Deklaration ist *Anweisung*.

15.1.3   Visuelle Darstellung des Browsers in Aktion

Schematisch dargestellt sieht dieser Sachverhalt so aus wie in Abbildung 15.2.

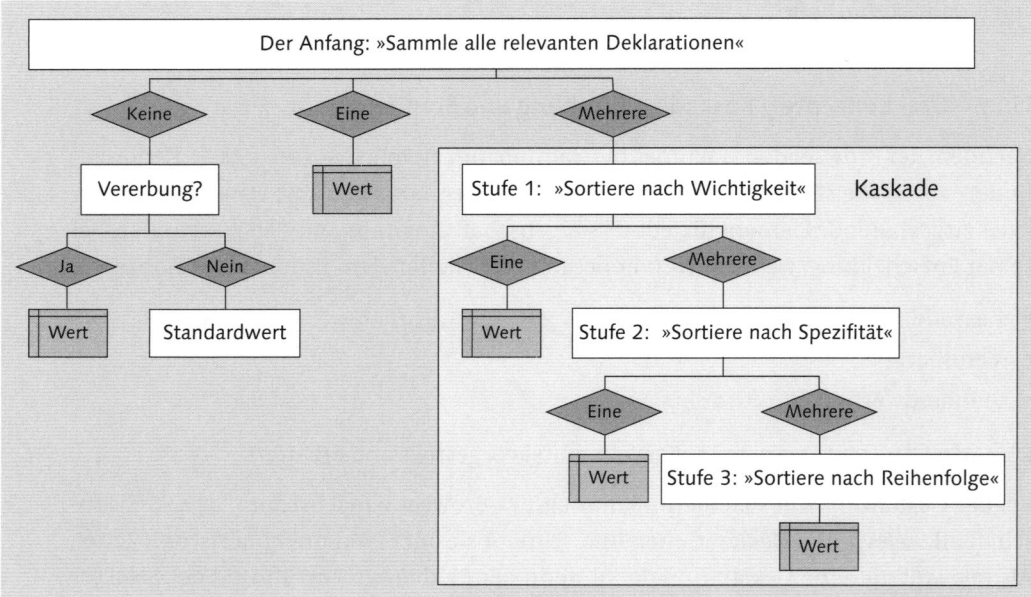

Abbildung 15.2 Kaskade, Standardwert und Vererbung

Diese Schritte muss der Browser wie gesagt für jedes Element im Baum erledigen, und er muss für *jedes* Element einen Wert für *jede* CSS-Eigenschaft finden. Viel zu tun. Los geht's.

15.1.4   Das Beispiel: »margin-bottom« für »#navibereich ul«

Im folgenden Abschnitt ermitteln Sie für die Navigationsliste ul der Beispielsite, wie viel margin-bottom sie bekommt (Abbildung 15.3).

Abbildung 15.3 Wie viel »margin-bottom« bekommt »ul« im Navigationsbereich?

Für dieses Kapitel habe ich für die Erklärung der Kaskade die Gestaltung der Liste in *navi-tabs.css* etwas geändert. In der Version für dieses Kapitel stehen dort folgende Styles:

```
div#navibereich ul {
  margin: 0.5em;
}
div#navibereich ul {
  margin-bottom: 0;
}
```

Listing 15.1 Die leicht modifizierte Gestaltung der Liste in navi-tabs.css

Die Frage lautet also: »Wie viel unteren Außenrand bekommt die ungeordnete Liste im Navigationsbereich?«

15.2   Der Anfang: Sammle alle relevanten Deklarationen

Bei der Sammlung relevanter Deklarationen muss ein Browser folgende Quellen berücksichtigen:

▶ *Browser-Stylesheet*: sein eigenes, fest eingebautes Stylesheet

▶ *Autoren-Stylesheet*: Der Autor der Webseite kann CSS in externen Stylesheets oder im HTML-Quelltext einer Webseite definieren.

▶ *Benutzer-Stylesheet*: Der Benutzer, also der Besucher der Webseite, kann seinem Browser ein eigenes Stylesheet mit auf den Weg geben.

15.2.1   Das Browser-Stylesheet

Zuerst schaut der Browser in sein eigenes Stylesheet. Beim Mozilla Firefox heißt es *html.css* und Sie können sich dieses Stylesheet direkt im Browser anschauen. Geben Sie dazu im Adressfeld folgende Zeile ein (Abbildung 15.4):

▶ `resource://gre-resources/html.css`

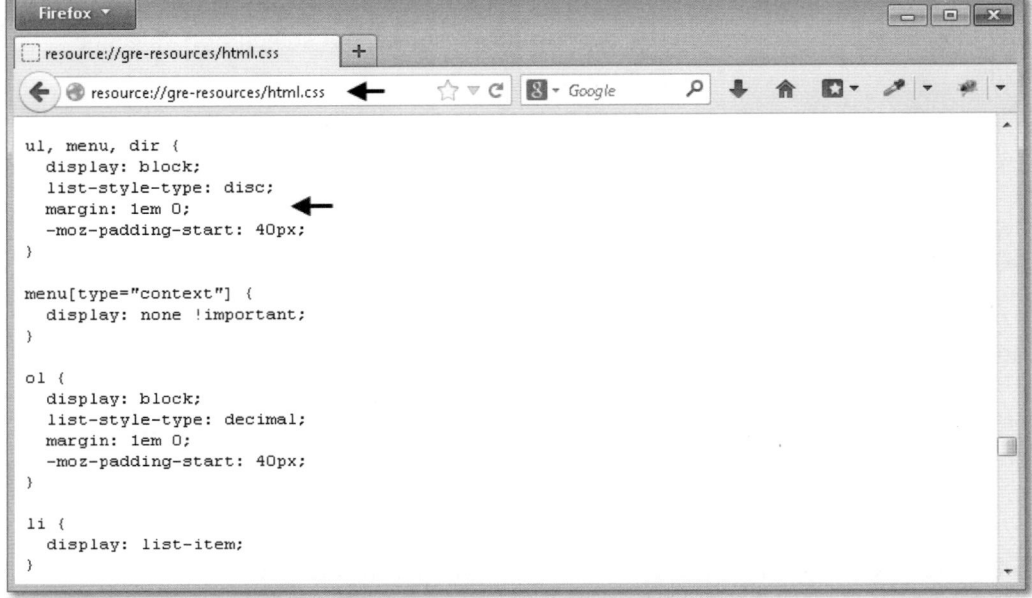

Abbildung 15.4 Das CSS für Listen im Browser-Stylesheet des Firefox

In diesem Browser-Stylesheet steht für ul folgende CSS-Regel:

```
/* Treffer Nummer 1 */
ul, menu, dir {
  display: block;
  list-style-type: disc;
  margin: 1em 0;
  -moz-padding-start: 40px;
}
```

Listing 15.2 Treffer Nr. 1 – »margin-bottom« von 1 em für alle »ul«

Der Selektor ul passt, und der definierte margin-bottom ist 1em. Treffer.

Diese Regel notiert der Browser auf einem virtuellen Merkzettel, und dann geht es weiter.

15.2.2   Die Stylesheets des Autors – »fundament.css«

Im head der Webseite findet der Browser eine Verknüpfung zum Stylesheet *zentrale.css*, in dem andere Stylesheets importiert werden. Er untersucht gewissenhaft alle Stylesheets und findet für ul drei Styles, die alle eine Deklaration zu margin-bottom enthalten:

In *fundament.css* steht am Anfang ein Style zum Resetten der Abstände.

```
/* Treffer Nummer 2 */
body, div,
h1, h2, h3, h4, h5, h6,
p, blockquote, pre, code,
ul, ol, li,
table, th, td,
form, fieldset, legend, input, textarea {
  padding: 0; margin: 0;
}
```

Listing 15.3 Die zweite relevante Deklaration

Ebenfalls in *fundament.css* wird der untere Außenabstand restauriert:

```
/* Treffer Nummer 3 */
h2, h3, h4, h5, h6,
p, blockquote, pre,
ul, ol {
  margin-bottom: 1em;
}
```

Listing 15.4 Der Browser findet die dritte relevante Anweisung.

Soweit zu *fundament.css*. Nächster Stopp ist das Stylesheet zur Gestaltung der Navigation.

15.2.3   Die Stylesheets des Autors: »navi-tabs.css«

In der für dieses Kapitel leicht modifizierten *navi-tabs.css* wird der untere margin ebenfalls definiert, und zwar gleich zweimal:

```
/* Treffer Nummer 4 */
div#navibereich ul {
  margin: 0.5em;
}
/* Treffer Nummer 5 */
div#navibereich ul {
  margin-bottom: 0;
}
```

Listing 15.5 Treffer Nummer 4 und 5 in »navi-tabs.css«

Da es im HTML-Quelltext der Startseite keine weiteren Styles gibt und der Benutzer ebenfalls keine speziellen CSS-Anweisungen gegeben hat, beendet der Browser seine Suche. Insgesamt hat er fünf Anweisungen gefunden:

▶ zwei Anweisungen haben einen `margin-bottom` von `1em`

▶ eine hat `0.5em`

▶ zwei Anweisungen haben eine `0`.

Es gibt also definitiv mehrere Möglichkeiten zur Gestaltung des unteren Außenabstands für die Liste im Navigationsbereich, und damit beginnt die erste Stufe der Kaskade.

15.3   Stufe 1: Sortiere nach Wichtigkeit (importance)

Bei der Sammlung wurden mehrere Deklarationen gefunden, und dementsprechend versucht der Browser mithilfe eines »Kaskade« genannten Prozesses einen eindeutigen Wert zu finden.

Dabei wird zunächst geschaut, ob die gefundenen Deklarationen mit dem Zusatz `!important` (engl. für »wichtig«) als ganz besonders wichtig gekennzeichnet wurden. Das könnte zum Beispiel so aussehen:

```
ul {
  margin-bottom: 100em !important;
}
```

Listing 15.6 Fiktives Beispiel für eine Anweisung mit dem Zusatz »!important«

15.3.1   Normal – Deklarationen ohne »!important«

Bei normalen Deklarationen ohne den Zusatz `!important` gilt, dass Angaben im Browser-Stylesheet durch Angaben im Benutzer-Stylesheet überschrieben werden, die wiederum von Anweisungen aus einem Autoren-Stylesheet außer Kraft gesetzt werden. Oder kürzer:

▶ Bei Deklarationen ohne `!important` gilt die Rangfolge *Autor* vor *Benutzer* vor *Browser*.

Bei normalen Deklarationen ohne `!important` haben Sie als Autor also das letzte Wort. Wenn in den Stylesheets von Benutzer oder Browser ein anderer Wert definiert wurde, gewinnt *Ihre* Anweisung.

15.3.2   Wichtig – Deklarationen mit »!important«

Bei der Auswertung von Deklarationen *mit* dem Zusatz !important sieht das hingegen anders aus. Im Browser-Stylesheet gibt es per Definition keine als wichtig gekennzeichneten Deklarationen. Bleiben also die Stylesheets von Autor und Benutzer als mögliche Quelle. Wenn nun sowohl Autor als auch Benutzer eine Deklaration als !important markiert haben, gewinnt der *Benutzer*:

▶ Bei Deklarationen *mit* !important gilt Benutzer vor Autor.

Im Zweifelsfall haben Sie als Autor der Webseite bei der Gestaltung gegenüber den Besuchern Ihrer Webseite also tatsächlich das Nachsehen.

Fazit: Wenn ein Benutzer ein Stylesheet erstellt und darin eine Anweisung mit !important kennzeichnet, wird diese Anweisung vom Browser genommen – egal, was Sie sich als Autor der Webseite gewünscht haben.

15.3.3   Die Sortierung nach Wichtigkeit im Überblick

Aus dem Gesagten ergibt sich folgende Abstufung für die Sortierung der Deklarationen, von wichtig nach unwichtig:

▶ Wichtigkeitsrang 1
  Deklarationen aus einem Benutzer-Stylesheet mit !important sind am wichtigsten.

▶ Wichtigkeitsrang 2
  Vom Autor definierte Deklarationen mit !important sind etwas weniger wichtig.

▶ Wichtigkeitsrang 3
  Vom Autor definierte Deklarationen ohne !important sind sehr häufig vertreten.

▶ Wichtigkeitsrang 4
  Deklarationen aus einem Benutzer-Stylesheet ohne !important sind weniger wichtig als die des Autors.

▶ Wichtigkeitsrang 5
  Deklarationen aus dem Browser-Stylesheet sind am wenigsten wichtig und verlieren gegen Benutzer und Autor.

Tabelle 15.1 zeigt die Sortierung nach Wichtigkeit für den unteren margin der ungeordneten Liste im Navigationsbereich auf der Beispielseite.

Nummer	Relevante Deklaration	Wichtigkeit

Nr. 1
(Browser)
	`ul, menu, dir {`
	    `display: block;`
	    `list-style-type: disc;`
	    `margin: 1em 0;`
	    `-moz-padding-start: 40px`
	`}`
		Wichtigkeitsrang 5

Nr. 2
(Autor)
	`body, div,`
	`h1, h2, h3, h4, h5, h6,`
	`p, blockquote, pre, code,`
	`ul``, ol, li,`
	`table, th, td,`
	`form, fieldset, legend, input, textarea {`
	    `padding: 0;`
	    `margin: 0;`
	`}`
		Wichtigkeitsrang 3

Nr. 3
(Autor)
	`h2, h3, h4, h5, h6,`
	`p, blockquote, pre,`
	`ul``, ol {`
	    `margin-bottom: 1em;`
	`}`
		Wichtigkeitsrang 3

Nr. 4
(Autor)
	`div#navibereich `**`ul`**` {`
	    `margin: 0.5em;`
	`}`
		Wichtigkeitsrang 3

Nr. 5
(Autor)
	`div#navibereich `**`ul`**` {`
	    `margin-bottom: 0;`
	`}`
		Wichtigkeitsrang 3

Tabelle 15.1 Das Beispiel, sortiert nach Wichtigkeit

Konkret bedeutet diese Tabelle Folgendes:

▶ Der Benutzer hat keinerlei CSS-Angaben gemacht.

▶ Keine der Deklarationen hat den Zusatz `!important`.

▶ Die Deklaration Nr. 1 stammt aus dem Browser-Stylesheet.

▶ Die Deklarationen Nr. 2 bis 5 stammen aus Stylesheets des Autors (*fundament.css* und *navi-tabs.css*).

Da Autoren-Styles über Browser-Styles stehen, scheidet Anweisung Nr. 1 in dieser Runde aus. Nummer 2 bis 5 stammen alle aus den Autoren-Stylesheets *fundament.css* bzw. *navi-tabs.css*, haben damit alle die Wichtigkeit 3 und ziehen gemeinsam in die nächste Runde der Kaskade.

15.4   Stufe 2: Sortiere nach Spezifität (specificity)

In der zweiten Runde der Kaskade entscheidet die *Spezifität*, das bereits bekannte Punktesystem für Selektoren:

▶ ul ist ein Typselektor und bekommt einen Punkt. One point.

▶ div#navibereich ul hingegen bekommt nicht nur *twelve points*, sondern gleich 102.

Der Universalselektor * kommt zwar nicht vor, wäre aber ein Sonderfall und bekäme gar keinen Punkt. No points. Tabelle 15.2 zeigt den Überblick.

15

Nummer	Relevante Deklaration	Spezifität

Nr. 1	body, div,
	h1, h2, h3, h4, h5, h6,
	p, blockquote, pre, code,
	ul, ol, li,
	table, th, td,
	form, fieldset, legend, input, textarea {
	    padding: 0;
	    margin: 0;
	}
		1 Punkt

Nr. 2	h2, h3, h4, h5, h6,
	p, blockquote, pre,
	ul, ol {
	    margin-bottom: 1em;
	}
		1 Punkt

Nr. 3	div#navibereich **ul** {
	    margin: 0.5em;
	}
		102 Punkte

Nr. 4	div#navibereich **ul** {
	    margin-bottom: 0;
	}
		102 Punkte

Tabelle 15.2 Das Beispiel, sortiert nach Spezifität

Die Tabelle zeigt, dass die Nummern 1 und 2 eine Spezifität von 1 Punkt haben. Da kommen die Nummern 3 und 4 mit einer Spezifität von jeweils 102 Punkten locker drüber.

Bei der Sortierung nach Spezifität scheiden also die Nummern 1 und 2 aus, aber es bleiben immer noch zwei Anweisungen für die zu gestaltende Eigenschaft margin-bottom im Rennen. Der Browser geht also in die letzte Runde der Kaskade, der Sortierung nach Reihenfolge.

> **Inline-Styles bekommen 1.000 Punkte**
>
> Stellen Sie sich vor, im HTML wäre mit dem Attribut style im Anfangs-Tag der ul-Liste ein margin-bottom definiert worden, zum Beispiel
>
> ```
> <ul style="margin-bottom: 1em;">
> ```
>
> Ein solcher Inline-Style hätte auf dieser Stufe der Kaskade 1.000 Punkte erhalten und somit in jedem Fall locker gewonnen. Man sollte mit Inline-Styles also sehr sparsam umgehen, denn in den Stylesheet-Dateien kann man Inline-Styles nur mit !important übertrumpfen.

15.5   Stufe 3: Sortiere nach Reihenfolge (order)

In der letzten Stufe der Kaskade, der Sortierung nach Reihenfolge, muss und wird eine Entscheidung fallen. Einer wird gewinnen.

Momentan sind noch zwei Anweisungen im Rennen. Beide haben kein !important, stammen aus demselben Stylesheet und haben eine Spezifität von 102 Punkten (Tabelle 15.3).

Nummer	Relevante Deklaration	Wichtigkeit	Spezifität

Nr. 4 (Autor)	div#navibereich ul {
	    margin: 0.5em;
	}
		Rang 3	102 Punkte

Nr. 5 (Autor)	div#navibereich ul {
	    margin-bottom: 0;
	}
		Rang 3	102 Punkte

Tabelle 15.3 Es sind noch zwei Anweisungen im Rennen.

Da beide Deklarationen dieselbe Wichtigkeit (Rang 3) und eine gleich hohe Spezifität (102 Punkte) haben, sortiert der Browser nach der Reihenfolge:

Wenn zwei Deklarationen aus demselben Stylesheet stammen und sowohl die gleiche Wichtigkeit als auch die gleiche Spezifität haben, gewinnt die **zuletzt notierte Anweisung***.*

Die zuletzt notierte Anweisung. Je dichter also die Deklaration an dem zu gestaltenden Element steht, desto vorrangiger ist sie. Dabei liest der Browser von links nach rechts und von oben nach unten. Für die Liste im Navigationsbereich gilt im Beispiel also `margin-bottom: 0`.

Nach dieser dritten Stufe der Kaskade gibt es *in jedem Fall* eine Entscheidung, denn zwei Anweisungen haben *immer* eine Reihenfolge. Damit gibt es einen Gewinner, und die Kaskade ist beendet.

Lesetipps zur Kaskade

Zum Abschluss noch ein paar Lesetipps zur Kaskade. Eine sehr gute (englische) Erklärung des Konzepts finden Sie hier:

▶ *docs.webplatform.org/wiki/tutorials/inheritance_and_cascade*

Die offizielle CSS-Spezifikation vom W3C ist korrekt, sprachlich aber etwas unzugänglicher:

▶ *w3.org/TR/CSS21/cascade.html#cascade*

15

15.6   Die Vererbung (inheritance)

Wenn der Browser bei der Sammlung relevanter Deklarationen überhaupt keine gefunden hat, tritt die Vererbung auf den Plan. Vererbung bedeutet, dass bestimmte Eigenschaften (zum Beispiel `font-family`) von Vorfahren (zum Beispiel `body`) an Nachfahren (zum Beispiel `div#navibereich ul`) weitergegeben werden.

Auch wenn Sie von den mendelschen Gesetzen aus dem Biologie-Unterricht nicht mehr viel wissen, sollten Sie sich die Vererbungslehre für CSS etwas genauer anschauen.

15.6.1   Vererbung macht ein Stylesheet übersichtlicher

Auf der Startseite haben Sie das Prinzip der Vererbung bereits benutzt, zum Beispiel bei der Deklaration der Schriftart und -größe. Eine der ersten Regeln im Stylesheet für die Beispielseiten sieht – etwas verkürzt – so aus:

```
body {
    font-family: Verdana, Arial, Helvetica, sans-serif;
}
```

Listing 15.7 Alle Nachfahren von »body« erben die Schriftart.

Diese Deklaration gilt nicht nur für body, sondern auch für alle Nachfahren. Da im Prinzip alle Elemente einer Webseite Nachfahren von body sind, gilt die Schriftart für alle Elemente dieser Webseite, sofern im Rahmen der Kaskade nicht bereits etwas anderes definiert wurde.

Wenn es das Prinzip der Vererbung nicht geben würde, müssten Sie alle Elemente namentlich erwähnen, und die gleiche Deklaration könnte ungefähr so aussehen:

```
body, h1, h2, p, ul, li, a, strong, em, address {
    font-family: Verdana, Arial, Helvetica, sans-serif;
}
```

Listing 15.8 Ohne Vererbung müssten alle Selektoren explizit aufgeführt werden.

Das ist deutlich umständlicher als vorher. Der geschickte Einsatz von Vererbung macht ein Stylesheet übersichtlicher.

15.6.2   Bestimmte Eigenschaften werden nicht vererbt

Einige Eigenschaften werden nicht vererbt. Das gilt zum Beispiel für die Box-Modell-Eigenschaften wie width, padding, border und margin. Der Grund liegt auf der Hand:

▶ Stellen Sie sich ein Dokument vor, in dem für body eine 2 px breite rote Rahmenlinie definiert wurde.

▶ Jetzt stellen Sie sich die Webseite vor, wenn die Eigenschaft border an alle Kindelemente vererbt würde: Sie müssten für *jedes Element* auf der Seite explizit border: none deklarieren, damit nicht alle Elemente einen roten Rahmen bekommen.

Die wichtigsten nicht vererbbaren Eigenschaften sind:

▶ padding, border und margin

▶ alle Eigenschaften für background

▶ width und height (auch in den Varianten min- und max-)

▶ position, top, right, bottom, left

▶ float und clear

▶ display

Mit »inherit« können Sie Vererbung erzwingen

Mit der Deklaration von inherit kann ein Webautor erreichen, dass der vom Browser für das Elternelement errechnete Wert übernommen wird. Allerdings verstehen nicht alle Browser inherit, und deshalb sollte es eher vorsichtig eingesetzt werden.

15.6.3   Potenzielle Probleme bei der Vererbung relativer Werte

Wie Sie im Abschnitt über Werte und Maße gesehen haben, gibt es in CSS absolute und relative Werte. Während absolute Werte wie pt oder auch Farbwerte wie orange unabhängig von den Werten anderer Elemente und somit immun gegen eine Veränderung durch Vererbung sind, ist das bei relativen Werten wie Prozent oder em anders:

▶ Eine in em definierte Schriftgröße orientiert sich an der Schriftgröße für das Elternelement. Eine Angabe von 0.8em wird also von Vererbung zu Vererbung ein bisschen kleiner.

▶ Ebenso geht eine in Prozent definierte Breite von der Breite des umgebenden Elements aus.

Falls beim Umgang mit relativen Werten also seltsame Effekte wie zu kleine Schriftgrößen oder zu schmale Elemente auftreten, denken Sie an die Vererbung, und denken Sie anschließend noch einmal gründlich darüber nach, was da genau passiert sein könnte.

Vererbt wird der berechnete Wert

Vererbt wird nicht der im Stylesheet definierte Wert (*specified value*), sondern der vom Browser berechnete Wert (*computed value*). Im Falle einer Schriftgröße ist das also zum Beispiel nicht der angegebene Wert 80 %, sondern die vom Browser berechnete Schriftgröße, zum Beispiel 12px.

Mit den Entwickler-Tools können Sie sich im Browser genau anschauen, welchen Wert der Browser für welche Eigenschaft berechnet hat.

15.7   Der Standardwert (initial value)

Wenn trotz Vererbung kein Wert für eine bestimmte Eigenschaft gefunden wurde, nimmt der Browser den in der CSS-Spezifikation festgelegten Standardwert, den Sie bei Bedarf auf den Webseiten des W3C in einer unansehnlichen, aber nützlichen Tabelle mit dem schönen Namen *Full Property Table* nachlesen können:

15

▶ *w3.org/TR/CSS21/propidx.html*

Den Standardwert finden Sie in Abbildung 15.5 in der Spalte INITIAL VALUE.

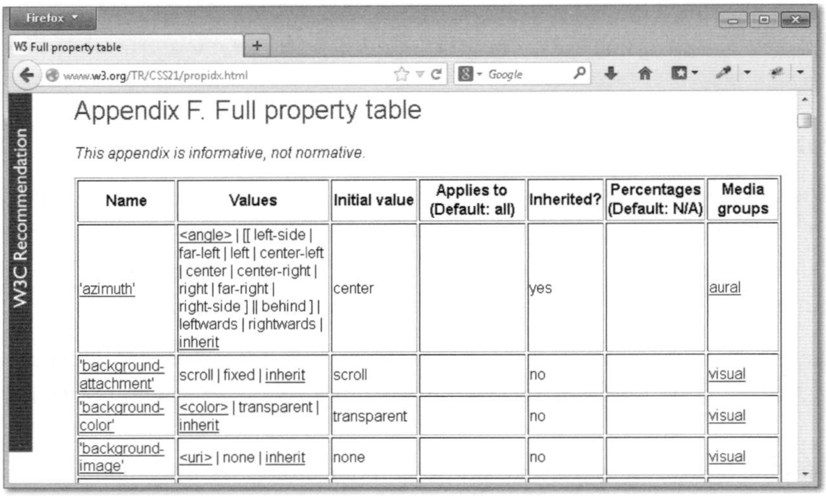

Abbildung 15.5 Standardwerte in der »Full property table« beim W3C

15.8   Auf einen Blick

Hier sind noch einmal die wichtigsten Punkte dieses Kapitels im Überblick:

▶ Wenn ein Browser den Quelltext einer Webseite erhält, erstellt er einen Stammbaum des Dokuments (DOM, *Document Object Model*), der die verschachtelte Hierarchie der HTML-Elemente abbildet.

▶ Bei der Gestaltung eines Elements sammelt der Browser für jede CSS-Eigenschaft zunächst alle relevanten Deklarationen.

▶ **Kaskade** (*cascade*): Findet er mehrere Deklarationen, sortiert er die gefundenen Anweisungen nach:
  – Stufe 1: Wichtigkeit (`!important`)
  – Stufe 2: Spezifität des Selektors
  – Stufe 3: Reihenfolge des Auftretens

▶ **Vererbung** (*inheritance*): Findet der Browser keine Deklaration, prüft der Browser, ob er durch *Vererbung* einen Wert findet. Die meisten Eigenschaften des Box-Modells (und einige andere) werden nicht vererbt.

▶ **Standardwert** (*initial value*): Wurde nichts definiert und nichts vererbt, kommt der in der CSS-Spezifikation festgelegte *Standardwert* zur Anwendung.

TEIL IV

CSS-Positionierung –
Kästchen verschieben

Kapitel 16
Kästchen verschieben mit »position«

Worin Sie sehen, dass die Kästchen auf einer Seite einem natürlichen Fluss folgen. Überdies lernen Sie, wie Sie den Verlauf dieses Flusses manipulieren und die Kästchen mit einer Eigenschaft namens »position« verschieben können.

Die Themen im Überblick:

- »Überblick: CSS und Positionierung«, Seite 297
- »›Flow‹ – die Seite ist ein langer, ruhiger Fluss«, Seite 298
- »Versetzt weiterfließen – ›position: relative‹«, Seite 301
- »Raus aus dem Fluss – ›position: absolute‹«, Seite 302
- »Absolute Positionierung auf der Beispielsite«, Seite 304
- »Wie ein Fels in der Brandung – ›position: fixed‹«, Seite 309
- »Positionierte Boxen und der ›z-index‹«, Seite 311
- »Auf einen Blick«, Seite 314

16.1   Überblick: CSS und Positionierung

Es gibt drei Möglichkeiten, Boxen auf einer Webseite zu positionieren:

1. **Normaler »Flow«:** Die Boxen werden in der Reihenfolge ihres Vorkommens im Quellcode dargestellt. Dafür gibt es die Eigenschaften `position:static` (Standardwert) und `position:relative`.

2. **Absolute Positionierung:** Absolut positionierte Elemente werden aus dem Fluss herausgehoben und sind für die anderen Elemente nicht vorhanden. Dazu zählen `position:absolute` und `position:fixed`.

3. **Float:** Schwebende – im CSS-Jargon *gefloatete* – Elemente sind ein Zwischending. Zuerst wird die Box normal positioniert, dann wird sie zum Teil aus dem Fluss herausgehoben und schwebt so weit wie möglich nach rechts oder links.

Zunächst lernen Sie in diesem Kapitel den Flow und die Grundlagen der Positionierung mit `position` kennen. Im Kapitel danach folgen die Grundlagen zu `float`. Weiter hinten im Buch wenden Sie all dieses Wissen praktisch an und erstellen verschiedene Navigationen und mehrspaltige Layouts.

Aber los geht es zunächst mit ein paar Erläuterungen zum Normalzustand einer Webseite, dem normalen Fluss der Elemente, auch *document flow* genannt.

16.2 »Flow« – die Seite ist ein langer, ruhiger Fluss

Normalerweise folgen die Elemente im sichtbaren Bereich des Browserfensters dem *document flow*, dem »Fluss des Dokuments«. Alle HTML-Elemente schwimmen in diesem Fluss. Er ist der natürliche Zustand einer Webseite und für Webdesigner so wichtig wie die Schwerkraft für Architekten.

HTML-Elemente erzeugen am Bildschirm rechteckige Kästchen. Dabei unterscheidet man erst einmal zwischen Block- und Inline-Boxen.

Zunächst zu den Blockboxen:

▶ Die erste Blockbox wird so weit wie möglich links und oben platziert.

▶ Geblockte Boxen werden immer so breit wie möglich, also so breit wie die umgebende Box, und sie haben immer einen integrierten Zeilenumbruch.

▶ Nachfolgende Blockboxen stehen immer *unterhalb* der vorhergehenden Blockbox.

Inline-Boxen verhalten sich etwas anders:

▶ Die erste Inline-Box wird ebenfalls so weit wie möglich links und oben platziert.

▶ Folgende Inline-Boxen werden jeweils rechts davon angeordnet, und zwar so lange, bis kein Platz mehr ist.

▶ Wenn rechts kein Platz mehr ist, rutschen sie eine Zeile tiefer und beginnen wieder ganz links.

Panta rhei – alles fließt. Der Flow macht Webseiten so flexibel wie die im ersten Kapitel beschriebene flexible Zeitung. Als Webdesigner sollten Sie diesen Flow *verstehen* und versuchen, mit ihm zu arbeiten, nicht gegen ihn.

16.2.1 Drei Boxen im Fluss

Um ein bisschen Gefühl für den Flow zu bekommen, studieren Sie vor der Zähmung der Widerspenstigen beim Layouten zunächst das natürliche Verhalten der Boxen in freier Wildbahn. Schauen Sie sich zunächst folgendes HTML und CSS in Tabelle 16.1 an:

HTML	CSS

`<body>`
  `<div>Box 1</div>`
  `<div>Box 2</div>`
  `<div>Box 3</div>`
`</body>`
	`body {`
	    `font-family: Verdana, sans-serif;`
	    `font-size: 87.5 %;`
	    `background-color: #fff8e7;`
	    `color: black;`
	    `padding: 0;`
	    `margin:0;`
	`}`
	`div {`
	    `background-color: white;`
	    `padding: 10px;`
	    `border: 3px solid #8b0000;`
	    `border-radius: 5px; /* runde Ecken */`
	    `margin: 5px;`
	`}`

Tabelle 16.1 Drei Boxen im Fluss des Dokuments

Dieses CSS erzeugt drei `div`-Elemente mit weißem Hintergrund und einem dunkelroten Rahmen. Jedes Element generiert eine rechteckige Box, die mit Hilfe der Eigenschaft `border-radius` leicht abgerundete Ecken bekommt, damit sie etwas hübscher aussehen.

Weil `div`-Elemente von Haus aus Blockboxen erzeugen, stehen die drei Boxen in Abbildung 16.1 untereinander, auch wenn sie nur wenig Inhalt haben.

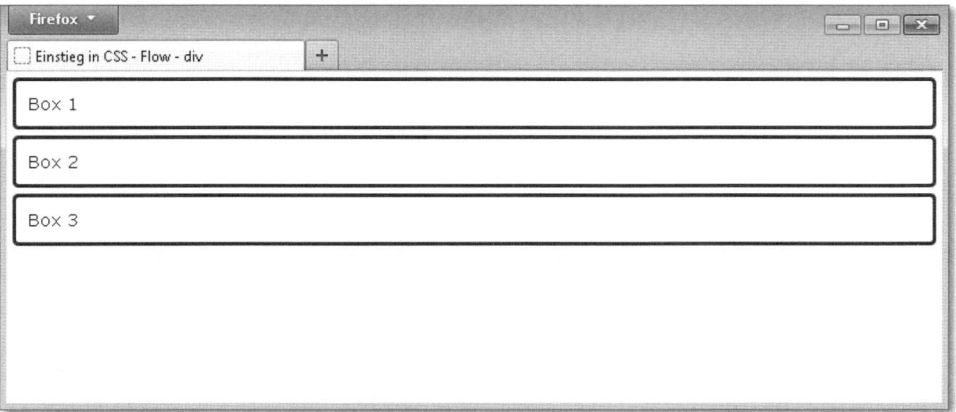

Abbildung 16.1 Blockboxen werden so breit, wie es geht, und stehen untereinander.

Eine Blockbox ist von Natur aus raumgreifend veranlagt und nimmt immer die verfügbare Breite der umgebenden Box ein, in diesem Fall also von body.

16.2.2   Drei verkürzte Boxen im Fluss

Im nächsten Schritt werden die drei div-Geschwister mit der Eigenschaft width auf 25 % verkürzt:

```
div {
  width: 25%;
  background-color: white;
  padding: 10px;
  border: 3px solid #8b0000;
  border-radius: 5px;
  margin: 5px;
}
```

Listing 16.1 Verkürzung von »div« auf 25 %

Alles andere bleibt unverändert. 3 mal 25 sind 75. Stehen die Boxen also jetzt nebeneinander?

Nein, das tun sie nicht. Abbildung 16.2 zeigt, dass auch die drei kurzen Boxen untereinander stehen. div ist ein Blockelement, und die haben einen integrierten Zeilenumbruch. Die Eigenschaft width verkürzt die Box zwar, der Zeilenumbruch aber bleibt.

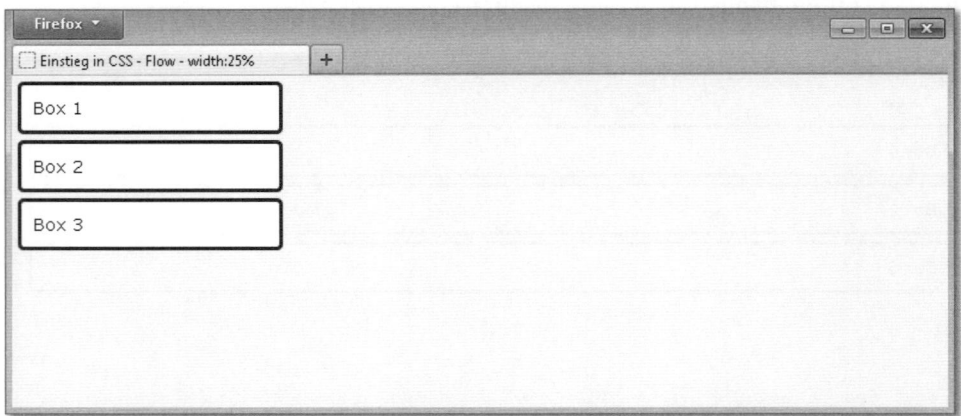

Abbildung 16.2 Auch die kurzen Boxen stehen untereinander.

Dieses normale Verhalten der Boxen im Flow wird wie erwähnt auch als `position:static` bezeichnet. Ausgerechnet die Positionierung, die dem natürlichen Fluss der Elemente freien Lauf lässt, bekommt den Namen *static*. Such is life.

16.3   Versetzt weiterfließen – »position: relative«

Die relative Positionierung mit `position: relative` macht zwei Dinge:

▶ Sie verschiebt die Box von ihrer normalen Position im Fluss.

▶ Sie markiert den ursprünglichen Platz des Elements als geschützt.

Die anderen Elemente im Dokument verhalten sich so, als ob das Element noch an seinem *ursprünglichen* Platz im normalen Fluss stehen würde. HTML und CSS sind für dieses Beispiel nur ein ganz klein wenig *anders* (Tabelle 16.2):

HTML	CSS

``html
<body>
  <div id="anders">Box 1</div>
  <div>Box 2</div>
  <div>Box 3</div>
</body>
``
	``css
	body {
	  font-family: Verdana, sans-serif;
	  font-size: 87.5%;
	  background-color: #fff8e7;
	  color: black;
	  padding: 0;
	  margin:0;
	}
	div {
	  width: 25%;
	  background-color: white;
	  padding: 10px;
	  border: 3px solid #8b0000;
	  border-radius: 5px;
	  margin: 5px;
	}
	#anders {
	  position: relative;
	  top: 25px;
	  right: 25px;
	  background-color: #e3c0c0;
	}
	``

Tabelle 16.2 Relative Positionierung

16

Abbildung 16.3 zeigt das Ergebnis dieser Änderung im Browserfenster.

Abbildung 16.3 Relative Positionierung in Aktion

Beachten Sie, dass sich Box 2 und 3 überhaupt nicht verändert haben. Bei der relativen Positionierung bleibt die ursprüngliche Position des Elements wie gesagt geschützt und wird nicht von den nachfolgenden Elementen beansprucht.

Ein positioniertes Element bekommt seine genauen Koordinaten mit den Eigenschaften top, right, bottom und left, die bei der relativen Positionierung von der ursprünglichen Position der Box im Flow aus gemessen werden:

▶ top:25px drückt die Box nach *unten*. An der normalen Position der Box werden oben 25 Pixel eingefügt.

▶ right:25px schiebt die Box nach *links*, so dass sie zum Teil verschwindet. Die Box wird also von rechts um 25 Pixel verschoben.

Die Eigenschaften top, right, bottom und left geben die Position in einem Koordinatensystem an, und der Bezugspunkt ist bei der relativen Positionierung die ursprüngliche Position der Box im Flow. Das ist in sich ganz logisch, aber trotzdem wirkt position:relative bei den ersten Versuchen ein bisschen wie von hinten durch die Brust ins Auge.

16.4   Raus aus dem Fluss – »position: absolute«

Im Gegensatz zur relativen nimmt die *absolute Positionierung* das Element komplett aus dem Fluss heraus, und es wird – bildlich gesprochen – hochgezogen. Alle anderen Elemente auf der Seite verhalten sich so, als ob es gar nicht da wäre.

Das HTML für dieses Beispiel ist absolut identisch mit dem für die relative Positionierung, nur im CSS wird genau ein Wort geändert (Tabelle 16.3):

HTML	CSS

``html
<body>
  <div id="anders">Box 1</div>
  <div>Box 2</div>
  <div>Box 3</div>
</body>
``
	``css
	body {
	  font-family: Verdana, sans-serif;
	  font-size: 87.5%;
	  background-color: #fff8e7;
	  color: black;
	  padding: 0;
	  margin:0;
	}
	div {
	  width: 25%;
	  background-color: white;
	  padding: 10px;
	  border: 3px solid #8b0000;
	  border-radius: 5px;
	  margin: 5px;
	}
	#anders {
	  position: absolute;
	  top: 25px;
	  right: 25px;
	  background-color: #e3c0c0;
	}
	``

Tabelle 16.3 Absolute Positionierung

Im CSS wurde nur ein einziges Wort geändert, aber die Wirkung ist enorm. Box 1 steht plötzlich rechts außen, und die Boxen 2 und 3 rutschen nach oben (Abbildung 16.4).

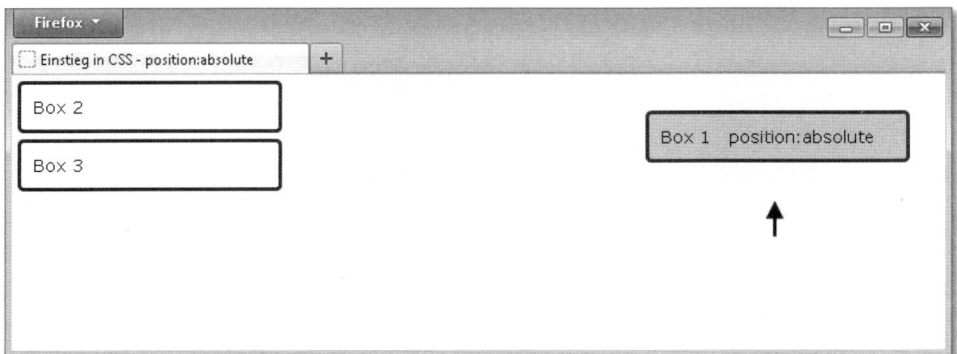

Abbildung 16.4 Nur ein einziges Wort geändert – und »absolute« anders

Absolut positionierte Boxen werden aus dem Fluss herausgehoben und liegen etwas *über* den anderen. Bei normal fließenden Boxen ist der Browser dafür verantwortlich, dass diese sich nicht überlappen, bei absolut positionierten Elementen hingegen der Webdesigner, der die absolute Positionierung veranlasst hat. Wenn Sie ein Element absolut positionieren, müssen Sie also selbst darauf achten, dass alles passt.

Die genaue Position eines absolut positionierten Elements wird wieder mit den Eigenschaften top, right, bottom oder left angegeben, aber die Werte für diese vier Eigenschaften orientieren sich nicht mehr an der ursprünglichen Position der Box im Fluss:

- Die absolute Positionierung eines Elements bezieht sich auf das nächste umgebende Element (*containing block*), das mit relative, absolute oder fixed positioniert ist.
- Falls kein positioniertes umgebendes Element vorhanden ist (was in der Praxis häufig der Fall ist), erfolgt die Positionierung relativ zum obersten Element des Dokumentbaums (*initial containing block*), und das ist nicht body, sondern html. In der Praxis bedeutet das meist so viel wie »vom Rand des Browserfensters aus gerechnet«.

Diese beiden Aussagen kann man wie folgt zusammenfassen:

- *Absolute* Positionierung ist immer *relativ* zu einem Bezugspunkt.
- Es gibt zwei mögliche Bezugspunkte:
  - ein umgebendes positioniertes Element
  - das Stammelement html (der Rand des Browserfensters)

Diese Tatsachen sorgen im Alltag für viel Verwirrung und sollen deshalb im Folgenden anhand der Beispielseiten genauer unter die Lupe genommen werden.

Überlappungen kontrollieren mit »z-index«

Falls sich absolut positionierte Elemente überlappen, können Sie mithilfe der Eigenschaft z-index festlegen, welche Elemente vorne und welche hinten liegen. Mehr dazu finden Sie in Abschnitt 16.7, »Positionierte Boxen und der ›z-index‹«, weiter unten in diesem Kapitel.

16.5   Absolute Positionierung auf der Beispielsite

In diesem Abschnitt möchte ich Ihnen zeigen, wie Sie die absolute Positionierung in der Praxis einsetzen können.

Auf der »Little Boxes«-Startseite steht das Logo im Kopfbereich zwischen <h1> und </h1>. Darunter folgt der Absatz »Webseiten gestalten mit HTML und CSS. Grundlagen.«,

der in diesem Abschnitt mithilfe absoluter Positionierung rechts *neben* das Logo verschoben wird.

16.5.1   Absolute Positionierung relativ zum Rand des Browserfensters

In der ersten Variante ist alles im Fluss. Keines der umgebenden Elemente wird relativ
positioniert und daher werden die Werte für top und left im folgenden ToDo vom Rand
des Browserfensters aus berechnet – oder genauer gesagt vom Stammelement html aus.

ToDo: Positionierung des Absatzes relativ zum Stammelement »html«

1. Öffnen Sie das Stylesheet *bildschirm.css* in einem Editor.

2. Ändern Sie die Regel für p#slogan wie folgt:

```
p#slogan {
   position:absolute;
   top: 25px;
   left: 45%;
   padding: 5px 0 5px 0;
   margin-bottom: 0;
}
```

3. Speichern Sie das Stylesheet, und betrachten Sie die Webseiten im Browser.

Die Webseite sieht mit dieser Regel im Browser ungefähr so aus wie in Abbildung 16.5.

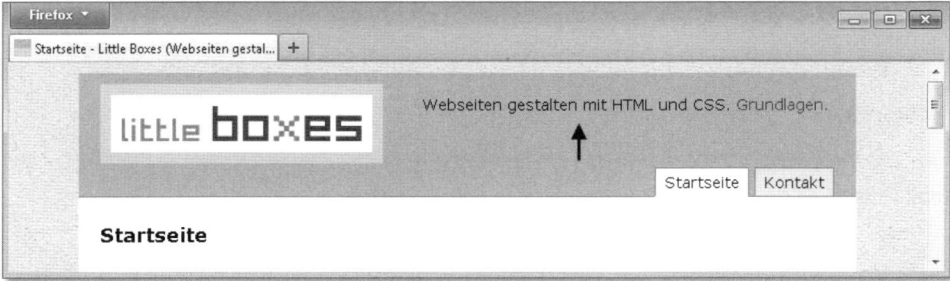

Abbildung 16.5 Absolut positionierter Slogan, scheinbar okay

Auf den ersten Blick ist alles okay. Durch das ToDo sind die folgenden Dinge passiert:

▶ Zuerst wird p#slogan komplett aus dem Fluss herausgehoben und ist somit für
   andere Elemente nicht mehr vorhanden. Dadurch rutscht der Navigationsbereich
   ein Stück nach oben.

▶ Da es kein umgebendes positioniertes Element gibt, beziehen sich die Angaben top:25px und left:45 % auf das Stammelement html.

Der Absatz beginnt also folgerichtig 25px von oben und etwas links von der Mitte des Browserfensters.

Die vertikale Positionierung vom oberen Rand des Browserfensters ist auf diese Weise noch einigermaßen genau möglich, aber die horizontale Positionierung mit 45 % von links beruht auf Versuch und Irrtum und ist reine Glückssache. Auch wenn die Webseite in Abbildung 16.5 okay aussieht, ist sie ein Kartenhaus und nicht besonders stabil.

Abbildung 16.6 zeigt zum Beispiel, was passiert, wenn der Wrapper nicht mehr zentriert wird (margin: 10px auto 10px 10px;). Dem positionierten Absatz sind solche Änderungen egal. Er bleibt horizontal einfach stehen, weil sein Bezugspunkt nach wie vor das Stammelement html ist. Er weiß nichts von einem Wrapper oder einem Kopfbereich, aus dem er jetzt angeblich rechts herausragt.

Es gibt Umstände, in denen die absolute Positionierung zum Stammelement html durchaus sinnvoll ist, zum Beispiel in mehrspaltigen, auf absoluter Positionierung basierenden Layouts. Aber für den Slogan im Kopfbereich ist die im folgenden Abschnitt gezeigte Kombination von absoluter Positionierung mit einem relativ positionierten umgebenden Element definitiv die bessere Lösung.

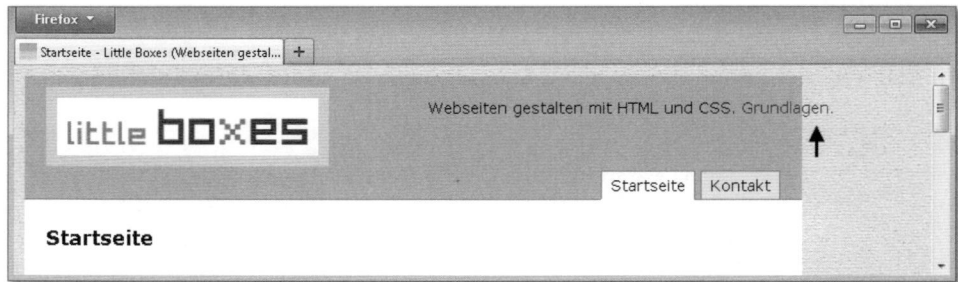

Abbildung 16.6 Absolut positionierter Slogan, leicht verrutscht

16.5.2   Absolute Positionierung mit einem umgebenden, relativ positionierten Element

Besser und vor allem zuverlässiger wäre es im vorliegenden Fall, den Absatz *relativ zum Kopfbereich* zu positionieren, und genau das erreichen Sie durch einen einfachen Trick. Wie hieß es etwas weiter oben so schön:

> *»Die absolute Positionierung eines Elements bezieht sich auf das nächste umgebende Element (containing block), das mit ›relative‹, ›absolute‹ oder ›fixed‹ positioniert ist.«*

Und jetzt der Trick: Wenn Sie den Kopfbereich mit `position:relative` versehen, ihm aber keinerlei Werte für `top` & Co. mit auf den Weg geben, bleibt er zwar im Flow, wird aber zum neuen Bezugspunkt für die absolute Positionierung von `p#slogan`.

Klingt kompliziert? Probieren Sie es aus. Dieser Trick ist eine echte Basistechnik beim Layouten mit CSS und wird sehr häufig eingesetzt. Im folgenden ToDo wird `p#slogan` positioniert, und durch das `position:relative` bekommen die Werte für `top` und `right` den Kopfbereich als neuen Bezugspunkt.

ToDo: Positionierung des Absatzes relativ zum Kopfbereich

1. Ändern Sie das Stylesheet *bildschirm.css* wie folgt:

    ```css
    #kopfbereich {
      position: relative;     /* positioniert, aber bleibt im Fluss */
      background-color: #f3c600;
      color: black;
      padding: 10px 20px 0 20px;
    }


    p#slogan {
      position:absolute;
      top: 10px ;           /* war vorher 25px */
      right: 20px;
       /* left: 45%; */  /* auskommentieren oder ganz löschen */
      padding: 5px 0 5px 0;
      margin-bottom: 0;
    }
    ```

2. Speichern Sie das Stylesheet, und betrachten Sie die Webseiten im Browser.

Nach diesem ToDo sieht die Startseite so aus wie in Abbildung 16.7.

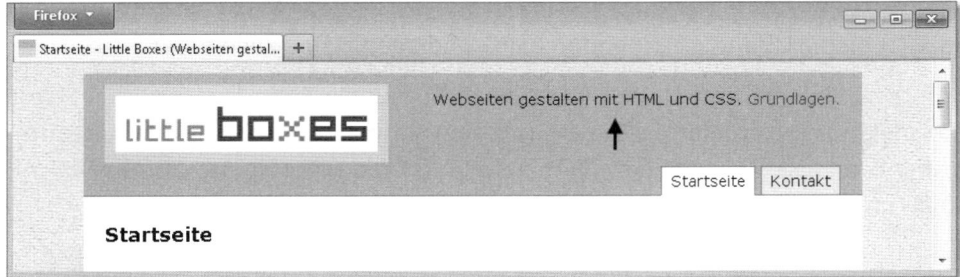

Abbildung 16.7 Absolut positionierter Slogan, relativ zum Kopfbereich (1)

Auf den ersten Blick sieht der Kopfbereich in Abbildung 16.7 gar nicht so viel anders aus als in Abbildung 16.5 weiter oben. Die Kombination von absoluter und relativer Positionierung bietet einige Vorteile:

Der Bezugspunkt für den Absatz ist jetzt nicht mehr der Rand des Browserfensters, sondern div#kopfbereich, und zwar genau genommen die äußere Kante des padding (»the padding edge«) oben und rechts.

Wenn zum Beispiel die Seite selbst nicht mehr zentriert wird, macht das nichts, der Absatz wird den Kopfbereich niemals verlassen. Die *absolute* Positionierung wird durch diesen kleinen Trick sehr nützlich und relativ flexibel einsetzbar.

Wenn der Wrapper nicht mehr im Browserfenster zentriert wird, bleibt der Absatz, anders als in Abbildung 16.6, trotzdem innerhalb des Kopfbereichs (Abbildung 16.8).

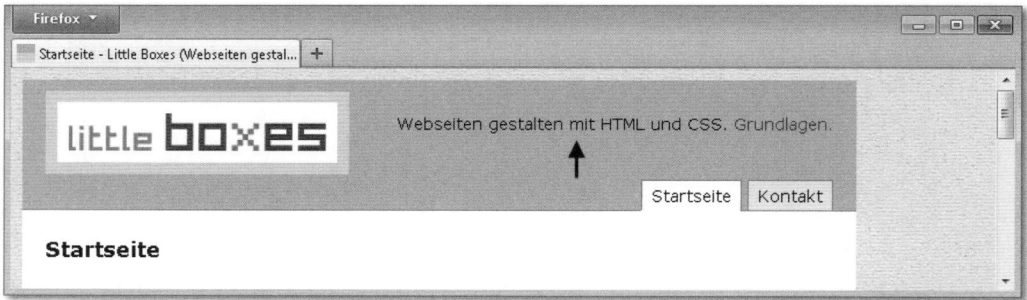

Abbildung 16.8   Absolut positionierter Slogan, relativ zum Kopfbereich (2)

Grundlagentechnik: Absolute und relative Positionierung kombinieren

Die in diesem Beispiel gezeigte Kombination von absoluter Positionierung in Verbindung mit einem umgebenden, relativ positionierten Element ist eine sehr nützliche Grundlagentechnik zur Positionierung, die auf Webseiten häufig eingesetzt wird.

16.5.3   Kleine Übung zwischendurch: »Grundlagen.« eine Zeile tiefer

Zwischendurch mal eine kleine Übung, die nichts mit der Eigenschaft position zu tun hat, in der aber trotzdem positioniert wird. Falls Sie im Kopfbereich das rot eingefärbte Wort »Grundlagen.« gerne eine Zeile tiefer platzieren möchten, ist das ohne HTML-Änderungen nur per CSS recht einfach umzusetzen. Und so geht's:

▶ Im HTML ist das Wort »Grundlagen« von einem span umgeben:

```
<p id="slogan">Webseiten gestalten mit HTML und CSS.
<span>Grundlagen.</span></p>
```

▶ Dieses span wird im CSS bisher nur rot eingefärbt:

```
p#slogan span { color: #d90000; }
```

▶ Um das span mitsamt Inhalt auf eine eigene Zeile zu stellen, genügt ein einfaches display:block:

```
p#slogan span {
  color: #d90000;
  display: block;
}
```

▶ Rechtsbündig wird der Text im span durch text-align:right:

```
p#slogan span {
  color: #d90000;
  display: block;
  text-align: right;
}
```

Zwei Anweisungen, und schon sieht der Kopfbereich so aus wie in Abbildung 16.9.

Abbildung 16.9 Das »span« nur mit CSS rechtsbündig eine Zeile tiefer

16.6   Wie ein Fels in der Brandung – »position: fixed«

Die feste Positionierung mit position:fixed verhält sich fast genau wie position:absolute, mit einem kleinen, aber feinen Unterschied: Ein fixiertes Element scrollt nicht mit.

Absolut positionierte Elemente sind relativ zu einem Bezugspunkt im Dokument und scrollen daher mit. Bei fixierten Elementen ist das anders:

Das umgebende Element (*containing block*) ist für fixierte Elemente immer das Browserfenster (der sogenannte *Viewport*) und nicht das Stammelement html innerhalb dieses Fensters.

Da das Browserfenster selbst nicht mit scrollt, bleiben auf der Seite fixierte Elemente stehen. Wie bei der absoluten Positionierung ist nicht mehr der Browser, sondern der Webdesigner dafür verantwortlich, dass sich fixierte Elemente nicht danebenbenehmen. Im Folgenden sehen Sie ein kleines Beispiel. Gegeben sei folgendes HTML, in dem das fett gedruckte div-Element per CSS fixiert wird:

```
<body>
<div id="fixiert">position: fixed</div>
<p>Absatz 1. Lorem ipsum dolor sit amet, consectetuer adipiscing elit. Morbi
rhoncus volutpat nisl. Praesent elementum odio ac nibh. Duis at quam nec dolor
consequat blandit. Sed libero. Vivamus faucibus purus non purus. Suspendisse id
ante ut nulla facilisis porta.</p>
<p>Absatz 2. Nullam vulputate hendrerit nunc. Nullam dapibus blandit orci. Nunc
metus. Sed sed ante. Cras interdum, erat at pharetra sodales, elit ligula
nonummy nisi, sit amet auctor purus leo vel urna. Pellentesque ac augue sit amet
ipsum nonummy sodales. Sed libero augue, ultricies et, tristique ut, posuere
commodo, ligula. Integer aliquet. Donec varius lectus. </p>
</body>
```

Listing 16.2 Ein bisschen HTML mit zu fixierendem »div«-Element

Und hier ist das CSS dazu:

```
p { margin-left: 25%; }
#fixiert {
    position: fixed;
    top: 10px;
    left: 10px;
    background-color: #f3c600;
    width: 15%;
    padding: 10px;
    border: 1px solid black;
}
```

Listing 16.3 Das CSS zur Fixierung des »div«-Elements

Diese beiden Quelltext-Schnipsel fixieren das Element. Während der Rest beim Scrollen der Seite mitläuft, bleibt das fixierte Element einfach stehen (Abbildung 16.10).

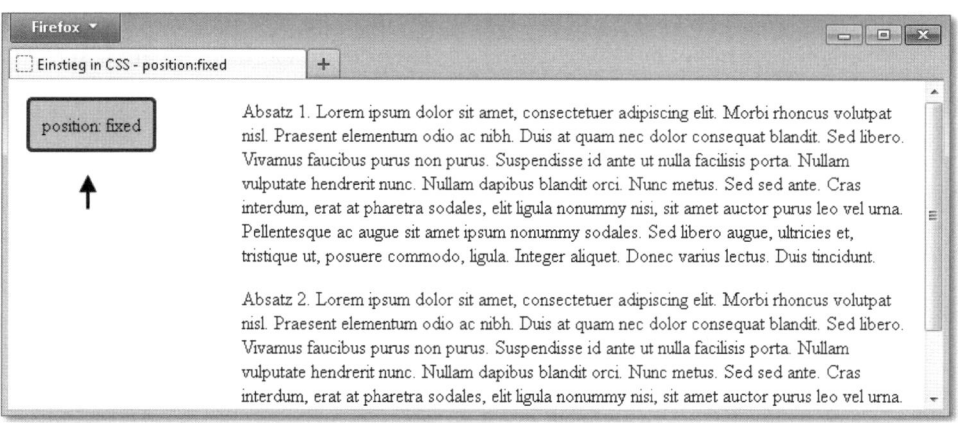

Abbildung 16.10 »position:fixed« im Firefox

16.7 Positionierte Boxen und der »z-index«

16

Absolut positionierte Boxen haben zwei bemerkenswerte Eigenschaften:

1. Sie existieren, wie Sie gesehen haben, unabhängig von allen anderen Boxen und werden von deren Fluss überhaupt nicht beeinflusst – völlig losgelöst sozusagen.

2. Absolut positionierte Boxen können sich überlappen und haben deshalb eine zusätzliche Dimension, die mit der Eigenschaft z-index geregelt werden kann.

Sie wissen bereits, dass der Autor einer Webseite bei einer absolut positionierten Box selbst dafür verantwortlich ist, dass diese sich nicht unabsichtlich mit anderen ins Gehege kommt. Was hat es aber nun mit diesem z-index auf sich?

In mathematischen Diagrammen gibt es neben der x-Achse (die von links nach rechts verläuft) und der y-Achse (von oben nach unten) noch eine z-Achse, die sich von vorne nach hinten erstreckt, also bildlich gesprochen vom Betrachter aus ins Papier bzw. in den Bildschirm hinein.

Positionierte Elemente haben einen z-index, der die Position des Elements auf dieser z-Achse beschreibt. Wenn ein Element absolut positioniert wird, bekommt es automatisch z-index:0. Bei gleichem z-index entscheidet die Reihenfolge der Elemente im Quelltext. Später notierte Elemente stehen *vor* den weiter oben stehenden Elementen.

Die Eigenschaft z-index hat zwei Besonderheiten:

▸ z-index gilt *nur* für positionierte Elemente.

▸ z-index ist *nur* relevant, wenn sich Elemente überlappen.

Um die Stapelung der Boxen zu kontrollieren, können Sie selbst einen Wert für den z-index vergeben. Je höher der Wert, desto dichter erscheint das Element am Leser.

Tabelle 16.4 zeigt das HTML und CSS für ein einfaches Beispiel mit drei absolut positionierten Boxen ohne z-index, das in Abbildung 16.11 zu sehen ist.

HTML	CSS

``html
<body>
   <div id="eins">Box 1</div>
   <div id="zwei">Box 2</div>
   <div id="drei">Box 3</div>
</body>
``
	``css
	body {
	   font-family: Verdana, sans-serif;
	   font-size: 87.5%;
	   background-color: #fff8e7;
	   color: black;
	   padding: 0; margin:0;
	}
	div {
	   position:absolute;
	   font-weight:bold; color: black;
	   width: 25%; height: 35px;
	   padding: 10px;
	   border: 3px solid #8b0000;
	   border-radius: 5px;
	   margin: 5px;
	}
	#eins {
	   top: 0;
	   left: 0;
	   background-color: #c47d7d;
	}
	#zwei {
	   top: 50px;
	   left: 50px;
	   background-color: #e3c0c0;
	}
	#drei {
	   top: 100px;
	   left: 100px;
	   background-color: white;
	}
	``

Tabelle 16.4 Das Beispiel für »z-index«

Im Browser sieht dieses Beispiel etwa so aus wie in Abbildung 16.11. Die drei Boxen überlappen sich, und da keine der Boxen einen z-index bekommen hat, wird die Überlappung durch die Reihenfolge im Quelltext vorgegeben. Die letzte Box ist dementsprechend dem Leser am nächsten.

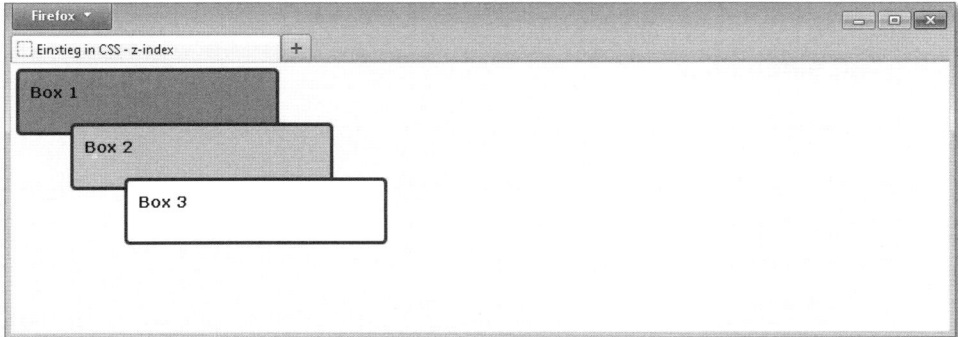

Abbildung 16.11 Absolut positionierte Boxen ohne »z-index«

Im nächsten Schritt weisen Sie den drei Elementen einen z-index zu:

```
#eins { z-index: 300; }
#zwei { z-index: 200; }
#drei { z-index: 100; }
```

Listing 16.4 Die drei Boxen mit »z-index«

Abbildung 16.12 zeigt die Auswirkung des manuell vergebenen z-index auf die Stapelreihenfolge im Browserfenster.

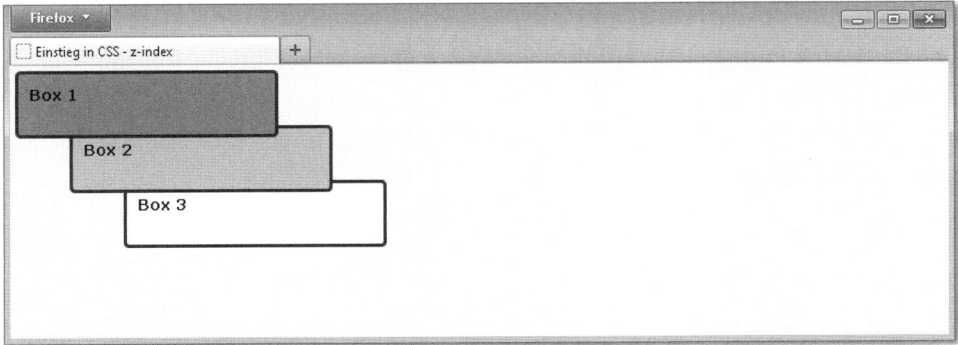

Abbildung 16.12 »z-index« mit den Werten 300, 200 und 100

Die Werte für z-index können übrigens beliebige ganze Zahlen sein, sogar negative sind erlaubt. Anstelle von 100; 200 und 300 hätten 1, 2 und 3 im Beispiel denselben Effekt. Der Vorteil der Hunderter ist, dass man noch ein bisschen Raum hat, um später eventuell Elemente dazwischen zu positionieren.

16.8   Auf einen Blick

Hier sind noch einmal die wichtigsten Punkte dieses Kapitels im Überblick:

▶ Die HTML-Elemente einer Webseite folgen dem *document flow*, dem natürlichen Fluss des Dokuments:

  – Ein einzelnes Element beginnt so weit wie möglich links und oben.

  – Weitere Elemente werden rechts davon angeordnet, bis kein Platz mehr ist.

  – Falls kein Platz ist, rutschen sie eine Zeile tiefer und beginnen wieder links.

▶ Blockboxen haben einen integrierten Zeilenumbruch und beanspruchen unabhängig von ihrer Breite immer eine ganze Zeile.

▶ Es gibt drei Werte zur CSS-Eigenschaft position, und zwar relative, absolute und fixed.

▶ Die genauen Koordinaten zur Positionierung werden jeweils mit den Eigenschaften top, right, bottom und left angegeben.

▶ Eine Relative Positionierung verschiebt das Element relativ zu seiner ursprünglichen Position im Flow. Die ursprüngliche Position bleibt geschützt.

▶ Absolute Positionierung nimmt das Element aus dem Fluss. Die Werte für top, right, bottom und left beziehen sich entweder auf das Stammelement html oder auf das nächste umgebende Element, das ebenfalls positioniert ist.

▶ Fixierte Elemente bleiben an ihrer Position stehen, scrollen nicht mit und sollten sehr vorsichtig eingesetzt werden.

▶ Positionierte Boxen können einen z-index bekommen, der ihre Position auf der z-Achse beschreibt.

Kapitel 17
Kästchen verschieben mit »float« und »clear«

Worin Sie eine Grafik per »float« schweben und von Text umfließen lassen, den Schwebezustand per »clear« wieder beenden und anschließend ein paar Übungen zum Floaten mit mehreren Boxen machen.

Die Themen im Überblick:

▶ »Text um Bilder fließen lassen«, Seite 315

▶ »Praktisch – CSS-Klassen zum Floaten«, Seite 319

▶ »Floats beenden mit ›clear‹«, Seite 321

▶ »Floats mit mehreren Boxen«, Seite 324

▶ »Zusammenfassung: Besonderheiten beim Floaten«, Seite 329

▶ »Auf einen Blick«, Seite 330

Neben den bisher gesehenen vier Positionierungsarten static, relative, absolute und fixed gibt es noch die Eigenschaft float, mit der Sie ebenfalls die Positionierung eines Elements verändern können. float ist eine eigenständige CSS-Eigenschaft und kann die Werte left oder right bekommen.

To float heißt »schweben«, und eine schwebende Box macht drei Bewegungen: Sie erhebt sich aus dem normalen Fluss, schwebt wie ein losgelassener Heliumballon in der umgebenden Box auf einer Seite nach oben und driftet dann je nach Windrichtung, so weit es geht, auf die andere Seite.

17.1 Text um Bilder fließen lassen

Das klassische Einsatzgebiet für float ist die Positionierung von Bildern in einem Fließtext. Um zu zeigen, wie float funktioniert, binden Sie auf der Startseite ein Foto ein und lassen den Text auf der Seite um die Grafik herumfließen.

17.1.1   Die Grafik einbinden

Als Beispielfoto zum Floaten bietet sich ein schwebender Luftballon an, wie zum Beispiel die Datei *ballon.jpg* aus den Beispieldateien. Sie können für das folgende Beispiel aber auch gerne eine eigene Grafik einbinden.

ToDo: Eine Grafik auf der Startseite einbinden

1. Kopieren Sie die Grafik *ballon.jpg* in den Übungsordner, in dem auch die Startseite *index.html* liegt.

2. Öffnen Sie die Startseite *index.html* im Editor, und fügen Sie am Anfang des ersten Fließtextabsatzes die Grafik *ballon.jpg* ein:

```
<div id="textbereich">
<h2>Startseite</h2>
<p>
<img src="ballon.jpg" alt="Roter Luftballon" width="78"
height="100">Webseiten bestehen aus <strong>rechteckigen
Kästen</strong>, ...
</p>
```

3. Speichern Sie die Webseite, und betrachten Sie sie im Browser.

Das Bild ist drin, aber so besonders hübsch sieht es in Abbildung 17.1 noch nicht aus.

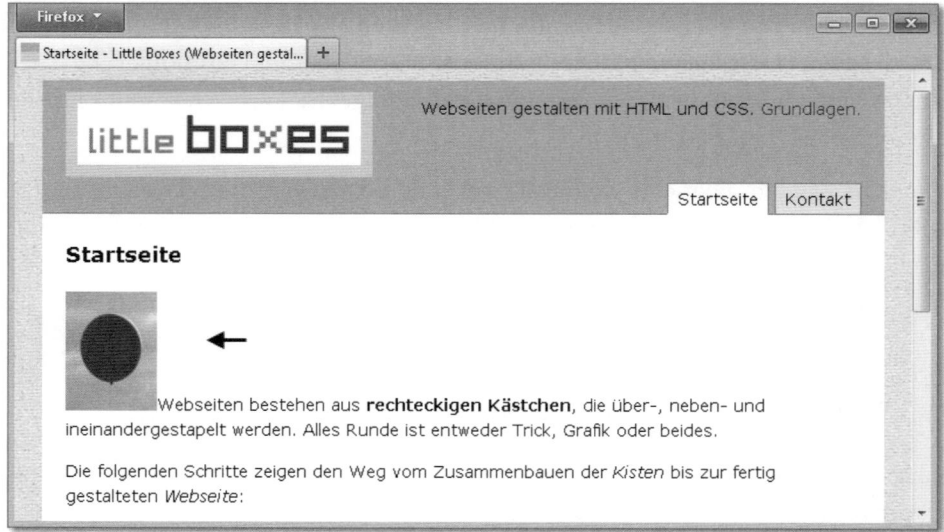

Abbildung 17.1 Der Ballon ist drin, schwebt aber noch nicht.

17.1.2   Die Grafik floaten mit »float:left«

Die Eigenschaft float kann wie gesagt die Werte left oder right bekommen, um das Element nach links (float: left) oder nach rechts (float: right) schweben zu lassen. Nur der Vollständigkeit halber: In die Mitte schweben lassen geht nicht, es gibt kein float: center. Versuchen Sie es gar nicht erst.

Um den Ballon nach rechts schweben zu lassen, können Sie die Deklaration float: right mit dem Attribut style direkt in das img-Element schreiben.

ToDo: Den Luftballon auf der Startseite nach links floaten

1. Öffnen Sie gegebenenfalls die Startseite *index.html* im Editor, und ändern Sie den Quelltext wie folgt:

   ```
   <h2>Startseite</h2>
   <p><img src="ballon.jpg" alt="Roter Luftballon" width="78"
   height="100" style="float:left;">Webseiten bestehen aus ...
   ```

2. Speichern Sie die Webseite, und betrachten Sie sie im Browser.

Abbildung 17.2 zeigt, dass die beiden Textabsätze nun neben der Grafik stehen.

Abbildung 17.2 Der Ballon ist drin und schwebt.

Das Ergebnis ist immer noch nicht besonders hübsch, aber der Text fließt schon mal um die Grafik herum. Die Grafik macht dabei zunächst die drei typischen Float-Bewegungen:

- aus dem Fluss heraus
- in der umgebenden p-Kiste (am rechten Rand) ganz nach oben
- so weit wie möglich nach links

Da die Grafik in der p-Kiste sitzt, schwebt sie nicht höher als die obere Grenze des Absatzes, ragt aber nach unten heraus.

17.1.3 Einen Abstand zwischen Grafik und Text definieren

Wichtig ist beim Floaten unter anderem folgende Tatsache:

- Der Text im Inhaltsbereich des Absatzes umfließt die Grafik.
- background, padding, border und margin des Absatzes hingegen fließen *nicht* um die Grafik, sondern rutschen darunter.

Mit anderen Worten: Nur der Text im Inhaltsbereich des Absatzes fließt um die Grafik, die Eigenschaften background, padding, border und margin gleiten unter die gefloatete Grafik und befinden sich *dahinter.*

Um also per margin einen Abstand zwischen Text und Grafik zu definieren, weisen Sie ihn im folgenden ToDo nicht dem Absatz zu, sondern der schwebenden Grafik.

ToDo: Abstand zwischen Grafik und umfließendem Text festlegen

1. Öffnen Sie die Startseite *index.html* im Editor, und ändern Sie den Quelltext wie folgt:

```
<h2>Startseite</h2>
<p><img src="ballon.jpg" alt="Roter Luftballon" width="78"
height="100" style="float:left; margin-right: 15px;">Webseiten
bestehen aus ...
```

2. Speichern Sie die Webseite, und betrachten Sie sie im Browser.

Jetzt besteht durch das margin-right ein Abstand von 15 px zwischen dem umfließenden Text und der gefloateten Grafik (Abbildung 17.3).

Abbildung 17.3 Ein kleiner Abstand zwischen Grafik und Text

17.2 Praktisch – CSS-Klassen zum Floaten

Zum Testen ist es völlig in Ordnung, wie im vorigen ToDo Inline-Styles direkt in den HTML-Quelltext zu schreiben, aber unter dem Gesichtspunkt der Wiederverwendbarkeit bietet es sich an, im Stylesheet jeweils eine Klasse für nach links und nach rechts schwebende Bilder einzurichten. Passende Namen wären zum Beispiel `.bildlinks` und `.bildrechts`.

Diese Klassen können Sie Grafiken auf den Webseiten nach Belieben zuweisen:

▶ Soll eine Grafik nach links schweben, bekommt sie im HTML `class="bildlinks"`.

▶ Soll die Grafik nach rechts floaten, bekommt sie entsprechend `class="bildrechts"`.

In diesen Klassen definieren Sie die Float-Richtung und die entsprechenden Abstände. Außerdem erstellen Sie noch eine Klasse namens `.bilderrahmen`, mit der die Grafiken gestaltet werden und unter anderem mit der Eigenschaft `border-radius` abgerundete Ecken erhalten.

Im folgenden ToDo erstellen Sie drei Klassen und weisen der Grafik zwei davon zu. Wenn ein Element mehr als eine Klasse haben soll, werden diese einfach durch eine Leerstelle getrennt notiert. Die Reihenfolge der Klassen spielt keine Rolle.

ToDo: CSS-Klassen erstellen und der Grafik zuweisen

1. Öffnen Sie das Stylesheet *bildschirm.css* im Editor.

2. Definieren Sie am Ende des Abschnitts für »Allgemeine Styles« folgende Regeln:

   ```css
   .bilderrahmen {
     padding: 3px;
     border: 5px solid #ccc;
     border-radius: 5px;
   }
   .floatlinks {
     float:left;
     margin-right: 10px;
     margin-bottom: 10px;
   }
   .floatrechts {
     float:right;
     margin-left: 10px;
     margin-bottom: 10px;
   }
   ```

3. Speichern Sie das Stylesheet.

4. Entfernen Sie auf der Startseite *index.html* das Attribut style für die Grafik, und fügen Sie stattdessen die Klassen bilderrahmen und floatrechts hinzu:

   ```html
   <p><img src="ballon.jpg" alt="Roter Luftballon" width="78"
   height="100" class="bilderrahmen floatrechts">Webseiten bestehen aus ...
   ```

5. Speichern Sie die Webseite, und betrachten Sie sie im Browser.

Im Browser sieht die Startseite jetzt aus wie in Abbildung 17.4.

Durch das Speichern der Gestaltungsanweisungen in Klassen ist Ihr CSS sehr vielseitig:

▶ Um die Grafik nach links floaten zu lassen, ändern Sie im HTML einfach die Klasse auf floatlinks.

▶ Das Aussehen des Bilderrahmens können Sie zentral steuern und müssen es gegebenenfalls nur an einer einzigen Stelle ändern.

Eingefügt werden die Grafiken im HTML, gestaltet im CSS.

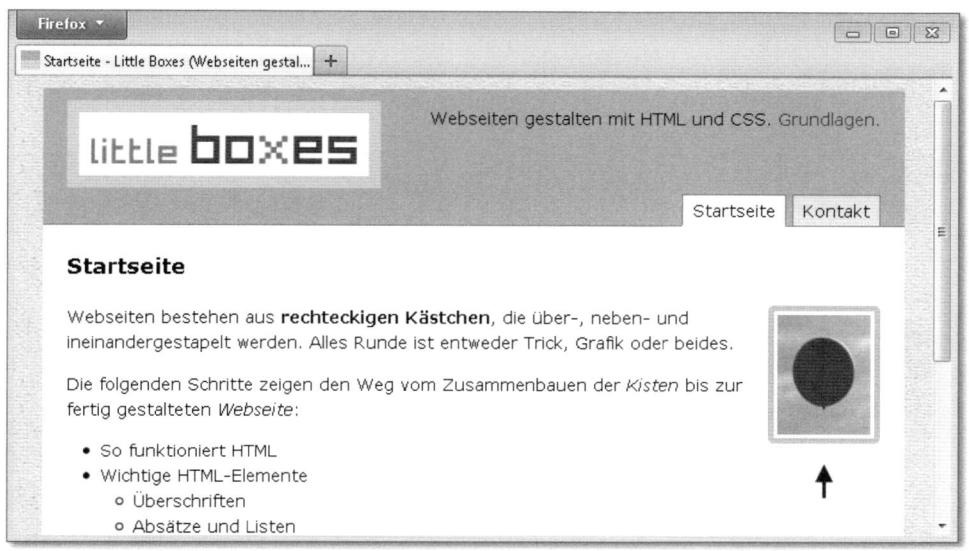

Abbildung 17.4 Der Ballon schwebt nach rechts und hat einen Rahmen.

17.3   Floats beenden mit »clear«

In Abbildung 17.4 sehen Sie, dass nicht nur der erste Absatz die Grafik umfließt, sondern auch der zweite. Das liegt daran, dass die gefloatete Grafik wie erwähnt aus dem ersten Absatz nach unten herausragt.

Um diesen Sachverhalt zu visualisieren, bekommt der Absatz mit der Grafik vorübergehend einen farbigen Hintergrund:

```
<p style="background-color: pink">
```

Dadurch wird sichtbar, dass die Grafik wirklich nach unten aus diesem Absatz herausragt. Achten Sie in Abbildung 17.5 auch darauf, dass die Hintergrundfarbe des Absatzes *hinter* dem Bild weitergeht und beim padding durchscheint.

Wenn dieses Verhalten nicht gewünscht ist, muss der durch float ausgelöste Schwebezustand für die folgenden Elemente mit der Eigenschaft clear beendet werden.

clear zwingt ein folgendes Element, *unterhalb* eines gefloateten Elements zu beginnen, und nicht daneben. clear kann die Werte left, right oder both bekommen:

- ► clear:left **beendet ein** float:left.
- ► clear:right **beendet ein** float: right.
- ► clear:both **beendet sowohl** float: right **als auch** float:left.

Abbildung 17.5 Der Ballon ragt nach unten aus dem Absatz heraus.

Es spricht nicht viel dagegen, fast immer clear: both zu verwenden, und auch hierzu kann man gleich eine Klasse im CSS einrichten, die Sie später noch einsetzen werden, und zwar am besten in *fundament.css*. Im ToDo heißt diese Klasse *clearing*, aber der Name ist beliebig wählbar.

ToDo: CSS-Klasse zum Clearen von Elementen erstellen

1. Öffnen Sie das Stylesheet *fundament.css*.
2. Definieren Sie im Stylesheet unter den bereits vorhandenen Styles, aber vor der schließenden Klammer von @media:

   ```
   /* ==============================================
   TEIL III - Allgemeine Klassen
   ============================================== */


   .clearing { clear: both; }
   ```
3. Speichern Sie das Stylesheet.

Auf den Beispielseiten hat sich nach diesem ToDo nichts geändert, aber wenn der zweite Textabsatz auf der Beispielseite nicht mehr *neben*, sondern *unter* der Grafik beginnen soll, weisen Sie ihm im HTML einfach die eben definierte Klasse zu:

```
<p class="clearing">Die folgenden Schritte zeigen ...</p>
```

Listing 17.1 Einem Absatz die Klasse »clearing« zuweisen

Im Browser würde das so wie in Abbildung 17.6 aussehen, wobei der Absatz mit der Grafik zur Verdeutlichung des Sachverhalts immer noch eine Hintergrundfarbe hat. Der »geclearte« Absatz wird oberhalb seines `margin-top` so weit aufgefüllt, dass der Text erst unterhalb des gefloateten Ballons beginnt. Besonders beim Layouten hängt die Kunst des Floatens oft vom richtigen Einsatz von `clear` an strategisch wichtigen Punkten ab.

Abbildung 17.6 Der geclearte Absatz beginnt unterhalb der gefloateten Grafik.

Bemerkenswert ist in Abbildung 17.6 übrigens noch, dass der farblich hervorgehobene Absatz die Grafik nicht umschließt. Sie ragt nach wie vor nach unten heraus. Dieser Tatsache ist das gesamte nächste Kapitel gewidmet, in dem es darum geht, wie man gefloatete Elemente umschließen kann (*containing floats*).

Falls Sie für die Beispielseiten in Ihrem Übungsordner die Hintergrundfarbe und das Clearing für den Absatz eingebaut haben, vergessen Sie nicht, die beiden Änderungen wieder rückgängig zu machen.

17.4   Floats mit mehreren Boxen

Im folgenden Abschnitt machen Sie ein paar Trockenübungen, um das manchmal etwas seltsame Verhalten von Floats besser verstehen zu können, bevor Sie im nächsten Kapitel bei der Erstellung einer kleinen Bildergalerie mit Floats jonglieren.

17.4.1   Das Beispiel: Drei Boxen ohne »float«

Die Grundlage für die folgenden Beispiele bilden drei einfache, nicht gefloatete div-Boxen (Tabelle 17.1):

HTML	CSS

`<div id="eins">Box 1</div>`
`<div id="zwei">Box 2</div>`
`<div id="drei">Box 3</div>`
	```body { font-family: Verdana, sans-serif; font-size: 87.5%; color: black; background-color: #fff8e7; padding: 0; margin:0; } div { font-weight: bold; width: 200px; height: 50px; padding: 10px; border: 3px solid #8b0000; border-radius: 5px; margin: 5px; } #eins { background-color: white; } #zwei { background-color: #e3c0c0; } #drei { background-color: #c47d7d; }```

Tabelle 17.1 HTML und CSS für die drei Beispielboxen

Die drei Beispielboxen haben verschiedene Hintergrundfarben, eine Breite von 200px, eine Höhe von 50px und sehen im Browser so aus wie in Abbildung 17.7.

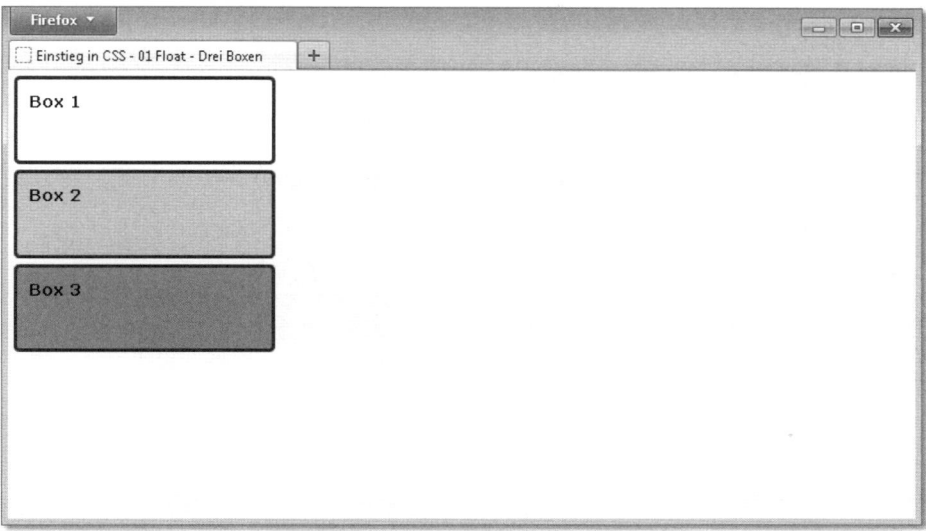

Abbildung 17.7 Die drei ungefloateten Boxen im normalen Flow

Beim Layouten nutzen Sie »float« fast immer mit »width«

Die Boxen im Beispiel haben alle eine mit width definierte Breite, und das ist kein Zufall. Gefloatete Elemente sind zwar Blockelemente, schrumpfen aber, da sie ohne Angabe von width nur so breit werden wie ihr Inhalt. *Shrinkwrap* heißt das im Englischen.

In bestimmten Situationen wie bei einer Navigationsleiste kann dies durchaus nützlich und beabsichtigt sein, aber beim Layouten wird die Breite von gefloateten Boxen ohne width unberechenbar. Bei gefloateten Grafiken ist width nicht nötig, weil Grafiken immer eine feste Breite haben.

17.4.2   Drei Kästchen nach links floaten

In der ersten Übung werden alle drei Boxen nach links gefloatet. Das CSS dazu ist simpel:

```
div {
  float: left;
  font-weight: bold;
  width: 200px;
  height: 50px;
```

```
  padding: 10px;
  border: 3px solid #8b0000;
  border-radius: 5px;
  margin: 5px;
}
```

Listing 17.2 Alle drei Boxen nach links floaten

Im Browser stehen die drei Boxen jetzt *nebeneinander* (Abbildung 17.8).

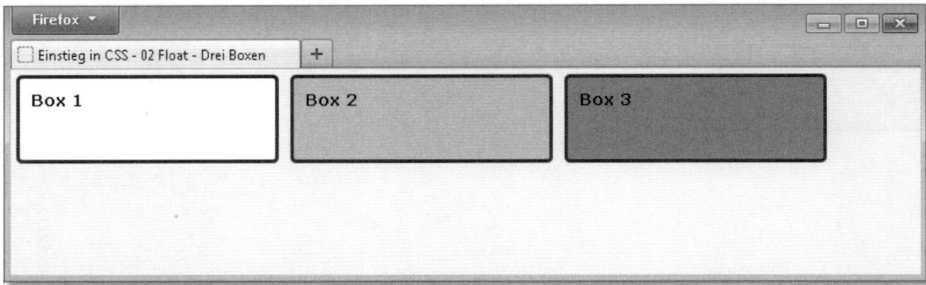

Abbildung 17.8 Mit »float:left« schweben die Boxen nebeneinander.

Das erste div schwebt an der *rechten* Seite der umgebenden Box (in diesem Fall also
body) so weit es geht nach oben und schwebt dann so weit es geht nach *links* hinüber.
Jede folgende Box macht genau dasselbe, so dass die drei Boxen auf der Seite nebeneinanderstehen.

17.4.3   Drei Kästchen nach rechts floaten

Im nächsten Schritt lassen Sie die drei Boxen nach rechts schweben. Dazu muss im CSS
nur ein einziges Wort geändert werden:

```
div {
  float: right;
  font-weight: bold;
  width: 200px;
  height: 50px;
  padding: 10px;
  border: 3px solid #8b0000;
  border-radius: 5px;
  margin: 5px;
}
```

Listing 17.3 Alle drei Boxen nach rechts floaten

Auch hier stehen die drei Boxen nebeneinander, aber achten Sie in Abbildung 17.9 auf die Reihenfolge.

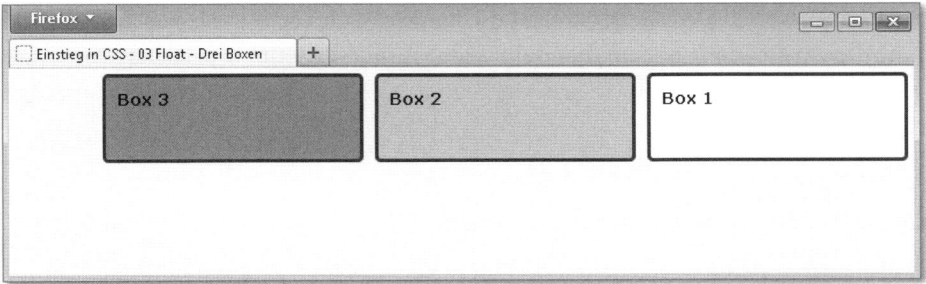

Abbildung 17.9 Mit »float:right« wird die Reihenfolge umgedreht.

3 – 2 – 1 – die umgekehrte Reihenfolge der drei Boxen kommt daher, dass Box 1 an der *linken* Seite des umgebenden Elements ganz nach oben schwebt und dann so weit wie möglich nach *rechts* hinüberschwebt, und die anderen beiden Boxen machen genau dasselbe. Dieses Verhalten der Boxen ist eigentlich logisch, aber in der Praxis nicht immer das, was man gerne hätte.

17.4.4   »float drop« – zu wenig Platz im Browserfenster

Wenn eine gefloatete Box im Browserfenster nicht genug Platz findet, springt sie automatisch eine Zeile tiefer. Abbildung 17.10 zeigt die drei nach links gefloateten Boxen in einem verkleinerten Browserfenster. Box 3 steht unterhalb der anderen beiden Boxen in der nächsten Zeile.

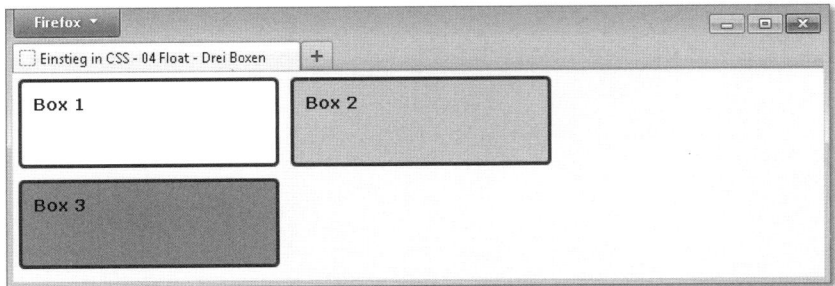

Abbildung 17.10 Bei Platzmangel rutscht die Box in die nächste Zeile.

Dieses Verhalten ist eigentlich völlig normal, aber beim Layouten per float ist ein solcher »float drop« ein potenzielles Problem. Stellen Sie sich zum Beispiel ein zweispaltiges Layout vor:

▶ Beide Spalten werden gefloatet, damit sie nebeneinanderstehen.

▶ In der linken Spalte befindet sich eine Navigation, in der rechten der Inhalt.

Wenn der Browser der Meinung ist, dass die berechneten Breiten aus welchem Grund auch immer nicht mehr nebeneinanderpassen, stünde der Inhalt plötzlich *unterhalb* der Navigation und wäre im Browserfenster eventuell gar nicht mehr zu sehen – grande catastrophe.

17.4.5   »float« und verschieden hohe Boxen

Wenn gefloatete Boxen verschiedene Höhen haben, kann es passieren, dass einige Boxen an anderen hängenbleiben. Für das Beispiel dazu steigern Sie die Höhe von Box 1 auf 75 px:

```
#eins {
    background-color: #fff;
    height: 75px;
}
```

Listing 17.4 Die erste Box wird ein bisschen höher.

Wenn das Browserfenster zu klein wird, schwebt Box 3 nicht an den linken Rand des Browserfensters, sondern bleibt an Box 1 hängen (Abbildung 17.11).

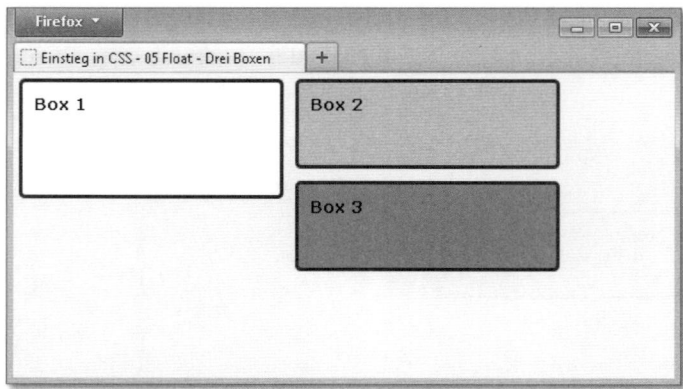

Abbildung 17.11 Box 3 bleibt an Box 1 hängen.

Der Grund liegt darin, dass gefloatete Boxen zuerst auf der der float-Richtung gegen-überliegenden Seite ganz nach oben schweben. Bei float: left steigen sie also auf der *rechten* Seite des Elternelements nach oben, bei float: right auf der *linken* Seite. Erst wenn sie oben sind, schweben sie so weit es geht in die im float angegebene Richtung:

▶ Box 3 schwebt auf der *rechten* Seite so hoch es geht, im Beispiel bis unter Box 2, weil rechts neben Box 2 nicht genug Platz ist.

▶ Anschließend floatet Box 3 unterhalb von Box 2 *nach links*, bis sie an Box 1 stößt und dort hängenbleibt.

Auch dieses Verhalten ist eigentlich logisch, aber weder erwartet noch besonders praktisch beim Layouten. Wenn Sie zum Beispiel auf Ihren Webseiten eine Reihe von verschieden hohen Bildern floaten, bleiben diese unter Umständen aneinander hängen.

Es gibt noch ein paar Verhaltensregeln mehr für »float«

Vorerst reicht es, sich die `float`-Bewegung, wie im Text beschrieben, vorzustellen, aber um auch in komplexen Float-Umgebungen keine Mehrdeutigkeiten entstehen zu lassen, gibt es in der CSS-Spezifikation noch ein paar Bestimmungen, die das Verhalten von gefloateten Elementen genauestens regeln:

▶ *w3.org/TR/CSS21/visuren.html#propdef-float*

Eine deutsche Übersetzung dieser nicht ganz leicht verdaulichen Lektüre gibt es von Stefan Mintert:

▶ *edition-w3c.de/TR/1998/REC-CSS2-19980512/kap09.html#heading-9.5.1*

17.5   Zusammenfassung: Besonderheiten beim Floaten

Ein gefloatetes Element erzeugt *immer* eine Blockbox, und zwar auch dann, wenn es ein Inline-Element ist, und auch, wenn `display:inline` definiert wurde. Gefloatete Blockboxen haben zwei Besonderheiten:

▶ Die vertikalen Außenabstände kollabieren bei gefloateten Boxen nicht.

▶ Ohne Angabe einer Breite wird eine gefloatete Box nur so breit wie ihr Inhalt.

Besonders der zweite Punkt ist wichtig, denn aus diesem Grund wird `float` beim Layouten meistens mit einer definierten `width` benutzt, es sei denn, man möchte explizit erreichen, dass das Element auf die minimale Breite schrumpft. Im Englischen wird dieses Schrumpfen wie erwähnt als *Shrinkwrap* bezeichnet.

Das größte Problem bei `float`-Layouts ist die Tatsache, dass eine Float-Box sich nicht mehr im Fluss des Dokuments befindet und deshalb ohne weiteres Zutun nach unten aus der umgebenden Box herausragt.

Die Probleme beim Einschließen von gefloateten Elementen (*containing floats*) sowie zahlreiche Browserbugs im Zusammenhang mit float haben Anfang des Jahrtausends dafür gesorgt, dass die Eigenschaft zum Erstellen von mehrspaltigen Layouts eher zögerlich eingesetzt wurde, aber inzwischen gibt es dafür diverse Lösungen, die im folgenden Kapitel ausführlich geschildert werden.

17.6   Auf einen Blick

Hier sind noch einmal die wichtigsten Punkte dieses Kapitels im Überblick:

▶ float heißt »schweben« und ist eine eigenständige Eigenschaft mit den möglichen Werten left und right. Gefloatete Elemente schweben über der Seite und machen drei Bewegungen:

– Sie erheben sich aus dem Fluss des Dokuments.

– Sie schweben innerhalb des Elternelements so weit wie möglich nach oben.

– Sie driften innerhalb des Elternelements so weit wie möglich nach links oder rechts.

▶ Die Inhaltsbereiche aller nachfolgenden Elemente umfließen das gefloatete Element, die Box-Modell-Eigenschaften background, padding, border und margin rutschen aber darunter.

▶ CSS-Klassen zum Links- und Rechtsschweben von Elementen sind praktisch.

▶ Um den durch float ausgelösten Schwebezustand zu beenden, wird einem nachfolgenden Element die Eigenschaft clear zugewiesen, die die Werte left, right oder both annehmen kann.

▶ Gefloatete Elemente erzeugen immer eine Blockbox.

▶ Wenn im Browserfenster in der Breite nicht genügend Platz ist, fällt eine gefloatete Box unter die vorherige. Das nennt man »float drop«.

▶ Ohne Angabe von width schrumpfen sie auf die minimal benötigte Breite.

Kapitel 18
Containing Floats – gefloatete Elemente umschließen

Worin Sie eine einfache Bildergalerie erstellen und dabei Problemen mit dem Umschließen von gefloateten Elementen begegnen. Sie lernen diverse Methoden zur Lösung dieser Probleme kennen und bauen dann die Galerieseite in die Beispielsite ein.

Die Themen im Überblick:

▶ »Die Beispielseite zum Umschließen von Floats«, Seite 331

▶ »Das Problem: Gefloatete Elemente ragen nach unten heraus«, Seite 334

▶ »Fünf Methoden zum Umschließen von Floats«, Seite 336

▶ »Methode 1: Float einschließen mit ›clear‹«, Seite 337

▶ »Methode 2: Set a float to fix a float«, Seite 338

▶ »Methode 3: Ohne ›float‹ und ›clear‹ – ›overflow: hidden‹«, Seite 340

▶ »Methode 4: Auch ohne ›float‹ und ›clear‹ – ›display:table‹«, Seite 341

▶ »Methode 5: Easy Clearing – die Sache mit dem Punkt«, Seite 342

▶ »Die Galerieseite in die Beispielsite einbauen«, Seite 346

▶ »Auf einen Blick«, Seite 350

Die Eigenschaft `float` bereitet beim Layouten oft Probleme, weil gefloatete Elemente von ihrem jeweiligen Elternelement nicht automatisch eingeschlossen werden, sondern nach unten herausragen.

18.1   Die Beispielseite zum Umschließen von Floats

Als Beispiel für den Umgang mit Problemen, die beim Floaten auftauchen, dient eine ganz einfache Bildergalerie mit zwei Landschaftsbildern, neben denen jeweils eine Überschrift und ein beschreibender Absatz stehen sollen. Die fertige Beispielseite am Ende des Kapitels soll etwa so aussehen wie Abbildung 18.1.

Abbildung 18.1 Die fertige Beispielsite – Überschrift und Text stehen neben der Grafik.

Als Ausgangspunkt dient in diesem Kapitel die in Abbildung 18.2 dargestellte Beispiel-datei *floats-umschliessen.html*.

Abbildung 18.2 Der Ausgangspunkt – Überschrift und Text unter der Grafik

HTML und CSS in dieser Datei werden im Folgenden kurz vorgestellt. Es gäbe viele HTML-Wege zur Umsetzung dieser Vorgabe, aber die folgende Variante ist einfach und stabil: Eine h2-Überschrift und darunter jeweils eine Grafik, h3-Überschrift und Absatz in einem div.

```
<h2>Die Galerie</h2>

<div class="galerie">
<img src="landschaft01.jpg" width="203" height="180"
     alt="Von Bäumen umstandener See, in dem sich Wolken spiegeln">
<h3>Landschaftsbild 01</h3>
<p>Lorem ipsum dolor sit amet, consectetuer adipiscing elit.
 Suspendisse egestas ultricies pede.</p>
</div>

<div class="galerie">
<img src="landschaft02.jpg" width="203" height="180"
     alt="Weite Grasfläche mit Wolken und Halmen im Vordergrund">
<h3>Landschaftsbild 02</h3>
<p>Lorem ipsum dolor sit amet, consectetuer adipiscing elit.
 Suspendisse egestas ultricies pede.</p>
</div>

<p>Alle Fotos von <a href="http://pixelio.de/">pixelio.de</a></p>
```

Listing 18.1 Das HTML für die Beispielseite

Bevor Sie sich gleich intensiv dem Floaten der Grafiken widmen, werfen Sie noch einen Blick auf die kleine Prise CSS, mit der diese HTML-Elemente gestaltet werden:

```
<style>
body {
  font-family: Verdana, Arial, Helvetica, sans-serif;
  font-size: 87.5%;
}
h2 { font-size: 130%; }
h3 {
  font-size: 110%;
  margin: 0  0 1em 0;
}
div.galerie {
  background-color: #eee;
```

```
  width: 500px;
  padding: 10px;
  padding-top: 25px;
  border: 1px solid #999;
  margin: 0 3px 3px 0;
}
</style>
```

Listing 18.2 Das Basis-CSS für die Beispielseite

So viel zur Beispieldatei *floats-umschliessen.html*, die wie gesagt als Ausgangspunkt dient. Eigentlich müssen Sie jetzt »nur noch eben schnell« die Überschrift und den Text neben die Bilder setzen. Und genau das ist das Thema dieses Kapitels.

18.2   Das Problem: Gefloatete Elemente ragen nach unten heraus

Der nächstliegende Weg, um Text und Grafiken nebeneinanderzustellen, wäre es, die Grafiken einfach zu floaten. Das führt zwar nicht zum gewünschten Ergebnis, aber der im folgenden ToDo inszenierte »Float-Unfall« ist sehr typisch und treibt viele Webdesigner schlicht zur Verzweiflung.

Im folgenden ToDo floaten Sie die Grafiken innerhalb der div-Elemente nach links.

ToDo: Die Bilder in der Galerie nach links floaten

1. Kopieren Sie die Beispieldatei *floats-umschliessen.html* und die beiden Grafiken in einen Übungsordner.

2. Öffnen Sie *floats-umschliessen.html* in einem Editor.

3. Fügen Sie an das Ende des Styleblocks die folgende CSS-Regel zum Floaten der Grafiken ein:

```
div.galerie img {
  float: left;
  margin-right: 15px;
}
```

3. Speichern Sie die Webseite, und betrachten Sie sie im Browser.

CSS-Einsteiger erwarten an dieser Stelle meist, dass damit alles erledigt ist, aber das Ergebnis in Abbildung 18.3 entspricht – gelinde gesagt – nicht ganz dieser Erwartung.

Abbildung 18.3 Der erste »float«-Versuch erzeugt eine windschiefe Galerie.

Das scheinbare Chaos in Abbildung 18.3 entsteht, weil die gefloateten Grafiken nicht von den umgebenden div-Elementen eingeschlossen (umschlossen) werden, sondern nach unten aus dem umgebenden Element herausragen. Dadurch nimmt das Unglück seinen Lauf:

▸ Das umgebende div-Element weiß nichts von der Grafik, weil diese gefloatet ist und sich deshalb nicht mehr im Flow befindet.

▸ Das erste div-Element wird nur so hoch wie der darin enthaltene Text, weil es die Grafik wie gesagt gar nicht sieht und deshalb auch nicht einschließt.

▸ Die erste gefloatete Grafik ragt also nach unten aus dem div heraus, und die zweite gefloatete Grafik bleibt an der ersten hängen.

Und so kommt eines zum anderen. Spätestens in Momenten wie diesen tendieren altgediente Webdesigner zu dem Satz: »Mit Tabellen geht das alles einfacher!«, zumal das Problem weder ein Browserbug noch eine CSS-Macke, sondern beabsichtigt ist:

Das ursprüngliche Einsatzgebiet von float war es, Text um Bilder fließen zu lassen, und dabei ist es sehr sinnvoll, dass die gefloateten Bilder *nicht* vom umgebenden Element eingeschlossen werden.

Leider gibt es in CSS keine Option zum automatischen Umschließen von Floats, und wenn man ein Problem nicht lösen kann, dann arbeitet man drumherum. So zeige ich Ihnen diverse »Workarounds«, mit denen man die Schwierigkeit, gefloatete Objekte in ein Elternelement einzubetten, umgehen kann.

18.3   Fünf Methoden zum Umschließen von Floats

Alle fünf im Folgenden gezeigten Methoden haben dasselbe Ziel: Das umgebende div-Element soll die gefloatete Grafik einschließen, so dass diese nicht nach unten herausragt. Im Englischen nennt man das *Containing Floats*.

Hier sind alle im Folgenden gezeigten Tricks im Überblick:

1. Vor dem schließenden </div> wird ein HTML-Element br eingefügt und im CSS gecleart.
2. Das umgebende div-Element wird ebenfalls gefloatet (»Set a float ...«).
3. Das umgebende div-Element bekommt die Eigenschaft overflow:hidden.
4. Das umgebende div-Element bekommt die Eigenschaft display:table.
5. Per CSS wird nach dem div ein einzelner Punkt erzeugt und gecleart (Clearfix).

Alle diese Lösungen haben verschiedene Vor- und Nachteile, erreichen aber dasselbe Ziel, nämlich dass die gefloateten Bilder wie in Abbildung 18.1 vom umgebenden Element eingeschlossen werden.

Ausgangssituation für alle folgenden Beispiele ist das HTML und CSS von Abbildung 18.3: Die Grafiken sind gefloatet, aber alles ist durcheinander. Den Quelltext dazu finden Sie in den Beispieldateien in der Datei *floats-umschliessen.html*.

Floats umschließen in mehrspaltigen Layouts

Die verschiedenen Vor- und Nachteile der Methoden zum Umschließen von Floats werden in mehrspaltigen Float-Layouts erst so richtig relevant. Eine Übersicht dazu finden Sie in Abschnitt 21.5.

18.4   Methode 1: Float einschließen mit »clear«

Die erste Lösung besteht darin, kurz vor dem Ende des div-Elements ein gecleartes HTML-Element einzufügen. Im folgenden ToDo ergänzen Sie dazu einen einfachen Zeilenumbruch br, der im CSS gecleart und sicherheitshalber unsichtbar gemacht wird. br ist ein leeres Element und hat deshalb kein Ende-Tag.

ToDo: Methode 1 – Float einschließen mit »clear«

1. Öffnen Sie die Beispieldatei *floats-umschliessen.html* in einem Editor.
2. Speichern Sie die Datei unter dem Namen *floats-umschliessen01.html*.
3. Ergänzen Sie jeweils vor dem `</div>` einen Zeilenumbruch br, dem Sie die Klasse clear-and-hide zuweisen:

```
<div class="galerie">
<img src="landschaft01.jpg" width="203" height="180" ...>
<h3>Landschaftsbild 01</h3>
<p>Lorem ipsum dolor sit amet, ...</p>
<br class="clear-and-hide">
</div>
<div class="galerie">
<img src="landschaft02.jpg" width="203" height="180" ...>
<h3>Landschaftsbild 02</h3>
<p>Lorem ipsum dolor sit amet, ...</p>
<br class="clear-and-hide">
</div>
```

4. Definieren Sie im Styleblock die Klasse `.clear-and-hide`, die ein `clear:both` definiert und das Element gleichzeitig versteckt:

```
.clear-and-hide {
  clear: both;
  width: 0;
  height: 0;
  font-size: 0;
  line-height: 0;
}
```

5. Speichern Sie die Webseite, und betrachten Sie sie im Browser.

18

Das geclearte br sitzt *innerhalb* des umgebenden div. Deshalb wird das div bis unter das gefloatete Bild erweitert – einfach, aber wirkungsvoll. Statt des Zeilenumbruchs br können Sie natürlich auch jedes andere HTML-Element nehmen, zum Beispiel ein `hr` oder ein leeres `div`.

Ein Nachteil dieser Lösung ist das zusätzliche HTML-Element, das Sie für jedes Bild Ihrer Galerie hinzufügen müssen. Ein weiteres potenzielles Problem beim Verwenden dieser Methode hängt mit der globalen Wirkung von `clear` zusammen, die bei mehrspaltigen Layouts wirklich ärgerlich sein kann und die weiter hinten im Buch an einem konkreten Beispiel erklärt wird (siehe Abschnitt 21.5).

18.5   Methode 2: Set a float to fix a float

In CSS 2.1 ist definiert, dass ein gefloatetes Element ein darin enthaltenes gefloatetes Element immer umschließt. In der Literatur ist diese bereits im Jahre 2003 vom CSS-Guru Eric Meyer vorgestellte Methode als »Set a float to fix a float« bekannt geworden, was frei übersetzt so viel heißt wie »Füge ein Float hinzu, um ein Float zu reparieren«.

Dieses »doppelte Floatchen« kommt zunächst mit nur einer einzigen Zeile CSS aus.

ToDo: Methode 2 – Set a float to fix a float

1. Öffnen Sie die Beispieldatei *floats-umschliessen.html* in einem Editor.
2. Speichern Sie die Datei unter dem Namen *floats-umschliessen02.html*.
3. Ergänzen Sie die Deklaration zum Floaten der `div`-Elemente:
   ```
   div.galerie {
     float: left;       /* Set a float to fix a float */
     background-color: #eee;
     width: 500px;
     padding: 10px;
     padding-top: 25px;
     border: 1px solid black;
     margin: 0 3px 3px 0;
   }
   ```
4. Fügen Sie irgendwo im Styleblock eine Klasse namens `clearing` ein:
   ```
   .clearing { clear: both; }
   ```
5. Ergänzen Sie im Absatz mit der Quellenangabe die Klasse zum Clearen, damit er unterhalb der Galerie bleibt:
   ```
   <p class="clearing">Alle Fotos von ...</p>
   ```
6. Speichern Sie die Webseite, und betrachten Sie sie im Browser.

Die gefloateten Grafiken werden wunderbar umschlossen, und es wird kein zusätzliches HTML-Element benötigt. Der Grund dafür ist, dass das Floaten des div-Elements einen neuen sogenannten *Block Formatting Context* definiert und alle gefloateten Elemente darin eingeschlossen werden. Mehr zum Block Formatting Context erfahren Sie wie gesagt in Abschnitt 21.5.

Aber natürlich ist auch diese Lösung nicht perfekt, denn wenn das Browserfenster groß genug ist, stehen die gefloateten div-Elemente plötzlich *nebeneinander* (Abbildung 18.4).

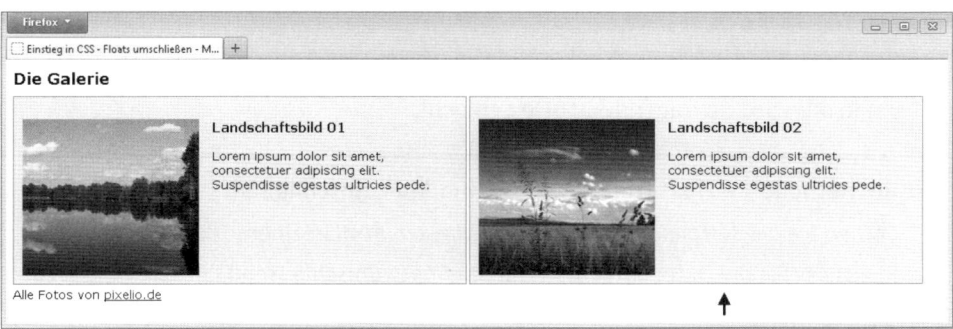

Abbildung 18.4 Oops. Die gefloateten »div«s stehen nebeneinander.

Sofern dieses Verhalten vom Layout her nicht beabsichtigt ist, müssen mit Ausnahme des allerersten alle nachfolgenden div-Elemente ebenfalls *gecleart* werden:

```
<div class="galerie clearing">
<img src="landschaft02.jpg" width="203" height="180" ...>
<h3>Landschaftsbild 02</h3>

...
</div>
```

Listing 18.3 Clearen der nachfolgenden »div«-Elemente

Und schon haben Sie genau wie bei der ersten Methode in einem mehrspaltigen Layout das potenzielle globale Clearing-Problem wieder am Hals.

Der Hauptnachteil des »float to fix« ist aber, dass in einem komplexen Layout das Verhalten der nachfolgenden Elemente von dem gefloateten div beeinflusst wird. Um das Problem zu lösen, floatet man früher oder später fast alle Elemente auf der Seite, weshalb manche Designer auch von *FnE* sprechen: »Floating nearly Everything«.

Außerdem bekommen ältere Browser wie der IE7 bei komplexen Float-Verschachtelungen Probleme mit der korrekten Darstellung, und so kämpfen Sie manchmal mehr mit Browserbugs als mit dem Layout.

Kurzum: Mit dem Floaten ist es wie mit dem Jonglieren. Ein Ball ist einfach, zwei gehen noch, aber ab dreien muss man richtig üben ...

18.6   Methode 3: Ohne »float« und »clear« – »overflow: hidden«

Anfang 2005 verbreitete sich die Kunde, dass der britische Webdesigner Paul O'Brien (*pmob.co.uk*) eine verblüffend simple Lösung für das Problem einzuschließender Floats gefunden hatte:

▶ Das umgebende div-Element bekommt die Anweisung overflow: hidden.

Und genau das wird im folgenden ToDo gemacht.

ToDo: Methode 3 – Floats mit »overflow:hidden« umschließen

1. Öffnen Sie die Beispieldatei *floats-umschliessen.html* in einem Editor.
2. Speichern Sie die Datei unter dem Namen *floats-umschliessen03.html*.
3. Ergänzen Sie für die div-Elemente das overflow:hidden:

```
div.galerie {
    overflow: hidden;
    background-color: #eee;
    width: 500px;
    padding: 10px;
    padding-top: 25px;
    border: 1px solid black;
    margin: 0 3px 3px 0;
}
```

4. Speichern Sie die Webseite, und betrachten Sie sie im Browser.

Sie benötigen weder ein zusätzliches HTML-Element noch muss etwas gefloatet oder gecleart werden. Die Lösung scheint verblüffend einfach, und das ist sie auch. Aber natürlich gibt es auch für overflow:hidden ein paar gut versteckte Nachteile.

Die Eigenschaft overflow sagt dem Browser, wie er mit Inhalt umgehen soll, der nicht in das ihn umgebende HTML-Element passt. Dies ist besonders wichtig, wenn ein Element mit width oder height eine feste Breite oder Höhe bekommen hat.

Mögliche Werte von overflow sind:

▶ visible: Der Standardwert. Der überfließende Inhalt wird angezeigt, die Größe des Elements wird aber *nicht* verändert. Der Inhalt läuft also einfach über den Rand des Elements hinweg.

▶ scroll: Der überfließende Inhalt wird abgeschnitten, aber das Element bekommt Scrollbalken, damit der Inhalt zugänglich bleibt.

▶ auto: Überlässt es dem Browser, wie er den überfließenden Inhalt behandelt. Die meisten Browser entscheiden sich für scroll.

▶ hidden: Gefährlich. Überfließender Inhalt wird schlicht und einfach abgeschnitten.

In der CSS-Spezifikation vom W3C ist nun festgelegt, dass overflow, sofern es einen anderen Wert als visible hat, einen neuen Block Formatting Context (BFC) erzeugt, in dem darin enthaltene gefloatete Elemente automatisch eingeschlossen werden. Aus genau diesem Grund reicht im Beispiel ein einziges overflow:hidden zum Umschließen der gefloateten Grafiken. Mehr zum BFC gibt es wie gesagt weiter hinten im Buch.

Floats einschließen mit overflow:hidden ist so, als ob Sie ein Medikament nur wegen der Nebenwirkungen schlucken. Die eigentliche Wirkung ist es, überfließenden Inhalt abzuschneiden. Bei der gleichzeitigen Verwendung von position:relative für dasselbe Element oder in Verbindung mit einer fest definierten Höhe ist diese Methode riskant und kann zu abgeschnittenen Inhalten führen.

Ein weiterer potenzieller Nachteil von overflow:hidden zeigt sich bei der Verwendung von CSS3-Eigenschaften wie box-shadow, die Sie weiter hinten in diesem Kapitel noch zur Gestaltung der Galeriebilder einsetzen. Der Schatten liegt außerhalb der eigentlichen Box und würde unter ungünstigen Umständen durch overflow:hidden einfach abgeschnitten.

Im Umkehrschluss ist overflow:hidden eine wirklich einfache Methode zum Einschließen von Floats, wenn

▶ die betroffenen Elemente keine feste Höhe oder Breite haben.

▶ Sie für das betroffene Element keine CSS3-Schatten mit box-shadow einsetzen möchten.

Mit Ausnahme dieser zwei Fälle spricht meist nicht viel gegen overflow:hidden.

18.7 Methode 4: Auch ohne »float« und »clear« – »display:table«

Die Methode mit overflow:hidden ist wie gesagt einfach und hat außer dem potenziellen Problem mit den Schatten drumherum keinerlei Nachteile.

Als Alternative gibt es mit display:table noch eine andere Möglichkeit, die fast genauso einfach zu handhaben ist wie overflow:hidden und die Sie im folgenden ToDo ausprobieren.

ToDo: Methode 4 – Floats umschließen mit »display:table«

1. Öffnen Sie die Beispieldatei *floats-umschliessen.html* in einem Editor.

2. Speichern Sie die Datei unter dem Namen *floats-umschliessen04.html*.

3. Ergänzen Sie für die div-Elemente das display:table:

    ```
    div.galerie {
      display: table;
      background-color: #eee;
      width: 500px;
      padding: 10px;
      padding-top: 25px;
      border: 1px solid black;
      margin: 0 3px 3px 0;
    }
    ```

4. Speichern Sie die Webseite, und betrachten Sie sie im Browser.

Die Eigenschaft display:table verstehen alle modernen Browser und der IE ab Version 8. Da das betreffende Element im IE7 durch die mit width vergebene feste Breite ohnehin hasLayout bekommt, ist das in der Regel kein Problem. Was genau es mit hasLayout auf sich hat, erfahren Sie in Kapitel 23, »Patchwork – Flicken im CSS«.

display:table sollte übrigens *immer* mit einer durch width definierten festen Breite benutzt werden, denn ohne Angabe einer festen Breite wird eine Tabelle nur so breit wie der darin enthaltene Inhalt, und das kann unter Umständen zu unerwünschten Nebeneffekten führen. Ein Nebeneffekt ist, dass in Verbindung mit display:table eine eventuelle Angabe von position:relative wirkungslos ist.

18.8   Methode 5: Easy Clearing – die Sache mit dem Punkt

Es gibt noch eine weitere Möglichkeit zum Clearen von Floats. Sie wird *Easy Clearing* oder auch *Clearfix*-Methode genannt und ist relativ komplex:

▶ Entwickelt wurde die Methode von Tony Aslett (*csscreator.com*).

▶ Erweitert wurde sie von Holly 'n John (*positioniseverything.net*).

Gleich zu Anfang zeigt das folgende ToDo einmal das gesamte Easy Clearing in Aktion. Die Erklärung folgt danach.

ToDo: Floats mit dem Clearfix-Hack einschließen

1. Öffnen Sie die Beispieldatei *floats-umschliessen.html* in einem Editor.

2. Speichern Sie die Datei unter dem Namen *floats-umschliessen05.html*.

3. Fügen Sie am Ende des Styleblocks die folgenden Styles ein:

```
/* Der Kern von Clearfix */
.clearfix:after {
  content: ".";
  display: block;
  clear: both;
  font-size: 0;
  height: 0;
  visibility: hidden;
}
/* Patch für IE7 */
*:first-child+html .clearfix { min-height: 0; }
```

4. Ergänzen Sie im HTML bei *beiden* divs die Klasse clearfix:

```
<div class="galerie clearfix">
```

5. Speichern Sie die Webseite, und betrachten Sie sie im Browser.

Funktionieren sollte es bereits, auch wenn Sie beim Abtippen wahrscheinlich nicht jedes Detail sofort verstanden haben. Der Name *Easy Clearing* entbehrt nicht einer gewissen Ironie, denn die Syntax ist doch eher komplex. Das »Easy« bezieht sich wohl mehr auf die Tatsache, dass man das CSS einsetzen kann, ohne es wirklich verstehen zu müssen:

▸ Sie speichern die im ToDo gezeigten Styles in Ihrem Stylesheet.

▸ Im HTML vergeben Sie bei Bedarf die Klasse clearfix.

▸ Fertig.

Es folgt die detaillierte Erklärung dieser Methode. Die Lektüre ist freiwillig.

18.8.1   Teil 1: Der Kern von Clearfix

Im HTML bekommt das umgebende Element, das die gefloateten Elemente umschließen soll, die Klasse clearfix. Im Beispiel sind das die beiden div-Elemente mit der Klasse galerie:

```
<div class="galerie clearfix">
```

Listing 18.4 Das umgebende Element bekommt die Klasse »clearfix«.

Im CSS wird dazu passend eine Regel für die Klasse clearfix definiert und um das Pseudo-Element :after ergänzt, das Sie schon von der Druckversion her kennen:

```
.clearfix:after {
  content: ".";
  display: block;
  clear: both;
  font-size: 0;
  height: 0;
  visibility: hidden;
}
```

Listing 18.5 Die CSS-Regel für die Klasse »clearfix«

Und das macht dieser Style, Zeile für Zeile:

1. Das Pseudo-Element :after fügt am Ende des Elements einen beliebigen Inhalt ein, der im Style mit der Eigenschaft content definiert wird. Im Beispiel ist dies ein einfacher Punkt.

2. content: "." erzeugt am Ende des Elements mit der Klasse clearfix im Quelltext einen einfachen Punkt, genau genommen *nach* dem Inhalt, aber noch *innerhalb* des Elements.

3. display: block erzeugt eine Blockbox für den Punkt, weil clear für Inline-Boxen keine Wirksamkeit hat.

4. clear: both cleart den mit content erzeugten Punkt und sorgt so für das Umschließen des gefloateten Elements.

5. font-size: 0 definiert eine Schriftgröße von 0, damit der Punkt im Browserfenster nicht sichtbar ist.

6. height: 0 schrumpft den Punkt auf eine Höhe von null Pixel, damit er im Browserfenster nicht sichtbar ist.

7. visibility: hidden macht den geschrumpften Punkt noch unsichtbarer.

Kurzform: Mit dem Pseudo-Element `:after` wird am Ende des zu clearenden Elements ein ganz simpler Punkt erzeugt, der anschließend geblockt, gecleart und unsichtbar gemacht wird.

Im Grunde funktioniert diese Methode ganz ähnlich wie die allererste mit dem geclearten `br`-Element, nur dass Sie das zusätzliche HTML-Element nicht selbst in den Quelltext schreiben müssen. Das macht dieser Style automatisch für Sie.

18.8.2   Teil 2: Der Patch für den IE7

Alle Internet Explorer bis inklusive Version 7 wissen nichts von einem Pseudo-Element `:after` und ignorieren somit den in Teil 1 mühsam erstellten Style. Dafür haben diese Internet Explorer noch eine andere Eigenwilligkeit, die in diesem Fall aber äußerst willkommen ist.

Hier ist zunächst noch einmal der zweite Teil des Easy Clearings im Überblick:

```
/* Patch für IE7 */
*:first-child+html .clearfix { min-height: 0; }
```

Listing 18.6 Der IE7-Patch für den Clearfix

Der IE7 unter Windows lässt sich mit der Anweisung aus Listing 18.6 dazu bringen, gefloatete Elemente zu umschließen.

▶ Der Selektor `*:first-child+html .clearfix` bewirkt, dass die gesamte Zeile nur vom IE7 gelesen wird.

▶ Die Anweisung `min-height: 0;` gibt dem Element `hasLayout`.

Natürlich gibt es für die IE-Patches zahlreiche Varianten, von denen eine jede Vor- und Nachteile hat. Einige Autoren bevorzugen zum Triggern von `hasLayout` die Anweisung `zoom:1`, die nur der IE kennt. Vorteil: `zoom` hat definitiv keinerlei Auswirkungen auf das Layout, während das bei `min-height` und `height` zumindest theoretisch denkbar ist. Potenzieller Nachteil: Das Stylesheet validiert nicht mehr, da `zoom` nicht zum CSS-Standard gehört.

In der Originalversion des Easy Clearings wurden übrigens auch noch der IE5/Mac und der IE6 berücksichtigt, aber Ersteren hat in der freien Webwildbahn schon seit Jahren niemand mehr zu Gesicht bekommen und der IE6 ist zum Glück ebenfalls Geschichte. Wer mit diesen Browsern heute noch im Web unterwegs ist und Ihre Seiten besucht, hat wahrscheinlich noch ganz andere Probleme als ein paar kaputte Floats …

18

> **» A new micro clearfix hack« von Nicolas Gallagher**
>
> Eine Aktualisierung und Vereinfachung des klassischen Clearfix-Hacks zeigt Nicolas Gallagher in seinem Blog:
>
> ▸ *nicolasgallagher.com/micro-clearfix-hack/*
>
> Die Technik benutzt `display:table` statt `display:block` und erzeugt statt des Punktes eine Leerstelle, so dass nichts mehr versteckt werden muss.

18.9   Die Galerieseite in die Beispielsite einbauen

Das Beispiel mit der kleinen Galerie ist so gewählt, dass es relativ problemlos in die vorhandene Site aus den vorherigen Kapiteln eingebaut werden kann (siehe Abbildung 18.5).

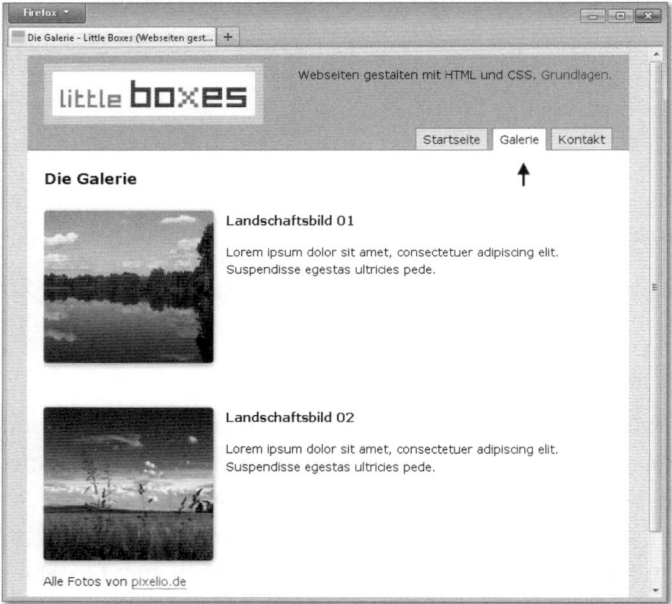

Abbildung 18.5 Die Beispielsite mit eingebauter Galerieseite

Am besten kopieren Sie die Beispieldateien aus dem Basisordner für diesen Abschnitt in einen Übungsordner und probieren dann einfach einmal, die Galerieseite einzubauen.

Zum Umschließen der Floats wird in den Beispieldateien im Beispiel übrigens die Methode Nr. 5 Easy Clearing eingesetzt, aber spielen Sie ruhig auch mit den anderen Methoden, denn nur so lernen Sie deren Anwendung.

In den folgenden Abschnitten finden Sie eine kurze Beschreibung der Änderungen. Neu ist dabei lediglich der Einsatz der Eigenschaft box-shadow, um den Grafiken einen leichten Schatten zu geben. Im Ordner *fertig* finden Sie bei Bedarf die fertige Lösung.

18.9.1   Die Beispielseite »galerie.html«

Die Datei *galerie.html* können Sie wie die Kontaktseite als Kopie der *index.html* erzeugen. Die fett gedruckten Stellen werden anschließend geändert, wobei Sie den Text für den Inhaltsbereich aus der Datei *floats-umschliessen.html* kopieren können:

```
...
  <title>Die Galerie - Little Boxes ... </title>
...
<body>
...
<div id="navibereich">
  <ul>
    <li><a href="index.html">Startseite</a></li>
    <li class="sie-sind-hier"><a href="galerie.html">Galerie</a></li>
     <li><a href="kontakt.html">Kontakt</a></li>
  </ul>
</div> <!-- Ende navibereich -->
...
<div id="textbereich">
<h2>Die Galerie</h2>

<div class="galerie clearfix">
  <img src="landschaft01.jpg" width="203" height="180"
       alt="Von Bäumen umstandener See, in dem sich Wolken spiegeln">
  <h3>Landschaftsbild 01</h3>
  <p>Lorem ipsum dolor sit amet, consectetuer adipiscing elit.
     Suspendisse egestas ultricies pede...</p>
</div><!-- Ende .galerie 01 -->

<div class="galerie clearfix">
  <img src="landschaft02.jpg" width="203" height="180"
       alt="Weite Grasfläche mit Wolken und Halmen im Vordergrund" />
  <h3>Landschaftsbild 02</h3>
  <p>Lorem ipsum dolor sit amet, consectetuer adipiscing elit.
```

```
        Suspendisse egestas ultricies pede</p>
</div><!-- Ende .galerie 02 -->

<p>Alle Fotos von <a href="http://pixelio.de/">pixelio.de</a></p>
</div> <!-- Ende textbereich -->
...
```

Listing 18.7 Ausschnitt aus dem HTML-Quelltext von »galerie.html«

Auf den anderen beiden Webseiten müssen Sie lediglich die Navigation um das Listen-element für die Galerieseite ergänzen.

18.9.2   Das Easy Clearing in »fundament.css« speichern

In *fundament.css* speichern Sie den Clearfix-Hack, so dass Sie in Zukunft bei Bedarf im HTML einfach die Klasse `clearfix` vergeben können. Am besten fügen Sie die beiden Styles in Abschnitt III ein, direkt unter der Klasse `.clearing`:

```
/* Der Kern von Clearfix */
.clearfix:after {
  content: ".";
  display: block;
  clear: both;
  font-size: 0;
  height: 0;
  visibility: hidden;
}
/* Patch für IE7 */
*:first-child+html .clearfix { min-height: 0; }
```

Listing 18.8 Änderungen in »fundament.css«

18.9.3   Das CSS in »bildschirm.css« im Überblick

In *bildschirm.css* wurden ebenfalls einige Änderungen vorgenommen. Am Anfang des Stylesheets wurde ein Style für h3 ergänzt:

```
/* Nach den Styles für h1 und h2 folgenden Style einfügen */
h3 { font-size: 110%; }
```

Listing 18.9 Änderungen am Anfang von »bildschirm.css«

Am Ende des Stylesheets *bildschirm.css* wird im Abschnitt für »Sonstige Styles« das CSS für die kleine Galerie hinzugefügt, wobei der hellgraue Hintergrund entfernt und die Grafiken mit runden Ecken und einem leichten Schatten ergänzt werden:

```
/* ======================================
3. Sonstige Styles
====================================== */
/* Die kleine Galerie */
div.galerie {
  padding: 25px 10px 10px 0;
  margin: 0 3px 3px 0;
 }
div.galerie img {
  float: left;
  border-radius: 4px;                    /* runde Ecken */
  box-shadow: 0px 2px 6px rgba(0,0,0,0.3); /* Schatten */
  margin-right: 15px;
  margin-bottom: 15px;
}
```

Listing 18.10 Änderungen im letzten Teil von »bildschirm.css«

Beachten Sie, dass im Listing beim Style für `div.galerie` die per `width` definierte feste Breite von 500 px entfernt wurde. Dadurch passt sich die Galerie flexibler in andere Layouts ein.

Mit der Eigenschaft `box-shadow` können Sie Elementen einen leichten Schatten mit auf den Weg zu geben:

▶ Die ersten drei Werte stehen für die Verschiebung auf der x-Achse (`offset-x`, 0 px), der y-Achse (`offset-y`, 2 px) und den Grad der Verschwommenheit (`blur-radius`, 6 px). Dabei können und sollten Sie natürlich auch mit anderen Werten experimentieren.

▶ Die Schattenfarbe wird im vierten Wert mit `rgba(0,0,0,0.3)` definiert. Die Farbe wird dabei wie üblich aus Werten für RGB zusammengesetzt, im Beispiel ist das Schwarz (0,0,0). Neu dabei ist der vierte Wert, der sogenannte Alphakanal. Damit können Sie mit einem Wert zwischen 0 und 1 die Transparenz einer Farbe definieren. 1 heißt dabei keine Transparenz und 0 ist komplett durchsichtig.

Der IE8 kennt `border-radius` und `box-shadow` nicht und stellt die Bilder deshalb ganz normal dar, ohne runde Ecken und ohne Schatten. Es gibt aber keinerlei nachteilige Nebenwirkungen.

18

18.10   Auf einen Blick

Hier sind noch einmal die wichtigsten Punkte dieses Kapitels im Überblick:

- ▶ Das Einschließen von Floats (*Containing Floats*) ist eine wichtige Grundlagentechnik zur Erstellung von floatbasierten Layouts.
- ▶ Zum Einschließen von gefloateten Elementen gibt es verschiedene Methoden:
  - – ein (zusätzliches) HTML-Element innerhalb des umgebenden Elements zum Clearen
  - – Floaten des umgebenden Elements
  - – Zuweisen von `overflow: hidden` an das umgebende Element
  - – Zuweisen von `display: table` an das umgebende Element (mit fester Breite)
  - – die Clearfix-Methode, auch *Easy Clearing* genannt
- ▶ Mit `box-shadow` können Sie Elementen per CSS einen Schatten zuweisen.

Kapitel 19

Eine floatbasierte horizontale Navigation

Worin Sie eine floatbasierte horizontale Navigation erstellen und dabei erfahren, was es mit Sprite-Grafiken auf sich hat.

Die Themen im Überblick:

- »Vorbereitungen für die floatbasierte Navigation«, Seite 352
- »Schritt 1: Den Navigationsbereich gestalten«, Seite 353
- »Schritt 2: Die Links in der Navigation gestalten«, Seite 355
- »Schritt 3: Aktive Links hervorheben und Hover-Effekt erstellen«, Seite 356
- »Schritt 4: CSS-Sprites – mehrere Grafiken in einer«, Seite 357
- »Das komplette CSS für die Navigation im Überblick«, Seite 360
- »Auf einen Blick«, Seite 362

19

In diesem Kapitel erstellen Sie eine ganz normale gefloatete horizontale Navigation, die Sie später als Ausgangspunkt für eigene Kreationen benutzen können. Der Farbverlauf in der Navigation wird mithilfe einer Sprite-Grafik erstellt. Abbildung 19.1 zeigt die fertige Navigation am Ende dieses Kapitels.

Abbildung 19.1 Die fertige Navigation

19.1   Vorbereitungen für die floatbasierte Navigation

Das HTML für dieses Kapitel ist relativ unverändert. Es gibt die Seiten *Startseite*, *Galerie* und *Kontakt*, die Sie bereits aus den vorherigen Kapiteln kennen. Lediglich das untere padding für den Kopfbereich wird etwas erhöht, damit der Abstand zur horizontalen Navigation ausreichend groß ist.

Im zentralen Stylesheet *zentrale.css* wird das vorhandene Stylesheet für die Navigation auskommentiert oder entfernt. Danach erstellen Sie ein leeres Stylesheet namens *navi-float-horizontal.css* und binden es ein, so dass der Navigationsbereich anfangs noch ungestaltet ist. Dieses Stylesheet wird im Verlauf dieses Kapitels mit den Styles zur Gestaltung der Navigationsleiste gefüllt.

ToDo: Die Gestaltung der floatbasierten Navigation vorbereiten

1. Kopieren Sie die Dateien aus dem Basisordner zu diesem Kapitel in einen Übungsordner.

2. Öffnen Sie das Stylesheet *bildschirm.css* in einem Editor.

3. Ändern Sie padding-bottom für den Kopfbereich auf 10px:

   ```
   div#kopfbereich {
       position: relative;
       background-color: #f3c600;
       color: black;
       padding: 10px 20px;
   }
   ```

4. Speichern Sie das Stylesheet.

5. Erstellen Sie eine neue Datei, speichern Sie sie als *navi-float-horizontal.css* im Übungsordner, und fügen Sie die üblichen Kommentare ein:

   ```
   /* =======================================================
   Stylesheet für die Beispielsite aus "Einstieg in CSS"
   Datei: navi-float-horizontal.css
   Datum: ...
   Autor: ...
   ======================================================= */
   @media screen {
   } /* Ende @media – nicht löschen! */
   ```

```
/* =====================================
   E N D E navi-float-horizontal.css
===================================== */
```

6. Öffnen Sie *zentrale.css* in einem Editor.

7. Ersetzen Sie die Einbindung *navi-tabs.css* durch *navi-float-horizontal.css*.

8. Speichern Sie *zentrale.css*, und betrachten Sie die Webseiten im Browser.

Die Navigation ist nach diesem ToDo fast ungestaltet (Abbildung 19.2). Das Stylesheet *navi-float-horizontal.css* wird im Laufe des Kapitels mit dem CSS zur Gestaltung der Navigationsleiste gefüllt.

Abbildung 19.2 Der Ausgangspunkt zur Gestaltung der horizontalen Navigation

19.2   Schritt 1: Den Navigationsbereich gestalten

Im ersten Schritt gestalten Sie den Navigationsbereich. Er bekommt ein leichtes pad-ding-left, damit der erste Navigationspunkt linksbündig mit dem Logo beginnt, und eine Hintergrundgrafik mit einem Farbverlauf, damit er optisch vom Kopfbereich etwas abgesetzt wird.

Da die Listenelemente nach links gefloatet werden, bekommt der Navigationsbereich ein overflow:hidden, damit er die gefloateten Listenelemente umschließt. Natürlich könnten Sie an dieser Stelle auch eine der anderen Möglichkeiten zum Umschließen von Floats einsetzen, aber overflow:hidden ist verlockend einfach, und es spricht nichts dagegen.

Für die ungeordnete Liste und die Listenelemente werden sicherheitshalber padding und margin auf 0 gesetzt, damit sie nicht versehentlich dazwischenfunken. Die Gestaltung der Menüpunkte erfolgt im nächsten Schritt mit den Hyperlinks.

ToDo: Den Navigationsbereich gestalten

1. Kopieren Sie die Grafik *navi-bg.jpg* aus dem Ordner *grafiken* in den Übungsordner.
2. Öffnen Sie das Stylesheet *navi-float-horizontal.css*, und erstellen Sie den folgenden Style zur Gestaltung von #navibereich:

```css
/* Schritt 1 Navibereich gestalten */
div#navibereich {
  overflow:hidden;
  background: #f3c600 url("navi-bg.jpg") repeat-x left top;
  padding: 0;
  padding-left: 20px;
  margin: 0;
}
```

3. Fügen Sie darunter die folgenden beiden Styles zur Gestaltung von Liste und Listenelementen ein:

```css
div#navibereich ul {
  padding: 0;
  margin: 0;
}
div#navibereich li {
  float: left;
  width: auto;
  list-style: none;
  line-height: 1;
  padding: 0;
  margin: 0;
}
```

4. Speichern Sie das Stylesheet.

Nach diesen Schritten sieht die Navigation etwa so aus wie in Abbildung 19.3 – noch ein bisschen dünn, aber es geht in die richtige Richtung.

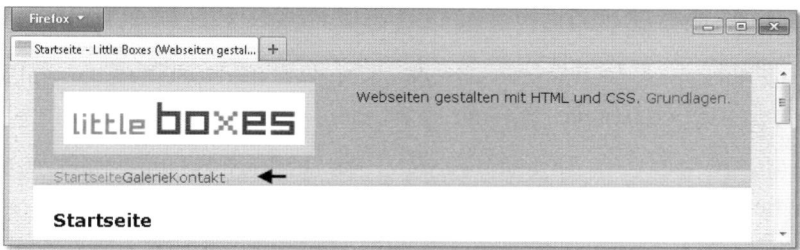

Abbildung 19.3 Der Navigationsbereich mit gefloateten Listenelementen

19.3   Schritt 2: Die Links in der Navigation gestalten

In diesem Schritt gestalten Sie mit einem einzigen Style die Hyperlinks. Diese werden geblockt und geben der Navigation durch ein padding rundherum ihren Charakter.

ToDo: Die Hyperlinks in der Navigation gestalten

1. Öffnen Sie gegebenenfalls das Stylesheet *navi-float-horizontal.css* im Editor.

2. Fügen Sie nach den vorhandenen Styles die folgende CSS-Regel zur Gestaltung der Hyperlinks ein:

```
/* Schritt 2 Hyperlinks gestalten */
div#navibereich a {
  color: #000000;
  display: block;
  padding: 7px 13px 7px 10px;
  text-decoration: none;
}
```

3. Speichern Sie das Stylesheet.

Die Navigation sieht jetzt schon etwas ansprechender aus (Abbildung 19.4).

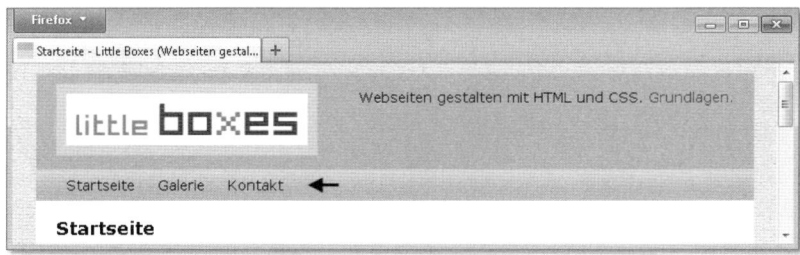

Abbildung 19.4 Die Navigation mit gestalteten Hyperlinks

19.4   Schritt 3: Aktive Links hervorheben und Hover-Effekt erstellen

Was noch fehlt, ist die Kennzeichnung der aktuellen Seite und das Verhalten der Links beim Hovern, beim Durchtabben per ⇥ und im Moment des Klicks.

▶ Der Link, der die aktuelle Seite anzeigt, bekommt die Hintergrundgrafik *navi-hier.jpg*, die einen helleren Farbverlauf enthält.

▶ Beim Hovern und Durchtabben wird ebenfalls eine Hintergrundgrafik zugewiesen, und die Links werden dabei unterstrichen.

▶ Im Moment des Klicks wird der Link dunkelrot (#b80000) eingefärbt und die Schriftfarbe auf Weiß gesetzt. Durch diesen Effekt wird für den Besucher quasi das Drücken eines Schalters simuliert, und er sieht, dass sein Klick etwas bewirkt hat.

Der Lerneffekt ist am größten, wenn Sie nach jedem Schritt kurz speichern und die Navigation im Browser testen.

ToDo: Die verschiedenen Linkzustände gestalten

1. Kopieren Sie die Grafiken *navi-hier.jpg* und *navi-hover.jpg* vom Ordner *grafiken* in den Übungsordner.

2. Öffnen Sie *navi-float-horizontal.css* im Editor, und fügen Sie nach den vorhandenen Styles die folgende CSS-Regel zur Gestaltung des aktuellen Hyperlinks ein:

```
/* Schritt 3 Linkzustände gestalten */
div#navibereich li.sie-sind-hier a {
    background: #ffeda0 url("navi-hier.jpg") repeat-x left top;
    color: black;
    font-weight: normal;
    text-decoration: none;
}
```

3. Der folgende Style gestaltet die Links beim Hovern und Durchtabben:

```
div#navibereich ul a:hover,
div#navibereich ul a:focus {
    background: #428474 url("navi-hover.jpg") repeat-x left top;
    border-bottom: none;
    color: black;
    text-decoration: underline;
}
```

---

4. Last but not least folgt der Style, der den Link im Moment des Klicks gestaltet:

```
div#navibereich ul a:active {
   background: #b80000;
   color: white;
}
```

5. Speichern Sie das Stylesheet, und testen Sie die Webseiten im Browser.

Im Browser sieht die fertige Navigation jetzt so aus wie in Abbildung 19.5: floatbasiert, horizontal, ausbaufähig und durch die Ausgestaltung der Linkzustände absolut gebrauchstauglich.

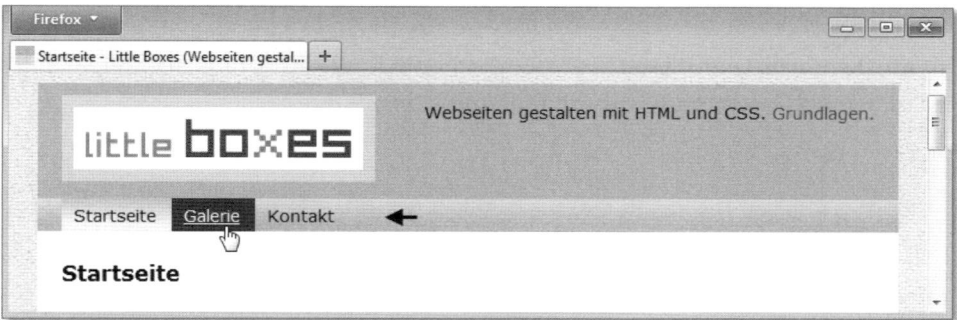

Abbildung 19.5 Die fertige horizontale Navigation

19.5   Schritt 4: CSS-Sprites – mehrere Grafiken in einer

Wenn Ihre erste Assoziation bei dem Wort »Sprite« momentan noch Zitronenlimonade in grünen Flaschen ist, ist das völlig okay. *CSS-Sprites* sind in gewisser Weise auch erfrischend, haben aber mit dem Getränk eher weniger zu tun.

Momentan benutzen Sie zur Gestaltung der Navigation drei 20×30 px große Grafiken, die etwas vergrößert wie in Abbildung 19.6 aussehen.

Abbildung 19.6 Die drei Navigationsgrafiken im Überblick

Jede dieser Grafiken muss einzeln vom Webserver angefordert werden. Praktischer wäre es, alle drei Grafiken in einer zu vereinen und dann mithilfe eines kleinen Positionierungstricks den richtigen Teil der Grafik einzublenden.

Diese Technik ist unter dem Namen CSS-Sprites in die Geschichte des Webdesigns eingegangen. Dadurch muss der Browser nur noch eine Grafik vom Webserver holen, was die Darstellung der Seiten besonders beim Hovern beschleunigt und bei gut besuchten Sites eine Menge HTTP-Request spart.

Das Wort *sprite* heißt wörtlich übersetzt übrigens so viel wie »Elfe«, »Kobold« oder »schemenhafte Erscheinung«. Der Begriff wird für die CSS-Technik verwendet, weil die für den Hover-Effekt benötigte Grafik nicht erst beim Hovern nachgeladen werden muss, sondern schon im Browsercache vorhanden ist und sofort dargestellt werden kann – quasi wie eine schemenhafte Erscheinung.

Die dazu benötigte Grafik heißt *navi-sprite.jpg*, enthält alle drei Grafiken untereinander und ist dementsprechend 20×90px groß (Abbildung 19.7).

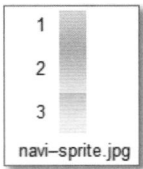

Abbildung 19.7 Die Sprite-Grafik – 3-in-1

Diese 3-in-1-Grafik wird in allen drei Styles zur Gestaltung der Linkzustände als Hintergrundgrafik eingebunden. Gesteuert wird die Anzeige des richtigen Grafikabschnitts per CSS durch die vertikale Positionierung der Sprite-Grafik:

▶ Der normale Hintergrund für den Navigationsbereich entspricht den oberen 30 px von *navi-sprite.jpg*. Die Positionierung der Grafik kann deshalb mit der Angabe von `left top` so bleiben, wie sie ist.

▶ Der Hintergrund zur Darstellung des Hover-Zustands entspricht den mittleren 30 px der Grafik. Im CSS wird die Grafik deshalb mit den Werten `left -30px` um 30 Pixel angehoben.

▶ Der Hintergrund für den aktuellen Menüpunkt ist der untere Teil der Grafik. Um ihn einzublenden, wird die *navi-sprite.jpg* mit `left -60px` um 60 Pixel angehoben.

Genau diese Schritte erledigen Sie im folgenden ToDo.

ToDo: Die Sprite-Grafik in das Stylesheet einbinden

1. Kopieren Sie die Grafik *navi-sprite.jpg* in den Übungsordner.

2. Öffnen Sie *navi-float-horizontal.css* im Editor, und binden Sie die Grafik in den Style zur Gestaltung des Navigationsbereichs ein:

```
div#navibereich {
  overflow:hidden;
  background: #f3c600 url("navi-sprite.jpg") repeat-x left top;
  padding: 0;
  padding-left: 20px;
  margin: 0;
}
```

3. Ändern Sie den Style zur Gestaltung des aktuellen Menüpunktes wie folgt:

```
div#navibereich li.sie-sind-hier a {
  background: #ffeda0 url("navi-sprite.jpg") repeat-x left -60px;
  color: black;
  font-weight: normal;
  text-decoration: none;
}
```

4. Ändern Sie den Style zum Hovern und Durchtabben wie folgt:

```
div#navibereich ul a:hover,
div#navibereich ul a:focus {
  background: #428474 url("navi-sprite.jpg") repeat-x left -30px;
  border-bottom: none;
  color: black;
  text-decoration: underline;
}
```

5. Speichern Sie das Stylesheet, und testen Sie die Webseiten im Browser.

Im Browser hat sich, wenn alles glatt gelaufen ist, durch diesen Eingriff nichts geändert. CSS-Sprites werden wie gesagt auf gut besuchten Websites zur Reduzierung der HTTP-Requests und somit zur Verbesserung der Performance eingesetzt.

Ein schönes Beispiel für die Verwendung von CSS-Sprites finden Sie auf *contao.org*, der Website zu dem pfiffigen Content-Management-System *Contao*. Auf der Site gibt es auf vielen Seiten unter den Menüpunkten verschiedene hübsche Symbole, die sich beim Hovern farblich verändern (Abbildung 19.8).

Abbildung 19.8 Symbole zur Illustration der Menüpunkte auf contao.org

Alle diese Symbole sind samt der Varianten, die beim Hovern erscheinen, in einer Sprite-Grafik enthalten, die mit der Positionierung im Stylesheet jeweils an die richtige Stelle geschoben wird (Abbildung 19.9).

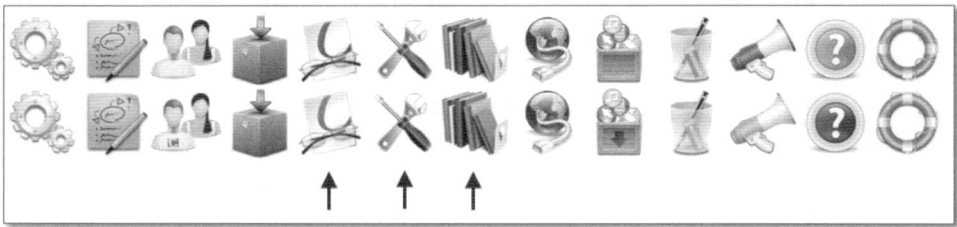

Abbildung 19.9 Die auf contao.org verwendete Sprite-Grafik

19.6   Das komplette CSS für die Navigation im Überblick

Zum Abschluss des Kapitels finden Sie hier noch einmal den Quelltext von *navi-float-horizontal.css* im Überblick:

```
/* =======================================================
Stylesheet für die Beispielsite aus "Einstieg in CSS"
Datei: navi-float-horizontal.css
```

```
Datum: ...
Autor: ...
=========================================================== */
@media screen {
/* Schritt 1 Navibereich gestalten */
div#navibereich {
  overflow:hidden;
  background: #f3c600 url("navi-sprite.jpg") repeat-x left top;
  padding: 0;
  padding-left: 20px;
  margin: 0;
}
div#navibereich ul {
  padding: 0;
  margin: 0;
}
div#navibereich li {
  float: left;
  width: auto;
  list-style: none;
  line-height: 1;
  padding: 0;
  margin: 0;
}


/* Schritt 2 Hyperlinks gestalten */
div#navibereich a {
  color: black;
  display: block;
  padding: 7px 13px 7px 10px;
  text-decoration: none;
}


/* Schritt 3 Linkzustände gestalten */
div#navibereich li.sie-sind-hier a {
  background: #ffeda0 url("navi-sprite.jpg") repeat-x left -60px;
  color: black;
  font-weight: normal;
  text-decoration: none;
}
```

19

```
div#navibereich ul a:hover,
div#navibereich ul a:focus {
  background: #428474 url("navi-sprite.jpg") repeat-x left -30px;
  border-bottom: none;
  color: black;
  text-decoration: underline;
}
div#navibereich ul a:active {
  background: #b80000;
  color: white;
}

} /* Ende @media - nicht löschen! */
/* ====================================
   E N D E navi-float-horizontal.css
==================================== */
```

Listing 19.1 Das Stylesheet »navi-float-horizontal.css« im Überblick

19.7 Auf einen Blick

Hier sind noch einmal die wichtigsten Punkte dieses Kapitels im Überblick:

▶ Eine floatbasierte horizontale Navigation ist eine stabile Grundlage für eigene Experimente und funktioniert auch in älteren Browsern reibungslos.

▶ Der Navigationsbereich umschließt die gefloateten Listenelemente nur, wenn eine entsprechende Clearing-Methode eingesetzt wird. In diesem Kapitel wurde der Einfachheit halber overflow:hidden gewählt.

▶ Bei CSS-Sprites werden mehrere Grafiken in einer gespeichert. Das beschleunigt Hover-Effekte und spart HTTP-Requests.

TEIL V

Mehrspaltige Layouts mit CSS

Kapitel 20
Media Queries – eine mobile Version erstellen

Worin Sie die Beispielseiten für die Benutzung auf einem mobilen Gerät optimieren und anschließend mit einer Media Query wieder fit für den Desktop machen.

Die Themen im Überblick:

▶ »Bestandsaufname: Die Beispielseiten auf einem Smartphone«, Seite 365

▶ »Schritt 1: Die feste Layoutbreite entfernen«, Seite 367

▶ »Schritt 2: Die Anweisung ›meta viewport‹ hinzufügen«, Seite 369

▶ »Schritt 3: Optimierung von Kopfbereich und Formular«, Seite 370

▶ »Schritt 4: Media Query für große Bildschirme«, Seite 373

▶ »Auf einen Blick«, Seite 379

Bevor Sie sich in den folgenden Kapiteln der Erstellung mehrspaltiger, floatbasierter Layouts widmen, möchte ich Ihnen noch zeigen, wie Sie eine einfache mobile Version der Beispielsite erstellen.

Webseiten für mobile Geräte zu optimieren, ist eine Wissenschaft für sich, die in einer CSS-Einführung nicht wirklich abgedeckt werden kann, aber mit ein paar grundlegenden Änderungen verhalten sich die Beispielseiten sowohl in kleinen als auch in großen Browserfenstern durchaus akzeptabel (Abbildung 20.1).

20.1 Bestandsaufname: Die Beispielseiten auf einem Smartphone

Seit der Einführung des iPhones im Jahre 2007 hat sich das Web verändert, und immer mehr Menschen surfen heute mit mobilen Geräten. Eine Webseite muss also heute auf Smartphones, Tablets, Notebooks *und* traditionellen Desktop-Computern, also auf Bildschirmen mit einer Diagonale von 3 bis 30 Zoll, gut aussehen und bedienbar sein.

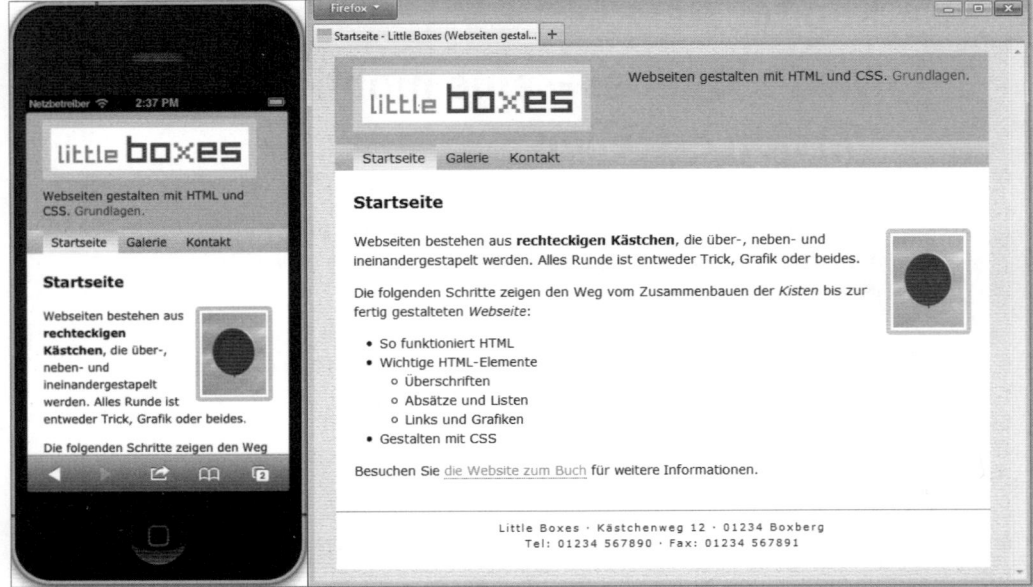

Abbildung 20.1 Die Startseite links im iOS-Simulator und rechts im Firefox

Eine Technik, die sich dieses Problems annimmt, sind die in CSS3 eingeführten *Media Queries*. Medientypen wie screen und print haben Sie bereits kennengelernt, und die Beispielseiten haben eine mit @media print erstellte Druckversion. Mit Media Queries können Sie die Medientypen verfeinern und zum Beispiel beim Medientyp screen auch die Breite des Browserfensters abfragen.

20.1.1 Die Beispielseiten in einem Smartphone betrachten

Um die Beispielseiten auf einem Smartphone zu betrachten, ist es am einfachsten, sie auf irgendeinen Webspace zu kopieren und dann im Browser die URL einzugeben. Die Beispielseiten sehen in Safari auf dem iPhone momentan etwa so aus wie in Abbildung 20.2. Die Browser der anderen Betriebssysteme wie Android oder Windows Phone verhalten sich ähnlich.

Der Browser auf einem Smartphone zoomt die Seite einfach klein, so dass sie komplett zu sehen, aber kaum zu lesen ist. Der Benutzer kann die Seite vergrößern und dann hin- und herschieben, um die einzelnen Teile lesen und bedienen zu können, aber ideal ist diese Situation sicherlich nicht.

Abbildung 20.2 Die Beispielseiten auf einem iPhone

20

Kein Smartphone? Verschiedene Bildschirmgrößen testen im Firefox

Falls Sie gerade keinen Webspace zur Verfügung haben, können Sie auch einfach das Browserfenster verkleinern. Ein kleines Browserfenster ist zwar kein Smartphone und ersetzt den Check auf Smartphones oder Tablets nicht, ist aber besser als nichts.

Im Firefox geht das Überprüfen von Webseiten in verschiedenen vordefinierten Browserfenstergrößen recht einfach:

▶ Menü Extras • Web-Entwickler

▶ Befehl Bildschirmgrössen testen

Das Tastenkürzel ist Strg + ⇧ + M.

20.2   Schritt 1: Die feste Layoutbreite entfernen

Im ersten Schritt entfernen Sie die feste Breite und den oberen Außenabstand vom Wrapper, so dass der auf einem kleinen Bildschirm überflüssige graue Hintergrund oben, rechts und links neben dem Inhalt nicht mehr zu sehen ist.

ToDo: Feste Breite und »margin-top« vom Wrapper entfernen

1. Öffnen Sie das Stylesheet *bildschirm.css* in einem Editor.

2. Suchen Sie den Style für `div#wrapper`, und ändern Sie ihn wie folgt:

    ```css
    div#wrapper {
      background-color: white;
      color: black;
      width: auto;
      margin: 0 auto;
    }
    ```

3. Speichern Sie das Stylesheet, laden Sie es gegebenenfalls hoch auf den Webspace, und betrachten Sie die Webseiten im Browser.

Der Browser auf einem Smartphone zoomt die Seiten immer noch runter, aber immerhin füllen sie den kleinen Bildschirm schon so weit wie möglich aus (Abbildung 20.3).

Abbildung 20.3 Die Beispielseiten im Smartphone mit voller Breite

20.3   Schritt 2: Die Anweisung »meta viewport« hinzufügen

Eine für Smartphones optimierte Webseite sollte vom Browser nicht verkleinert werden, und deshalb bringen Sie in diesem Schritt den Browsern mit einer speziellen Anweisung bei, dass sie die Beispielseiten ganz normal darstellen und nicht herunterzoomen sollen.

Genau zu diesem Zweck gibt es ein Meta-Element im Head der Webseiten, das auf den schönen Namen meta viewport hört:

```
<meta name="viewport" content="width=device-width">
```

Listing 20.1 Die Anweisung »meta viewport«

Wo genau im Head diese Zeile steht, ist nicht wichtig, aber ein guter Platz ist nach meta description und vor dem Link zum Favicon.

ToDo: »meta viewport« auf den Webseiten einbauen

1. Öffnen Sie die drei Webseiten in einem Editor.

2. Fügen Sie auf jeder Seite im Head folgende Anweisung ein:

   ```
   <meta name="viewport" content="width=device-width">
   ```

3. Speichern Sie die Webseiten, laden Sie sie gegebenenfalls hoch auf den Webspace, und betrachten Sie sie im Smartphone.

Abbildung 20.4 zeigt die Beispielseiten im iPhone. Der Fließtext ist nach diesem ToDo schon wesentlich besser lesbar, aber auf Start- und Kontaktseite besteht noch Handlungsbedarf:

▶ Der absolut positionierte Slogan im Kopfbereich läuft quer über das Logo und muss anders platziert werden, idealerweise unterhalb des Logos.

▶ Das im CSS mit einer festen Breite versehene Formular ragt über den rechten Bildschirmrand hinaus und sollte flexibler reagieren.

Die Galerieseite hingegen passt sich dem kleinen Bildschirm bereits gut an. Der beschreibende Text rutscht automatisch unter die Bilder, sodass alles lesbar bleibt und der Benutzer bequem nach unten scrollen kann, um alle Bilder und Texte zu sehen.

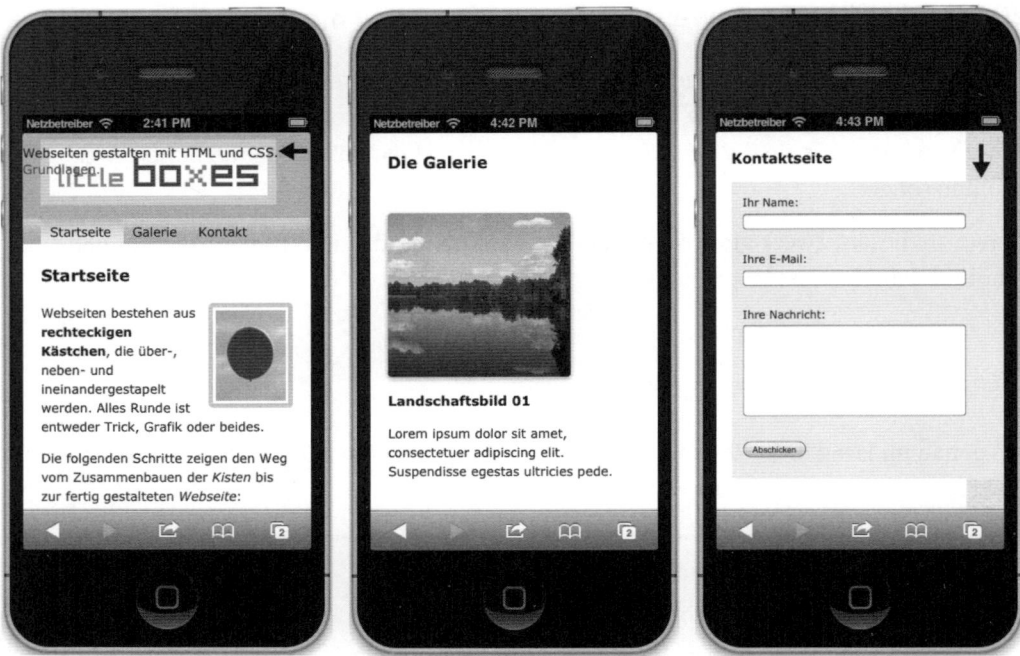

Abbildung 20.4 Mit »meta viewport« ist der Fließtext schon besser lesbar.

20.4   Schritt 3: Optimierung von Kopfbereich und Formular

Auf den Beispielseiten besteht wie gesagt noch an zwei Stellen akuter Handlungsbedarf:

▶ Im Kopfbereich muss der über das Logo laufende Slogan anders positioniert werden, da er über dem Logo steht.

▶ Das Kontaktformular ist zu breit und ragt rechts aus dem Bild heraus.

Diese beiden Baustellen bearbeiten Sie in diesem Abschnitt.

20.4.1   Der Slogan im Kopfbereich kommt wieder unter das Logo

Der Slogan überlagert das Logo, weil er absolut positioniert wurde. Um den Kopfbereich zu reparieren, wird die absolute Positionierung entfernt. Weiter unten in diesem Kapitel werden Sie sie für große Bildschirme wieder hinzufügen.

ToDo: Den Slogan im Kopfbereich positionieren

1. Öffnen Sie das Stylesheet *bildschirm.css* im Editor.

2. Suchen Sie den Style zur Gestaltung von `p#slogan`, und entfernen Sie die absolute Positionierung (oder kommentieren Sie sie aus):

```
p#slogan {
    padding: 5px 0 5px 0;
    margin-bottom: 0;
}
```

3. Speichern Sie das Stylesheet, laden Sie es gegebenenfalls hoch auf den Webspace, und betrachten Sie die Webseiten im Smartphone.

Im Browser steht der Slogan jetzt wieder im normalen Fluss der Seite, und der Browser kümmert sich darum, dass sich die Elemente nicht überlappen (Abbildung 20.5).

Abbildung 20.5 Die Beispielseiten mit lesbarem Slogan

20.4.2   Kontaktformular in der Breite anpassen

Jetzt muss nur noch auf der Kontaktseite das Formular angepasst werden. Ursache für das Fehlverhalten ist die feste Breite für das Formular selbst und die darin enthaltenen Input-Elemente. Beides wird im folgenden ToDo behoben.

ToDo: Die feste Breite vom Kontaktformular entfernen

1. Öffnen Sie das Stylesheet *formulare.css* in einem Editor.

2. Entfernen Sie die mit `width` definierte feste Breite vom Formular (oder kommentieren Sie sie aus):

```
form {
  background-color: #eee;
  padding: 1em;
  margin-bottom: 2em;
}
```

3. Ändern Sie die etwas weiter unten definierte feste Breite für die Eingabefelder in eine prozentuale Breite:

```
input[type="text"],
input[type="email"],
textarea {
  width: 80%;
  padding: 0.25em;
  margin-bottom: 1em;
}
```

4. Speichern Sie das Stylesheet, laden Sie es gegebenenfalls hoch auf den Webspace, und betrachten Sie die Webseiten im Browser.

Nach diesen Änderungen sieht das Formular in einem Smartphone schon besser aus. Wenn Sie auf eines der Formularfelder tippen, zeigt das Smartphone eine virtuelle Tastatur zur Eingabe (Abbildung 20.6).

Beachten Sie, dass sich die Tastatur je nach Eingabefeld ändert. So werden für das E-Mail-Feld gleich ein @-Zeichen und ein Punkt angezeigt. Der Browser weiß, dass es ein E-Mail-Feld ist, weil im HTML `<input type="email">` steht.

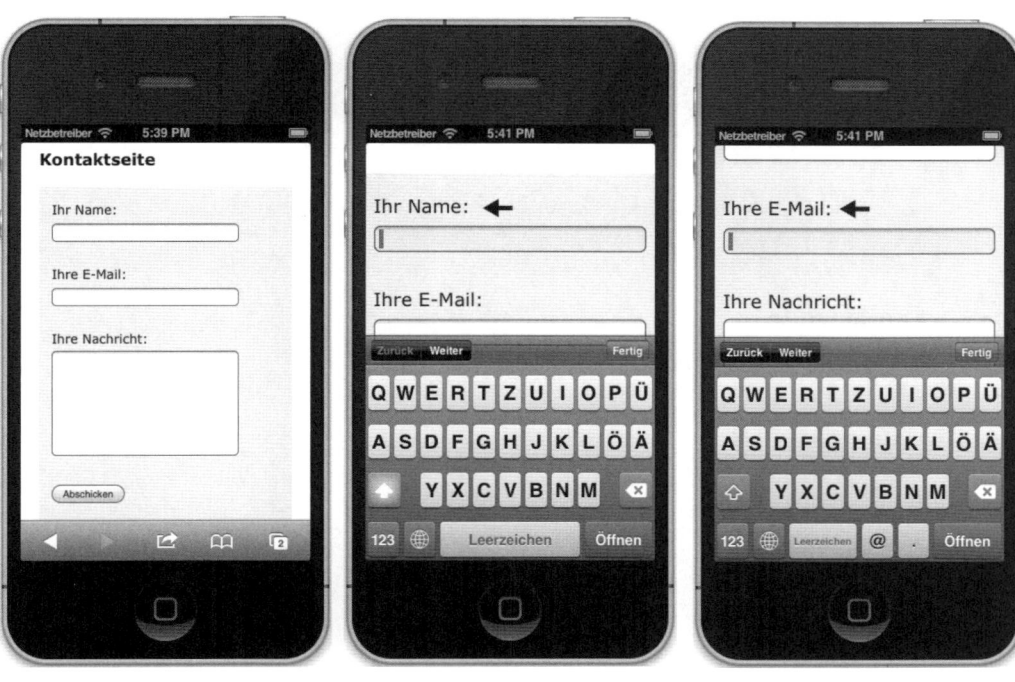

Abbildung 20.6 Das Formular passt sich ohne feste Breite an.

20.5   Schritt 4: Media Query für große Bildschirme

Auf Smartphones sind die Beispielseiten nach diesen Änderungen les- und benutzbar, aber in einem großen Browserfenster auf einem Laptop oder einem Desktop-Computer sehen die Seiten jetzt schlechter aus als vorher:

▶ Die Webseiten werden nicht mehr mit einer festen Breite zentriert, sondern sind immer so breit wie das Browserfenster.

▶ Der Slogan würde neben dem Logo besser aussehen.

▶ Das Kontaktformular wird unter Umständen auch ein bisschen zu breit, und die Eingabefelder haben immer eine Breite von 80 %.

Abbildung 20.7 zeigt diese Punkte in der Übersicht.

Abbildung 20.7 In einem großen Browserfenster sieht es nicht so gut aus.

Um je nach Breite des Browserfensters unterschiedliches CSS ausliefern zu können, wurden in CSS3 die *Media Queries* erfunden. Eine beliebte Grenze (Breakpoint) sind zum Beispiel 768 px, denn das entspricht einem iPad und vielen anderen Tablets im Hochformat. Um den Webseiten oberhalb von 768 px eine andere Formatierung zu geben, genügt folgende Media Query:

```
@media screen and (min-width: 768px) {

  /* CSS-Regeln für Browserfenster ab einer Breite von 768px */

}
```

Listing 20.2 Media Query für breitere Browserfenster

Genau genommen wird mit der Media Query die Breite des `viewport` überprüft. Das ist der innere Bereich des Browserfensters, in dem die Webseite dargestellt wird, und zwar inklusive Rollbalken.

20.5.1   Ein neues Stylesheet für breitere Browserfenster

Im folgenden ToDo erstellen Sie ein Stylesheet namens *desktop.css*, in dem Sie die Beispielseiten mit einer Media Query für breite Browserfenster gestalten.

ToDo: Media Query für breite Browserfenster

1. Erstellen Sie eine neue Datei, und speichern Sie sie im Übungsordner als *desktop.css*

2. Fügen Sie, wie im vorigen Kapitel gesehen, einen Anfangs- und einen Endekommentar sowie die Anweisung `@media screen` hinzu:

```
/* ====================================================
Stylesheet für die Beispielsite aus "Einstieg in CSS"
Datei: desktop.css
Datum: ...
Autor: ...
======================================================= */
@media screen and (min-width:768px) {


} /* Ende @media – nicht löschen! */

/* ===================================
   E N D E desktop.css
=================================== */
```

3. Binden Sie das neue Stylesheet in *zentrale.css* ein:

```
@import url(fundament.css);
@import url(bildschirm.css);
@import url(navi-tabs.css);
@import url(formulare.css);
@import url(druckversion.css);
@import url(desktop.css);
```

4. Speichern Sie beide Stylesheets.

Nach der Erstellung und Einbindung des Stylesheets geht es im nächsten Abschnitt los mit der eigentlichen Gestaltung des Formulars.

20.5.2   Die Gestaltung der Beispielseiten für breite Browserfenster

Im folgenden ToDo versetzen Sie die Beispielseiten für Browserfenster ab einer Breite von 768 px wieder in den Zustand, den sie vor diesem Kapitel hatten. *Status quo ante* nennen Lateiner so etwas.

ToDo: Die Beispielseiten für breite Browserfenster gestalten

1. Öffnen Sie das Stylesheet *desktop.css* in einem Editor.
2. Fügen Sie innerhalb der Media Query folgende Styles ein:

```css
/* Breite für den Wrapper auf dem Desktop */
div#wrapper {
  width: 720px;
  margin: 10px auto;
}

/* Inhalte für den Desktop gestalten */
p#slogan {
  position:absolute;
  top: 10px;
  right: 20px;
}
form { width: 320px; }
input[type="text"],
input[type="email"],
textarea {
  width: 280px;
}
```

3. Speichern Sie das Stylesheet, laden Sie es gegebenenfalls auf den Webspace hoch, und betrachten Sie es in allen Browsern, mobil und auf dem Desktop.

Nach diesem ToDo sind die Beispielseiten auf kleinen Bildschirmen les- und bedienbar und sehen dank der Media Query auf großen Bildschirmen genauso aus wie vor diesem Kapitel (Abbildung 20.8).

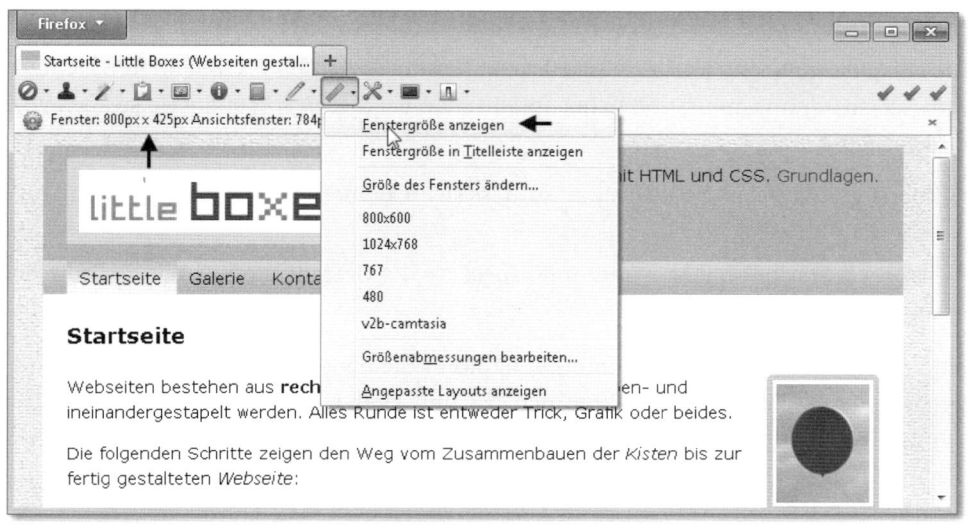

Abbildung 20.8 Die Webseiten in einem Browserfenster auf dem Desktop

Auf kleinen Bildschirmen passen sich die Beispielseiten an und bleiben les- und benutzbar. Abbildung 20.9 zeigt dies im Firefox. Dazu wurde im Menü EXTRAS · WEB-ENTWICKLER der Befehl BILDSCHIRMGRÖSSEN TESTEN (Strg + ⇧ + M) mit einer Auflösung von 320x480 aktiviert.

Abbildung 20.9 Die Webseiten passen sich dem Browserfenster an.

20.5.3 Mobile First – ältere Internet Explorer verstehen keine Media Queries

Die Beispielseiten sind jetzt ohne Media Queries für Smartphones und andere kleinere Browserfenster optimiert, und daher spricht man bei dieser Vorgehensweise auch von *Mobile First*:

▶ Zuerst gestalten Sie die Webseiten so, dass sie in kleineren Browserfenstern gut aussehen.

▶ Dann kommt per Media Query mit `min-width` die Gestaltung für breitere Browserfenster hinzu.

Ein Problem dabei ist, dass der Internet Explorer die neuen Media Queries erst ab der Version 9 versteht. Deshalb bekommen IE8 und älter immer die eigentlich nur für schmale Browserfenster gedachte Version (Abbildung 20.10). Dieses Problem beheben Sie in Kapitel 23, »Patchwork – Flicken im CSS«.

Abbildung 20.10 Der Internet Explorer 8 versteht die Media Query nicht.

20.6   Auf einen Blick

Hier sind noch einmal die wichtigsten Punkte dieses Kapitels im Überblick:

▶ Seit der Einführung des iPhones im Jahr 2007 nutzen immer mehr Menschen das Web auf mobilen Geräten.

▶ Browser auf Smartphones verkleinern nicht optimierte Webseiten, so dass sie komplett auf den kleinen Bildschirm passen.

▶ Zur Optimierung von Webseiten für kleine Bildschirme

– entfernen Sie so weit wie möglich feste Breitenangaben,

– fügen Sie die Anweisung `meta viewport` hinzu:

```
<meta name="viewport" content="width=device-width">
```

▶ Media Queries helfen bei der Optimierung von Webseiten für unterschiedlich große Browserfenster:

– Media Queries erweitern die Medientypen wie `screen`:

```
@media screen and (min-width: 768px) {   }
```

▶ Der IE8 versteht keine Media Query und bekommt deshalb immer die Version für kleine Browserfenster.

20

Kapitel 21

Zweispaltiges Layout mit »float« und »margin«

Worin Sie erfahren, wie man mit den Eigenschaften »float« und »margin« ein zweispaltiges Layout erzeugt. Anschließend wird dieses Layout Schritt für Schritt flexibilisiert. Zum Abschluss gibt es einen Exkurs zur globalen Wirkung von »clear« und dem Block Formatting Context.

Die Themen im Überblick:

▶ »Mehrspaltigkeit ist in CSS 2 eigentlich eine Illusion«, Seite 382

▶ »Festes Layout mit ›float‹ und ›margin‹«, Seite 385

▶ »Flexibles Layout mit fester Navigationsspalte«, Seite 395

▶ »Flexibles Layout mit flexibler Navigationsspalte«, Seite 399

▶ »Exkurs: Die globale Wirkung von ›clear‹ und der BFC«, Seite 404

▶ »Auf einen Blick«, Seite 408

21

Wie Sie gesehen haben, gibt es verschiedene Lösungen für das Problem mit dem Einschließen von Floats, das bei der Erstellung der kleinen Galerie in Kapitel 18, »Containing Floats – gefloatete Elemente umschließen«, aufgetaucht ist.

Im Folgenden möchte ich Ihnen mit float und margin eine weit verbreitete Methode zur Erstellung von floatbasierten Layouts zeigen. Dabei wird der horizontale Navigationsbereich zur linken Layoutspalte (Abbildung 21.1).

Dieses Layout wird anschließend Schritt für Schritt flexibilisiert, wobei Sie auch kurz ein neues Box-Modell namens »Border-Box« kennenlernen.

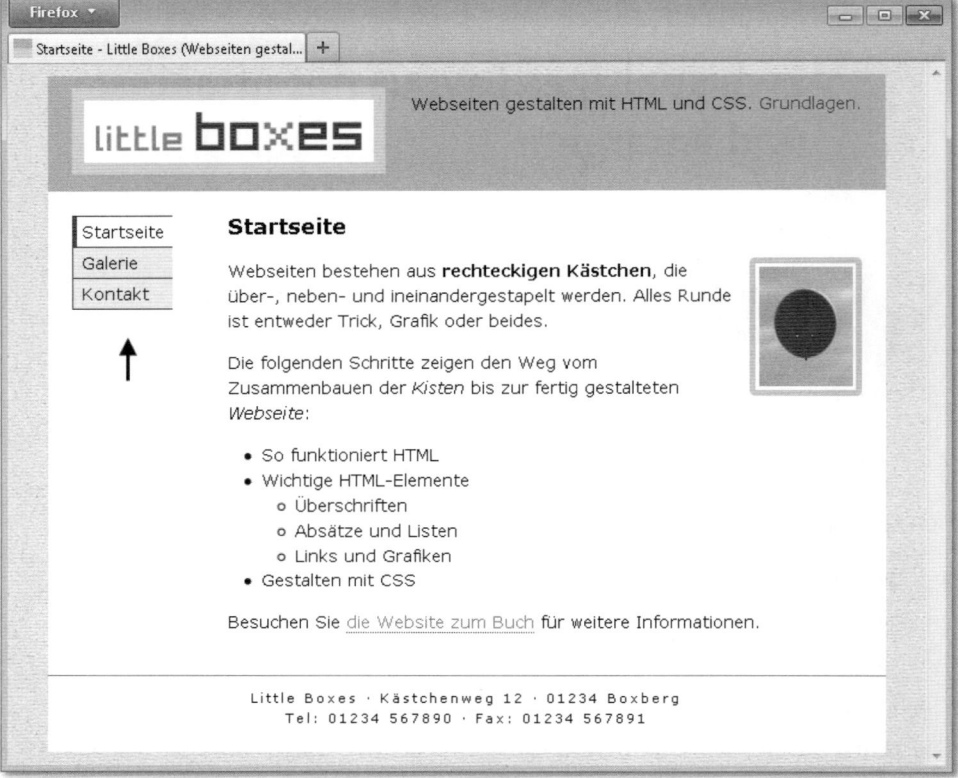

Abbildung 21.1 Ein zweispaltiges Layout mit dem Navigationsbereich als linke Spalte

21.1   Mehrspaltigkeit ist in CSS 2 eigentlich eine Illusion

Laut Wikipedia bezeichnet eine Illusion im allgemeinen Sprachgebrauch *»eine mit tech-nischen Mitteln herbeigeführte Sinnestäuschung«*. Es gibt keine Mehrspaltigkeit in CSS. In diesem Kapitel erfahren Sie, wie Sie mit Hilfe von float die Illusion eines mehrspalti-gen Layouts erzeugen können.

21.1.1   Das Nebeneinander auf Webseiten mit »position« und »float«

Statische Block-Boxen können nicht nebeneinanderstehen, da sie einen integrierten Zeilenumbruch haben. Nebeneinander, das können von Haus aus nur Inline- oder Inline-Block-Boxen. Mit der Eigenschaft display können Sie zwar die Art der erzeugten Boxen ändern, aber für mehrspaltige Layouts ist das nicht ausreichend.

Das Problem beim Gestalten von Webseiten ist, dass echte mehrspaltige Layouts in CSS 2.1 wie gesagt nicht vorgesehen sind. Webdesigner haben sich im Laufe der Jahre einiges einfallen lassen, um dieses Manko zu beheben, aber letztlich beruhen alle Layoutmethoden auf zwei Techniken, deren Handhabung Sie in den vorangegangenen Kapiteln kennengelernt haben:

▶ **Absolute Positionierung**: Absolut positionierte Elemente wissen nichts vom Flow. HTML-Elemente auf Webseiten sind von Natur aus sehr rücksichtsvoll und gehen sich gegenseitig aus dem Weg, so dass sich zwei im Flow befindliche Elemente niemals überlappen. Für ein absolut positioniertes Element ist hingegen der Autor verantwortlich, nicht der Browser.

▶ **Float**: Gefloatete Elemente liegen zwar auch nicht im Flow, sehen sich aber wenigstens ein bisschen. Beim Layouten kommt ein Float selten allein, und verschachtelte Floats führen oft zu unliebsamen Überraschungen – besonders in Browsern, die zu einer Zeit programmiert wurden, als man `float` für eine eher selten genutzte Eigenschaft zum Umfließen von Grafiken hielt.

Fazit: Immer wenn auf einer Webseite Block-Boxen nebeneinanderstehen und im HTML keine Tabellen vorhanden sind, wurde das mit `display`, `position` oder `float` erreicht. Etwas anderes gibt es (noch) nicht.

Vor dem Erstellen mehrspaltiger CSS-Layouts sollte man also zunächst die grundlegenden Techniken wie `position:absolute` und `float` verstehen, denn wer glaubwürdige Illusionen erzeugen will, der muss sein Handwerk beherrschen. Das weiß jeder Magier. Die zauberhafte Assistentin wird nicht wirklich zersägt. Alles Illusion. Genau wie Spalten in CSS-Layouts.

21.1.2   Web Developer – vorhandene Webseiten untersuchen

Wenn Sie auf Ihren Streifzügen durch das Web herausfinden möchten, ob ein Layout mit `float` oder mit `position:absolute` erstellt wurde, müssen Sie nicht unbedingt gleich den Quelltext analysieren.

Im Add-on *Web Developer* gibt es im Menü KONTUR verschiedene Optionen, um gefloatete und positionierte Elemente hervorzuheben:

▶ den Befehl GEFLOATETE ELEMENTE MIT KONTUR VERSEHEN

▶ ein Untermenü POSITIONIERTE ELEMENTE MIT KONTUR VERSEHEN mit drei Optionen für `absolute`, `relative` und `fixed`.

Sind auf der Webseite entsprechende Elemente vorhanden, werden diese, wie Abbildung 21.2 zeigt, mit einer Kontur versehen, man könnte auch sagen *rot umrandet*.

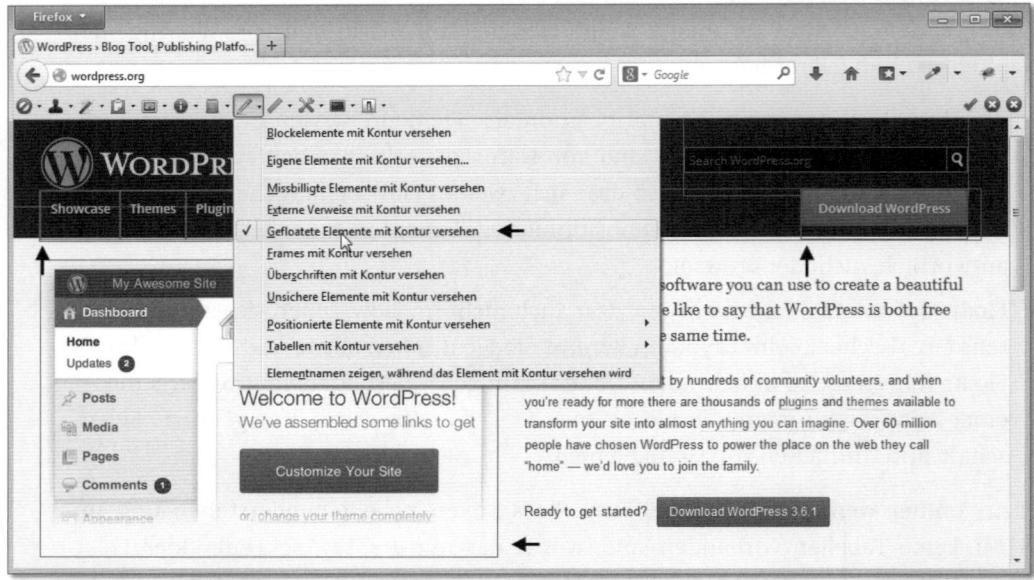

Abbildung 21.2 Gefloatete Elemente mit »Kontur« vom Web Developer

21.1.3 CSS-Layouts heute und morgen

So, wie die Layouttabellen der 1990er Jahre heute als veraltet gelten, werden zukünftige Webdesigner wahrscheinlich eines Tages auf heutige CSS-Layouttechniken zurückblicken und dabei leicht kopfschüttelnd vor sich hin murmeln: »Nee, wat'n Klamdüdel ...«

Trotzdem sind die heute verbreiteten CSS-Layouts gegenüber den Tabellen-Layouts ein Schritt in die richtige Richtung, denn sie ermöglichen immerhin eine weitgehende Trennung von Inhalt und Gestaltung. Sie erinnern sich? Das war die Geschichte mit Shrek: Oger bestehen aus Schichten, Zwiebeln bestehen aus Schichten, Webseiten auch.

Es besteht zwar Hoffnung auf Besserung, denn es gibt gleich mehrere CSS3-Module zur Erstellung von mehrspaltigen Layouts, aber (noch) ist das Zukunftsmusik, und bis Spaltenlayouts mit CSS3 Realität werden, kann es noch ein bisschen dauern. Wer *heute* mehrspaltige Layouts mit CSS erstellen möchte, der muss weiterhin entweder absolut positionieren oder einen Float-Zirkus bändigen. Und das lernen Sie in den nächsten Kapiteln.

21.2   Festes Layout mit »float« und »margin«

Mit `float` können Sie nicht nur Grafiken schweben lassen, sondern auch ganze `div`-Bereiche, und das HTML bleibt so, wie es ist.

Abbildung 21.3 zeigt das fertige Layout: Unterhalb einer Breite von 768 px bleibt die Navigation unverändert (links), und ab 768 px erscheint ein einfaches zweispaltiges Layout, bei der die Navigation in der linken Spalte steht.

Abbildung 21.3 Die Navigation in einem kleinem und in einem großem Browserfenster

Die Erstellung dieses Layouts erfolgt in sieben Schritten:

1. Neues Stylesheet für die Navigation erstellen
2. Floaten des Navigationsbereichs
3. Textbereich mit einem großen linken Außenabstand versehen

4. Die Navigationsliste gestalten

5. Die Hyperlinks in der Navigation gestalten

6. Aktuellen Navigationspunkt hervorheben

7. Überschrift ausrichten und Fußbereich clearen

Bei der Umwandlung des momentan vorhandenen einspaltigen Layouts mit horizontaler Navigation in ein zweispaltiges Layout mit vertikaler Navigation bleibt das HTML wie es ist. Alle Änderungen erfolgen im CSS. Und los geht's.

21.2.1 Schritt 1: Ein neues Stylesheet für die Navigation erstellen und einbinden

Zunächst begrenzen Sie mit einer Media Query die Wirkung des bereits vorhandenen Stylesheets *navi-float-horizontal.css* für die horizontale Navigation:

```
@media screen and (max-width:767px) {  }
```

Listing 21.1 Media Query – bis zu einer Breite von 767 px

Maximal 767 px. Ab einer Breite von 768 px wird dann ein neues Stylesheet namens *navi-float-vertikal.css* übernehmen, das Sie im folgenden ToDo erstellen und einbinden.

ToDo: Ein neues Stylesheet für die Navigation erstellen

1. Kopieren Sie die Beispieldateien aus dem Basisordner für diesen Abschnitt in einen Übungsordner.

2. Öffnen Sie *navi-float-horizontal.css* in einem Editor, und ändern Sie die Media Query am Anfang der Datei wie folgt:

   ```
   @media screen and (max-width:767px) {
   ```

3. Speichern Sie das Stylesheet *navi-float-horizontal.css*.

4. Erstellen Sie eine neue Datei, speichern Sie sie als *navi-float-vertikal.css* im Übungsordner, und fügen Sie die üblichen Kommentare ein:

   ```
   /* =====================================================
   Stylesheet für die Beispielsite aus "Einstieg in CSS"
   Datei: navi-float-vertikal.css
   Datum: ...
   Autor: ...
   ===================================================== */
   ```

```
@media screen and (min-width:768px) {

} /* Ende @media - nicht löschen! */
/* =====================================
   E N D E navi-float-vertikal.css
===================================== */
```

5. Speichern Sie *navi-float-vertikal.css*, und öffnen Sie *zentrale.css* in einem Editor.

6. Importieren Sie *navi-float-vertikal.css*, und zwar unterhalb von *bildschirm.css* und *navi-float-horizontal.css*.

   ```
   @import url(navi-float-vertikal.css);
   ```

7. Speichern Sie *zentrale.css*.

Nach diesem Schritt steht die Navigation wie in Abbildung 21.4 ab 768 px als ungestaltete ungeordnete Liste zwischen Kopf- und Textbereich.

Abbildung 21.4 Die ungestaltete ungeordnete Liste für die Navigation

21.2.2   Schritt 2: Den Navigationsbereich nach links floaten

Da es wie gesagt keine echte Mehrspaltigkeit gibt, bekommen Sie die zwei Layoutspalten mit einem kleinen Trick:

▶ Der Navigationsbereich wird mit `float:left` ganz nach links positioniert.

▶ Der Textbereich bekommt einen breiten linken `margin`.

Da der breite linke `margin` des Textbereichs *unter* den gefloateten Navigationsbereich rutscht, stehen die beiden Bereiche optisch nebeneinander und erzeugen die Illusion von Mehrspaltigkeit.

Zunächst wird der Navigationsbereich nach links gefloatet.

ToDo: Den Navigationsbereich nach links floaten

1. Öffnen Sie das Stylesheet *navi-float-vertikal.css* in einem Editor.

2. Fügen Sie innerhalb der Media Query den folgenden Style ein:

    ```
    div#navibereich {
        float: left;
        width: 110px;
        padding-left: 20px;
        padding-top: 20px;
    }
    ```

3. Speichern Sie das Stylesheet, und betrachten Sie die Webseiten im Browser.

Abbildung 21.5 Der Navigationsbereich wurde nach links gefloatet.

Im Browser sieht es nach diesem ToDo etwa so aus wie in Abbildung 21.5. Der gefloatete Navigationsbereich ist dabei mit dem Firefox Add-on *Firebug* hervorgehoben.

Tja, schon fast gut. Die Navigation befindet sich senkrecht am linken Rand und der Textbereich umfließt sie. Aber eigentlich sollte unterhalb der Navigation alles frei bleiben und der Text ordentlich in einer Spalte danebenstehen. Außerdem klebt das Logo am unteren Rand des Kopfbereichs. Auf zu Schritt 3.

21.2.3   Schritt 3: Den Textbereich mit einem Außenabstand versehen

Im folgenden ToDo erstellen Sie den `margin-left` für den Textbereich.

ToDo: Den Textbereich mit einem Außenabstand versehen

1. Öffnen Sie das Stylesheet *navi-float-vertikal.css* in einem Editor.
2. Geben Sie dem Textbereich einen großen `margin-left`:

```
div#textbereich {
    margin-left: 130px;
}
```

3. Speichern Sie das Stylesheet, und betrachten Sie die Webseiten in einem Browser.

Nach diesem ToDo stehen Navigations- und Textbereich nebeneinander:

► Der Navigationsbereich floatet nach links.

► Das Floaten hebt den Navigationsbereich ein bisschen aus dem Fluss der Elemente.

► Der `margin-left` vom Textbereich rutscht unter die gefloatete Navigation.

Durch das Zusammenwirken dieser Umstände entsteht optisch die Illusion von zwei nebeneinanderstehenden Spalten. Die Breite von `margin-left` entspricht übrigens genau der Gesamtbreite des Navigationsbereichs. Dieser hat eine Breite von 110 px, ein linkes Padding von 20 px und somit eine Gesamtbreite von 130 px.

Abbildung 21.6 zeigt die Navigation in dem großen Außenabstand des Textbereichs auf der Startseite.

Nebenbei bemerkt, bleibt der Textbereich ein ganz normales Blockelement im Flow der Elemente. Als Blockelement füllt er somit automatisch die zur Verfügung stehende Fläche aus. Das ist besonders bei der Flexibilisierung des Layouts gegen Ende dieses Kapitels sehr praktisch.

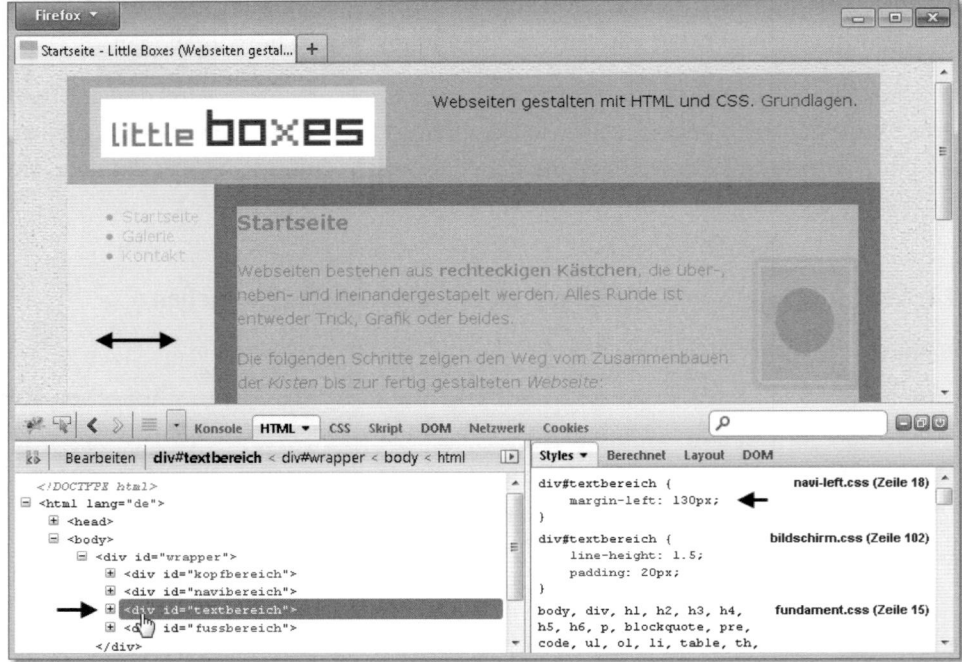

Abbildung 21.6 Der Inhalt steht neben der Navigation.

21.2.4 Schritt 4: Die Navigationsliste gestalten

Sie beginnen mit der Vorbereitung der Box-Modell-Eigenschaften für die ungeordnete Liste und deren Bestandteile.

Zunächst bekommt die ul-Liste eine Breite, mit der Sie die Länge der roten Rahmenlinien kontrollieren können. Damit diese Linien auch bei einem Textzoom einfach mitwachsen, wird die Breite in der Einheit em definiert, die auf der Schriftgröße basiert. 1em entspricht der für das Element definierten Schriftgröße, und die Liste erbt font-size:87.5% von body. Das sind, ausgehend von der in allen Browsern üblichen Standardgröße 16 px, genau 14 px. Der Wert 6em entspricht im Beispiel also einer Breite von 84 px (6 * 14).

Die roten Linien für die Navigation werden geschickt aufgeteilt, so dass keine der horizontalen Linien gedoppelt wird:

▶ Die obere Linie wird mit border-top an das ul gegeben (und nicht an die Listenelemente).

▶ Die Linien links und unten bekommen die Listenelemente li.

Alles das und noch ein bisschen mehr passiert im folgenden ToDo.

ToDo: Die Navigationsliste gestalten

1. Öffnen Sie *navi-float-vertikal.css* in einem Editor.

2. Fügen Sie die folgenden Styles ein:

```
#navibereich ul {
    width: 6em;
    padding: 0;
    border-top: 1px solid #d90000;
    margin: 0;
}
#navibereich li {
    list-style-type: none;
    border-left: 1px solid #d90000;
    border-bottom: 1px solid #d90000;
    margin: 0;
}
```

3. Speichern Sie das Stylesheet, und betrachten Sie die Webseiten im Browser.

Die Startseite sieht danach im Browser ungefähr so aus wie in Abbildung 21.7.

Abbildung 21.7 Navigation mit gestalteter Liste

21.2.5   Schritt 5: Die Hyperlinks in der Navigation gestalten

In diesem Schritt geht es um die Gestaltung der Hyperlinks im Navigationsbereich.

ToDo: Die Hyperlinks in der Navigation gestalten

1. Öffnen Sie das Stylesheet *navi-float-vertikal.css* in einem Editor.

2. Fügen Sie innerhalb der Media Query den folgenden Style ein:

```
#navibereich a {
  display: block;
  text-decoration: none;
  color: black;
  background-color: #eee;
  padding: 4px;
  border-left: 3px solid #eee;
}
```

3. Speichern Sie das Stylesheet, und betrachten Sie die Webseiten im Browser.

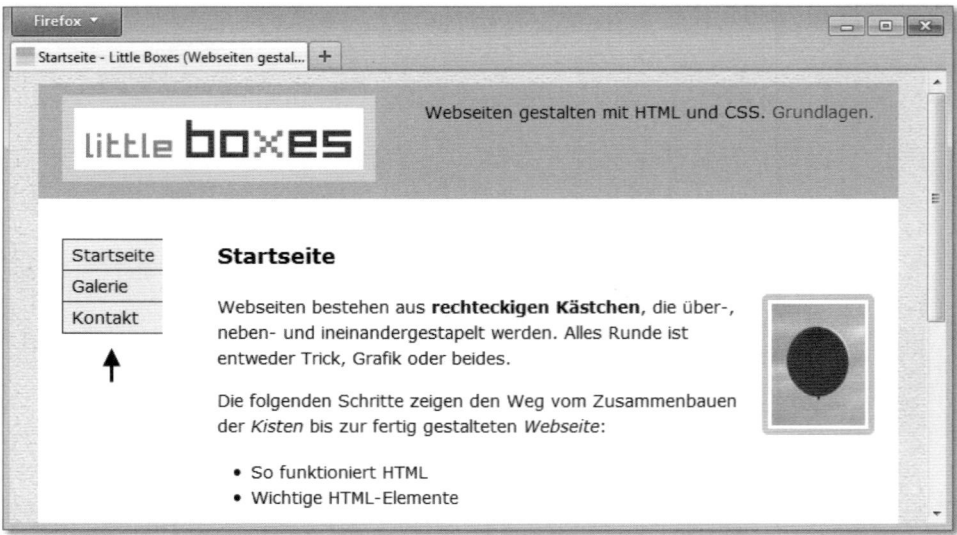

Abbildung 21.8 Die Navigation mit gestalteten Hyperlinks

In der ersten Deklaration werden die Hyperlinks zum Blockelement befördert, wodurch der Hyperlink so breit wie das umgebende li und somit der gesamte Navigationspunkt anklickbar wird. Ein kleines padding und eine nicht sichtbare 3 px breite Rahmenlinie links in derselben Farbe wie der Hintergrund runden die Sache ab (Abbildung 21.8). Was das mit der unsichtbaren Rahmenlinie soll, wird im nächsten Schritt klar.

21.2.6   Schritt 6: Den aktuellen Navigationspunkt hervorheben

In diesem Schritt geht es um die Rollover-Effekte und die Hervorhebung des aktuellen Navigationspunktes. Die Deklarationen im folgenden ToDo sind für sich genommen nicht schwierig. Der Trick besteht darin, dass die linke 3 px breite Rahmenlinie eine andere Farbe bekommt. Zum Schluss wird noch die untere Rahmenlinie auf none gesetzt, damit sie nicht doppelt erscheint.

ToDo: Den aktuellen Navigationspunkt hervorheben

1. Öffnen Sie *navi-float-vertikal.css*, und fügen Sie innerhalb der Media Query folgende Styles ein:

```
#navibereich li.sie-sind-hier a {
  color: black;
  background-color: white;
  border-left-color: #d90000;
  border-bottom: none;
}
#navibereich a:hover,
#navibereich a:focus {
  color: black;
  background-color: white;
  border-left-color: #d90000;
  border-bottom: none;
}
#navibereich a:active {
  color: black;
  background-color: #d9d9d9;
}
```

2. Speichern Sie das Stylesheet, und betrachten Sie die Webseiten im Browser.

Voilà! Fertig ist die Navigation. Oder zumindest fast (Abbildung 21.9).

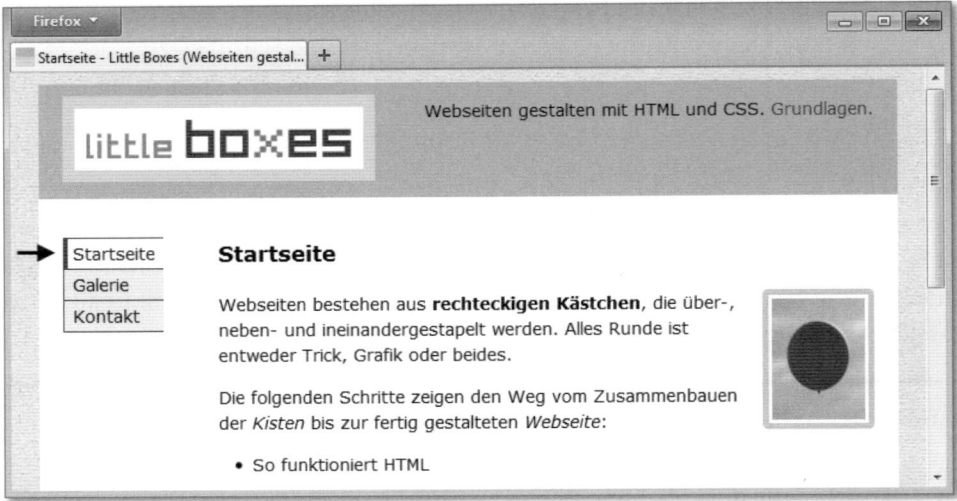

Abbildung 21.9 Die (fast) fertige Navigation

21.2.7   Schritt 7: Überschrift ausrichten und Fußbereich clearen

Die Navigationsspalte reicht optisch bis nach unten an den Fußbereich, und im Browser sieht alles so aus, wie gewollt. Aber fehlt da nicht noch etwas? Richtig. Der Fußbereich muss gecleart werden, damit er definitiv unterhalb der gefloateten Navigation bleibt und nicht unter ungünstigen Umständen danebenrutscht. Ohne Clearing würde das zum Beispiel passieren, wenn die Navigationsspalte länger sein sollte als der Textbereich. Um den Fußbereich immer unterhalb des Textbereichs zu halten, weisen Sie dem Anfangs-Tag die in *fundament.css* gespeicherte Klasse clearing zu.

Außerdem beginnt die Überschrift im Textbereich ein ganz klein wenig niedriger als die Navigationsliste. Auch das wird im folgenden ToDo mit der Korrektur des Zeilenab-stands behoben.

ToDo: Fußbereich clearen und Überschrift ausrichten

1. Öffnen Sie die HTML-Dateien in einem Editor.

2. Ergänzen Sie das Anfangs-Tag für den Fußbereich wie folgt:

   `<div id="fussbereich" `**`class="clearing"`**`>`

3. Speichern Sie die Webseiten.

---

4. Öffnen Sie *navi-float-vertikal.css* in einem Editor, und fügen Sie innerhalb der Media Query folgenden Style zur Ausrichtung der Überschrift ein:

```
div#textbereich h2 { line-height: 1; }
```

5. Speichern Sie das Stylesheet, und betrachten Sie die Webseiten im Browser.

Abbildung 21.10 zeigt, dass sich im Browser rein optisch nur wenig geändert hat. Die Überschrift steht jetzt horizontal auf derselben Höhe wie die Navigation, und die Fußzeile bleibt immer unterhalb der Navigation, egal, wie lang diese wird.

Abbildung 21.10 Die fertige Navigation auf der Startseite

21.3   Flexibles Layout mit fester Navigationsspalte

Bis jetzt haben Sie alle Breitenangaben in Pixel gemacht, weil das Layouten mit CSS mit festen Pixelangaben besonders für den Einstieg leicht zu berechnen und einfach zu verstehen ist. In diesem Abschnitt ändern Sie das feste Layout in ein flexibles, bei dem die Breite nicht mehr nur in Pixel angegeben wird.

21.3.1   Flüssig, elastisch, flexibel, frustriert ...

Im Web finden Sie zahlreiche Informationen über flexible Layouts, und dabei schwirren Begriffe wie »liquid«, »fluid« und »elastic« wild durcheinander. Lassen Sie sich davon nicht verwirren. *Flexible Layouts* ist der Oberbegriff, den man bei Bedarf wie folgt unterteilen könnte:

- Flüssige Layouts (*liquid* oder *fluid*) haben Breitenangaben in Prozent.

- Elastische Layouts (*elastic*) haben Breitenangaben in em.

- Hybride Layouts (*hybrid*) haben gemischte Angaben und kommen in der Realität wohl am häufigsten vor.

Komplexe, vollständig flexible Layouts sollten Sie erst ausprobieren, wenn Sie sich im Umgang mit festen pixelbasierten Layouts sicher fühlen oder eine ausgeprägte Frustrationstoleranz haben, denn bei flexiblen Layouts passiert nicht immer genau das, was man gerade erwartet.

21.3.2   So funktionieren flexible Layouts

Bei flexiblen Layouts orientieren sich die Layoutbereiche an der Größe des Browserfensters. Mit einer Anweisung, wie zum Beispiel width:80% für #wrapper, hat dieser immer eine Breite von 80 % des Browserfensters, egal, wie groß oder klein es gerade ist. Der Wert von 80 % ist übrigens beliebig gewählt. Je nach Layout können es auch weniger oder mehr Prozente sein.

Der Vorteil einer flexiblen Breite ist, dass bei großen Bildschirmen die zur Verfügung stehende Bildschirmfläche besser ausgenutzt wird. Dieser Vorteil kann aber natürlich auch zum Nachteil geraten, denn wenn das Browserfenster sehr breit wird, erschwert die zu große Zeilenlänge das Lesen. In einem zu schmalen Browserfenster wird das Layout hingegen oft ineinandergeschoben und so unbenutzbar. Die Definition einer maximalen (max-width) bzw. einer minimalen Breite (min-width) kann diesen Problemen entgegenwirken.

Im Folgenden wird der in diesem Kapitel erstellte Zweispalter mit float und margin so geändert, dass die Webseiten eine flexible Breite haben. Für kleinere Browserfenster unterhalb von 768 px sorgt die im letzten Kapitel erstellte Media Query dafür, dass das Layout einspaltig wird.

Der Navigationsbereich behält in diesem Abschnitt vorerst seine feste Breite, während der Textbereich als Blockelement ohne Breitenangabe immer den zur Verfügung stehenden Platz ausfüllt. Schematisch dargestellt, sieht ein solches Layout so aus wie in Abbildung 21.11.

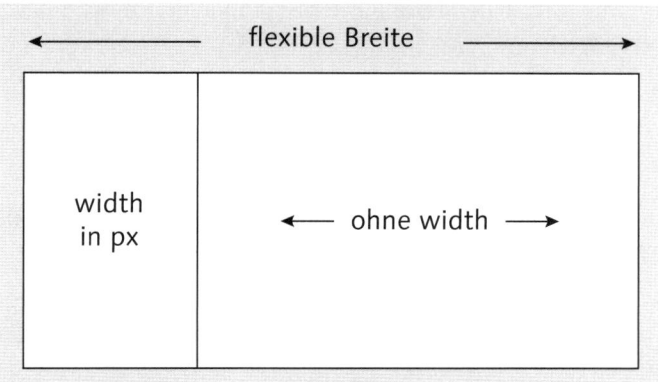

Abbildung 21.11 Schema für ein flexibles Layout mit fester Navigationsspalte

21.3.3   Das Layout flexibilisieren

Zur Umsetzung dieses Layouts sind im CSS nur wenige Änderungen im Stylesheet *desktop.css* erforderlich, die im folgenden ToDo erledigt werden. Die Erklärungen folgen danach.

> **ToDo: Den Wrapper mit einer flexiblen Breite ausstatten**
>
> 1. Öffnen Sie das Stylesheet *desktop.css* in einem Editor.
> 2. Ändern Sie den Style für den Wrapper wie folgt:
>    ```
>    div#wrapper {
>      width:80%;
>      max-width: 70em;
>      min-width: 700px;
>      margin: 10px auto;
>    }
>    ```
> 3. Speichern Sie das Stylesheet, und betrachten Sie die Webseiten im Browser.

Nach diesem ToDo ist die Webseite in der Breite flexibel. Zum Ausprobieren sollten Sie das Browserfenster vergrößern und verkleinern:

▶ Wenn der sichtbare Bereich des Browserfensters (viewport) weniger als 768 px breit ist, wird das Layout einspaltig.

▶ Ab einer viewport-Breite von 768 px wird mit width: 80 % erreicht, dass die Webseite (genau genommen der Wrapper) 80 % einnimmt.

▶ min-width: 700px definiert eine minimale Breite für den Wrapper, damit der Slogan im Kopfbereich nicht in das Logo läuft.

▶ max-width:70em definiert eine maximale Breite, die durch die Einheit em an die Schriftgröße des HTML-Elements gekoppelt ist. Bei einer Schriftgröße von 14px ergibt das im Beispiel eine maximale Breite von 70×14 Pixel, also 980 Pixel.

Mit dieser Angabe verhindern Sie, dass Zeilen im Textbereich gar zu lang und somit schlecht lesbar werden (Abbildung 21.12).

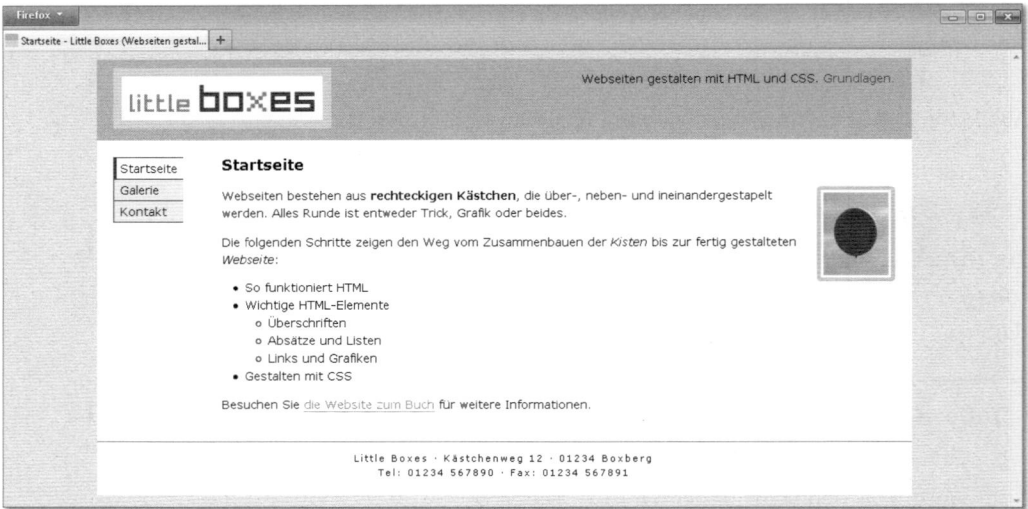

Abbildung 21.12 Breiter wird es nicht – das Layout in einem großen Browserfenster

Eine alternative Vorgehensweise zur Erstellung eines flexiblen Layouts wäre es übrigens, mit der Standardeinstellung width:auto für den Wrapper überhaupt keine bestimmte Breite vorzugeben. width:auto bewirkt, dass der Wrapper sich über die gesamte Breite des viewport erstreckt. Das Layout wird dann von max-width und min-width im Zaum gehalten. Das folgende Listing zeigt ein Beispiel:

```
div#wrapper {
  width:auto; /* keine Begrenzung der Breite */
  max-width: 70em;
  min-width: 700px;
  margin: 10px auto;
}
```

Listing 21.2 Ein flexibles Layout ohne Angabe einer Breite in Prozent

21.4   Flexibles Layout mit flexibler Navigationsspalte

Die Umwandlung von einem festen in ein teilweise flexibles Layout ist also erstaunlich einfach. In diesem Abschnitt wird das Layout vollständig flexibel, wobei auch der Navigationsbereich seine feste Pixelbreite gegen eine prozentuale eintauscht. Abbildung 21.13 zeigt ein entsprechendes Schema.

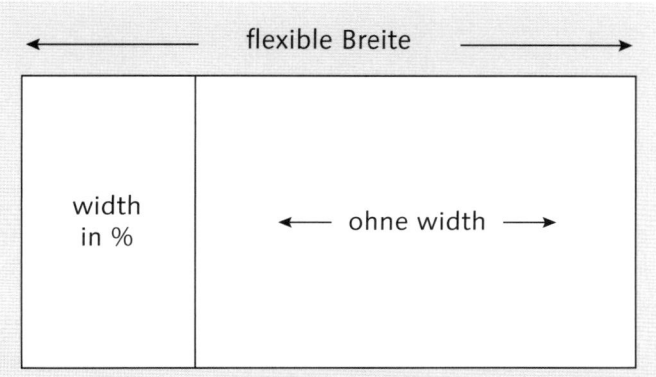

Abbildung 21.13 Schema für ein vollständig flexibles Layout

Das ist etwas aufwendiger als im vorigen Abschnitt, aber durchaus machbar.

21.4.1   Das Problem mit dem klassischen Box-Modell von CSS

Das klassische Box-Modell in CSS, das Sie in Kapitel 9, »Das Box-Modell«, kennengelernt haben, ist auf die Arbeit mit festen Pixelbreiten oder zumindest mit einer durchgängig einheitlichen Einheit (px, % oder em) ausgerichtet. Sobald für ein HTML-Element die Angaben für Breite, Padding, Border oder Margin in verschiedenen Einheiten erfolgen, lässt sich die Gesamtbreite des Elements nicht mehr zuverlässig bestimmen. Schauen Sie sich folgendes Beispiel an:

▶ Aufgabe: Der Navigationsbereich soll eine Breite von 20 % und ein `padding-left` von 20 px haben.

▶ Frage: Wie breit muss der `margin-left` des Textbereichs werden, damit der Navigationsbereich genau hineinpasst?

▶ Antwort: Keine Ahnung. 20 % plus 20 px kann man nicht berechnen.

Im folgenden ToDo probieren Sie praktisch aus, was passiert, wenn man es trotzdem versucht.

ToDo: Gemischte Breitenangaben für den Navigationsbereich

1. Öffnen Sie *desktop.css* in einem Editor

```css
div#textbereich {
   margin-left: 20%;
}
div#navibereich {
   width: 20%;
   /* plus padding-left: 20px aus navi-float-vertikal.css */
}
```

2. Speichern Sie das Stylesheet, und betrachten Sie die Webseiten im Browser.

Der Navigationsbereich ist genau 20 px breiter als der `margin-left` vom Textbereich. Auf den ersten Blick sieht im Layout trotzdem noch alles in Ordnung aus, denn die Beschriftung der Navigationspunkte ist kurz genug.

Wenn Sie aber Navigations- und Textbereich vorübergehend eine unterschiedliche Hintergrundfarbe geben, wird sichtbar, dass sich die beiden Bereiche deutlich überlappen (Abbildung 21.14). Es ist also reines Glück, dass das Layout noch funktioniert.

Abbildung 21.14 Der Navigationsbereich überlappt den Textbereich.

Damit flexible Layouts nicht zu einer Lotterie verkommen, gibt es zwei Möglichkeiten zur Lösung dieses Problems:

▶ Im CSS stellt man die betroffenen Elemente auf ein Box-Modell namens border-box um. Das verstehen alle modernen Browser inklusive IE8.

▶ Im HTML doppelt man alle Layoutbereiche. Das äußere div bekommt die Breite, das innere padding, border und margin. Das verstehen alle Browser.

Im Folgenden möchte ich Ihnen diese beiden Tricks kurz vorstellen.

21.4.2   Möglichkeit 1: Layoutbereich auf »border-box« umstellen

Im klassischen Box-Modell von CSS (siehe Kapitel 9, »Das Box-Modell«) definiert die Eigenschaft width die Breite des Inhaltsbereichs (*content area*). Aus diesem Grund wird das klassische Box-Modell manchmal auch content-box genannt. Die Browser denken sich dabei folgende CSS-Anweisung:

```
box-sizing: content-box;
```

Wichtig ist dabei, dass horizontale Werte für padding, border und margin zur Angabe der width *addiert* werden.

Im Gegensatz dazu definiert die Angabe von width bei der neuen border-box die Breite eines Elements *inklusive* padding und border (Abbildung 21.15).

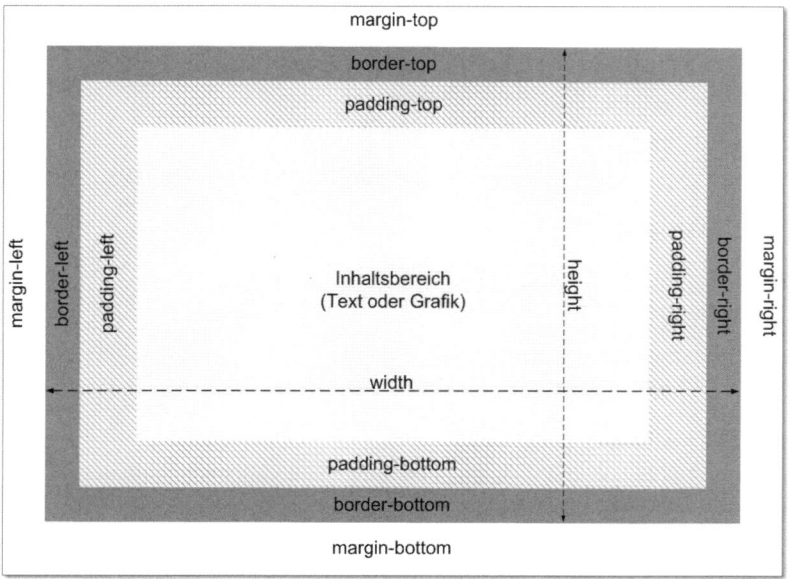

Abbildung 21.15 »border-box« – »width« ist inklusive »padding« und »border«

Im CSS können Sie die betroffenen Elemente mit einer einfachen Anweisung auf die border-box umstellen:

```
box-sizing: border-box;
```

Das verstehen fast alle modernen Browser und der IE ab V8. Für den Firefox sollte man momentan noch eine spezielle Syntax nutzen, die im folgenden ToDo vorgestellt wird.

ToDo: Den Navigationsbereich auf »border-box« umstellen

1. Öffnen Sie *desktop.css* in einem Editor, und ändern Sie den Style für den Navigationsbereich wie folgt:

    ```
    div#navibereich {
        -moz-box-sizing: border-box; /* für Firefox */
            box-sizing: border-box; /* für alle anderen Browser */
        width: 20%;
        /* plus padding-left: 20px aus navi-float-vertikal.css */
    }
    ```

2. Speichern Sie das Stylesheet, und betrachten Sie die Webseiten im Browser.

Durch diese simple Änderung passt im Browserfenster alles wunderbar nebeneinander, denn der Navigationsbereich hat jetzt *immer* eine Breite von 20 %. Das im Beispiel vorhandene padding-left von 20 px wird einfach von diesen 20 % abgezogen (Abbildung 21.16).

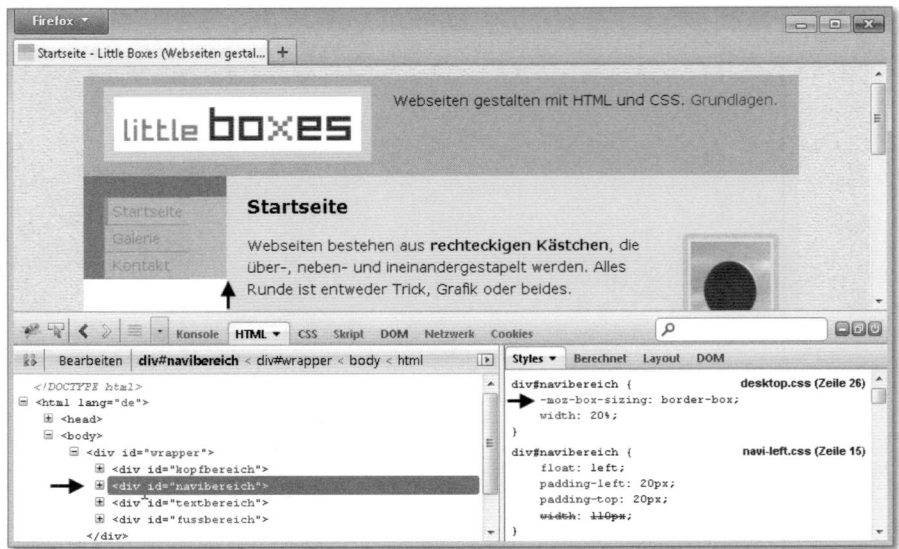

Abbildung 21.16 Der Navigationsbereich mit »border-box«

> **Weitere Informationen zur »border-box«**
>
> Weitere Informationen zur border-box finden Sie zum Beispiel in meinem Artikel bei Dr. Web:
>
> ▶ *bit.ly/border-box* (führt zu *drweb.com*)
>
> In dem Beitrag gibt es auch noch einige weiterführende Links.

21.4.3   Möglichkeit 2: Das doppelte DIVchen

In diesem Abschnitt möchte ich Ihnen noch zeigen, wie der Trick mit dem doppelten div funktioniert, denn erstens verstehen das *alle* Browser und zweitens werden Sie in den Quelltexten der real existierenden Websites dort draußen noch jede Menge doppelte div-Container finden.

Der Trick mit dem doppelten div geht so:

▶ Direkt innerhalb von <div id="navibereich"> wird ein zweites div erstellt, zum Beispiel <div id="navibereich-inside">.

▶ Das äußere Element bekommt eine Breite zugewiesen, zum Beispiel div#navibereich: { width: 20%; }.

▶ Das innere Element erhält Angaben für padding oder border: div#navibereich-inside: { padding-left: 20px; }.

Auf diese Weise ist der Navigationsbereich selbst *immer* 20 % breit, egal, wie viel padding und border (oder auch margin) das innere Element bekommt.

Durch das doppelte div können die Spalten einerseits sehr flexibel gestaltet werden und haben andererseits trotzdem eine genau berechenbare Gesamtbreite. Im CSS benutzen Sie das jeweils äußere Element für die Angabe der Breite und das jeweils innere Element für padding und border.

Zusammenfassend sind im CSS der Beispielseiten beim doppelten div zwei Dinge wichtig:

▶ Die width für den Navigationsbereich muss denselben Wert haben wie der margin-left für den Textbereich (20 %).

▶ Beim Navigationsbereich werden padding und border nur für die inneren div-Elemente vergeben.

Wenn Sie auf einer Website im Quelltext doppelte HTML-Elemente finden, dann wissen Sie jetzt, warum das so ist.

21

21.5   Exkurs: Die globale Wirkung von »clear« und der BFC

Die CSS-Eigenschaft clear hat in mehrspaltigen, floatbasierten Layouts manchmal seltsame Nebenwirkungen, die mit einem Ding namens *Block Formatting Context* zusammenhängen. Beides wird in diesem Abschnitt erklärt.

21.5.1   Die globale Wirkung von »clear«

In diesem Abschnitt möchte ich Ihnen zunächst ein Beispiel zeigen, das Ihnen bei eigenen Experimenten eine Menge Kopfschmerzen ersparen kann. Im Zusammenhang mit float habe ich bereits »die globale Wirkung von clear« erwähnt. Dahinter verbirgt sich ein potenzielles Problem bei mehrspaltigen Float-Layouts:

▶ Wenn clear für ein HTML-Element definiert wird, das sich in einem statisch positionierten (also im Flow befindlichen) Elternelement befindet, gilt das clear für *alle* auf der Seite vorhandenen float-Umgebungen.

▶ Das nennt man »die globale Wirkung von clear«.

Vereinfacht gesagt, gilt ein clear im Normalfall spaltenübergreifend, also für alle Spalten auf der Webseite. Dieser Sachverhalt ist überhaupt nicht schlimm und oft sogar sehr nützlich. Bei der Erstellung des zweispaltigen Layouts in diesem Kapitel haben Sie zum Beispiel den Fußbereich gecleart, und in diesem Fall ist die spaltenübergreifende Wirkung des Clearings absolut erwünscht, damit der Fußbereich immer unterhalb der anderen Spalten bleibt.

Aber das ist nicht immer so. Im Folgenden möchte ich Ihnen das an einem Beispiel demonstrieren, denn dieser Effekt wird Ihnen beim Gestalten von Webseiten in ähnlicher Form früher oder später begegnen und Sie dann an den Rand der Verzweiflung und darüber hinaus treiben, wenn Sie das Problem nicht erkennen.

In Kapitel 18, »Containing Floats – gefloatete Elemente umschließen«, haben Sie bei der Erstellung der kleinen Bildergalerie dem umgebenden Element div die Klasse clearfix zugewiesen, damit es die gefloateten Grafiken umschließt:

```
<div class="galerie clearfix">
```

Listing 21.3 Das umgebende »div« bekommt die Klasse »clearfix«

Wenn die Navigation irgendwann länger werden sollte als das erste Galerie-div, offenbart sich im Browser eine unerwünschte Nebenwirkung (Abbildung 21.17).

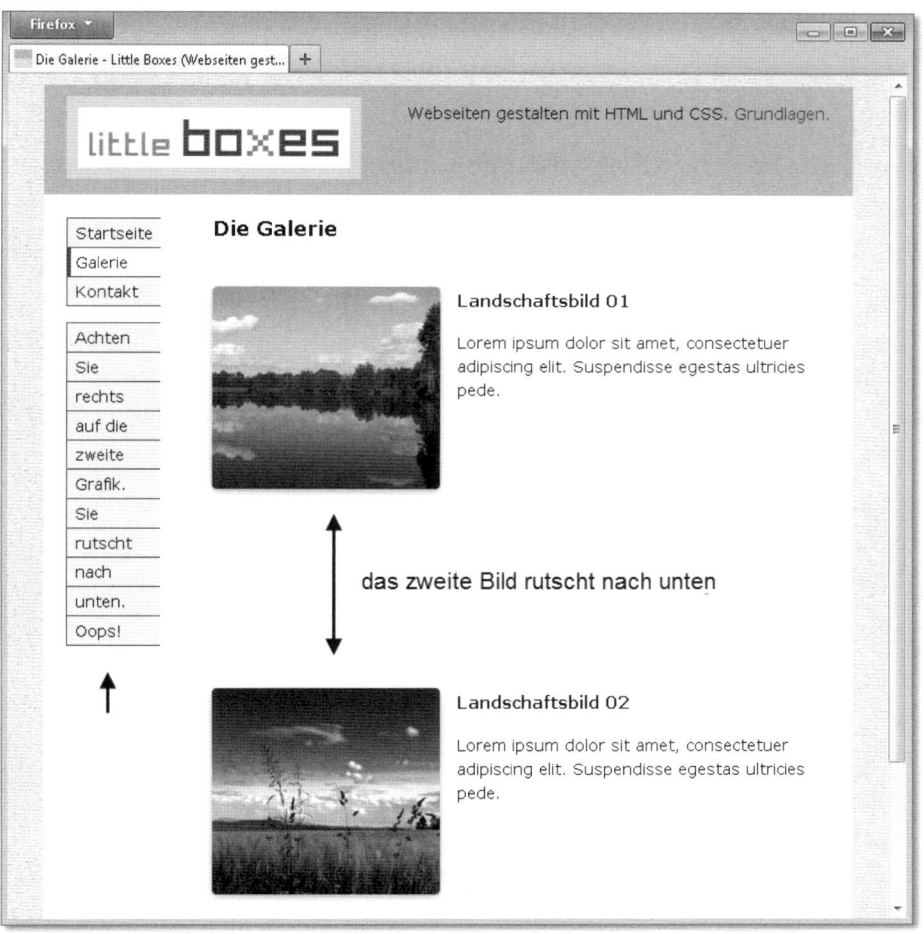

Abbildung 21.17 Oberhalb der zweiten Grafik entsteht ein mysteriöser Abstand, wenn die Navigation länger wird als die erste Grafik.

Oberhalb der zweiten Grafik entsteht ein mysteriöser Zwischenraum. Wenn man genau hinschaut, erkennt man, dass die Grafik bis unter den gefloateten Navigationsbereich geschoben wird.

Dieser Effekt tritt auf, weil sich div.galerie im Textbereich befindet – und somit in einem statischen (nicht positionierten) Element – und weil das clear deshalb eine globale, spaltenübergreifende Wirkung entfaltet. Im Klartext:

▶ Das Clearing von div.galerie gilt für *alle* gefloateten Elemente in *allen* Spalten

▶ Somit gilt es nicht nur für die gefloateten Grafiken im Textbereich, sondern auch für den gefloateten Navigationsbereich.

Aus diesem Grund beginnt das geclearte zweite `div.galerie` unterhalb des nach links gefloateten Navigationsbereichs.

Für diese Situation gibt es drei Lösungen:

▶ Sie schließen die gefloateten Elemente im Textbereich mit `overflow:hidden` ein.

▶ Sie schließen die gefloateten Elemente im Textbereich mit `display:table` ein.

▶ Sie floaten das umgebende Element (`div.galerie`) oder gleich den gesamten Textbereich, damit das `clear` nur innerhalb der Float-Umgebung gilt.

In der Beispieldatei *galerie-overflow-hidden.html* wurde der nach links gefloatete Navigationsbereich farblich hervorgehoben und nach unten verlängert. Abbildung 21.18 zeigt, dass die gefloatete Navigation jetzt keinen Einfluss auf die Bilder im Textbereich hat.

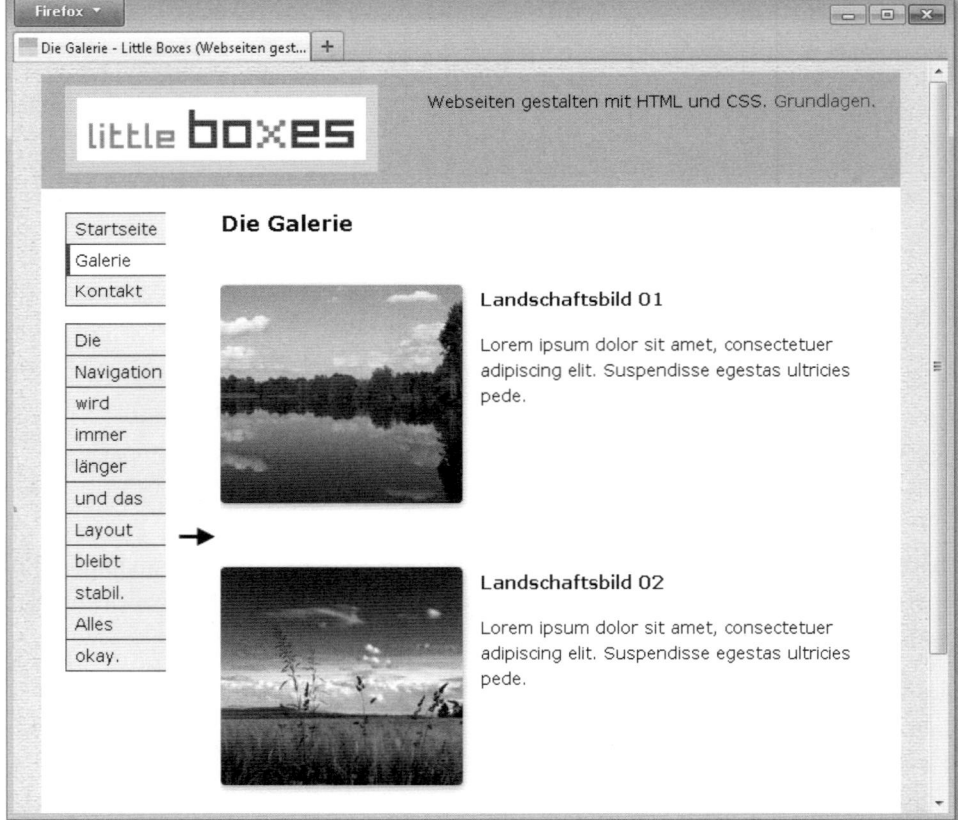

Abbildung 21.18 Alles okay. Lange Navigation, aber das Layout bleibt stabil.

21.5.2   Der Block Formatting Context (BFC)

Sie wissen bereits, dass Blockelemente im sichtbaren Bereich des Browserfensters von links oben beginnend angeordnet werden. Ein solcher Bereich, in dem Blockelemente untereinander angeordnet werden, nennt man *Block Formatting Context* (*BFC*). Auf einer reinen HTML-Webseite ohne CSS gibt es nur einen solchen BFC, und der wird durch das Stammelement `html` erzeugt.

Beim Gestalten einer Webseite mit CSS kann es in einem Browserfenster mehrere BFC-Bereiche geben. Einen solchen Block Formatting Context können Sie sich wie einen eigenständigen Bereich innerhalb der Webseite vorstellen, der sich von seiner Umgebung kaum beeinflussen lässt.

Die folgenden CSS-Eigenschaften erzeugen einen neuen Block Formatting Context:

- `float`
- `position` mit den Werten `absolute` und `fixed`
- `overflow` mit den Werten `auto`, `scroll` und `hidden`
- `display` mit den Werten `table`, `table-cell`, `table-caption` oder `inline-block`

Wichtig ist das deshalb, weil `clear` immer nur innerhalb des BFCs gilt, in dem es erzeugt wurde, und das kann in einem mehrspaltigen Layout wie gesehen unerwünschte Konsequenzen haben:

- Wenn `clear` innerhalb von statisch positionierten (also im Flow befindlichen) Elementen definiert wird, gilt `clear` für alle auf der Seite vorhandenen Floats, denn der aktuelle BFC ist die gesamte Webseite. Man spricht dabei wie gesagt auch von einer *globalen Wirkung*.

- Steht das geclearte Element hingegen in einem Elternelement mit `overflow:hidden`, gilt ein `clear` nur in diesem Element, weswegen man von einer *lokalen Wirkung* spricht.

Die Ursache für diesen Unterschied ist also, dass bestimmte CSS-Eigenschaften einen neuen Block Formatting Context erzeugen und dass `clear` nur in diesem BFC gilt.

Tabelle 21.1 zeigt eine Übersicht der Methoden zum Umschließen von Floats und deren Verhalten bezüglich eines neuen Block Formatting Contextes.

Methode	Neuer BFC	Globale Wirkung
1. HTML-Element mit `clear`	nein	ja
2. Float to fix	ja	nein
3. `overflow: hidden`	ja	nein
4. `display:table`	ja	nein
5. Clearfix	nein	ja

Tabelle 21.1 Die Methoden zum Umschließen von Floats und der BFC

21.6   Auf einen Blick

Hier sind noch einmal die wichtigsten Punkte dieses Kapitels im Überblick:

▶ Eine einfach zu handhabende Methode für ein `float`-basiertes Layout ist die Kombination von `float` und `margin`:
  - Der Navigationsbereich hat eine feste Breite und wird nach links gefloatet.
  - Der Textbereich bekommt einen entsprechenden `margin-left`.
  - Der `margin` des Textbereichs rutscht unter den gefloateten Navigationsbereich.
▶ Ein teilweise flexibles Layout ist einfach zu handhaben:
  - Der Wrapper bekommt eine Breite in Prozent.
  - Mit `min-width` und `max-width` wird die flexible Breite begrenzt.
▶ Bei vollständig flexiblen Layouts ist die Breite manchmal schlecht zu berechnen. Es gibt zwei Lösungen:
  - im CSS mit `box-sizing: border-box` die Umstellung auf das Border-Box-Modell.
  - beim traditionellen Box-Modell (`box-sizing: content-box`) im HTML eine Dopplung der entsprechenden Layoutbereiche
▶ In `float`- und `margin`-Layouts spielt die globale Wirkung von `clear` dem Webdesigner manchmal einen Streich.
▶ Der *Block Formatting Context* beschränkt den Wirkungsbereich von `clear`:
  - Auf einer HTML-Seite gibt es erst einmal nur einen Block Formatting Context (BFC), der vom Stammelement `html` erzeugt wird und in dem Blockelemente *untereinander* angeordnet werden.
  - Einige CSS-Eigenschaften wie `float` oder `overflow:hidden` erzeugen einen neuen Block Formatting Context.
  - Ein BFC ist insbesondere beim Floaten und Clearen von Bedeutung, da ein `clear` immer nur innerhalb eines BFCs gilt.

Kapitel 22
Weitere mehrspaltige Layoutmethoden

Worin Sie den Beispielseiten neue Layoutbereiche hinzufügen und drei-spaltige Layouts erstellen, indem die Layoutbereiche am Bildschirm die Position verändern können.

Die Themen im Überblick:

- ▶ »Der Infobereich – ein zusätzlicher Layoutbereich«, Seite 409
- ▶ »Das feste Layout flexibilisieren«, Seite 415
- ▶ »Ein dreispaltiges Layout mit vertikaler Navigation«, Seite 417
- ▶ »›Bäumchen wechsel dich‹ für die Layoutbereiche«, Seite 424
- ▶ »Ein dreispaltiges Layout mit negativem Margin«, Seite 427
- ▶ »Auf einen Blick«, Seite 434

In diesem Kapitel fügen Sie den Beispielseiten neue Layoutbereiche hinzu, die sowohl in der einspaltigen Mobilversion als auch in der mehrspaltigen Desktop-Version ihren Platz finden. Am Ende des Kapitels sieht die Beispielsite etwa so aus wie in Abbildung 22.1.

22.1   Der Infobereich – ein zusätzlicher Layoutbereich

Auf den Beispielseiten wird in diesem Abschnitt ein zusätzlicher Layoutbereich namens Infobereich eingefügt, der einige weiterführende Links enthält. In der Desktop-Version soll dieser Bereich als klassische *Sidebar* rechts neben dem bestehendenTextbereich stehen.

Da in der mobilen Version kein mehrspaltiges Layout vorhanden ist, ist der ideale Platz für den Infobereich *unterhalb* des Textbereichs. So sieht ein Besucher zunächst neben Kopfbereich und Navigation den Inhalt im Textbereich. Die weiterführenden Links werden erst sichtbar, wenn der Besucher die Seite nach unten scrollt.

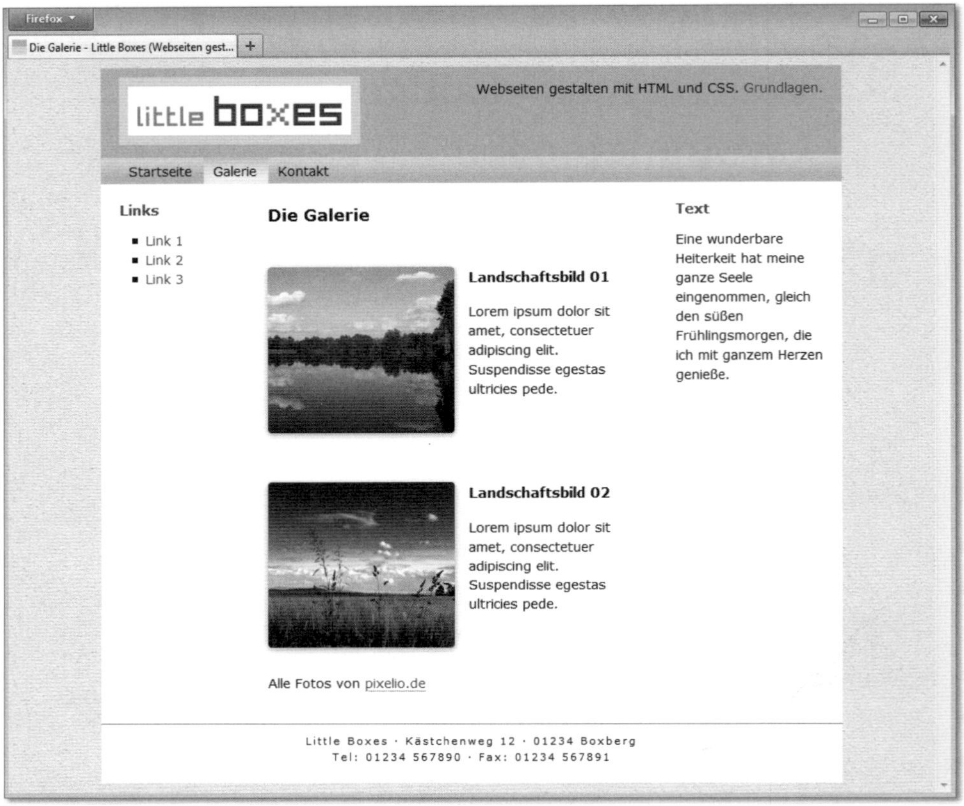

Abbildung 22.1 Layout mit dreispaltigem Inhaltsbereich

22.1.1   Schritt 1: Den Infobereich im HTML hinzufügen

Zunächst fügen Sie auf allen Webseiten im HTML den Infobereich hinzu, und zwar zwischen Text- und Fußbereich.

ToDo: Den Infobereich im HTML hinzufügen

1. Öffnen Sie die Webseiten in einem Editor.

2. Fügen Sie auf allen Seiten zwischen Text- und Fußbereich den folgenden Infobereich ein:

```
<div id="infobereich">
<h2 class="versteckmich">Infobereich</h2>
<h3>Nachschlagen</h3>
```

```
  <ul>
    <li><a href="#">Link 1</a></li>
    <li><a href="#">Link 2</a></li>
    <li><a href="#">Link 3</a></li>
  </ul>
  <h3>Lernen</h3>
  <ul>
    <li><a href="#">Link 1</a></li>
    <li><a href="#">Link 2</a></li>
    <li><a href="#">Link 3</a></li>
  </ul>
  </div> <!-- Ende infobereich -->
```

3. Speichern Sie alle Webseiten, und betrachten Sie sie im Browser.

Abbildung 22.2 zeigt die Startseite links in der Mobil- und rechts in der Desktop-Version.

Abbildung 22.2 Der ungestaltete Infobereich in Mobil- und Desktop-Version

22.1.2   Schritt 2: Die Grundformatierung in »bildschirm.css«

In diesem Abschnitt geben Sie dem Infobereich eine grundlegende Gestaltung, die sowohl für die Mobil- als auch für die Desktop-Version gilt. Aus diesem Grund werden die Styles im Stylesheet *bildschirm.css* gespeichert.

ToDo: Grundformatierung für den Infobereich

1. Öffnen Sie das Stylesheet *bildschirm.css* in einem Editor.

2. Fügen Sie innerhalb der @media-Anweisung am Ende des Stylesheets folgende Styles ein:

```css
/* Grundformatierung Infobereich */
div#infobereich {
  line-height: 1.5;
  padding: 20px;
}
div#infobereich h3 {
  color: #444;
  line-height: 1;
  border-top: 1px solid #ddd;
  padding-top: 0.5em;
}
div#infobereich ul {
  list-style-type: square;
  padding: 0;
  margin: 1em 0 2em 2em;
}
```

3. Speichern Sie das Stylesheet, und betrachten Sie die Webseiten im Browser.

Abbildung 22.3 zeigt die Startseite, links wieder in der Mobil- und rechts in der Desktop-Version. Die mobile Version ist nach diesem ToDo bereits fertig gestaltet, die Mehrspaltigkeit für die Desktop-Version wird im nächsten Schritt erstellt.

22.1.3   Schritt 3: Desktop-Version mit zweispaltigem Layout

In diesem Schritt wird das Layout der Desktop-Version zweispaltig. Der Infobereich steht am Ende rechts neben dem Textbereich.

Die im vorigen Kapitel gezeigte Mischung aus »float und margin« ist eine stabile, vielfach bewährte Layoutmethode und ein guter Einstieg in das Layouten mit CSS. »float und margin« hat aber einen entscheidenden Nachteil, wenn der Inhaltsbereich mehrspaltig werden soll, denn die Methode funktioniert nicht, wenn der Textbereich im Quelltext *vor* dem Infobereich steht. Das wiederum ist für die Mobilversion die einzig sinnvolle Reihenfolge.

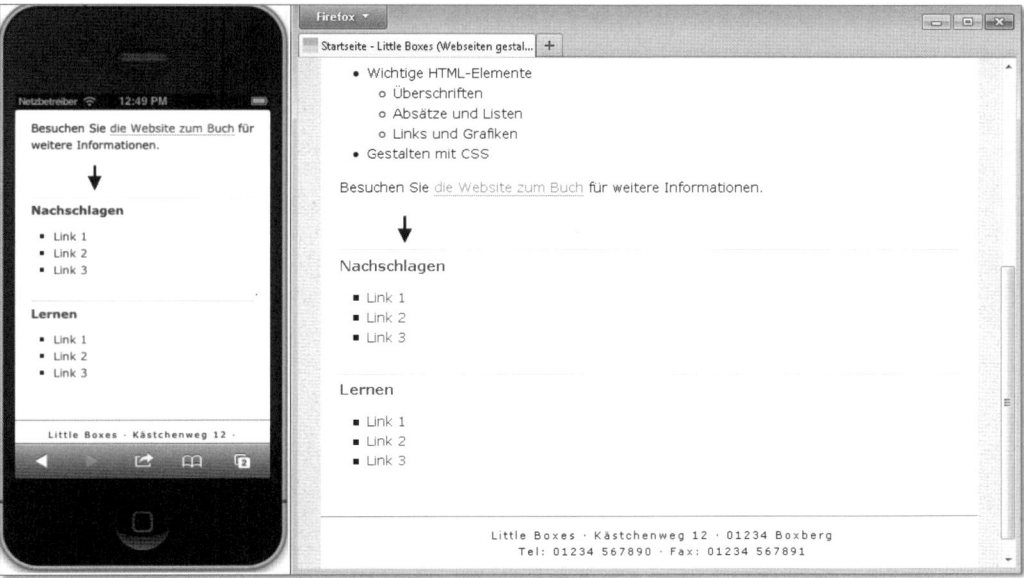

Abbildung 22.3 Die Grundformatierung in Mobil- und Desktop-Version

Aus diesem Grund benutzen Sie im folgenden ToDo eine andere Methode zum Erstellen der Mehrspaltigkeit, und zwar werden beide Bereiche gefloatet.

22

ToDo: Infobereich in der Desktop-Version neben den Textbereich stellen

1. Öffnen Sie das Stylesheet *desktop.css* in einem Editor.

2. Fügen Sie nach dem Style für div#wrapper folgende CSS-Regeln ein:

```
div#textbereich {
  float:left;
  width: 530px;
  /* padding: 20px in bildschirm.css */
}
div#infobereich {
  float: right;
  width: 110px;
  padding: 20px;
}
```

3. Speichern Sie das Stylesheet, und betrachten Sie die Webseiten im Browser.

Die Breiten der betroffenen Elemente passen genau ineinander:

▶ Der Wrapper stellt 720 px zur Verfügung.

▶ Der Textbereich ist 530 px breit, plus 2×20 px `padding`, macht 570 px.

▶ Der Infobereich ist 110 px breit, plus 2×20 px `padding`, also 150 px.

Die Breite von Textbereich plus die Breite von Infobereich ergibt also genau die Breite des Wrappers.

Da das Floaten der Bereiche innerhalb der Media Query von `min-width:768px` stattfindet, verändert sich in der Mobilversion nichts. In der Desktop-Version hingegen steht der Infobereich nach diesem ToDo auf allen Seiten rechts neben dem Textbereich (Abbildung 22.4).

Abbildung 22.4 Der Infobereich steht in der Desktop-Version rechts neben dem Textbereich.

Spalten umdrehen? Textbereich nach rechts floaten

Wenn Sie die beiden Spalten in der Desktop-Version vertauschen möchten, müssen Sie nur die Float-Richtung für den Textbereich ändern:

```
div#textbereich {
  float:right;
  width: 530px;
}
```

Und schon stehen der Infobereich links und der Textbereich rechts.

22.2   Das feste Layout flexibilisieren

Die Beispielseiten haben jetzt eine horizontale Navigation und im Inhaltsbereich ein zweispaltiges, floatbasiertes Layout mit einer festen Breite. In diesem Abschnitt werden Sie dieses Layout flexibel gestalten, so dass es sich innerhalb der vorgegebenen Grenzen der Breite des Browserfensters anpasst.

22.2.1   Schritt 1: Dem Wrapper eine flexible Breite geben

Zunächst wird dem Wrapper wieder eine flexible Breite mit auf den Weg ins breite Browserfenster gegeben.

ToDo: Dem Wrapper eine flexible Breite geben

1. Öffnen Sie das Stylesheet *desktop.css* in einem Editor.
2. Ändern Sie den Style für den Wrapper wie folgt:
   ```
   div#wrapper {
     width: 80%;
     max-width: 70em;
     min-width: 760px;
   }
   ```
3. Speichern Sie das Stylesheet, und betrachten Sie die Webseiten im Browser.

Der Wrapper ist nach diesem ToDo bereits flexibel, aber die Inhalte bleiben starr, so dass in einem breiteren Browserfenster zwischen Text- und Infobereich eine große Lücke entsteht (Abbildung 22.5).

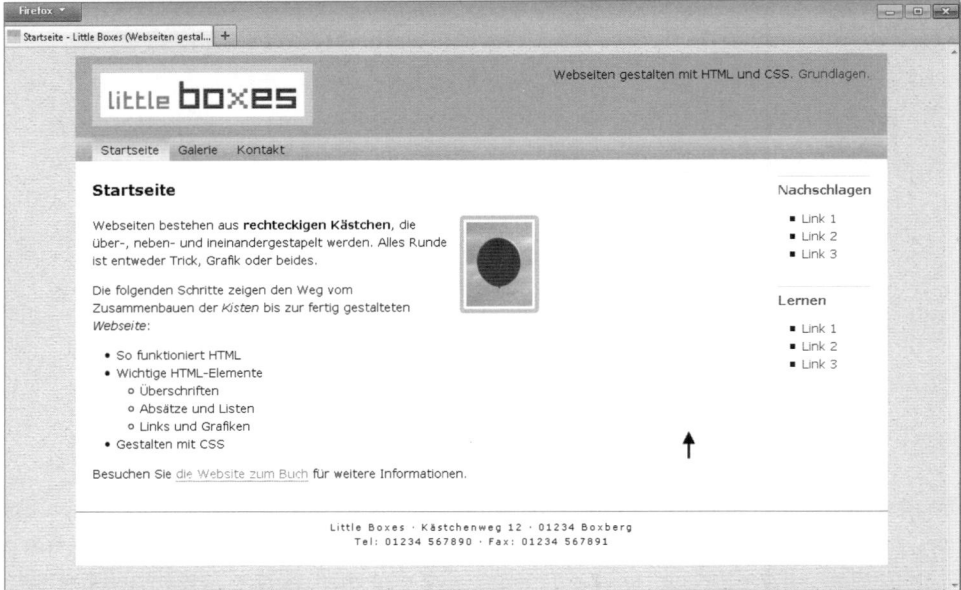

Abbildung 22.5 Wrapper flexibel, Inhaltsbereiche noch nicht

22.2.2   Schritt 2: Text- und Infobereich mit flexibler Breite

Um die Lücke zwischen Text- und Layoutbereich zu entfernen, werden im folgenden ToDo auch diese beiden Layoutbereiche mit einer flexiblen Breite versehen.

ToDo: Text- und Infobereich mit einer flexible Breite versehen

1. Öffnen Sie das Stylesheet *desktop.css* in einem Editor.

2. Ändern Sie die Styles für Text- und Infobereich wie folgt:

```
div#textbereich {
  -moz-box-sizing: border-box;
  box-sizing: border-box;
  float:left;
  width: 75%;
}
div#infobereich {
  -moz-box-sizing: border-box;
  box-sizing: border-box;
  float: right;
```

```
    width: 25%;
    padding: 20px;
}
```
3. Speichern Sie das Stylesheet, und betrachten Sie die Webseiten im Browser.

Nach diesem ToDo haben Sie wieder ein flexibles Layout. Am besten vergrößern und verkleinern Sie das Browserfenster und rufen es auf verschiedenen Geräten auf, um das Layout in Aktion zu sehen (Abbildung 22.6).

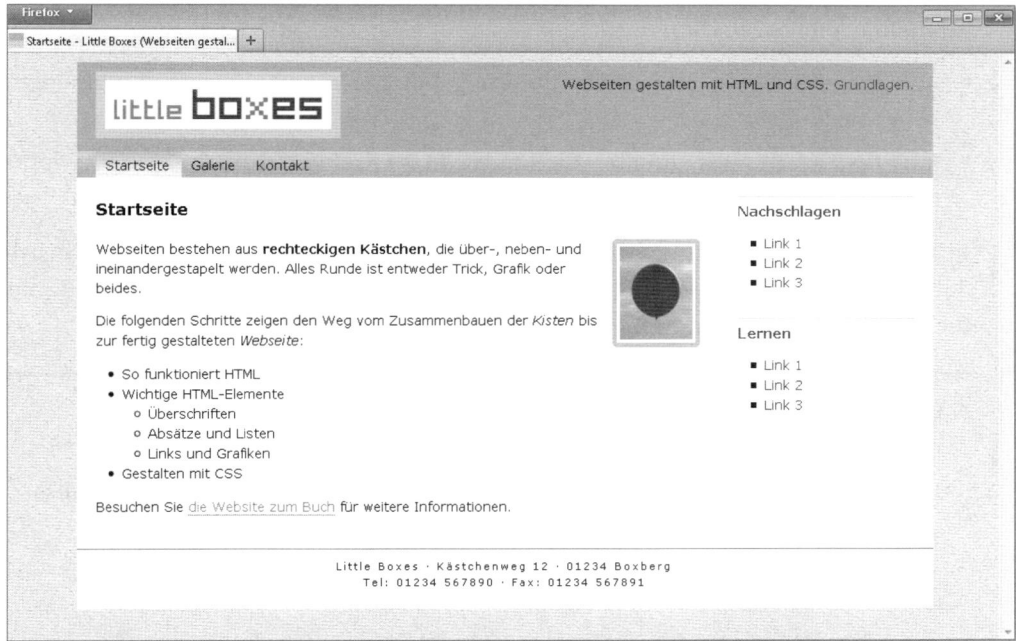

Abbildung 22.6 Wrapper, Text- und Infobereich mit flexibler Breite

22.3   Ein dreispaltiges Layout mit vertikaler Navigation

In diesem Abschnitt wird das bisher zweispaltige Layout dreispaltig:

▶ Die Navigation soll in einer eigenen Spalte ganz links erscheinen.

▶ Der Textbereich ist in der Mitte.

▶ Der Infobereich steht rechts daneben.

▶ Das Layout hat eine flexible Breite.

Der Wrapper wird für dieses Beispiel unverändert mit folgendem Style gestaltet:

```
div#wrapper {
  width: 80%;
  max-width: 70em;
  min-width: 760px;
}
```

Listing 22.1 Der Wrapper für ein dreispaltiges flexibles Layout

22.3.1   Schritt 1: Die Stylesheets für die Navigation voneinander abgrenzen

Momentan gibt es zwei Stylesheets zur Gestaltung der Navigation:

▶ *navi-float-horizontal.css* gestaltet die Navigation horizontal und enthält momentan keine Media Query.

▶ *navi-float-vertikal.css* gestaltet die Navigation vertikal und wird ab einem Viewport mit einer Breite von mindestens 768 px aktiv.

In diesem Schritt werden die beiden Stylesheets voneinander abgegrenzt. Bis inklusive 767 px Viewport -Breite soll die horizontale Navigation zu sehen sein, oberhalb davon die vertikale.

ToDo: Die horizontale Navigation mit einer Media Query versehen

1. Öffnen Sie *navi-float-horizontal.css* in einem Editor.

2. Erweitern Sie die Media Query am Anfang der Datei um eine Abfrage zur maximalen Breite des Viewport:

```
@media screen and (max-width: 767px) {

/* Styles zur Gestaltung der horizontalen Navigation */

} /* Ende @media - nicht löschen! */
```

3. Speichern Sie das Stylesheet.

4. Öffnen Sie *navi-float-vertikal.css* in einem Editor, und prüfen Sie, ob die Media Query wie folgt aussieht:

```
@media screen and (min-width: 768px) {

/* Styles zur Gestaltung der vertikalen Navigation */

} /* Ende @media - nicht löschen! */
```

---

6. Schließen Sie das Stylesheet.

7. Öffnen Sie das zentrale Stylesheet *zentrale.css* in einem Editor, und ergänzen Sie sie wie folgt, so dass beide Stylesheets für die Navigation importiert werden:

```
@import url(fundament.css);
@import url(bildschirm.css);
@import url(navi-float-horizontal.css);
@import url(navi-float-vertikal.css);
@import url(formulare.css);
@import url(druckversion.css);
@import url(desktop.css);
```

8. Speichern Sie das Stylesheet, und betrachten Sie die Webseiten im Browser.

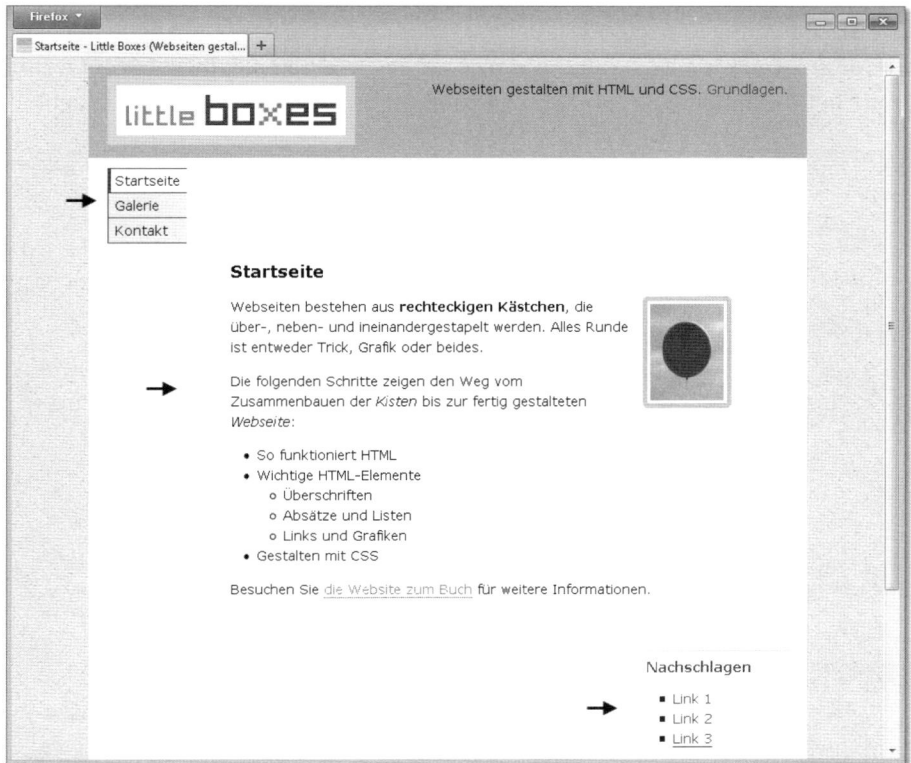

Abbildung 22.7 Die unbeabsichtigte Kaskade der Layoutbereiche

Nach diesem ToDo sind beide Stylesheets aktiv und werden durch Media Queries voneinander abgegrenzt, aber oberhalb von 768 px ist das Layout noch nicht perfekt.

Die treppenförmige Anordnung der drei Layoutbereiche macht dem Namen *Cascading Stylesheets* zwar alle Ehre, aber eigentlich sollten die drei Bereiche *nebeneinander* stehen. Darum kümmern Sie sich im folgenden Schritt.

22.3.2   Schritt 2: Die Analyse des aktuellen Layouts im Entwickler-Tool

Da eine solche Situation recht typisch für das Layouten mit CSS ist, möchte ich in diesem Abschnitt kurz zeigen, wie man dabei am besten vorgeht.

Das wichtigste Werkzeug zur Analyse der Situation sind dabei die Entwickler-Tools im Browser. Im Folgenden benutze ich Firebug, aber die in Chrome, Safari oder Opera eingebauten Tools sind genauso gut und geeignet.

Rufen Sie die Beispielseiten im Browserfenster auf, klicken Sie mit rechts auf den vertikalen Navigationsbereich, und prüfen Sie, ob im HTML-Baum der Navigationsbereich markiert ist. Abbildung 22.8 zeigt, dass der Navigationsbereich nach links gefloatet wird, 110 px breit ist sowie ein linkes Padding von 20px hat. In einem flexiblen Layout wären eine Breite in Prozent (ca. 20 %) und eine Umstellung auf die Border-Box angebracht.

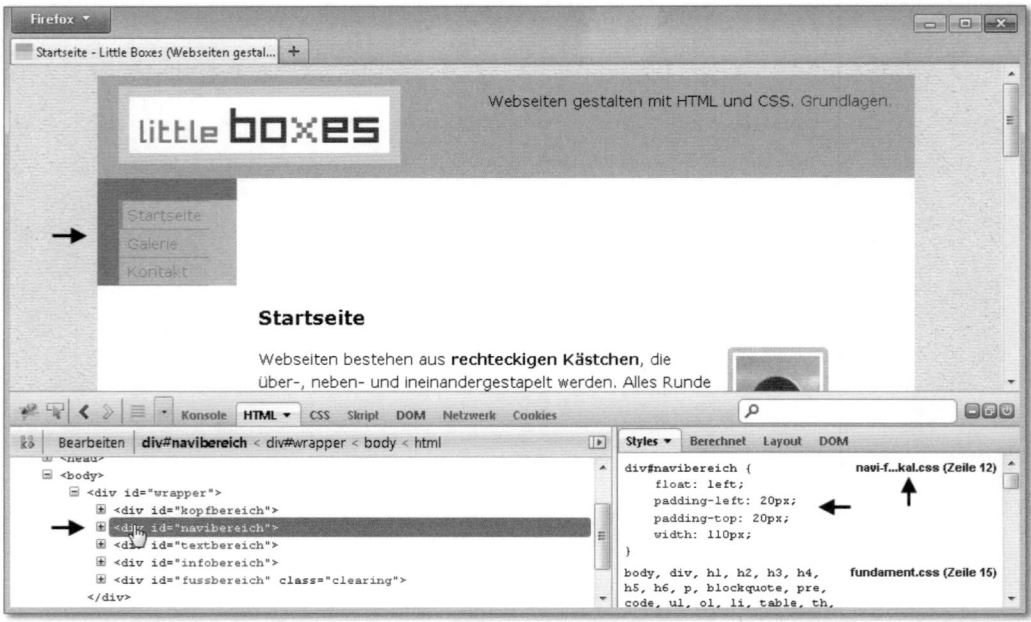

Abbildung 22.8 Der Navigationsbereich im Firebug

Als Nächstes kommt der Textbereich an die Reihe. Dazu klicken Sie im HTML-Baum einfach eine Zeile tiefer auf das div-Element mit der ID textbereich (Abbildung 22.9).

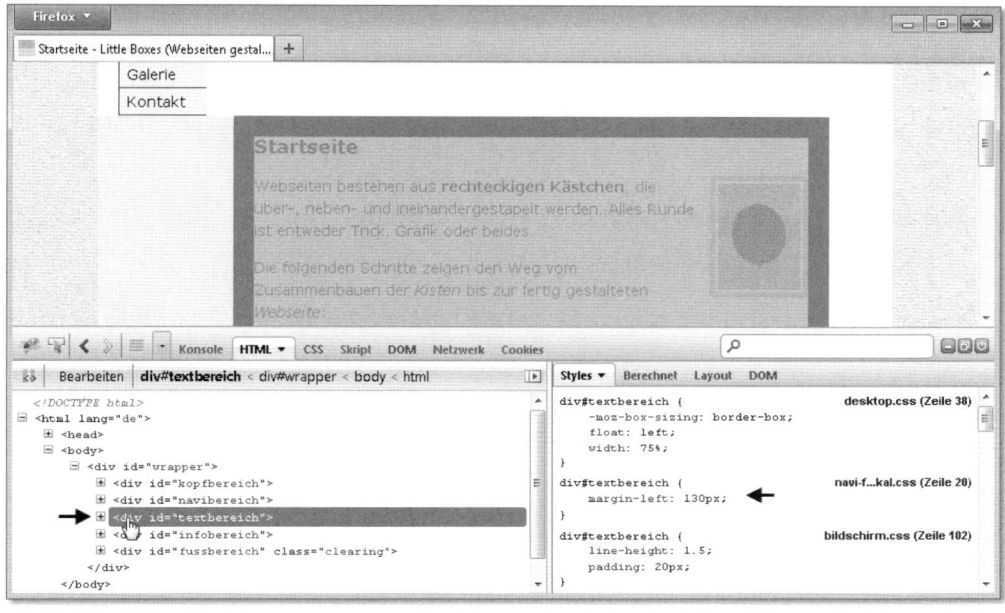

Abbildung 22.9 Der Textbereich im Firebug

Rechts werden wieder alle Styles angezeigt, die das Element gestalten. Aus *bildschirm. css* kommen der Zeilenabstand und das Padding, aus *navi-float-vertikal.css* kommt noch ein `margin-left.css` von 130 px und aus *desktop.css* die Border-Box, das `float:left` und eine Breite von 75 %. Zur Reparatur des Layouts sollte für den Textbereich der `margin-left` entfernt und die Breite auf 55 % reduziert werden.

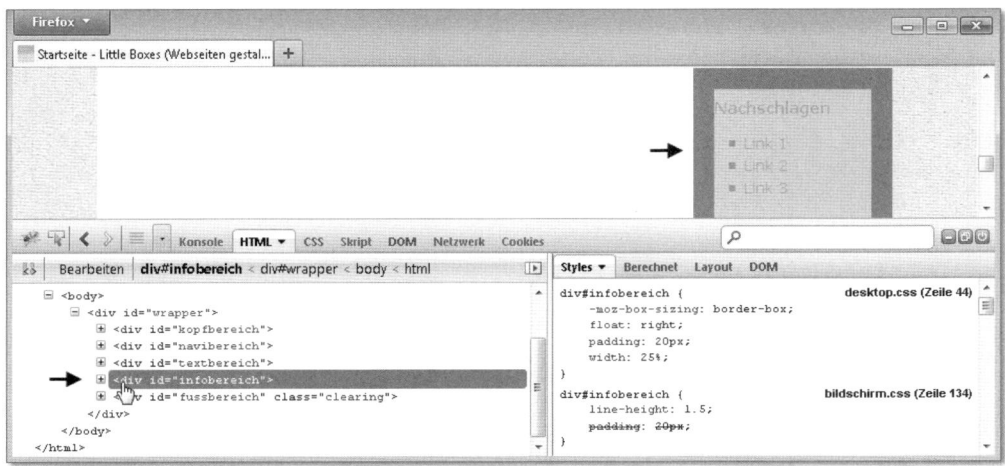

Abbildung 22.10 Der Infobereich im Entwickler-Tool

Last but not least folgt der Newcomer, der erst in diesem Kapitel hinzugefügte Infobereich. Abbildung 22.10 fördert dabei keinerlei Überraschungen zu Tage. Er wird nach rechts gefloatet und hat eine Breite von 25 %, von der links und rechts jeweils 20 px Padding abgezogen werden, da dem Infobereich das Border-Box-Modell zugewiesen wurde.

22.3.3   Schritt 3: Die Reparatur des Layouts im Editor

So weit, so gut. Daraus ergibt sich folgender Reparaturkatalog:

▶ Der Navigationsbereich bekommt also die Border-Box und eine Breite von 20 %. Ob dies an der Quelle in *navi-float-vertikal.css* oder im Rahmen der Kaskade in *desktop. css* erfolgt, ist für das Layout egal.

▶ Der Textbereich bekommt eine Breite von 55 %, und der linke Margin wird entfernt.

▶ Der Infobereich ist okay so, wie er ist, und wird nicht verändert.

Zur Visualisierung und zur Vereinfachung der Fehlersuche bekommen die Layoutbereiche vorübergehend deutliche Hintergrundfarben. Diese werden natürlich wieder entfernt, wenn das Layout okay ist.

ToDo: Das flexible, dreispaltige Layout reparieren

1. Öffnen Sie *desktop.css* in einem Editor.

2. Ergänzen bzw. ändern Sie die Styles, so dass sie wie folgt aussehen:

```
div#navibereich {
background: pink;
  -moz-box-sizing: border-box;
  box-sizing: border-box;
  float: left;
  width: 20%;
}
div#textbereich {
background: lightyellow;
  -moz-box-sizing: border-box;
  box-sizing: border-box;
  float:left;
  width: 55%;
  margin-left: 0;
}
```

```
    div#infobereich {
    background: lightblue;
      -moz-box-sizing: border-box;
      box-sizing: border-box;
      float: right;
      width: 25%;
      padding: 20px;
    }
```

3. Speichern Sie das Stylesheet, und betrachten Sie die Webseiten in einem Browser.

Die Breite ergibt zusammen genau 100 %, und die drei Layoutbereiche stehen im Browserfenster ordentlich nebeneinander (Abbildung 22.11).

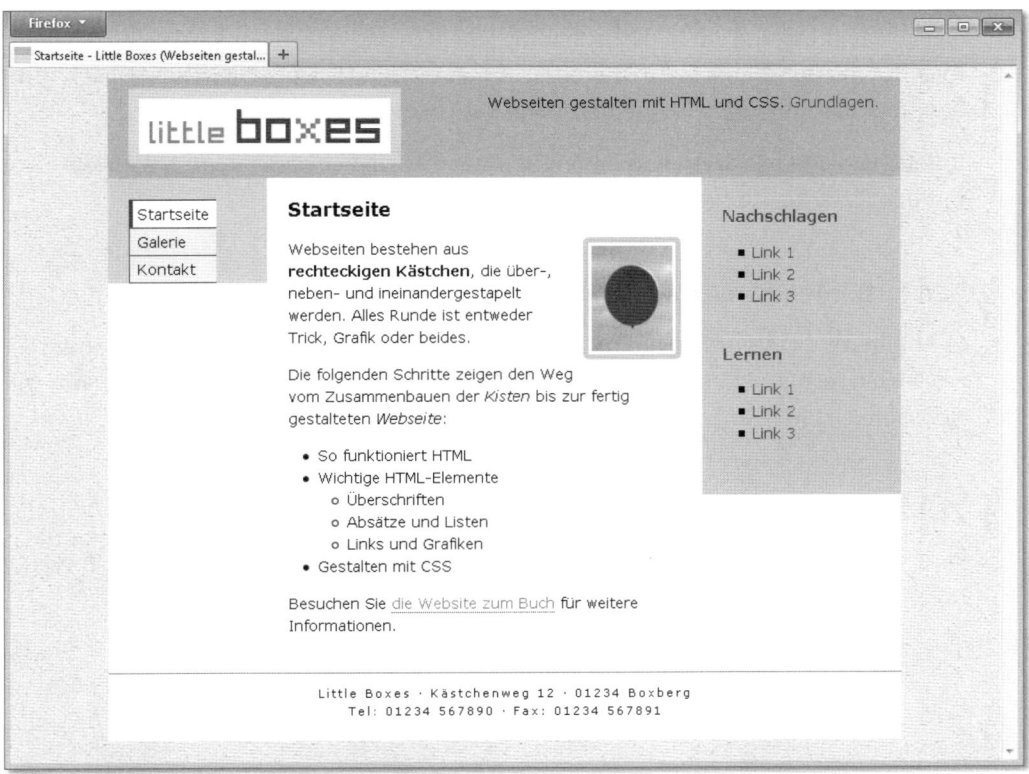

Abbildung 22.11 Das fertige flexible, dreispaltige Layout mit Hintergrundfarben zur Visualisierung

Hintergrundfarben für Layoutbereiche

Durch die Hintergrundfarben wird deutlich, dass die Layoutbereiche nicht wirklich Spalten sind und nur so hoch werden wie ihr Inhalt. Falls Sie einen Layoutbereich farblich hinterlegen möchten, geht dies am Besten mit einer von Dan Cederholm erfundenen Technik namens »faux column« (»falsche Spalte«):

▸ *alistapart.com/articles/fauxcolumns*

Bei dieser Technik wird dem umgebenden Element eine farbige Hintergrundgrafik zugewiesen, sodass der Layoutbereich optisch wie eine Spalte wirkt.

22.4   »Bäumchen wechsel dich« für die Layoutbereiche

Bei einem mehrspaltigen Layout müssen Sie zwischen der Reihenfolge der Layoutbereiche im Quelltext und am Bildschirm unterscheiden. Momentan ist die Quelltextreihenfolge Navigationsbereich, Textbereich, Infobereich auch am Bildschirm wiederzufinden, aber das muss nicht so bleiben, denn das Layout ist da recht flexibel.

Rufen Sie die Beispielseiten in einem Browser auf, und spielen Sie im Entwickler-Tool mit den Float-Richtungen für die Layoutbereiche.

22.4.1   Der Textbereich als Rechtsaußen

In Abbildung 22.12 wurde nur ein einziges Wort geändert (`float: `**`right`**), um den Textbereich nach rechts zu floaten. Text- und Infobereich tauschen die Positionen, der Navigationsbereich bleibt links.

22.4.2   Die Navigation nach rechts und der Textbereich ganz links

Seite neu laden und nächster Versuch. Wenn Sie den Navigationsbereich nach rechts floaten, rutschen Text- und Infobereich einfach nach links (Abbildung 22.13).

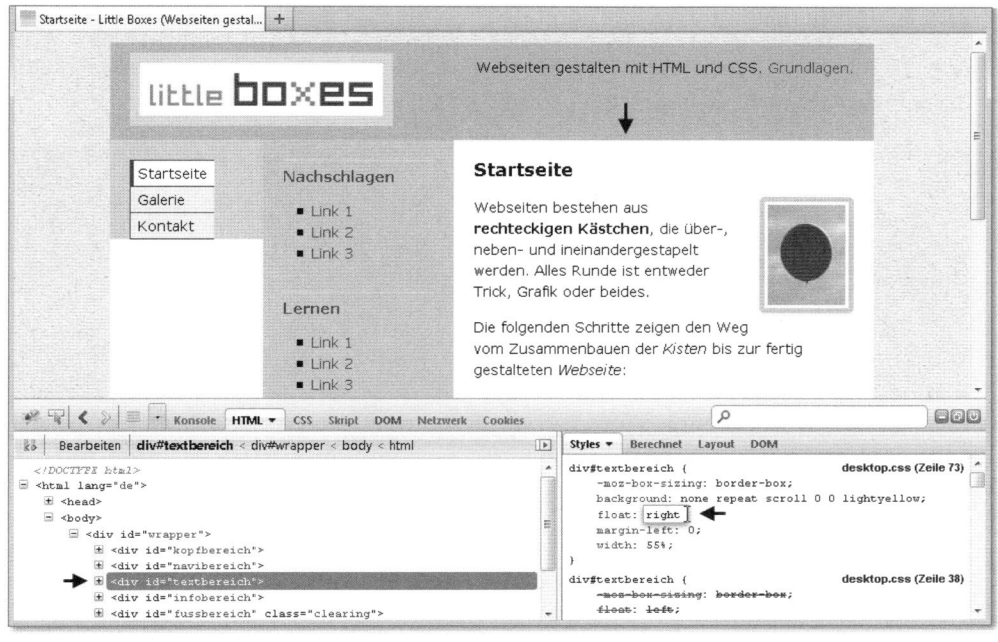

Abbildung 22.12 Ein Wort geändert, und der Textbereich steht rechts.

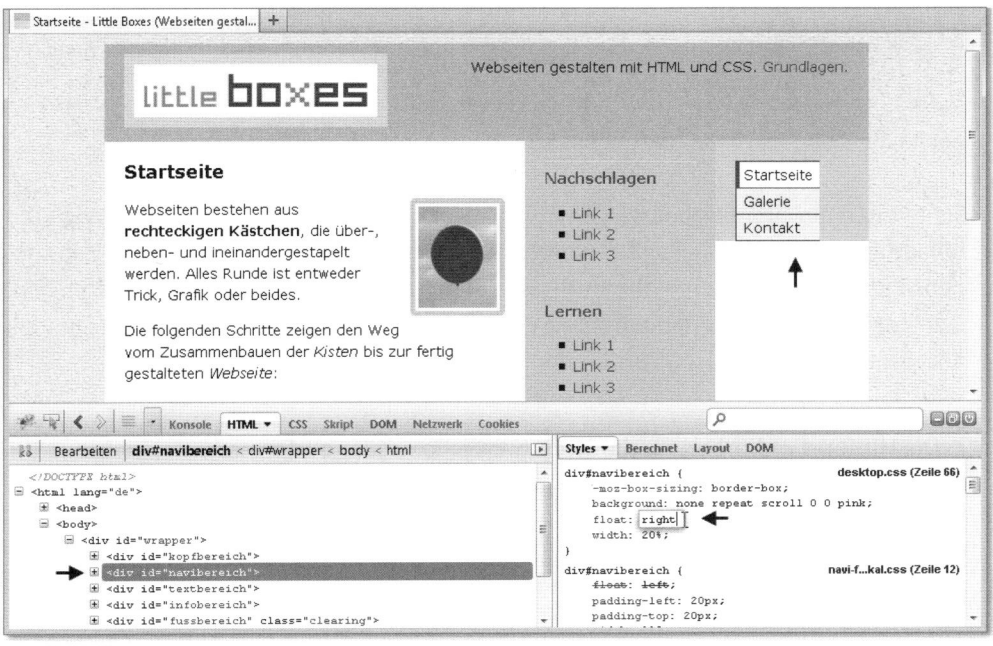

Abbildung 22.13 Der Navigationsbereich wird nach rechts gefloatet.

22.4.3 Infobereich und Navigation tauschen die Plätze

Aber es geht noch besser: Wenn Text- und Navigationsbereich gefloatet werden, kann der Infobereich auch nach ganz links rücken (Abbildung 22.14).

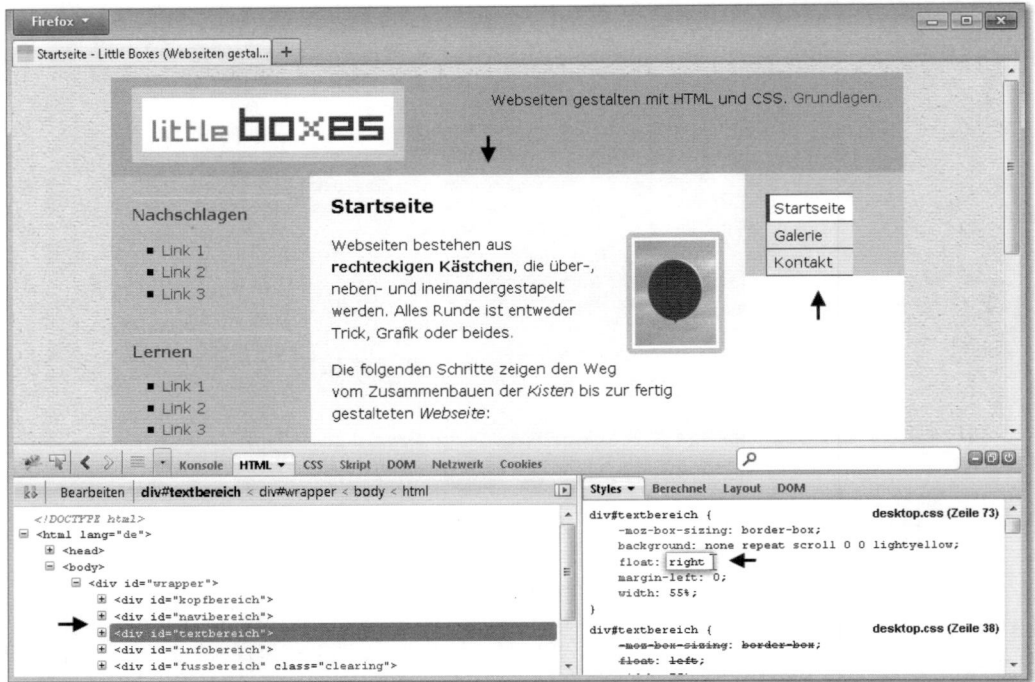

Abbildung 22.14 Text- und Navigationsbereich werden nach rechts gefloatet.

Sie können auf den Beispielseiten natürlich auch wieder eine horizontale Navigation hinzufügen und die linke Spalte zum Beispiel für eine Unternavigation nutzen. Sie können aber mit den in diesem Abschnitt gezeigten normalen Floats den Inhaltsbereich im Quelltext *nicht vor* die beiden anderen Bereiche stellen. Das kommt im folgenden Abschnitt.

Die Hintergrundfarben für die Layoutbereiche wieder entfernen

Die Hintergrundfarben für die Layoutbereiche dienen nur der Visualisierung und der eventuellen Fehlersuche. Vergessen Sie nicht, diese wieder zu entfernen oder auszukommentieren.

22.5   Ein dreispaltiges Layout mit negativem Margin

Vielleicht ist Ihnen im vorigen Beispiel aufgefallen, dass die Variante »Navigationsbereich in die Mitte« beim »Bäumchen wechsel dich« nicht gezeigt wurde. Der Grund ist einfach: Das geht nicht. Der Bereich, der im Quelltext zuerst kommt, kann mit normalen Floats am Bildschirm nicht in der Mitte stehen, und um dieses Problem kümmern Sie sich in diesem Abschnitt.

Die Navigation bleibt für dieses Beispiel horizontal. Darunter spielen in der Reihenfolge des Auftretens im Quelltext dieses Mal drei Bereiche mit:

▶ Zuerst kommt der bereits vorhandene Textbereich.

▶ Danach folgen zwei Infobereiche.

Ziel ist es, dass der Textbereich in der Mitte und die beiden Infobereiche rechts und links danebenstehen. Das wäre dann genau die Variante, die mit normalen Floats nicht geht: Der Bereich, der im Quelltext zuerst kommt, steht am Bildschirm in der Mitte.

22.5.1   Schritt 1: Die beiden Infobereiche im HTML hinzufügen und gestalten

Zunächst fügen Sie auf allen Webseiten im HTML zwischen Text- und Fußbereich zwei Infobereiche hinzu und gestalten diese ein wenig.

22

ToDo: Die beiden Infobereiche im HTML hinzufügen und gestalten

1. Kopieren Sie die Webseiten aus dem *basis*-Ordner für dieses Kapitel in einen Übungsordner.

2. Öffnen Sie die Webseiten in einem Editor.

3. Fügen Sie auf allen Seiten zwischen Text- und Fußbereich die folgenden Infobereiche ein:

```
<div id="infobereich1">
<h2 class="versteckmich">Infobereich 1</h2>
<h3>Links</h3>
<ul>
  <li><a href="#">Link 1</a></li>
  <li><a href="#">Link 2</a></li>
  <li><a href="#">Link 3</a></li>
</ul>
</div> <!-- Ende infobereich 1 -->
```

```
<div id="infobereich2">
<h2 class="versteckmich">Infobereich 2</h2>
<h3>Text</h3>
<p>Eine wunderbare Heiterkeit hat meine ganze Seele eingenommen, gleich
den süßen Frühlingsmorgen, die ich mit ganzem Herzen genieße.</p>
</div> <!-- Ende infobereich 2 -->
```

4. Speichern Sie alle Webseiten.

5. Öffnen Sie das Stylesheet *bildschirm.css* in einem Editor.

6. Fügen Sie innerhalb der @media-Regel am Ende des Stylesheets folgende Styles ein:

```
/* Grundformatierung Infobereich */
div#infobereich1, div#infobereich2 {
    line-height: 1.5;
    padding: 20px;
}
div#infobereich1 h3, div#infobereich2 h3 {
    color: #444;
    line-height: 1;
}
div#infobereich1 ul {
    list-style-type: square;
    padding: 0;
    margin: 1em 0 2em 2em;
}
```

7. Speichern Sie das Stylesheet, und betrachten Sie die Webseiten im Browser.

Abbildung 22.15 zeigt, dass auf den Webseiten jetzt unterhalb des Textbereichs zwei zusätzliche Infobereiche zu sehen sind. Den Inhalt dieser Bereiche können Sie natürlich nach Belieben gestalten. So könnte einer der beiden auch eine Unternavigation beinhalten.

22.5.2   Schritt 2: Den Textbereich floaten und negativen Margin zuweisen

In diesem Schritt flexibilisieren Sie wieder den Wrapper und floaten dann den Textbereich nach rechts. Die Besonderheit ist dabei ein negativer linker Margin, dessen Auswirkungen nach dem ToDo genauer erklärt werden.

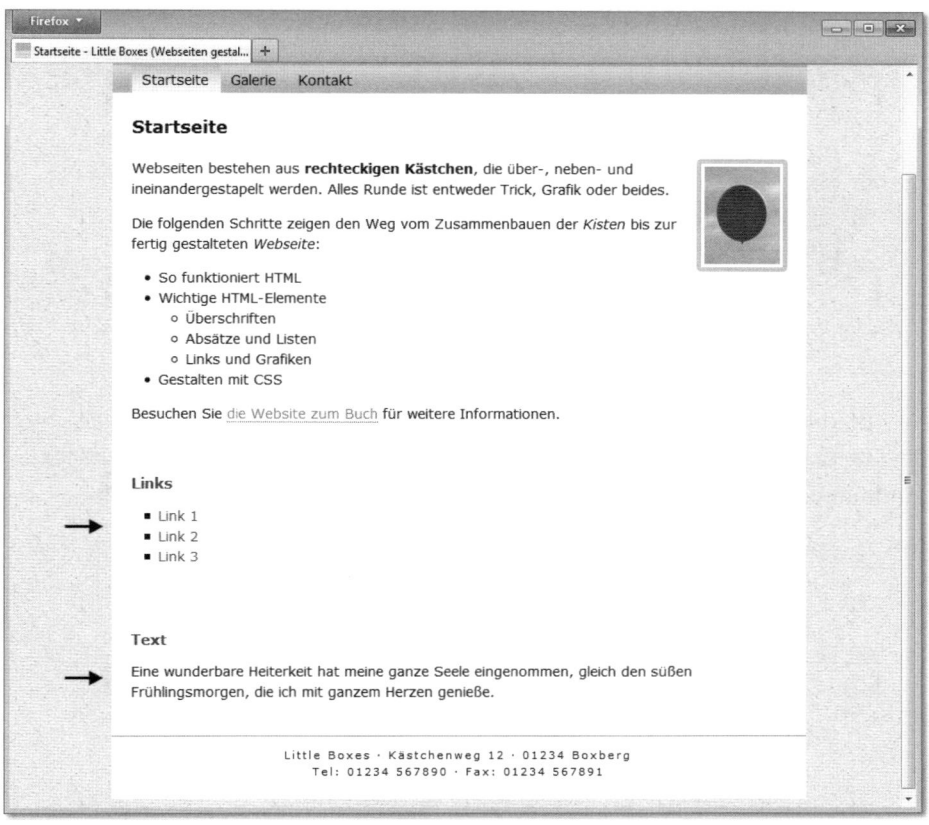

Abbildung 22.15 Die Startseite mit zwei zusätzlichen Infobereichen

ToDo: Textbereich floaten und mit negativem Margin versehen

1. Öffnen Sie das Stylesheet *desktop.css* in einem Editor.

2. Ändern Sie den Style für den Wrapper wie folgt:

```
div#wrapper {
  width: 80%;
  max-width: 70em;
  min-width: 760px;
  margin: 10px auto;
}
```

3. Fügen Sie nach dem Style für den Wrapper folgende CSS-Regel ein:

```
div#textbereich {
background: lightyellow;  /* nur zur Visualisierung */
```

```
         -moz-box-sizing: border-box;
         box-sizing: border-box;
         float:right;
         width: 55%;
         margin-right: 25%;
         margin-left: -80%;    /* 80 ist width plus margin-right */
         /* padding: 20px aus bildschirm.css */
    }
```

4. Speichern Sie das Stylesheet, und betrachten Sie die Webseiten im Browser.

Der Textbereich ist nach diesem ToDo korrekt positioniert, aber seltsamerweise läuft der Fließtext aus dem zweiten Infobereich direkt über den gefloateten Textbereich hinweg (Abbildung 22.16).

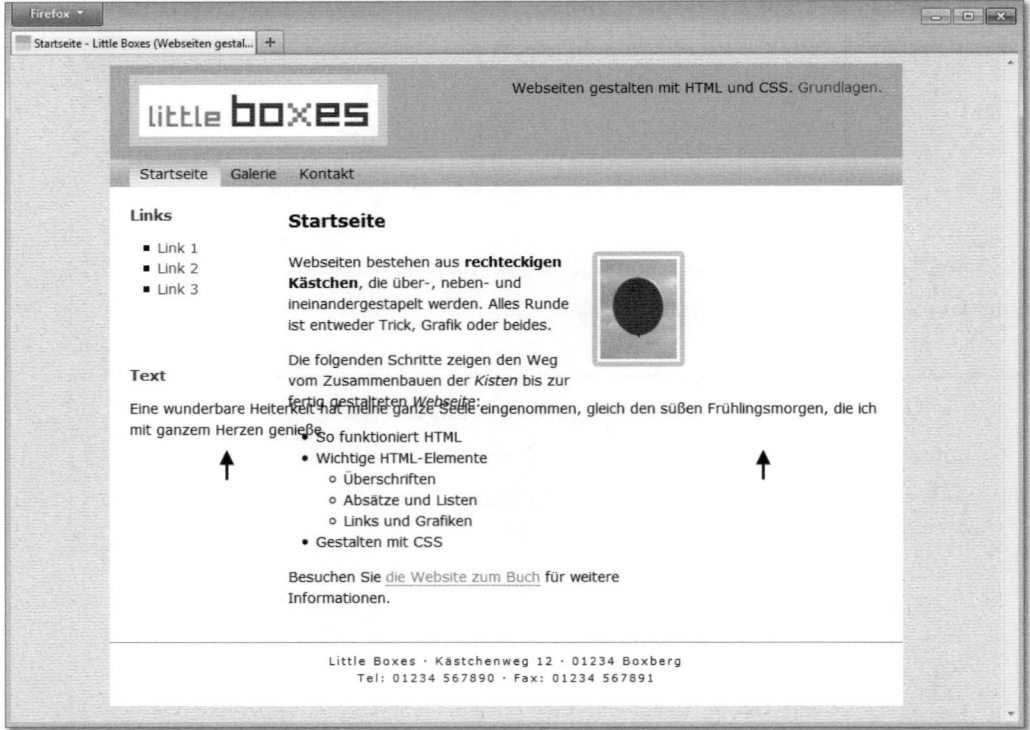

Abbildung 22.16 Der Textbereich ist gefloatet, aber noch stimmt was nicht.

Der Textbereich wird mit einer Breite von 55 % nach rechts gefloatet und hat eine Abstand von 25 % zum rechten Rand. Die Anweisung `margin-left: -80 %` scheint auf den ersten Blick keinen Einfluss auf die Positionierung des Textbereichs zu haben, aber ein negativer Außenabstand hat bei gefloateten Elementen eine ganz besondere Wirkung:

▶ Ein *entgegen der Float-Richtung* definierter *negativer* Margin erzeugt eine Art Leere, ein Nichts, ein Vakuum.

▶ *Entgegen der Float-Richtung* ist:

  – bei `float:left` ein negativer `margin-right`

  – bei `float:right` ein negativer `margin-left`

▶ Das betroffene Element wird mit dem `float` korrekt positioniert, ist aber durch den negativen Margin für andere Elemente nicht wirklich vorhanden.

Anders ausgedrückt: Das Element bekommt eine Tarnkappe und macht so den Weg frei für die anderen drumherum gefloateten Elemente. Deshalb läuft der Text aus dem zweiten Infobereich einfach darüber hinweg.

Der Wert von –80 % ist übrigens nicht beliebig gewählt, sondern die Summe von Breite und rechtem Margin:

▶ Der `margin-left` beginnt an der linken Kante des Elements und geht normalerweise nach links.

▶ Ein negativer `margin-left` geht stattdessen nach *rechts*, verschiebt das gefloatete Element aber nicht, sondern setzt ihm die Tarnkappe auf.

▶ Durch `margin-left: -80 %` reicht die Tarnkappe im Beispiel genau bis an den rechten Rand des Wrappers.

Wichtig ist bei eigenen Experimenten also, dass der Wert für den negativen Margin die Summe von Breite und dem anderen Margin ist.

Ein sehr guter Grundlagenartikel zu negativen Margins

Negative Margins sorgen bei zu langem Nachdenken darüber nicht selten für akute Schwindelanfälle. Ein gutes Gegenmittel ist der folgende Artikel:

▶ *bit.ly/smashing-negative-margins* (bei smashing-magazine.com)

John Imbong erklärt darin die Grundlagen.

22.5.3   Schritt 3: Die beiden Infobereiche floaten

Es fehlt nur noch ein Schritt bis zum fertigen Layout, und der ist erstaunlich einfach. Im folgenden ToDo werden die beiden Infobereiche gefloatet.

ToDo: Die beiden Infobereiche floaten

1. Öffnen Sie das Stylesheet *desktop.css* in einem Editor.

2. Fügen Sie nach dem Style für den Textbereich die folgenden Regeln für die beiden Infobereiche ein:

```css
div#infobereich1, div#infobereich2 {
  -moz-box-sizing: border-box;
  box-sizing: border-box;
  padding: 20px;
}
div#infobereich1 {
background: lightblue;
  float:right;
  width: 25%;  /* entspricht margin-right vom Textbereich */
}
div#infobereich2 {
background: pink;
  float: left;
  width: 20%; /* 20% plus 55% plus 25% = 100% */
}
```

3. Speichern Sie das Stylesheet, und betrachten Sie die Webseiten im Browser.

Zwei einfache Styles ohne jegliche Zauberei, und schon passt alles genau, wie es soll (Abbildung 22.17).

Beachten Sie bei den beiden Styles Folgendes:

▶ Die Breite des nach rechts gefloateten Bereichs entspricht dem `margin-right` vom Textbereich. Im Beispiel sind das 25 %.

▶ Die Breite des nach links gefloateten Bereichs sollte mit den Breiten der beiden anderen Bereiche zusammen 100 % ergeben. Der Textbereich hat 55 %, der rechte Bereich 25 %, also bleiben noch 20 % übrig.

Vergessen Sie nicht, die Hintergrundfarben wieder von den Layoutbereichen zu entfernen.

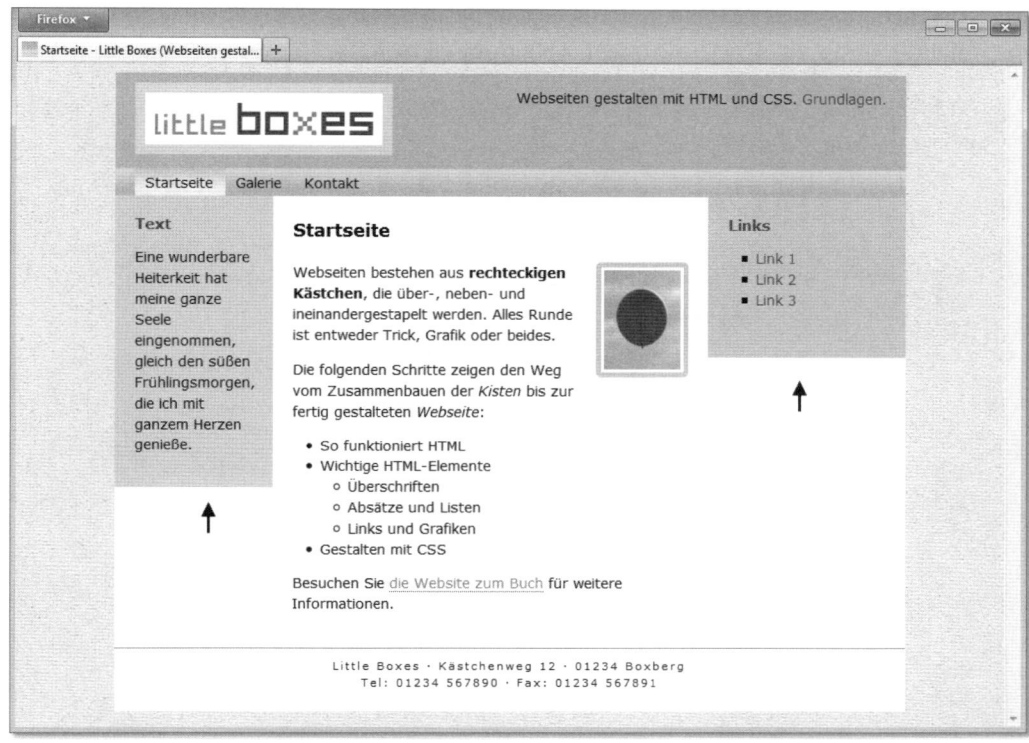

Abbildung 22.17 Das fertige Layout – sitzt, passt, wackelt und hat Luft.

22.5.4   Optional: Die Infobereiche tauschen die Seiten

Das Layoutgerüst mit den negativen Margins ist recht stabil und flexibel. Um zum Beispiel die beiden Infobereiche zu tauschen, können Sie in *desktop.css* einfach die beiden Anweisungen für float und width tauschen:

```
div#infobereich1 {
  float: left;
  width: 20%; /* plus 55% plus 25% = 100% */
}
div#infobereich2 {
  float:right;
  width: 25%; /* entspricht margin-right vom Textbereich */
}
```

Listing 22.2 Die beiden Infobereiche mit getauschten Anweisungen

Und schon stehen die beiden Bereiche jeweils an der anderen Seite, und die Startseite sieht im Browser etwa so aus wie in Abbildung 22.18.

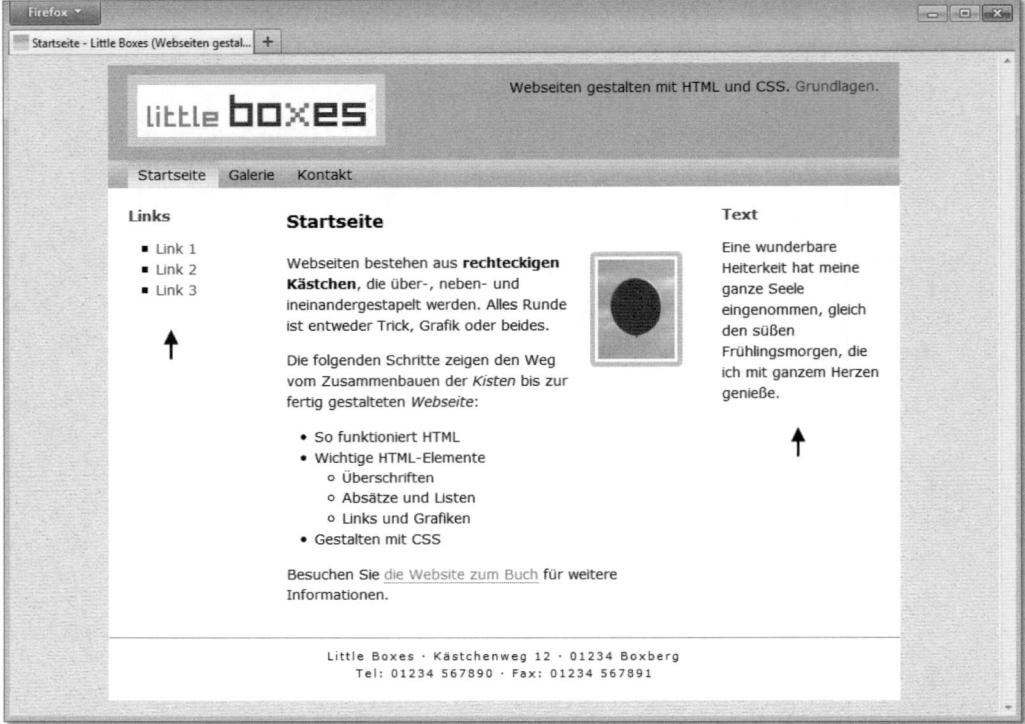

Abbildung 22.18 Die beiden Infobereiche haben die Seiten getauscht.

22.6   Auf einen Blick

Hier sind noch einmal die wichtigsten Punkte dieses Kapitels im Überblick:

▶ Mit normalen Float-Anweisungen kann man problemlos ein dreispaltiges Layout erstellen.

▶ Die Bereiche können innerhalb dieses Layouts fast beliebig platziert werden.

▶ Im Quelltext wäre es ideal, wenn der Hauptinhaltsbereich, auf den Beispielseiten also der Textbereich, vor den Seitenspalten stehen würde.

▶ Der Textbereich steht im Quelltext vor den Infobereichen und wird anschließend gefloatet sowie mit einem negativen Margin versehen.

▶ Ein *entgegen der Float-Richtung* definierter *negativer* Margin erzeugt eine Art Leere, ein Nichts, ein Vakuum.

▶ *Entgegen der Float-Richtung* ist

    – bei `float:left` ein negativer `margin-right`

    – bei `float:right` ein negativer `margin-left`.

▶ Das betroffene Element wird per `float` normal positioniert, ist aber durch den negativen Margin für andere Elemente nicht wirklich vorhanden.

22

Kapitel 23
Patchwork – Flicken im CSS

Worin Sie erfahren, dass die Welt von CSS relativ heil ist,
die der Browser aber nicht immer.

Die Themen im Überblick:

- »Patches und Hacks«, Seite 437
- »Der Internet Explorer«, Seite 438
- »Conditional Comments in Aktion«, Seite 441
- »Die Beispielseiten im IE 7 und IE8«, Seite 443
- »Auf einen Blick«, Seite 445

Die Browser mussten im Laufe der Jahre CSS erst mühsam lernen, und daher gilt die Grundregel: Je älter ein Browser ist, desto weniger und fehlerhafter unterstützt er CSS. Was ja gleichzeitig auch eine gute Nachricht ist, denn vielleicht fällt dieses Kapitel über Patchwork irgendwann einmal einfach ganz weg.

23

23.1 Patches und Hacks

Ohne Patches (dasselbe wie Hacks) wäre in den vergangenen Jahren das Layouten mit CSS in vielen Fällen unmöglich gewesen. Besonders in älteren CSS-Büchern ist dementsprechend der Abschnitt über Patches umfangreicher als die Erklärung wichtiger Konzepte, wie zum Beispiel der Kaskade.

23.1.1 Vor dem Einbau von Patches gründlich checken

Ganz verzichten kann man auf Patches immer noch nicht, aber es bleibt zu hoffen, dass mit dem langsamen Aussterben alter Browser die Notwendigkeit stets weiter abnimmt. Testen Sie die Seite in standardkonformen Browsern, und versuchen Sie auszuschließen, dass auf Ihrer Seite ein Denkfehler vorliegt. Erst dann sollten Sie patchen.

23.1.2   Inline-Patches und zusätzliche Stylesheets

Wann immer einige Browser eine Spezialbehandlung zur korrekten Darstellung von CSS benötigen, gibt es im Wesentlichen zwei Möglichkeiten:

▶ *Inline-Patches*: Notieren Sie die Patches im Stylesheet selbst, direkt bei den betroffenen Styles.

▶ *Zusätzliche Stylesheets*: Notieren Sie die Patches in einem zusätzlichen Stylesheet, das nur bestimmte Browser zu sehen bekommen.

Beide Varianten haben Vor- und Nachteile. Inline-Patches sind sehr praktisch zum Testen während der Entwicklungsarbeit und stehen direkt an der Stelle, an der sie erforderlich sind. So gerät der Patch nicht in Vergessenheit. Ein Beispiel ist der Patch für den IE7 beim Easy Clearing in Kapitel 18, »Containing Floats – gefloatete Elemente umschließen«:

```
/* Patch für IE7 */
*:first-child+html .clearfix { min-height: 0; }
```

Dieser Style steht als Teil des Easy Clearings im Stylesheet, und der kryptische erste Teil des Selektors ist nur für den IE7 verständlich.

Bei zusätzlichen Stylesheets hingegen vergisst man nach dem Motto »Aus den Augen, aus dem Sinn« die Patches manchmal. Andererseits haben sie den Vorteil, dass das eigentliche CSS besser zu lesen und die Verwaltung der Patches einfacher ist. Ein Beispiel zum Einsatz von zusätzlichen Stylesheets lernen Sie weiter unten mit den *Conditional Comments* kennen.

CSS-Voodoo – mehr über Inline-Hacks

Dirk Ginader hat in seinem Blog eine hervorragende Auflistung von Hacks veröffentlicht, um jeweils nur ganz bestimmte Browser anzusprechen:

▶ *bit.ly/css-voodoo* (die Kurz-URL führt zu *ginader.de*)

Nebenbei ist dieser Beitrag eine sehr schöne Geschichtsstunde in Sachen Webentwicklung im ersten Jahrzehnt dieses Jahrtausends.

23.2   Der Internet Explorer

Alle Browser haben Bugs, aber der Internet Explorer hat scheinbar ein paar mehr als andere. Deshalb bekommt er im Kapitel über Patches auch einen eigenen Abschnitt.

23.2.1   Eine kurze Geschichte des Internet Explorers

Nachdem Microsoft den ersten großen Browserkrieg von 1996 bis 1998 gegen Netscape für sich entscheiden konnte, war der Internet Explorer lange Zeit das weltweit meistbenutzte Programm zum Betrachten von Webseiten:

▶ Die 5er-Serie des Internet Explorers wurde zwischen 1999 und 2001 gebaut und hat einige fundamentale Schwächen im Umgang mit CSS, gilt aber allgemein als ausgestorben.

▶ IE6 erschien im Herbst 2001 und hatte für damalige Verhältnisse eine recht gute CSS-Unterstützung. Allerdings wurde daran in den letzten Jahren nichts mehr verbessert. Auch er spielt heute keine Rolle mehr.

▶ Der Ende 2006 veröffentliche Internet Explorer 7 ist zwar nicht perfekt, aber einige Schwächen im Bereich CSS wurden eliminiert.

▶ Der IE8 ist noch besser, und ab Version 9 ist der IE bezüglich der CSS-Unterstützung fast wirklich gut.

Vielleicht entsteht so nach dem langsamen Aussterben der alten Browser in absehbarer Zeit eine CSS-Welt mit weniger Patches und Flicken, aber jetzt kehren Sie erst mal in die Realität zurück.

Wikipedia: Browserkrieg und Internet Explorer

Falls Sie zum Browserkrieg oder zur Geschichte des Internet Explorers mehr wissen möchten, ist die Wikipedia ein guter Ausgangspunkt:

▶ *de.wikipedia.org/wiki/Browserkrieg*

▶ *de.wikipedia.org/wiki/Internet_Explorer*

Die Artikel sind ein interessanter Ausflug in die Browsergeschichte.

23.2.2   Der Internet Explorer und das »Layout«

Wenn der Internet Explorer den Quelltext in eine sichtbare Webseite verwandelt, benutzt er ein Konzept, das seine Entwickler »Layout« getauft haben.

Idealerweise würde ein Browser für *jedes* Element auf der Webseite die Größe und Position gemäß den Angaben im Stylesheet berechnen. Da das sehr lange dauern kann, haben die Entwickler des Internet Explorers die Darstellung der Seite etwas beschleunigt:

- ▶ Die wichtigsten Elemente einer Seite bekommen das Merkmal `hasLayout`.
- ▶ Nur Elemente mit `hasLayout` werden wirklich komplett abgearbeitet.
- ▶ Für alle anderen Elemente werden Größe und Position durch das nächste Vorfahren-element mit `hasLayout` bestimmt.

Viele Bugs des Internet Explorers, insbesondere solche in `float`-Umgebungen, gehen auf dieses Konzept zurück und lassen sich beheben, indem man einem Element explizit `hasLayout` zuweist. Ab IE8 ist `hasLayout` Geschichte, wie man so schön sagt. Das Problem beschränkt sich also auf den 7er, ist dort aber umso nerviger. Im Folgenden finden Sie dazu einen kurzen Überblick.

Die folgenden HTML-Elemente bekommen grundsätzlich `hasLayout`:

- ▶ `html` und `body`
- ▶ `table`, `tr`, `th` und `td`
- ▶ `img` und `hr`
- ▶ `input`, `button`, `select`, `textarea`, `fieldset`, `legend`
- ▶ `iframe`, `embed`, `object`, `applet` und `marquee`

Für alle anderen Elemente, wie zum Beispiel `div` oder `ul`, geschieht die Zuweisung von `hasLayout` durch die Deklaration unter anderem folgender CSS-Eigenschaften:

- ▶ `position: absolute`
- ▶ `float: left | right`
- ▶ `display: inline-block`
- ▶ `width` und `height` mit Angabe eines Wertes (außer `auto`)
- ▶ `overflow: hidden | scroll | auto`
- ▶ `zoom: 1` (nicht CSS-Standard, proprietäre IE-Eigenschaft)

Die Eigenschaft `zoom` wird nur vom Internet Explorer erkannt und gibt dort einem Element `hasLayout`. `zoom` gehört nicht zum CSS-Standard und ist dementsprechend nicht valide, manchmal aber trotzdem hilfreich.

Wenn ein CSS-Layout also nur im IE7 zerschossen wird, dann probieren Sie einfach, potenziell wichtigen HTML-Elementen `hasLayout` zu verpassen, indem Sie im entsprechenden Style die Deklaration `zoom:1` ergänzen. Oft reicht das bereits aus.

Oder Sie lassen den IE7 einfach unberücksichtigt, sofern das machbar ist.

> **On Having Layout**
>
> Wenn Sie ganz genau wissen wollen, was es mit hasLayout auf sich hat – in dem folgenden Artikel wird das Thema wirklich vertieft:
>
> ▸ *satzansatz.de/cssd/onhavinglayout.html*
>
> ▸ *onhavinglayout.fwpf-webdesign.de*
>   (deutsche Übersetzung von Corina Rudel)

23.3   Conditional Comments in Aktion

Conditional Comments ermöglichen das gezielte Ansprechen des Internet Explorers, bei Bedarf sogar nur von bestimmten Versionen.

23.3.1   »Conditional Comments« – Styles nur für den IE

Conditional Comments sind `<!-- Kommentare im HTML -->`, die Sie mit bestimmten Bedingungen verknüpfen können. Solche Kommentare sind eine Erfindung von Microsoft und wurden erstmals im IE5 eingeführt. Alle anderen Browser behandeln die Anweisungen wie einen normalen Kommentar, was sich bei der Verwendung von Patches als sehr vorteilhaft erweist.

Um ein Stylesheet nur an einen Internet Explorer (egal welcher Versionsnummer) zu schicken, benutzen Sie auf den HTML-Seiten folgenden speziellen Kommentar. Beachten Sie, dass ein solches IE-Stylesheet *nach* anderen Stylesheets eingebunden werden muss. Ansonsten wird es im Rahmen der Kaskade eventuell wieder überschrieben, und die ganze Mühe war umsonst.

```
<!--[if IE]>
  <link href="ie.css" rel="stylesheet">
<![endif]-->
```

Listing 23.1 Conditional Comment – Styles nur für Internet Explorer

Der folgende Kommentar schickt ein Stylesheet nur an Internet Explorer Version 8 und noch älter:

23

```
<!--[if lt IE 8]>
<link href="ie8-7.css" rel="stylesheet">
<![endif]-->
```

Listing 23.2 Conditional Comment – nur für IE8 und älter

Die Buchstaben lt in der if-Bedingung stehen für *less than* (kleiner als). Die gesamte Bedingung bedeutet: »wenn die Versionsnummer des IEs kleiner als 8 ist«. Andere mögliche Operatoren in Conditional Comments sind gt (größer als), lte (kleiner oder gleich) und gte (größer oder gleich).

23.3.2   Testen, ob Conditional Comments funktionieren

Mit folgendem Quelltext können Sie ganz leicht überprüfen, ob die Conditional Comments funktionieren oder ob noch irgendwo ein Tippfehler ist.

ToDo: Conditional Comments testen

1. Öffnen Sie in Ihrem Übungsordner die Beispielseite *index.html* in einem Editor.
2. Schreiben Sie folgende Zeilen zwischen <head> und </head>, aber unterhalb der mit link eingebundenen Stylesheets:

    ```
    <!--[if IE 7]>
    <style> body { background: red; padding: 5em; } </style>
    <![endif]-->
    <!--[if IE 8]>
    <style> body { background: yellow; padding: 5em; } </style>
    <![endif]-->
    ```

3. Speichern Sie die Webseite, und betrachten Sie sie im Internet Explorer.

Im Internet Explorer können Sie ab Version 9 die jeweils geladene Webseite ganz einfach mit einer älteren IE-Version betrachten:

▶ Rufen Sie im Menü EXTRAS die F12 ENTWICKLERTOOLS auf.

▶ Klicken Sie in der Menüleiste auf BROWSERMODUS.

▶ Wählen Sie die gewünschte IE-Version zur Darstellung der Seite.

Wenn alles klappt, müsste die Seite im IE7 und 8 einen farbigen Hintergrund haben, in allen anderen Browsern hingegen ganz normal aussehen (Abbildung 23.1).

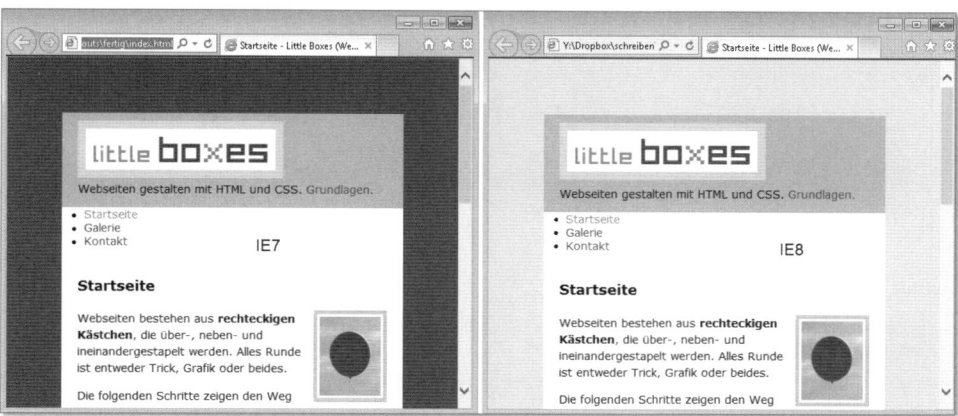

Abbildung 23.1 Conditional Comments testen – verschiedene Hintergrundfarben in verschiedenen IE-Versionen

23.4   Die Beispielseiten im IE 7 und IE8

Die Beispielseiten sind nach dem Prinzip von *Mobile First* erstellt worden:

▶ Die einfache, einspaltige Basisversion wird an alle Browser ausgeliefert.

▶ Mit Media Queries werden dann ab einer gewissen Viewport-Breite zusätzliche Styles definiert.

Da weder IE7 noch IE8 Media Queries verstehen, bekommen die beiden momentan nur die einfache einspaltige Version. Abbildung 23.2 zeigt die Startseite im IE8. Im Vordergrund sehen Sie in den mit F12 aufrufbaren ENTWICKLERTOOLS des IEs, dass momentan der BROWSERMODUS: IE8 aktiv ist.

Es gibt verschiedene Möglichkeiten, mit dieser Situation umzugehen:

▶ Nichts tun. Die Inhalte sind alle vorhanden, es sieht halt nur ein bisschen einfacher aus.

▶ Spezielles Stylesheet erstellen und per Conditional Comment ausliefern.

Für den IE8 ist diese Nachbesserung meist relativ einfach, da er außer den Media Queries recht gut CSS kann und auch das berühmt-berüchtige hasLayout nicht mehr kennt.

Für den IE7 hingegen ist eine solche Reparatur oft viel aufwendiger. Das beginnt schon damit, dass er zum Beispiel mit dem Border-Box-Modell nichts anfangen kann und oft auch noch hasLayout für bestimmte Elemente benötigt. Verglichen mit der Anzahl von Besuchern mit IE7, die wahrscheinlich eher gering ausfällt, ist dieser Aufwand oft zu hoch.

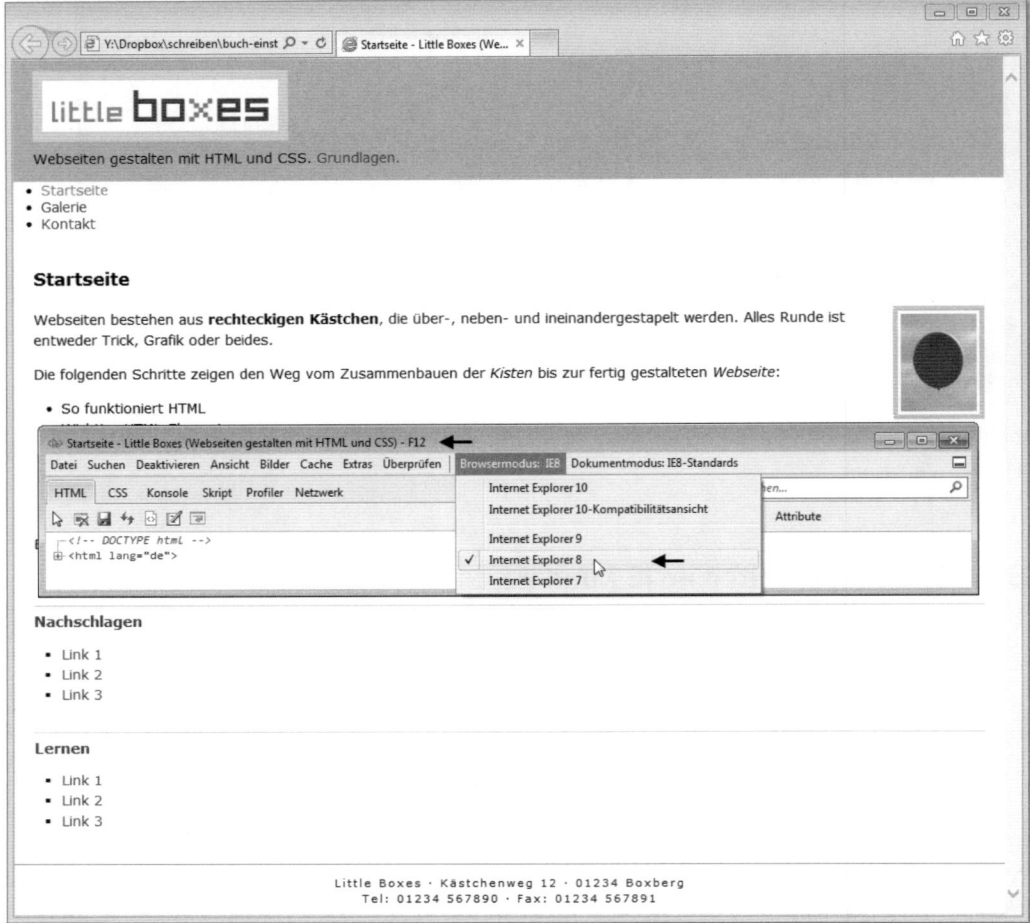

Abbildung 23.2 Die Beispielseiten im IE8 – alles da, nur nicht so hübsch

Um die Beispielseiten für den IE8 zu verschönern:

▶ Erstellen Sie ein Stylesheet, dem Sie einen hübschen Namen wie *ie8.css* geben.

▶ In dieses Stylesheet kopieren Sie die für IE8 relevanten Styles hinein. Für die Beispielseiten wären das die Styles aus *desktop.css* und *navi-float-vertikal.css*, aber *ohne* die
Media Queries.

▶ Liefern Sie das Stylesheet mit einem Conditional Comment wie dem folgenden aus:

```
<!--[if IE 8]>
  <link href="ie8.css" rel="stylesheet">
<![endif]-->
```

Danach sieht die Startseite im IE8 etwa so aus wie in Abbildung 23.3.

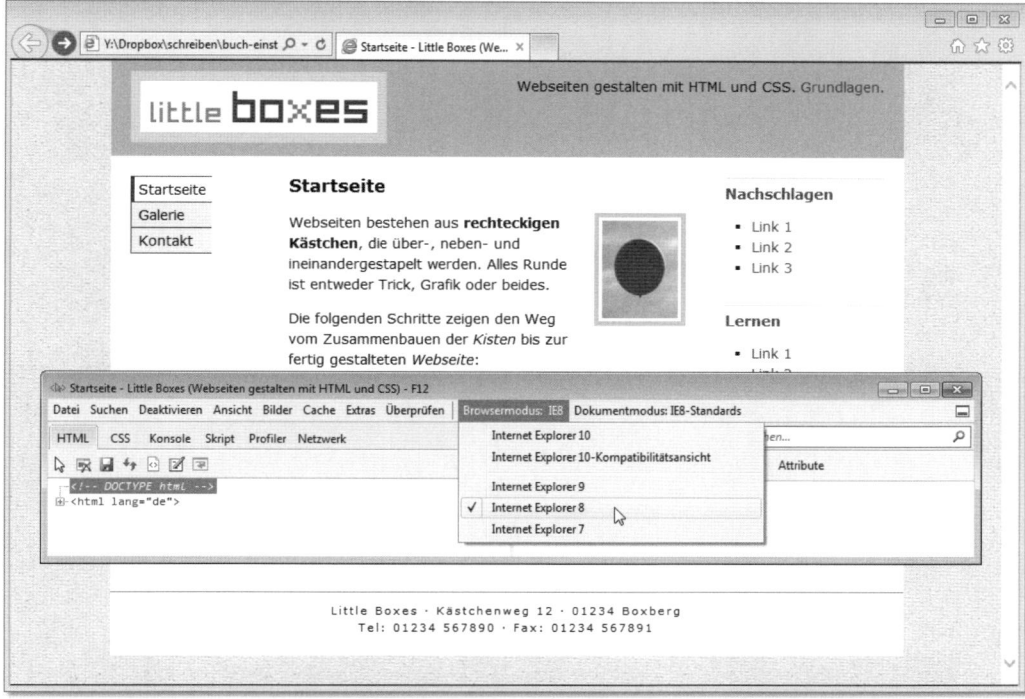

Abbildung 23.3 Der IE8 mit Ausbesserung

Wie viel Zeit Sie in diese Nachbesserung stecken, hängt wie gesagt unter anderem davon ab, wie viele Besucher mit IE7 und 8 Ihre Website hat.

23.5 Auf einen Blick

Hier sind noch einmal die wichtigsten Punkte dieses Kapitels im Überblick:

▶ Es gibt zahlreiche weitere Browserweichen, Hacks, Filter und Patches, die aber grundsätzlich so sparsam wie möglich eingesetzt werden sollten.

▶ Internet Explorer bis Version 7 kannten ein Konzept namens hasLayout, das für viele zerschossene CSS-Layouts verantwortlich war.

▶ Mit *Conditional Comments* können Sie Styles nur für bestimmte Versionen des Internet Explorers ausliefern und ihn so in vielen Fällen zur korrekten Darstellung Ihrer Seiten überreden.

TEIL VI
Tipps und Tricks

Kapitel 24
Suchfunktion, Dropdown und HTML5

Worin Sie zum Abschluss dieser Einführung eine Suchfunktion und ein Dropdown-Menü erstellen sowie die neuen HTML5-Elemente kennenlernen.

Die Themen im Überblick:

▶ »Eine Suchfunktion für Ihre Site«, Seite 449

▶ »Dropdown – horizontale Navigation zum Rausklappen«, Seite 457

▶ »Die neuen HTML5-Elemente für die Layoutbereiche«, Seite 464

▶ »Auf einen Blick«, Seite 468

In diesem Kapitel erstellen Sie für die Beispielsite noch eine Suchfunktion und ein Dropdown-Menü. Anschließend erfahren Sie das Allerwichtigste zu den neuen semantischen HTML5-Elementen wie header und footer.

24.1   Eine Suchfunktion für Ihre Site

Die Aufgabe einer Navigation besteht darin, Ihre Besucher ans Ziel zu bringen, und eine Suchfunktion kann dabei helfen. So gesehen sind Suchfunktionen also Teil der Navigation, auch wenn das vielleicht zunächst seltsam erscheinen mag, denn auf Webseiten gibt es genau wie im Baumarkt zwei Sorten von Besuchern: Die einen irren auf der Suche nach einem bestimmten Produkt von einem Regal zum anderen, die anderen suchen sich den nächstbesten Mitarbeiter und fragen.

Eine Suchfunktion ist dieser nächstbeste Mitarbeiter, und sie erspart Ihren Besuchern auf der Suche nach bestimmten Inhalten unter Umständen lange Klickwege.

Jede Suchfunktion besteht aus zwei Teilen:

▶ aus einem Suchformular zur Eingabe des Suchbegriffs (im Browser)

▶ aus einem Programm zur Verarbeitung der Suche (auf einem Webserver)

Im Folgenden bauen Sie ein einfaches Suchformular in die Navigationsleiste ein und bekommen einige Tipps, wie Sie auch ohne eigenes Programm eine echte Suchfunktion erstellen können.

24.1.1   Schritt 1: Das HTML für das Suchformular

Der Platz für das Suchfeld ist in der Navigationsleiste ganz rechts außen. Um das Formularfeld dort einzubauen, benötigen Sie zunächst einmal ein Formular auf den HTML-Seiten, das dann per CSS gestaltet wird.

In diesem kleinen Suchformular gibt es nicht viel Neues. Da die Beschriftung mit label für das Suchformular auf der gestalteten Webseite nicht nötig ist, erstellen Sie in *fundament.css* eine Klasse namens versteckmich zum Ausblenden von Elementen.

Im folgenden ToDo fügen Sie auf den Webseiten zunächst einmal das HTML für das Suchformular ein. Der Stand der Beispieldateien ist der Einfachheit halber der vom Ende des Kapitels 19, also mit horizontaler Navigation, aber ohne Mehrspaltigkeit im Inhaltsbereich.

ToDo: Ein Suchformular in der Navigationsleiste

1. Kopieren Sie die Dateien aus dem *basis*-Ordner für diesen Abschnitt in einen Übungsordner.

2. Ergänzen Sie das HTML für den Navigationsbereich auf allen drei Webseiten um ein einfaches Suchformular:

```
<div id="navibereich">
<h2 class="versteckmich">Navigation</h2>
<ul>
   <li class="sie-sind-hier"><a href="index.html">Startseite</a></li>
   <li><a href="hobbys.html">Hobbys</a></li>
   <li><a href="galerie.html">Galerie</a></li>
   <li><a href="kontakt.html">Kontakt</a></li>
</ul>
<form action="#">
   <label for="suchfeld" class="versteckmich">
   Diese Site durchsuchen: </label>
   <input type="text" name="suchfeld" id="suchfeld"
    size="10" maxlength="60">
   <input type="submit" value="Suchen">
</form>
</div> <!-- Ende navibereich -->
```

---

3. Speichern Sie alle Webseiten, und betrachten Sie sie ruhig schon einmal im Browser. Sieht noch nicht so toll aus, aber das Formular ist drin.

4. Erstellen Sie am Ende von *fundament.css* folgende Klasse zum Verstecken von Elementen:

```
.versteckmich {
  position: absolute;
  left: -32768px;
  top: -32768px;
  width: 0;
  height: 0;
}
```

5. Speichern Sie das Stylesheet, und betrachten Sie die Webseiten im Browser.

Das Ergebnis in Abbildung 24.1 entspricht noch nicht ganz den Erwartungen, aber wenigstens ist es auf allen Seiten gleich schlecht. Oder anders ausgedrückt: Es ist nicht hübsch, aber ein Formular.

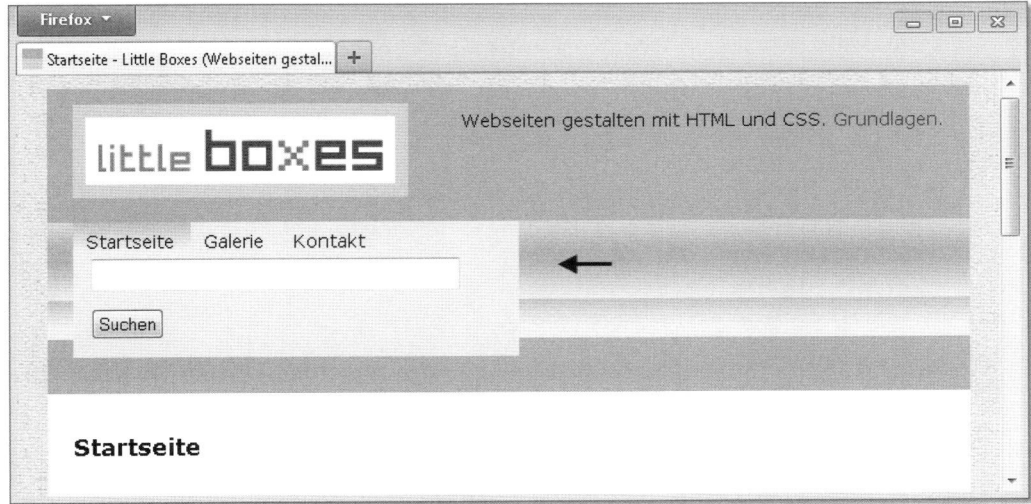

Abbildung 24.1 Das Formular braucht noch ein bisschen Gestaltung.

24.1.2   Schritt 2: Das Suchformular per CSS positionieren

Das Suchformular soll rechts außen in der Navigationsleiste sitzen und wird durch absolute Positionierung dort hingebeamt. Damit die Positionierung zuverlässig ist, wird der Navigationsbereich durch ein `position:relative` zum Bezugspunkt für die Werte von `top` und `right` bestimmt.

Außerdem wird der Platz rechts außen durch ein großes `padding-right` des Navigationsbereichs für das Suchformular reserviert, denn wie erwähnt ist der Seitenbauer für ein absolut positioniertes Element selbst verantwortlich. Ohne diese Maßnahme würde eine wachsende Navigation irgendwann mit dem Suchformular kollidieren. Wie groß genau das `padding` sein sollte, können Sie mit einem Entwickler-Tool im Browser sehr leicht ausprobieren.

ToDo: Das Suchformular in der Navigationsleiste gestalten

1. Fügen Sie am Ende des Stylesheets *navi-float-horizontal.css* folgende CSS-Regel ein:

```
/* =====================================
   Suchformular gestalten
   ===================================== */
div#navibereich form {
    position: absolute;
    top: 5px;
    right: 20px;
    width: 150px;
    background: none;
    border: 0;
    padding: 0;
    margin: 0;
}
div#navibereich input {
    width: auto;
    padding: 0;
    margin: 0;
}
```

2. Ergänzen Sie den Style für `div#navibereich` am Anfang des Stylesheets:

```
div#navibereich {
    position: relative; /* wegen form, absolute Positionierung */
    overflow:hidden;
    background: #f3c600 url("navi-sprite.jpg") repeat-x left top;
    padding: 0;
    padding-left: 20px;
```

```
    padding-right: 180px;   /* Für das Suchformular reserviert */
    margin: 0;
}
```

3. Speichern Sie das Stylesheet, und testen Sie die Webseiten im Browser.

Im Browser sieht das Suchformular in Abbildung 24.2 schon besser aus.

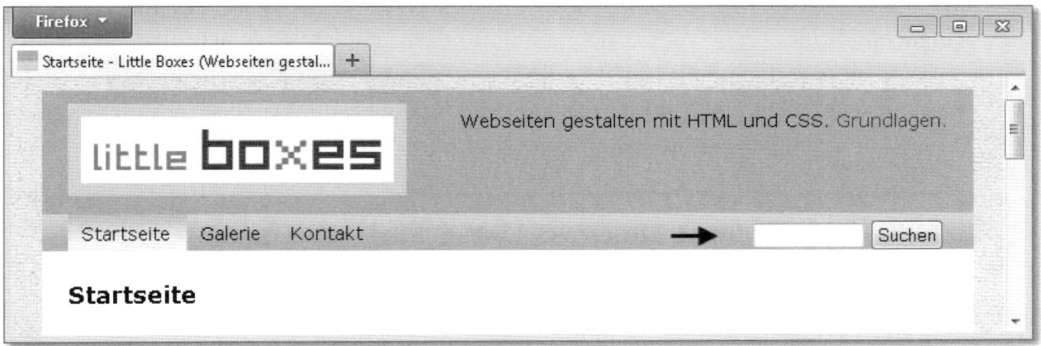

Abbildung 24.2 Das positionierte Suchformular

Die absolute Positionierung ist stabil. Trotzdem werden Sie in eigenen Layouts bei der genauen Ausrichtung eines solchen Suchfeldes manchmal ein wenig experimentieren müssen, denn Formularelemente werden von den Browsern eingesetzt. Testen Sie einfach in allen zur Verfügung stehenden Browsern und Betriebssystemen, und versuchen Sie, einen gesunden Kompromiss zu finden.

24.1.3 Schritt 3: Das Suchformular per CSS gestalten

Das Suchformular ist in seinem jetzigen Zustand ein ganz normales Suchformular mit einem Eingabefeld und einer Schaltfläche zum Abschicken des Suchbegriffs. In diesem Abschnitt werden Sie dieses Suchfeld mithilfe einer kleinen Grafik und einer Prise CSS3 etwas hübscher gestalten.

Zunächst wird der bekannte, aber doch etwas spröde Submit-Button durch eine Grafik ersetzt. Das ist nicht bei jedem Formular sinnvoll, denn der Submit-Button hat auch einen gewissen Wiedererkennungswert, und fast jeder Surfer weiß, dass er darauf klicken muss, damit etwas passiert. In einem Suchformular gibt es dabei etwas Gestaltungsfreiraum, und als grafisches Symbol für eine Suchfunktion hat sich eine kleine Lupe etabliert.

453

Diese Lupe wird mit dem Formularelement `<input type="image" value="Suchen">` eingebunden. Sollte die Grafik aus irgendeinem Grund nicht dargestellt werden können, schreibt der Browser stattdessen den Wert des Attributs `value` auf die Webseite, also das Wort »Suchen«. Um die Grafik in das Formularfeld zu schieben, verwenden Sie wieder eine absolute Positionierung. Weil das umgebende Formular ebenfalls positioniert ist, wird es automatisch zum Bezugspunkt für das darin enthaltene `input`-Element.

Das Eingabefeld für den Suchbegriff erhält ein `padding-right` von 25px, um den rechten Bereich für die absolut positionierte Grafik zu reservieren. Außerdem bekommt das Eingabefeld mit `border-radius` noch eine Rundung, so dass das Suchformular elegant aussieht, aber trotzdem als solches zu erkennen bleibt. Damit das Feld auch bei Aktivierung per Klick weiß bleibt, wird noch ein Style für die Pseudoklasse `:focus` hinzugefügt, da sonst der hellgelbe Hintergrund aus dem Kontaktformular erscheinen würde.

ToDo: Das Suchformular ansprechend gestalten

1. Kopieren Sie die Grafikdatei *lupe.png* in den Übungsordner.

2. Entfernen Sie im HTML für das Suchformular auf allen Webseiten den Submit-Button, und fügen Sie stattdessen folgenden Quelltext ein:

```
<form action="#">
    <input type="text" name="suchfeld" class="suchfeld"
           size="10" maxlength="60">
    <input type="image" value="Suchen" class="lupe" src="lupe.png">
</form>
```

3. Öffnen Sie gegebenenfalls das Stylesheet *navi-float-horizontal.css* im Editor, und fügen Sie beim Abschnitt zum Suchformular folgende Styles zur Formatierung des Suchfeldes ein:

```
div#navibereich input#suchfeld {
  width: 115px;
  font-size: 11px;
  border: none;
  border-radius: 10px;
  padding: 3px 25px 3px 9px;
  margin: 0;
}
div#navibereich input:focus { background: white; }
```

4. Der folgende Style positioniert die Lupengrafik im Formularfeld:

```
div#navibereich input.lupe {
  position: absolute;
```

```
        right: 7px;
        top: 3px;
        padding: 0;
        margin: 0;
    }
```
5. Speichern Sie das Stylesheet, und testen Sie die Webseiten im Browser.

Abbildung 24.3 zeigt die fertige Navigation in einem modernen Browser. Allerdings funktioniert die Suche noch nicht, denn es gibt noch kein serverseitiges Programm zur Verarbeitung der Formulardaten.

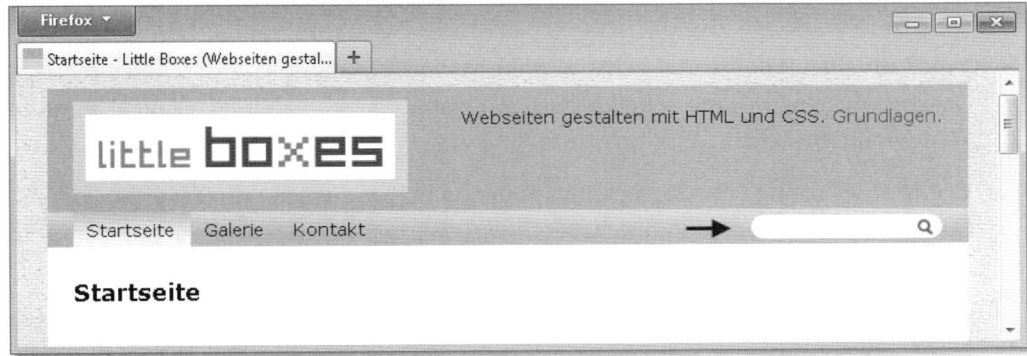

Abbildung 24.3 Das fertige Suchformular in einem modernen Browser

In einem alten Browser wie dem IE8 gibt es keine runden Ecken, aber ansonsten sieht alles okay aus (Abbildung 24.4).

Abbildung 24.4 Ein eckiges Suchformular im IE8

> **Das Suchformular auf mobilen Geräten**
>
> Auf mobilen Geräten wie Smartphones und Tablets müssen Sie das Suchformular eventuell per `display:none` ausblenden oder anders gestalten. Wie man mit Media Queries verschiedene Styles ausliefert, haben Sie in Kapitel 20, »Media Queries – eine mobile Version erstellen«, gesehen.

24.1.4 Die serverseitige Suchfunktion

Formulare dienen nur dem Einsammeln der Daten. Verarbeitet werden die vom Besucher eingegebenen Daten jenseits des Webservers von speziell dafür geschriebenen Programmen.

Wenn Ihre Webseiten mithilfe einer Blog-Software wie WordPress oder eines CMS wie Typo3 aus einer Datenbank serviert werden, ist die Suchfunktion meist schon integriert. Ganz normale, von Hand erstellte statische Webseiten sind aber leider nicht so ohne Weiteres durchsuchbar.

Es gibt eine Lösung ohne serverseitige Programme: Sie suchen sich jemanden, der die Seiten für Sie indiziert und durchsucht. *swiftype.com* ist ein Service, der genau diese Dienstleistung kostenlos anbietet (Abbildung 24.5).

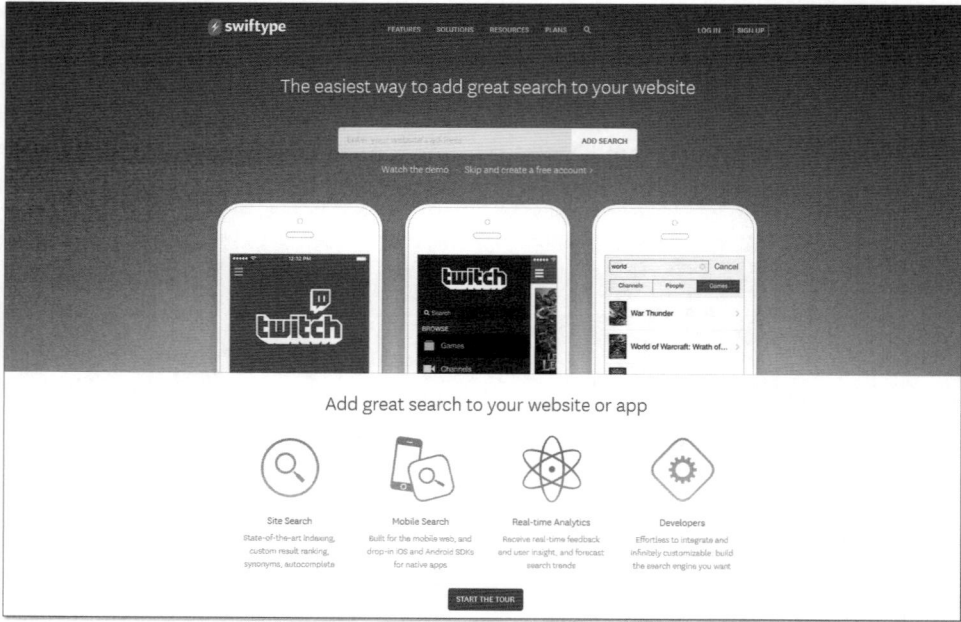

Abbildung 24.5 Die Suchfunktion vom Drittanbieter – swiftype.com

Als Alternative zu *swiftype.com* gibt es zum Beispiel noch *freefind.com*. Beide Sites sind kostenlose Services, die sich durch mehr oder weniger dezente Werbung auf den Ergebnisseiten finanzieren und die Sie nach einer Registrierung sofort auf Ihren Webseiten einbauen und optisch anpassen können.

Und Google hat natürlich auch eine Suchfunktion für Sie: Mit *Google Sitesearch* lässt sich ein Google-Suchfeld auf der Website platzieren. Infos dazu finden Sie unter der Adresse *google.de/sitesearch/*.

24.2   Dropdown – horizontale Navigation zum Rausklappen

Eine Navigation zum Ausklappen, Dropdown, Auswahlliste, Menü – es gibt viele Namen für denselben Sachverhalt:

▶ Die erste Navigationsebene wird immer angezeigt.

▶ Die zweite Navigationsebene wird erst sichtbar, wenn der Mauszeiger über einem Menüpunkt aus der ersten Ebene schwebt.

Ein solches CSS-basiertes Dropdown-Menü, das auf dem klassischen »Son of Suckerfish«-Dropdown von Patrick Griffiths und Dan Webb beruht, erstellen Sie in diesem Abschnitt. Der Original-Artikel ist ein echter Webklassiker, und Sie finden ihn unter folgendem Link:

▶ *htmldog.com/articles/suckerfish/dropdowns/*

Abbildung 24.6 zeigt die fertige Navigation.

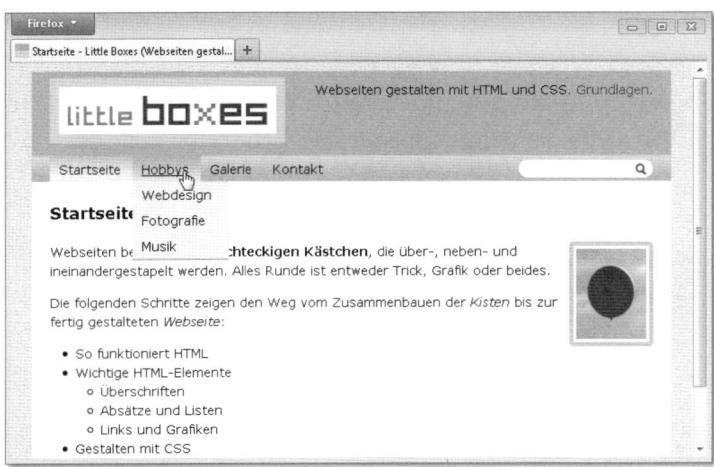

Abbildung 24.6 Die Beispielsite mit einer Dropdown-Navigation

24.2.1   Vier zusätzliche HTML-Dateien liegen für Sie bereit

Für die Dropdown-Navigation finden Sie im Ordner *basis* für dieses Kapitel vier zusätzliche HTML-Dateien. Die Seite HOBBYS und die drei Unterseiten WEBDESIGN, FOTOGRAFIE und MUSIK. Die Beispielseiten enthalten als Navigation eine verschachtelte Liste wie die folgende:

```
<div id="navibereich" class="clearfix">
<ul class="level1">
  <li><a href="index.html">Startseite</a></li>
  <li class="sie-sind-hier"><a href="hobbys.html">Hobbys</a>
    <ul class="level2">
      <li><a href="webdesign.html">Webdesign</a></li>
      <li><a href="fotografie.html">Fotografie</a></li>
      <li><a href="musik.html">Musik</a></li>
    </ul>
  </li>
  <li><a href="galerie.html">Galerie</a></li>
  <li><a href="kontakt.html">Kontakt</a></li>
</ul>
<!-- Das Suchformular bleibt unverändert -->
</div> <!-- Ende navibereich -->
```

Listing 24.1 Eine verschachtelte Liste zur Navigation

Auf *jeder* Webseite ist die *komplette* Navigation mit allen verschachtelten Listen enthalten, damit bei einer Mausberührung des Hauptmenüpunktes HOBBYS immer die Unterebenen angezeigt werden können, egal, welche Seite gerade im Browser dargestellt wird.

Abbildung 24.7 zeigt die Ausgangssituation für diesen Abschnitt im Browser. Die zweite Navigationsebene ist auf allen Seiten vorhanden, klappt aber weder ein noch aus.

Abbildung 24.7 Die Ausgangsposition für die Dropdown-Navigation

24.2.2   Schritt 1: Listenelemente mit »clear« untereinanderstellen

In Abbildung 24.7 ist deutlich zu sehen, dass die Listenelemente der zweiten Navigationsebene momentan nebeneinanderstehen. Der Grund dafür ist in *navi-dropdown.css* der Style zum Floaten der Listenelemente:

```
div#navibereich li {
  float: left;
  width: auto;
  list-style: none;
  line-height: 1;
  padding: 0;
  margin: 0;
}
```

Listing 24.2 Der Style zum Floaten der Listenelemente

Der Selektor div#navibereich li wählt auch die Listenelemente der zweiten Ebene aus. Diese werden deshalb ebenfalls gefloatet und stehen somit nebeneinander, was für eine

Dropdown-Liste eher kontraproduktiv ist. Die Lösung wäre zum Beispiel ein einfaches `clear:both` für die Listenelemente der zweiten Ebene.

ToDo: Listenelemente der zweiten Navigationsebene nicht floaten

1. Kopieren Sie die Dateien aus dem *basis*-Ordner für diesen Abschnitt in einen Übungsordner.

2. Öffnen Sie das Stylesheet *navi-dropdown.css* im Editor.

3. Fügen Sie zwischen der Gestaltung der horizontalen Navigation und dem Abschnitt für das Suchformular das folgende CSS ein:

```
/* ======================================
   Dropdown-Navigation
   ====================================== */


/* Schritt 1 - zweite Ebene li clearen */
div#navibereich ul.level2 li { clear: both; }
```

4. Speichern Sie das Stylesheet, und testen Sie die Webseiten.

Nach dieser Maßnahme stehen die Listenelemente der ersten Ebene neben- und die der zweiten untereinander, auch wenn sie noch nicht wirklich gut aussehen (Abbildung 24.8).

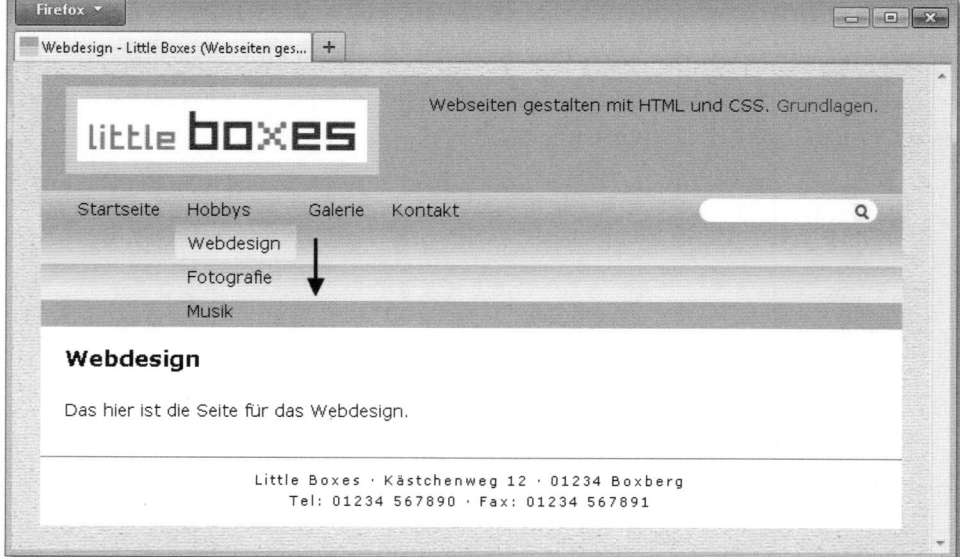

Abbildung 24.8 Erste Ebene nebeneinander, zweite Ebene untereinander

24.2.3   Schritt 2: Die zweite Navigationsebene verstecken

Das Verstecken von Elementen kennen Sie bereits, und in diesem Schritt passiert so gesehen nichts Besonderes. Im folgenden ToDo wird die verschachtelte Liste versteckt. Die dazu nötigen Anweisungen sind identisch mit der in *fundament.css* erstellten Klasse versteckmich.

ToDo: Die zweite Navigationsebene ausblenden

1. Öffnen Sie gegebenenfalls das Stylesheet *navi-dropdown.css* im Editor.
2. Fügen Sie im Abschnitt für das Dropdown-Menü folgende Regel ein:

```
/* Schritt 2 - Zweite Ebene verstecken */
div#navibereich ul.level2 {
    position: absolute;
    left: -32768px;
    top: -32768px;
    width: 0;
    height: 0;
}
```

3. Speichern Sie das Stylesheet, und testen Sie die Webseiten im Browser.

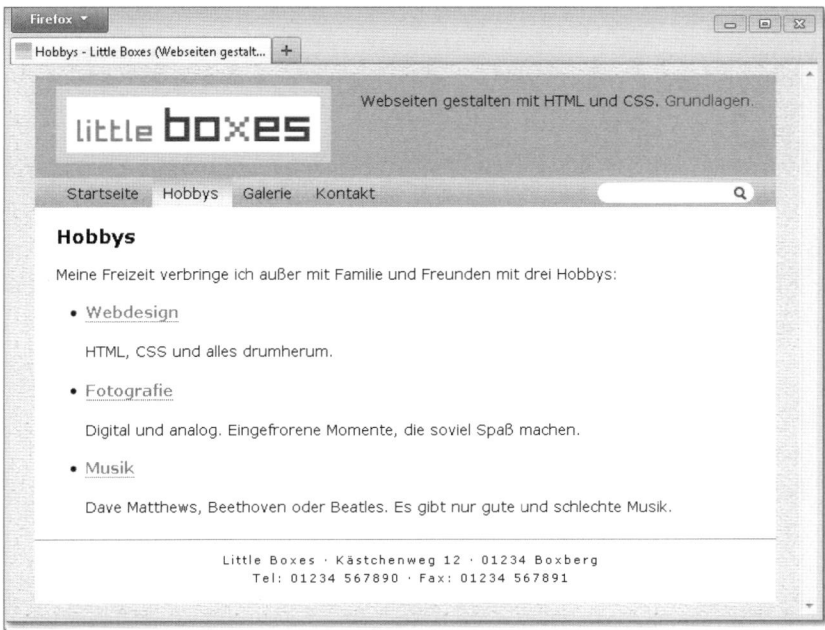

Abbildung 24.9 Die zweite Navigationsebene wurde ausgeblendet.

461

Nach diesem ToDo ist die zweite Navigationsebene verschwunden und über die Navigation nicht mehr erreichbar. Über die erste Navigationsebene können Sie aber trotzdem die Seite Hobbys aufrufen, auf der die Unterseiten über die Links im Inhaltsbereich aufgerufen werden können (Abbildung 24.9).

24.2.4 Schritt 3: Die zweite Navigationsebene wieder sichtbar machen

Das Sichtbarmachen der zweiten Ebene ist so simpel wie Simsalabim: Die Pseudoklasse :hover funktioniert nicht nur mit Hyperlinks, sondern mit allen Elementen, auch mit Listenelementen. Mit einem simplen li:hover wird im folgenden ToDo die zweite Ebene wieder sichtbar gemacht und gestaltet.

ToDo: Die zweite Navigationsebene einblenden

1. Öffnen Sie gegebenenfalls das Stylesheet *navi-dropdown.css* im Editor.

2. Fügen Sie im Abschnitt für das Dropdown-Menü folgende Regel ein:

```
/* Schritt 3 - Zweite Ebene wieder einblenden */
div#navibereich li:hover ul.level2 {
   left: auto;
   top: auto;
   display: block;
   width: auto;
   height: auto;
   border-bottom: 2px solid #f3c600;
}
```

3. Speichern Sie das Stylesheet, und testen Sie die Webseiten im Browser.

Wenige Zeilen CSS, und es hat »Zoom« gemacht. Die zweite Ebene wird bei Mausberührung sichtbar, sieht aber nicht wirklich gut aus. Abbildung 24.10 zeigt das Dropdown-Menü, auf der Seite HOBBYS.

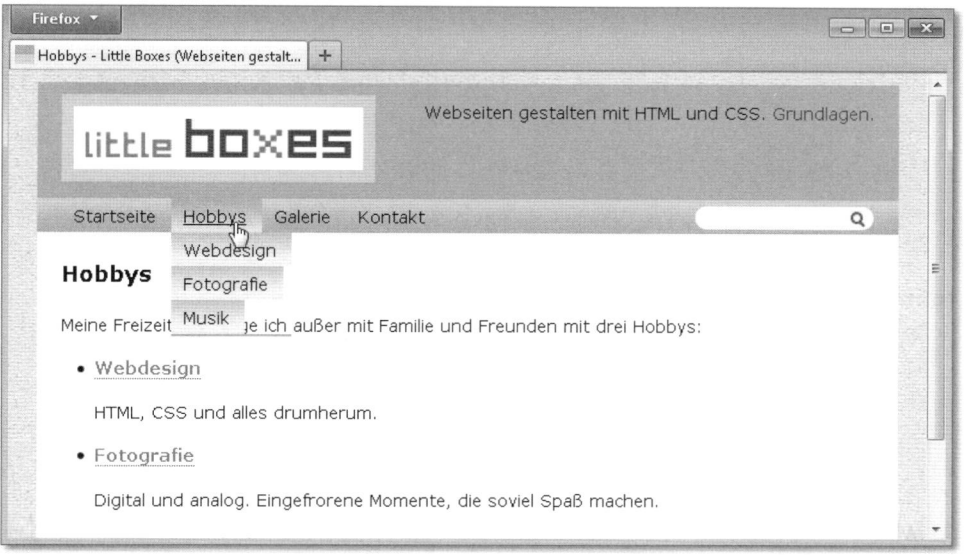

Abbildung 24.10 Navigation mit zweiter Ebene – jetzt klappt sie aus.

24.2.5   Schritt 4: Die Links in der zweiten Navigationsebene gestalten

Die Liste klappt schon heraus, muss aber noch gestaltet werden. Dazu widmen Sie sich in diesem Abschnitt den Hyperlinks in der Unternavigation. Zur Gestaltung der Links benötigen Sie nur einen einzigen Style, den Sie im folgenden ToDo in das Stylesheet schreiben.

ToDo: Die Links in der zweiten Ebene gestalten

1. Öffnen Sie gegebenenfalls das Stylesheet *navi-dropdown.css* im Editor.

2. Fügen Sie im Abschnitt für das Dropdown-Menü folgende Regel ein:

```css
/* Schritt 4 - Links in der zweiten Ebene gestalten */
div#navibereich ul.level2 a {
  background: #fff3c0;
  color: black;
  min-width: 6em;
}
```

3. Speichern Sie das Stylesheet, und testen Sie die Webseiten im Browser.

Nach diesem Schritt sieht die Dropdown-Navigation in Abbildung 24.11 schon besser aus. Natürlich kann man die Navigation noch weiter verfeinern, aber im Prinzip ist das Ding fertig.

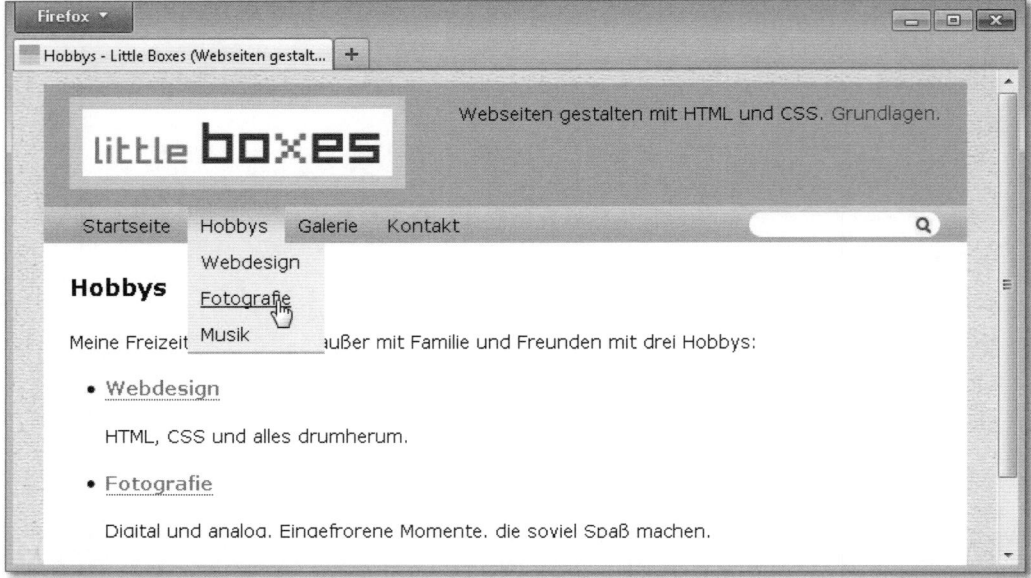

Abbildung 24.11 Die Links in der zweiten Ebene – frisch formatiert

Ein grundlegender Nachteil der allseits beliebten Dropdown-Menüs soll aber nicht verschwiegen werden: Sie funktionieren auf mobilen Geräten mit einem Touchscreen nicht besonders zuverlässig. Für eine mobile Navigation sollten Sie also eine andere Gestaltung anbieten. Eine einfache Version bestände aus zwei einfachen Schritten:

▶ *navi-dropdown.css* mit einer Media Query auf größere Viewports beschränken

▶ in der Navigation für schmalere Fenster die zweite Ebene einfach mit `display:none` ausblenden.

Die Unterseiten bleiben trotzdem erreichbar, da die Seite *hobbys.html* als Verteilerseite fungiert und die Links zu den Unterseiten enthält.

24.3 Die neuen HTML5-Elemente für die Layoutbereiche

In Abschnitt 4.2 habe ich beim Erstellen der Layoutbereiche mit `div` kurz darauf hingewiesen, dass es in HTML5 neue strukturelle Elemente wie `header`, `nav`, `main` und `footer` gibt, die die traditionell genutzten `div`-Elemente mit einer entsprechenden ID für Kopfbereich, Navigation, Inhaltsbereich und Fußbereich ersetzen können. In diesem Abschnitt möchte ich Ihnen die wichtigsten dieser Elemente kurz vorstellen.

24.3.1   Die wichtigsten neuen HTML5-Elemente

Auf fast jeder Webseite gibt es einen Kopfbereich, einen Navigationsbereich, einen Bereich für den Inhalt und einen Fußbereich. Die folgende Tabelle zeigt die in diesem Buch gebrauchten `div`-Layoutbereiche und die entsprechenden HTML5-Strukturelemente.

div-Element mit ID	HTML5-Element
`<div id="wrapper">`	-
`<div id="kopfbereich">`	`<header>`
`<div id="navibereich">`	`<nav>`
`<div id="textbereich">`	`<main>`
`<div id="infobereich">`	`<aside>`
`<div id="fussbereich">`	`<footer>`

Tabelle 24.1 Layoutbereiche und die entsprechenden HTML5-Elemente

Bei den `div`-Bereichen haben Sie die IDs verwendet, um die verschiedenen Bereiche überhaupt auseinanderhalten zu können. Das wäre bei den neuen HTML5-Elementen nicht mehr nötig, denn deren Namen haben eine Bedeutung und sind somit für Menschen *und* Maschinen eindeutig lesbar. Aber natürlich ist es erlaubt, die neuen Elemente auch mit IDs einzusetzen. Die Layoutstruktur der Beispielseiten in diesem Kapitel würde mit den neuen Elementen und den alten IDs etwa so aussehen:

```
<body>
<div id="wrapper">
<header id="kopfbereich">    </header>
<nav id="navibereich">    </nav>
<main id="textbereich">    </main>
<aside id="infobereich">    </aside>
<footer id="fussbereich">    </footer>
</div> <!-- Ende wrapper -->
</body>
```

Listing 24.3 Die Layoutstruktur mit HTML5-Elementen und ID

Diese Möglichkeit ist von Vorteil, wenn Sie zum Beispiel vorhaben, ein vorhandenes `div`-Layout auf die neuen Elemente umzustellen und dabei am CSS möglichst wenig

24

ändern möchten. Der Trick besteht in der Nutzung von IDs und Klassen im HTML und von ungebundenen Selektoren im CSS:

► `div#kopfbereich` ist ein *gebundener Selektor*, weil er an `div`-Elemente gebunden ist. Diese Schreibweise ist aussagekräftig, gut lesbar und hat eine Spezifität von 101 Punkten.

► `#kopfbereich` ist ein *ungebundener Selektor* und nicht an ein bestimmtes Element gebunden. Er ist nicht ganz so aussagekräftig und bekommt mit 100 Punkten einen Punkt weniger.

Einem ungebundenen Selektor wie `#kopfbereich` wäre es also völlig egal, ob Sie im HTML `<div>` oder `<header>` gebrauchen. Er kümmert sich nur um die ID, der Elementtyp ist ihm egal.

Fazit: Wenn Sie jetzt ein `div`-Layout erstellen und das irgendwann in nächster Zeit auf HTML5-Elemente umstellen möchten, fahren Sie mit ungebundenen Selektoren am besten. Sie müssen bei einer Umstellung von `div` auf die neuen Elemente wie `header` & Co. im CSS so gut wie gar nichts ändern. Einfacher geht's nicht.

Es gibt noch mehr neue HTML5-Elemente

HTML5 kennt noch viele anderen neue Elemente, wie zum Beispiel:

► `<section>` zur Einteilung einer Seite in inhaltliche Abschnitte

► `<article>` für in sich geschlossene inhaltliche Blöcke

► `<figure>` für Abbildungen aller Art

► `<figcaption>` zur Beschriftung von Abbildungen

Falls Sie mehr über HTML5 und die neuen Elemente wissen möchten, werden diese in meinem Buch *Flexible Boxes* (ISBN 978-3-8362-2519-9) ausführlich vorgestellt.

24.3.2   Vor dem Ausprobieren: Nachhilfe für ältere und alte Browser

Der wichtigste Grund für die Verwendung eines traditionellen `div`-Layouts in diesem Buch ist, dass selbst viele moderne Browser vor dem Einsatz der neuen Elemente ein bisschen Nachhilfe im CSS benötigen und dass ältere Browser wie IE7 und IE8 nichts, aber auch gar nichts mit diesen Elementen anfangen können.

Wenn Sie die neuen Elemente einsetzen möchten, sollten Sie zwei Maßnahmen ergreifen: einen zusätzlichen Style und für IE7 und 8 ein bisschen zusätzliches JavaScript.

Wenn ein Browser ein ihm unbekanntes Element findet, stellt er dieses als Inline-Element dar. Für diese Browser reicht folgender Style den Sie zum Beispiel am Anfang von *fundament.css* speichern können, um die neuen HTML5-Elementeals Blockelemente darzustellen:

```
/* HTML5-Elemente als Block-Element. Liste ggfs. ergänzen */
header, nav, footer, main, aside, footer {
  display: block;
}
```

Listing 24.4 Diese Elemente bitte allesamt als Blockelement darstellen.

Für die meisten Browser ist das ausreichend. IE7 und 8 hingegen benötigen eine kleine Nachhilfe per JavaScript, damit sie die neuen Elemente überhaupt erst einmal als HTML-Elemente erkennen.

Dazu müssen Sie zunächst eine JavaScript-Datei namens *HTML5-Shiv* herunterladen. Diese bekommen Sie zum Beispiel hier:

▶ *code.google.com/p/html5shiv/*

Nach dem Entpacken der ZIP-Datei finden Sie im Ordner *dist* die Datei *html5shiv-printshiv.js*. Im Gegensatz zu seinem Kollegen *html5shiv.js* im selben Ordner sorgt diese Datei dafür, dass die neuen Elemente auch beim Ausdruck auf Papier korrekt umgesetzt werden.

Suchen Sie dann den Ordner mit Ihren Webseiten, erstellen Sie einen Unterordner namens *js*, kopieren diese Datei hinein, und binden sie mit einem Conditional Comment im Head der Webseiten ein:

```
<!--[if lt IE 9]>
  <script src="js/html5shiv-printshiv.js"></script>
<![endif]-->
```

Listing 24.5 Die Einbindung des »hmtl5shiv«

Nach diesen Maßnahmen verstehen auch IE7 und 8 die neuen Elemente. Es ist nicht wirklich schwer, aber vielleicht wird jetzt deutlicher, warum ich am Anfang des Buches doch lieber erst einmal ein traditionelles `div`-Layout eingesetzt habe.

Die Beispieldateien mit den neuen HTML5-Elementen

Die Beispieldateien im Ordner für diesen Abschnitt, wurden übrigens auch noch ein bisschen aufgeräumt, so dass sich die Grafiken in einem Unterordner *grafiken*, die Stylesheets in einem Unterordner *css* und das JavaScript in einem Unterordner *js* wiederfinden. Im Hauptordner liegen nur noch die HTML-Dateien und das Favicon.

24.4   Auf einen Blick

Hier sind noch einmal die wichtigsten Punkte dieses Kapitels im Überblick:

▸ Jede Suchfunktion besteht aus einem Suchformular zur Eingabe des Suchbegriffs im Browser und einem Programm zur Verarbeitung der Suche auf einem Webserver.

▸ Die Kombination von absoluter und relativer Positionierung ist in vielen Fällen eine stabile und berechenbare Lösung – so auch bei dem Suchformular rechts in der Navigationsleiste.

▸ Mit dem Formularelement `<input type="image">` kann man den normalen Submit-Button durch eine Grafik ersetzen.

▸ Falls auf Ihrem Webspace kein Programm zum Durchsuchen Ihrer Webseiten zur Verfügung steht, können Sie auf externe Dienstleister wie atomz.com, freefind.com oder Googles Sitesearch zurückgreifen.

▸ Eine Dropdown-Navigation ist praktisch und spart viel Platz.

▸ Die Navigation besteht aus gefloateten Blockelementen.

▸ Die zweite Navigationsebene wird per CSS versteckt und durch `li:hover` wieder eingeblendet.

▸ Beim Einsatz von Dropdown-Menüs sollten Sie darauf achten, dass die Inhalte zugänglich bleiben, auch wenn das Menü nicht funktioniert.

▸ HTML5 kennt neue semantische Strukturelemente wie `header`, `nav`, `main`, `aside` oder `footer`, die das `div` für die Layoutbereiche irgendwann ablösen werden.

▸ Für ältere und alte Browser müssen vor dem Einsatz dieser Elemente im HTML und CSS noch einige Hilfsmaßnahmen ergriffen werden.

Kapitel 25
Nützliche Programme und Websites

Worin Sie eine Beschreibung nützlicher Programme und Websites finden.

Die Themen im Überblick:

▶ »Die Browser«, Seite 469

▶ »Browserzubehör – praktische Add-ons«, Seite 471

▶ »Editoren für HTML und CSS«, Seite 475

▶ »FTP – Veröffentlichen von Webseiten«, Seite 477

▶ »Editoren zum Bearbeiten von Grafiken«, Seite 477

▶ »Referenzen und Online-Quellen«, Seite 478

Im Folgenden finden Sie ein paar Informationen über Browser, nützliche Add-on-Programme, hauptsächlich für den Firefox, und Editoren.

25.1   Die Browser

Fast jede Webseite wird in einem Browser betrachtet, und deshalb beginnt dieses Kapitel mit einer kleinen Browserübersicht und Hinweisen zum Testen von Webseiten im Internet Explorer. Eine gute Einführung zum Thema Browser und ein wunderschön gemachtes Online-Buch ist übrigens »20 Things I Learned About Browsers and the Web« (Abbildung 25.1):

▶ *20thingsilearned.com*

25.1.1   Die aktuellen Browser in der Übersicht

Die jeweils aktuelle Version der folgenden Browser sollte jeder Webentwickler auf seinem Rechner haben.

Abbildung 25.1 20 Things – ein Online-Buch über Browser

▶ **Google Chrome** gibt es auf *google.com/chrome/*. Chrome wird erst seit 2008 gebaut und ist der Shootingstar unter den Browsern. Für Windows, Mac und Linux.

▶ **Mozilla Firefox** ist auf *getfirefox.com* erhältlich. Firefox ist aufgrund zahlreicher Add-ons gut zum Entwickeln und Testen von Webseiten geeignet. Für Windows, Mac und Linux.

▶ Den jeweils neuesten **Internet Explorer** können Sie über das Windows-Update Ihrer Windows-Version installieren. Sehr hilfreich ist auch die Site *modern.ie*, die das Testen mit dem IE vereinfacht und weiter unten noch kurz vorgestellt wird.

▶ **Opera** kommt aus Norwegen und ist auf *opera.com* zu Hause. Er ist der älteste der hier gelisteten Browser und wird bereits seit 1995 entwickelt. Für Windows, Mac und Linux.

▶ **Safari** ist von Apple: *apple.com/de/safari/*. Ursprünglich nur für OS X programmiert, gibt es inzwischen auch eine Windows-Version.

Auf *portableapps.com* können Sie einige dieser Browser auch als portable Versionen zum Beispiel auf einem USB-Stick installieren:

▶ *portableapps.com/apps/internet*

Da der Internet Explorer sehr eng mit dem Betriebssystem Windows verbandelt ist, funktioniert er nach dem Highlander-Prinzip: »Es kann nur einen geben.« Man kann also nicht so einfach verschiedene Versionen des Internet Explorers auf einem Computer installieren.

Ab Version 9 enthält der IE wie erwähnt eine einfache, aber gut versteckte Möglichkeit, sich die aktuell geladene Seite im IE8 oder IE7 anzuschauen:

▶ Rufen Sie im Menü EXTRAS die F12 ENTWICKLERTOOLS auf.

▶ Klicken Sie in der Menüleiste auf BROWSERMODUS.

▶ Wählen Sie die gewünschte IE-Version zur Darstellung der Seite.

Auch die Auswirkungen des Quirks-Modus können Sie sich hier über den Menüpunkt DOKUMENTMODUS vorführen lassen.

Darüber hinaus gibt es eine Site von Microsoft, die beim Testen von Webseiten im Internet Explorer sehr hilfreich ist:

▶ *modern.ie*

Die Möglichkeiten reichen von einer Online-Überprüfung per URL bis zu diversen virtuellen Maschinen mit verschiedenen IE- und Windows-Versionen für alle gängigen Plattformen (Abbildung 25.2).

25

25.2   Browserzubehör – praktische Add-ons

In diesem Abschnitt möchte ich Ihnen eine kleine Übersicht über die nützlichsten Browser-Zusatzprogramme geben, hauptsächlich für den Mozilla Firefox, aber auch für Chrome sind eine Menge nützlicher Erweiterungen verfügbar.

25.2.1   View Source Chart – der Quelltext als Diagramm (Firefox)

Webseiten bestehen aus rechteckigen Kästchen, die im Browserfenster übereinander-, nebeneinander- und ineinandergestapelt werden, und es gibt eine kleine, aber feine Firefox-Erweiterung namens *View Source Chart*, die den Quelltext als grafische Übersicht darstellt.

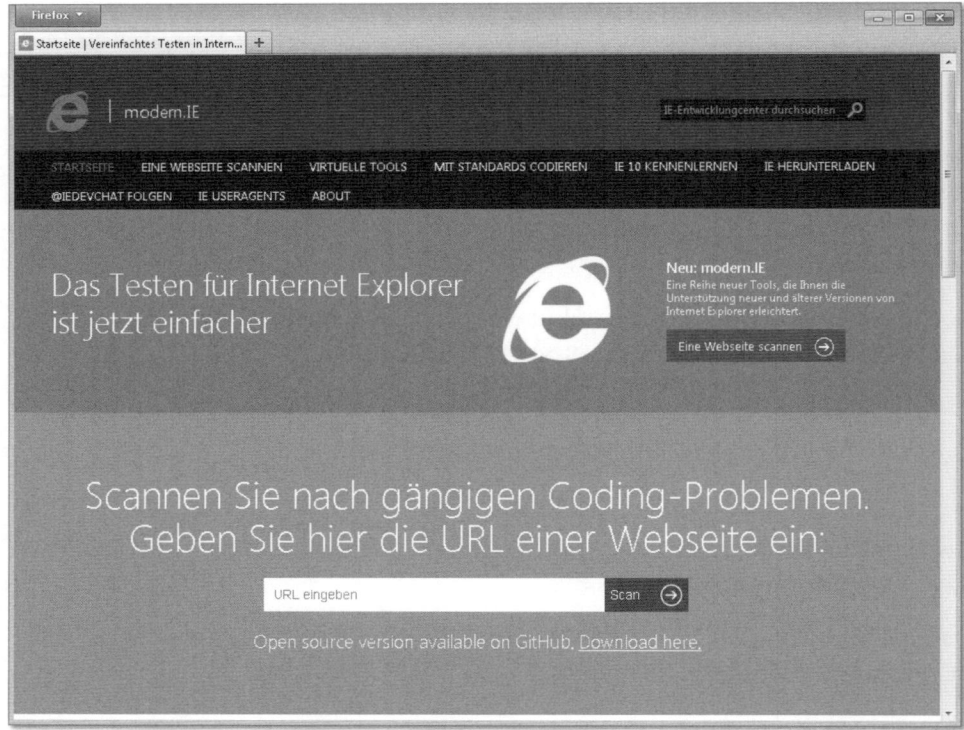

Abbildung 25.2 »Das Testen für Internet Explorer ist jetzt einfacher« mit modern.ie.

Um die nur 21 KByte große Erweiterung zu installieren, surfen Sie mit dem Mozilla Firefox zur folgenden Adresse:

▶ *addons.mozilla.org/de/firefox/addon/view-source-chart/*

Im Menü ANSICHT und im Kontextmenü (rechte Maustaste) finden Sie nach einem Neustart des Firefox den Befehl SEITENQUELLTEXT FORMATIERT ANZEIGEN. Wenn Sie auf diesen Befehl klicken, wird Ihnen der Quelltext ungefähr so angezeigt wie in Abbildung 25.3.

25.2.2 Firebug – das Analysetool für den Firefox

Im Chrome sind die eingebauten Entwicklertools so gut, dass man kein zusätzliches Add-on benötigt, im Firefox hingegen ist der Firebug immer noch um vieles leistungsfähiger als der eingebaute Seiteninspektor (Abbildung 25.4):

▶ *getfirebug.com*

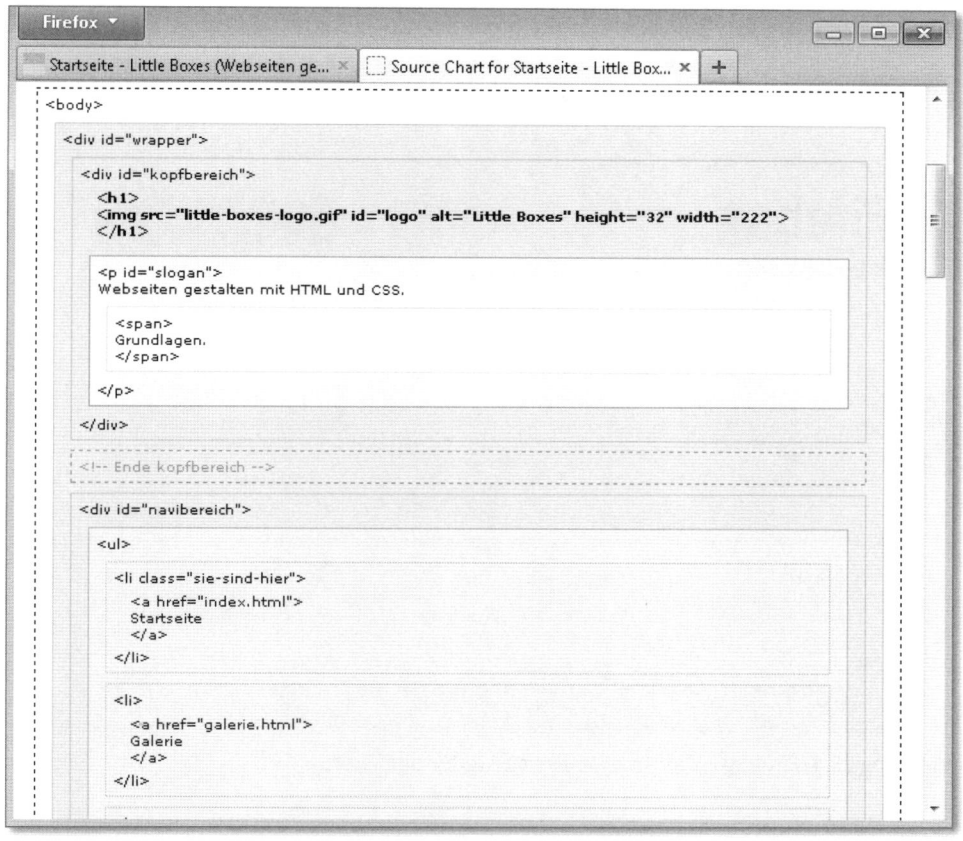

Abbildung 25.3 View Source Chart – Quelltext als verschachtelte Boxen

25.2.3   Web Developer – das Schweizer Offiziersmesser (Firefox/Chrome)

Die Erweiterung *Web Developer* ist eine Sammlung von wichtigen Werkzeugen und auch in diesem Buch mehrfach erwähnt worden. Das Add-on gibt es für Firefox und Chrome:

▶ *addons.mozilla.org/de/firefox/addon/web-developer/*

▶ *bit.ly/chrome-web-developer* (im Chrome Webstore)

Mit der Web Developer Toolbar können Sie unzählige Dinge tun: Webseiten analysieren, Barrierefreiheit prüfen, CSS von beliebigen Webseiten anzeigen und editieren, Grafiken ausblenden, Objekte pixelgenau abmessen und vieles andere mehr.

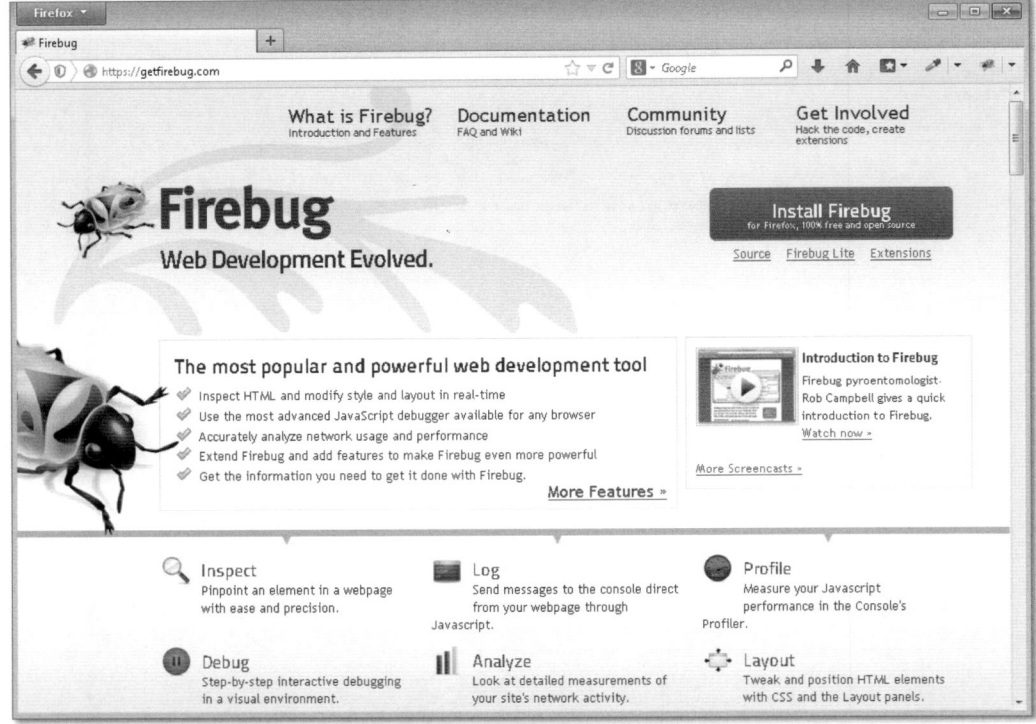

Abbildung 25.4 Firebug – das Analyse-Werkzeug für den Firefox

25.2.4 Colorzilla – die Farbenwahl (Firefox/Chrome)

Haben Sie auf einer Webseite schon mal eine Farbe gesehen, deren genauen Farbwert Sie gerne gewusst hätten? Dann ist *ColorZilla* das Tool der Wahl, denn es liefert Ihnen mit zwei Klicks den Farbwert einer beliebigen Farbe.

▶ *addons.mozilla.org/de/firefox/addon/colorzilla/*

▶ *bit.ly/15t33Bn* (im Chrome Webstore)

Nach der Installation sitzt das Tool rechts unten im Firefox-Fenster in der Add-on-Leiste. Zur Aktivierung klicken Sie einfach mit der linken Maustaste einmal auf das Symbol und dann mit dem zum Fadenkreuz gewordenen Mauszeiger auf die gewünschte Farbe im Browserfenster. ColorZilla zeigt Ihnen den gewünschten Farbwert.

Im Ausklappmenü des Colorzilla ist auch ein Direktlink zum *Ultimate Gradient Generator*, mit dem man sehr einfach CSS3-Farbverläufe erstellen kann.

25.3   Editoren für HTML und CSS

Zum Erstellen von Webseiten brauchen Sie einen Editor, mit dem Sie die Sprachen HTML und CSS bearbeiten können. Dazu kommen dann im Laufe der Zeit eventuell noch Programmiersprachen wie JavaScript und PHP.

25.3.1   Quelltext vs. WYSIWYG

Es gibt prinzipiell zwei Typen von Editoren:

▶ Quelltext-Editoren zeigen während der Bearbeitung den Quelltext an.

▶ WYSIWYG- Editoren zeigen während der Bearbeitung die fertige Webseite und verstecken den Quelltext.

Quelltext-Editoren erleichtern Ihnen die Arbeit mit dem, nun ja, Quelltext. Sie helfen beim Einfügen der Sprachelemente, färben den Quelltext übersichtlich ein usw. Tippen müssen Sie selbst.

Die Abkürzung WYSIWYG hingegen steht für »What You See Is What You Get«, was frei übersetzt »Was Sie sehen, ist das, was Sie bekommen« bedeutet und im Deutschen meist »wüsiewück« gesprochen wird. Erfunden wurde der Begriff Anfang der 1990er Jahre, als in Textverarbeitungen der Text auf dem Monitor endlich fast genauso aussah wie der gedruckte Text: *what you see* (was Sie bei der Erstellung auf dem Monitor sehen) ist identisch mit *what you get* (aus dem Drucker). Das war früher nicht so selbstverständlich, wie es heute erscheinen mag.

WYSIWYG-Editoren erzeugen den Quelltext automatisch und ersparen Ihnen dadurch, so weit es geht, die Tipparbeit. Das klingt zunächst verlockend, hat aber einen Haken: Auf Webseiten gibt es im Gegensatz zu Papierseiten eigentlich kein WYSIWYG, sondern mehr ein *what you see is what you could get*. Eine Webseite besteht aus Quelltext und sieht auf jedem Rechner ein klein bisschen anders aus. Nicht der Autor bestimmt im Editor, wie die Seite aussieht, sondern der Betrachter im Browser.

25.3.2   Einige Editoren für HTML und CSS unter Windows und OS X

Zum Lernen von HTML und CSS sind im Prinzip alle Quelltext-Editoren geeignet. Notfalls können Sie auch den zum Lieferumfang von Windows gehörenden Editor (auch bekannt als *Notepad*) nutzen, aber das ist wohl eher etwas für Leute mit Tendenz zum Masochismus. Komfortabler sind die im Folgenden vorgestellten Exemplare.

25

Wenn Sie bereits einen Lieblingseditor haben, mit dem Sie zufrieden sind, gibt es keinen Grund, irgendetwas zu ändern. Ein Editor ist nur ein Werkzeug.

Unter Windows gibt es aktuell, kostenlos und tausendfach bewährt zum Beispiel die beiden folgenden Kandidaten:

▶   PSPad finden Sie auf *pspad.com/de/*.

▶   Notepad++ ist auf *notepad-plus-plus.org/* zu Hause.

Auch für OS X gibt es kostenlose Exemplare, zum Beispiel den *Textwrangler*, quasi der kleine Bruder des kostenpflichtigen *BBEdit*:

▶   *barebones.com/products/textwrangler/*

▶   *barebones.com/products/bbedit/*

Der *Smultron* (schwedisch für »Erdbeere«) von Peter Borg war in älteren Versionen kostenlos. Aktuell ist er exklusiv im AppStore erhältlich und kostet dort 4,99 US$ (Stand Oktober 2013):

▶   *peterborgapps.com/smultron/*

Mehr als nur ein Editor ist *Coda*, denn wie der Slogan »one-window web development« andeutet, kümmert sich das Programm um den gesamten Workflow beim Erstellen von Webseiten:

▶   *panic.com/coda/*

Die Herstellerfirma heißt wirklich *Panic*. Frei nach dem Motto »Don't panic, Coder. Here is *Coda*.«

Ein Wort zum Adobe Dreamweaver (Windows/OS X)

Zum Abschluss noch eine Anmerkung zum *Adobe Dreamweaver*, der eierlegenden Wollmilchsau unter den Editoren. Dreamweaver ist ein Programm für Webdesign-Profis und entsprechend teuer und komplex. In zahlreichen Seminaren hatten besonders Einsteiger mehr Probleme mit der Bedienung von Dreamweaver als mit dem Quelltext, und daher vergleiche ich das Programm oft mit einer Kettensäge: In der Hand eines Profis ist es ein sehr nützliches Werkzeug, für Einsteiger ist es aber oft eher gefährlich als nützlich.

25.4   FTP – Veröffentlichen von Webseiten

Um die auf Ihrem Computer erstellten Webseiten auf Ihren Webspace zu übertragen, benötigen Sie ein FTP-Programm (oft auch *FTP-Client* genannt). Falls Sie bereits eines benutzen und damit zufrieden sind, sollten Sie einfach dabei bleiben. Einige Editoren haben auch entsprechende Funktionen gleich mit eingebaut. In dem Fall benötigen Sie natürlich auch kein zusätzliches Programm.

FileZilla ist ein sehr beliebtes und kostenloses FTP-Programm, das es sowohl für Windows als auch für OS X und Linux gibt:

► *filezilla-project.org/*

Eine ebenfalls auf Windows und Mac verfügbare Alternative ist das Programm *Cyberduck*:

► *cyberduck.ch*

Wer seinen Code mit *Coda* editiert, hat eine integrierte Uploadmöglichkeit, aber beim Hersteller *panic.com* gibt es mit Transmit auch noch ein gutes FTP-Programm (OS X).

25.5   Editoren zum Bearbeiten von Grafiken

Auf die Bearbeitung von Grafiken bin ich in diesem Buch so gut wie gar nicht eingegangen, aber trotzdem sollen ein paar Tipps nicht fehlen. Zunächst ein Blick auf einige Webanwendungen, die meist auf Flash basieren:

► Pixlr Express finden Sie unter *pixlr.com/express/*
► Splashup hat eine einfache URL *splashup.com*
► Photoshop Express gibt es unter *photoshop.com/tools*

Für die grundlegenden Bearbeitungsschritte wie Zuschneiden, Bildgröße ändern und Helligkeit sowie Kontrast regeln, reichen auch einfache Programme, wie sie bei einem Scanner oder einer Digitalkamera mitgeliefert werden. Zum Lieferumfang von Microsoft Office gehört zum Beispiel der *Picture Manager* (ab Office 2003).

Etwas leistungsfähiger sind die folgenden Programme:

► *GIMP (gimp.org)*

   Das kostenlose und -freie Programm GIMP ist leistungsfähig, aber seine eher ungewöhnliche Bedienung steht vielen Einsteigern beim Kennenlernen doch etwas im Weg.

▶ *Photoshop Elements* (*adobe.com/de/products/photoshop-elements.html*)

»You can call me El« – Elements ist die erschwingliche Lightversion von Photoshop zur Organisation und Bearbeitung von Fotos. Windows und OS X.

▶ *Adobe Photoshop*

Adobe Photoshop ist der große Bruder von Elements und ebenso wie Dreamweaver ein Profiprogramm. Wenn Sie Photoshop bereits beherrschen, werden Sie kein anderes Bildbearbeitungsprogramm mehr benötigen. Wenn Sie noch nicht mit Photoshop umgehen können: Zur Erstellung einer Homepage ist das Programm definitiv nicht nötig, es sei denn, Sie haben vor, Grafikdesigner zu werden.

25.6   Referenzen und Online-Quellen

Online gibt es diverse gute Quellen zu HTML und CSS.

25.6.1   Referenzen und Websites zu HTML

Nachschlagewerke zu HTML und CSS gibt es im Web recht viele. Das Problem ist wie bei so vielen Online-Quellen die Aktualität. Eine Referenz über Jahre aktuell zu halten gleicht einer Sisyphus-Arbeit.

Im Web gibt es viele gute Quellen zu HTML. Los geht es mit einem neu aufgelegten Klassiker:

▶ Das HTML5-Handbuch von Stefan Münz
webkompetenz.wikidot.com/docs:html-handbuch

Stefan Münz ist durch das legendäre SelfHTML bekannt geworden, mit dem viele deutschsprachige Webworker ihr Handwerk gelernt haben. Während SelfHTML als Projekt in die Jahre gekommen ist und nach Wegen in die Gegenwart sucht, hat Stefan Münz das HTML5-Handbuch geschrieben und auf seinem Wiki veröffentlicht. Es ist auch als Buch erhältlich.

Wenn Englisch kein Hindernis ist, gibt es noch folgende Nachschlagewerke:

▶ W3Schools – HTML-Elemente (auch wenn es *Tags* heißt ...)
w3schools.com/tags/

▶ Sitepoint HTML Reference
reference.sitepoint.com/html

Und ebenfalls auf Englisch gibt es speziell zu HTML5 zwei lesenswerte Sites:

▶ *html5doctor.com*. Hier schreiben und diskutieren hochkarätige Autoren über die Verwendung von HTML5.

▶ *diveintohtml5.org*. Kurzweilig und enorm lesbar erzählt Autor Mark Pilgrim (von Google), wie man HTML5 verwenden sollte. Auch als Buch erhältlich.

Wenn Englisch *und* trockene Texte Sie von einer Lektüre nicht abhalten, finden Sie beim World Wide Web Consortium (W3C) das definitive Nachschlagewerk zum Thema HTML. Hier sind ein paar geeignete Einstiegspunkte:

▶ Alphabetische Liste der HTML-Elemente (beim W3C)
w3.org/TR/html-markup/elements.html#elements

▶ HTML-Elemente nach Funktion sortiert (beim W3C)
w3.org/TR/html-markup/elements-by-function.html

▶ Der Spickzettel: Das W3C Cheat Sheet zum schnellen Finden
w3.org/2009/cheatsheet/

25.6.2   Referenzen und Websites zu CSS

Hier eine kleine Auswahl von brauchbaren Referenzen zu CSS:

▶ Die CSS-Referenz im HTML5-Handbuch
webkompetenz.wikidot.com/html-handbuch:css-referenz

▶ W3Schools – mit CSS3 und Beispielen zum Ausprobieren
w3schools.com/cssref/

▶ Sitepoint CSS Reference
reference.sitepoint.com/css

Und beim W3C gibt es natürlich noch die englischen, trockenen, aber korrekten und definitiven Referenzen:

▶ Überblick zu CSS: *w3.org/Style/CSS/*

▶ Spezifikation zu CSS2.1: *w3.org/TR/CSS21/*

25

Offline: »CSS – Das umfassende Handbuch« von Kai Laborenz

Als echter Klassiker und mit fast 800 prall gefüllten Seiten hat dieses Buch seinen Untertitel »Das umfassende Handbuch« mehr als verdient. Es ist nach dem Verstehen der Grundlagen mit dem »Einstieg in CSS« eine gute Unterstützung im Weballtag. Infos zum Buch finden Sie beim Verlag oder auf der begleitenden Website:

- *www.galileocomputing.de/3348*
- *www.css-praxis.de*

Gibt's natürlich auch als E-Book.

Index

!important 147, 287
(Raute) 118
:after (Pseudo-Element) 274
@media 198, 270

A

a (HTML-Element) 81, 123
address (HTML-Element)
   gestalten per CSS 121
   Kontaktadresse erstellen 90
aside (HTML-Element) 465
atomz.com (Suchfunktion) 456
Attributselektor 240
Aufzählungen (HTML) 74
Außenabstand (margin) 157

B

background-color 115
Block Formatting Context 339, 341, 407
Blockelemente
   Definition 72
   Unterschied zu Inline-Element 72
   width 300
blockquote (HTML-Element) 92, 262
body (HTML-Element) 61
BOM (Byte Order Mark) 96
border (CSS) 157
border (HTML-Attribut) 250
border-radius (CSS3) 298, 319
bottom (Positionierung) 301, 304
Box-Modell 153
   Begriffe (engl./dt.) 154
   border 157
   Gesamtbreite berechnen 158
   inline (Abb.) 224
   Inline-Block-Boxen 225
   Inline-Elemente 157
   Kalibrierung (alles auf 0) 159
   Kurzschreibweisen 193
   margin 157
   padding 156
   Übersicht 153

Box-Modell (Forts.)
   Vererbung (inheritance) 292
   width 156
box-shadow (CSS3) 349
br (HTML-Element) 89
Browser
   alte Browser 437
   Entwickler-Tools 48, 210
   Firefox 469
   Google Chrome 469
   moderne Browser 469
   Mosaic 37
   Netscape Navigator 37
   Opera 469
   Probleme mit CSS 437
   Safari 469
Browser-Stylesheet 78

C

Character Entities (Sonderzeichen) 93
Chrome (Browser) 469
   Add-on ColorZilla 474
   Add-on Web Developer 473
cite (HTML-Element) 92, 262
class
   als Attribut (HTML) 142, 319
   als Selektor (CSS) 142, 319
   Namen für Klassen 144
   praktisches Beispiel 319
   Unterschied zu id 143
clear
   clearfix 342
   CSS-Klasse zum Clearen 323
   globale Wirkung 338, 404, 407
   lokale Wirkung 407
   mit HTML-Element 337
   overflow:hidden 340, 353
   set a float 338
   Text unterhalb der Grafik 321
clearfix 342
Clearfix-Hack 342
collapsing margins 178
color (Schriftfarbe) 115, 139

ColorZilla (Firefox/Chrome) 474
colspan (HTML-Attribut) 251
Conditional Comments (IE) 441
Containing Floats 329, 331
Core Stylesheets (W3C) 102
CSS
    @media 198
    Aufbau einer CSS-Regel (Style) 133
    Ausgabemedium definieren 198
    Box-Modell 153
    Browser-Stylesheet 78
    das Attribut style 128
    das Element style 128
    die allererste CSS-Regel 45
    display 214
    font-family 119, 259
    font-size 119
    geschweifte Klammern 45
    gestaltet HTML-Elemente 45
    Hacks 437
    HTML (Aufgaben) 41
    Inline-Styles 128
    Kaskade 129
    Klassen (class) 142, 319
    kombinierte Selektoren 138, 208
    Kommentare schreiben 113, 187
    Patches 437
    Referenzen im Web 479
    Reset 200
    Restaurierung 200
    Selektoren 134, 240
    Sprites 357
    Stylesheets ordnen 187
    validieren 204
    zentrales Stylesheet 196
CSS3
    border-radius 319, 454
    box-shadow 349
    flexbox 385
    Media Queries 373
    overflow-y 159
CSS-Regel 133
CSS-Reset 159
CSS-Sprites 357
CSS-Validator 204
Cyberduck (FTP) 477

D

Deklarationen
    Definition 134
    Reihenfolge entscheidet 194, 290
    sinnvolle Reihenfolge 192
del (HTML-Element) 263
display (Übersicht) 208
display:block 240
display:inline
    Navigation 207
    Whitespace 226, 228
display:none 274
display:table 341
div (HTML-Element) 65
DOCTYPE 57
document flow 298
Document Object Model (DOM) 136, 279
DOM-Baum 136, 279
Dreamweaver (Adobe) 476
Dropdown-Navigation 457
Druckversion erstellen 269

E

EasyClearing 342
Editoren
    Adobe Dreamweaver 476
    Bildbearbeitung 477
    HTML und CSS (Mac OS X) 476
    HTML und CSS (Windows) 476
    WYSIWYG vs. Quelltext 475
Eigenschaft (property) 134
Einheiten
    absolut (cm, in, pt) 149
    relativ (px, em, %) 148
Element vs. Box 214
Elementselektor 135
em (CSS-Einheit) 148
em (HTML-Element) 70
Entwickler-Tools 48, 210

F

Farben definieren (RGB) 150
Farbschema definieren 151
Favicon 277
Fettdruck (font-weight) 122

FileZilla (FTP) 477
Firebug 211
Firefox (Browser) 469
    Add-on ColorZilla 474
    Add-on Firebug 211
    Add-on View Source Chart 471
    Add-on Web Developer 43, 97, 473
    Inspektor 48, 211
Flexbox (CSS3) 385
float 315
    Bilder umfließen lassen 315
    Containing Floats 329, 331
    dreispaltige Layouts 417, 427
    horizontale Navigation 351, 457
    negativer margin 427
    schrumpfen 329
    umschließen mit clear 337
    umschließen mit clearfix 342
    umschließen mit display:table 341
    umschließen mit float 338
    umschließen mit overflow 340
    Umschließen von floats 331
    width 329
    zweispaltige Layouts 385, 412
Floats umschließen 331
Flow (document) 298
Fluss des Dokuments 298
font-family 119
font-size 119, 121
font-style 121
font-weight 139
footer (HTML-Element) 465
form (HTML-Element) 231
Formulare
    Beschriftung von Feldern 233
    erstellen mit HTML 231, 450
    Formular-Chef (nettz.de) 241
    gestalten mit CSS 237, 451
    Suchformular 450
FTP-Clients
    Cyberduck 477
    FileZilla 477
    Transmit 477
Full Property Table (CSS) 293

G

Google Chrome (Browser) 469
Google Fonts 266

H

h1 bis h6 (HTML-Elemente) 68
Hacks 437
hasLayout 342, 345, 439, 441
head (HTML-Element) 58
header (HTML-Element) 465
height 156
HTML
    Bereiche erstellen mit div 65
    die allerersten HTML-Elemente 42
    DOCTYPE 57
    Elemente sichtbar machen
        (Web Developer) 43
    erstellt rechteckige Kästchen 42
    Grundgerüst 56
    id (als Attribut) 141
    Inline-Elemente 72, 223
    Listen erstellen 74
    Referenzen im Web 478
    Tabellen erstellen 247
    Text hervorheben 70
    Überschriften benutzen 68
    validieren 99
    Verschachtelung von Elementen 71
    Whitespace 226
    Zeichensatz definieren (meta) 58
html (Stammelement) 58
HTML5
    DOCTYPE 57
    Formularfeld email 235
    Formularfeld tel 235
    Formularfeld url 235
    Grundgerüst 56
    Zeichensatz definieren (meta) 58
HTML5-Elemente 464
HTML5-Shiv 467
HTML-Elemente
    aside 465
    blockquote 92, 262
    body 43, 61
    cite 92, 262
    del 263

HTML-Elemente (Forts.)

footer 465

form 231, 450

h1 43

header 465

input 231, 450

ins 263

label 231, 450

li 74

main 465

meta 60, 369

nav 465

ol 75

p 43

style 128

table 247

tbody 250

td 247

tfoot 250

th 249

thead 250

title 43, 59

tr 247

ul 74

Unterschied zu Tag 61

HTML-Tabellen

logische Bereiche 250

HTML-Validator 99

HTTP-Header 97

Hyperlinks

a:active 125

a:focus 125

a:hover 125

Anatomie (Aufbau) 82

besuchte und unbesuchte 124

erstellen 81

gestalten 123, 213, 216, 217, 392

in #textbereich selektieren 138

Rollover-Effekt 125

unterstreichen mit border-bottom 138

I

id

als HTML-Attribut 141

als Selektor (#) 141

Unterschied zu class 143

Image Replacement 265

img (HTML-Element) 87

Inline-Block-Boxen

Eigenschaften 225

sind ein Mittelding 225

Inline-Elemente

Box-Modell 224

Definition 72

Inline-Block-Boxen 225

Übersicht 223

Inline-Styles 128, 290

Innenabstand (padding) 156

input (HTML-Element) 231

ins (HTML-Element) 263

Internet Explorer

Browserkrieg 439

Conditional Comments 441

Dialogfeld Barrierefreiheit 31

Download 469

hasLayout 439, 441

mehrere Versionen installieren 471

ISO-8859-x 95

J

JavaScript 36

K

Kaskade

Einbindung von Styles 129

Spezifität (specificity) 145

Kaskade (CSS)

!important 287

Inline-Styles 290

schematische Darstellung 282

sortiere nach Reihenfolge 290

sortiere nach Spezifität 289

sortiere nach Wichtigkeit 286

Standardwert 293

Vererbung 281

Kindselektor 240

Kommentare (CSS) 113

Kommentare (HTML) 55

Kontaktformular erstellen 231

Kursivdruck (font-style) 122

Kurzschreibweisen 193

L

label (HTML-Element) 231, 233, 450
left (Positionierung) 301, 304
letter-spacing 121
li (HTML-Element) 74
line-height 121
link (HTML-Element) 102, 113
Links 81
Listen
    Aufzählungen (ul) 74
    geordnete Listen (ol) 75
    Listenelemente nebeneinander 207
    Navigationsliste (horizontal) 207
    Navigationsliste (mit Tabs) 215
    Navigationsliste (vertikal) 390
    Nummerierungen (ol) 75
    ungeordnete Listen (ul) 74
    verschachtelte Listen 76

M

main (HTML-Element) 465
margin 157
    float 385
    kollabiert 178
    Kurzschreibweise 195
    zentrieren (auto) 163
Maßangaben 147
Media Queries (CSS3) 366, 373
meta (HTML-Element) 58
    name= 60, 61, 369
    viewport= 369
Mobile First 378
Mozilla 37

N

Nachfahrenselektor 138
nav (HTML-Element) 465
Navigation gestalten 219
    Dropdown 457
    horizontal (display:inline) 207
    horizontal (gefloatet) 351
    horizontal (mit Registern) 215
    Sie sind hier 393

Navigation gestalten (Forts.)
    Suchfunktion 449
    vertikal (untereinander) 390
negativer margin (CSS) 427

O

ol (HTML-Element) 75
Opera (Browser) 469
overflow:hidden 340, 353

P

p (HTML-Element) 70
padding 156, 165
    Kurzschreibweise 193
Pantha rhei (flow) 298
Papierdenken 39
Patches 437
position:absolute 302
    Eigenschaften 311
    relative Positionierung 306
    Stammelement html 304
    umgebendes Element 306
    z-index 311
position:fixed 309
position:relative 301
position:static 301
print (CSS-Medium) 270
Pseudoklassen (Hyperlinks) 124, 127

Q

Quelltext ist die Webseite 32

R

Rahmenlinien (border) 157
Raute (#) 118
Referenzen
    CSS (im Web) 122, 479
    HTML (im Web) 478
right (Positionierung) 301, 304
Rollover-Effekt 217, 393
rowspan (HTML-Attribut) 251
Runde Ecken (border-radius) 454

S

Safari (Browser) 469
Schematische Darstellungen
   Layoutstruktur (div) 67
   verschachtelte Listen 77
   Verschachtelung von Elementen 71
Schrift gestalten
   16 px als Standard 120
   Schriftgröße 119
Schriften im Web 259
Seite vs. Site 60
Selektoren 134
   class 319
   Pseudoklassen 124
   Spezifität (Punktesystem) 212
   Universalselektor 159
Selektoren (CSS)
   :after 274
   :nth-child() 257
   Attributselektor 240
   class 142
   Elementselektor 135
   id (#) 141
   Kindselektor 240
   kombinierte 138
   Nachfahrenselektor 138
   Spezifität (Punktesystem) 145, 289
   Typselektor 135
Shrinkwrap 329
Sidebar (Layout) 409
Smartphone (Browser) 366
Sonderzeichen in HTML erstellen 93
span (HTML-Element) 91, 139
Spezifität (specificity) 145, 212, 289
Sprite (CSS) 357
Stammbaum 136, 279
Standardwert (initial value) 281, 293
strong (HTML-Element) 70
Style
   Reihenfolge Deklarationen 192
   sinnvoller Aufbau 190
   Syntax 133
style (HTML-Attribut) 128
style (HTML-Element) 128
Styleblock 128

Stylesheet
   in Abschnitte unterteilen 188
   Kommentare am Anfang 187
   mit HTML verbinden 113
   Ordnung halten 187
Suchfunktion 449
   Formular 450
   Programm 456

T

Tabellen
   display:table 341
   im HTML erstellen 247
   mit Zebrastreifen 256
   mit Zwischenräumen 255
   ohne Zwischenräume 255
   per CSS gestalten 254
   Rahmenlinien sichtbar 252
   Zellen verbinden 250
   zum Layouten 38
table (HTML-Element) 247, 250
Tags (HTML) – Unterschied zu Element 61
tbody (HTML-Element) 250
td (HTML-Element) 247
Text zentrieren 121
text-align 121
Textänderungen (del, ins) 263
textarea (HTML-Element) 231
tfoot (HTML-Element) 250
th (HTML-Element) 249
thead (HTML-Element) 250
TheStyleWorks.de 122
title (HTML-Element) 59
top (Positionierung) 301, 304
tr (HTML-Element) 247
Transmit (FTP) 477
Typselektor 135

U

Überschriften (h1 bis h6) 68
ul (HTML-Element) 74
Unicode 95
UTF-8 95
   BOM (Byte Order Mark) 96
   und Editor 96
   Webserver 97

V

Validator
CSS 204
HTML 99
Vererbung (inheritance) 281, 291
Viewport 375, 397

W

W3C
Core Stylesheets 102
CSS-Validator 204
HTML-Validator 99
Web Developer (Firefox/Chrome) 43, 473
Webfonts
@font-face 266
Google Fonts 266
Überblick 265
Webseite vs. Website 60
Webseiten
bestehen aus Rechtecken 41
gestalten mit Tabellen 38
mediengerecht gestalten 36
tabellenfreie Layouts 39

Webserver (UTF-8) 97
Wert (value) 134
Whitespace 226
Definition 227
display:inline 226
width (CSS) 156, 158, 162
WYSIWYG 475

Z

Zeichenabstand (letter-spacing) 121
Zeichensätze
ANSI 95
definieren mit meta-Element 58
ISO-8859-x 95
sind Schablonen 95
UTF-8 95
Zeilenabstand (line-height) 121
Zentrieren
Text 121
Webseite 163
z-index 304, 311
Zitate in HTML 92, 262

Kai Laborenz

CSS

Das umfassende Handbuch

Das vollständige Wissen zu CSS und Co.
in einem Band! Einsteiger erhalten eine
fundierte Einführung, professionelle
Webentwickler einen Überblick über alle
CSS-Technologien und Praxislösungen für
CSS-Layouts sowie zahlreiche Tipps für die
tägliche Arbeit. Inkl. HTML5, CSS3,
Responsive Webdesign, SASS u.v.m.

791 Seiten, gebunden, mit DVD,
39,90 Euro
ISBN 978-3-8362-2313-3
2. Auflage 2013
www.galileo-press.de/3348

Jonas Hellwig

Modernes Webdesign mit Jonas Hellwig

Webdesign-Experte Jonas Hellwig erklärt
Schritt für Schritt, wie Sie hochattraktive
Websites gestalten, die auf allen Geräten
perfekt funktionieren. Konzepte wie
Responsive Webdesign, Rapid Proto-
typing, oder Multi-Screen-Layout liefern
zahreiche Inspirationen für Ihre Projekte.

DVD, 12 Stunden Spielzeit, 39,90 Euro
ISBN 978-3-8362-3027-8
erschienen Juli 2014
www.galileo-press.de/3691

■ Schau dem WWW gründlich
unter die Haube

■ Schreibe Webseiten für einfach
alles, was einen Bildschirm hat

■ Wappne dich mit AJAX und
Objekten, und sprich mit den
Servern des weltweiten Webs

■ HTML5 und CSS3 für alle Sinne

Kai Günster

Schrödinger lernt HTML5, CSS3 und JavaScript
Das etwas andere Fachbuch

Eine runde Sache: Schrödinger wird Webentwickler! Zum Glück hat er einen
Kumpel, der auf jede Frage eine Antwort weiß, wenn er nur genug Kaffee
bekommt. Zusammen lernt ihr HTML, CSS und JavaScript ohne das Buch zu
wechseln – was auch zu schade wäre. Mit viel Witz, der nötigen Theorie,
Unmengen an Code, Tipps, Übungen und den verdienten Pausen. Von „Hallo
Webwelt" über AJAX bis zu Responsive Webdesign und TouchScreens: alles auf
dem neuesten Stand und, wenn du willst, mit deinem eigenen Webserver.
Umwerfende Beispiele, fantastisch illustriert.

826 Seiten, broschiert, in Farbe, 44,90 Euro
ISBN 978-3-8362-2020-0
erschienen August 2013
www.galileo-press.de/3277

Galileo Press

Peter Müller

Flexible Boxes
Eine Einführung in moderne Websites

Wie entwickelt man heute moderne
Websites? Peter Müller zeigt Ihnen in
seiner Einführung von Grund auf, was Sie
für die Erstellung von flexiblen Webseiten
für die verschiedensten Endgeräte
beachten müssen. Egal, ob es sich dabei
um HTML5, CSS3, Adaptive oder
Responsive Webdesign, Mobile First, Grid-
Frameworks handelt.

448 Seiten, broschiert, 24,90 Euro
ISBN 978-3-8362-2519-9
erschienen August 2013
www.galileo-press.de/3415

Jonas Hellwig

Responsive Webdesign
Das umfassende Praxis-Training

Das Praxistraining für den neuen
Webdesign-Standard! Webexperte Jonas
Hellwig zeigt Ihnen, wie Sie Ihre
Webseiten mit HTML, CSS und JavaScript
für das mobile Web gestalten. Mit diesem
Training sind Sie am Puls der Zeit und
lernen in zahlreichen Workshops, wie Sie
Ihre Webseite fit machen für alle
Auflösungen und Geräte.

DVD, Windows, Mac und Linux,
10 Stunden Spielzeit, 39,90 Euro
ISBN 978-3-8362-3468-9
erscheint Dezember 2014
www.galileo-press.de/3752

 Folgen Sie uns: www.facebook.com/GalileoPressVerlag

- Mit HTML5 und CSS3 flexible Websites erstellen

- Layout, Navigationen, Bilder und Videos, Texte, Schriften

- Inkl. Responsive Webdesign-Frameworks, Barrierefreiheit, Performance u.v.m.

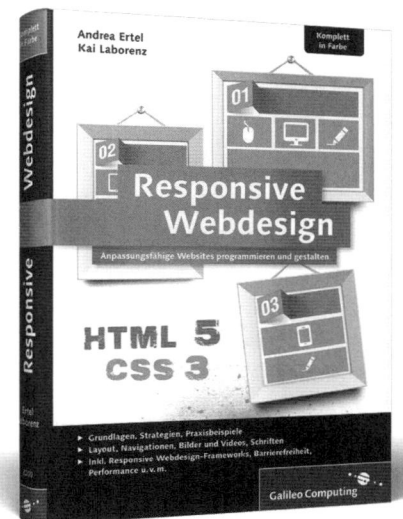

Kai Laborenz, Andrea Ertel

Responsive Webdesign

Anpassungsfähige Websites programmieren und gestalten

»Responsive« ist eine der wichtigsten Anforderungen für moderne Webseiten. Als erfahrener Webentwickler lernen Sie in diesem Buch alles, was Sie wissen müssen: flexible Gestaltungsraster, anpassungsfähige Bilder, Media Queries, den Aufbau einer HTML5-Site, textliche Gestaltung sowie Navigations- und Layoutanforderungen, Barrierefreiheit, Tools, Frameworks. Lassen Sie sich von den spannenden Beispielprojekten inspirieren.

464 Seiten, gebunden, in Farbe, 39,90 Euro
ISBN 978-3-8362-3200-5
2. Auflage, erscheint 01/2015
www.galileo-press.de/3725

Galileo Press

Kim Weinand

Top-Rankings bei Google und Co.

425 Seiten, broschiert, 24,90 Euro
ISBN 978-3-8362-2896-1
2. Auflage 2014
www.galileo-press.de/3619

Zieht Ihre Internetseite zu wenige Besucher an? Kim Weinand weiß, worauf es ankommt, damit Ihre Website eine Spitzenposition bei Google erreicht. Er vermittelt Ihnen aktuelles Praxiswissen und Trends der Suchmaschinen-Optimierung. Hier erfahren Sie alles darüber, wie Sie erfolgreicher im Netz auftreten können.

Eric Kubitz

Suchmaschinen-Optimierung
Schritt für Schritt zum Top-Ranking

DVD, Windows, Mac und Linux,
7 Stunden Spielzeit, 39,90 Euro
ISBN 978-3-8362-2779-7
erschienen März 2014
www.galileo-press.de/3547

Lernen Sie direkt am Bildschirm die Tools und Techniken der modernen SEO anzuwenden. Ihr Trainer zeigt Ihnen anhand von zahlreichen Praxis-Beispielen, wie Sie eine Keyword-Recherche durchführen und Linkaufbau betreiben, um das Ranking Ihrer Webseite zu verbessern.

- Grundlagen, Funktionsweisen und strategische Planung

- Onpage- und Offpage-Optimierung für Google und Co.

- Erfolgsmessung, Web Analytics und Controlling

Sebastian Erlhofer

Suchmaschinen-Optimierung

Das umfassende Handbuch

Das Handbuch zur Suchmaschinen-Optimierung von Sebastian Erlhofer gilt in Fachkreisen zu Recht als das deutschsprachige Standardwerk. Es bietet Einsteigern und Fortgeschrittenen fundierte Informationen zu allen wichtigen Bereichen der Suchmaschinen-Optimierung. Verständlich werden alle relevanten Begriffe und Konzepte erklärt und erläutert. Neben ausführlichen Details zur Planung und Erfolgsmessung einer strategischen Suchmaschinen-Optimierung reicht das Spektrum von der Keyword-Recherche, der wichtigen Onpage-Optimierung Ihrer Website über erfolgreiche Methoden des Linkbuildings bis hin zu Ranktracking, Monitoring und Controlling.

915 Seiten, gebunden, 39,90 Euro
ISBN 978-3-8362-2882-4
7. Auflage 2014
www.galileo-press.de/3611

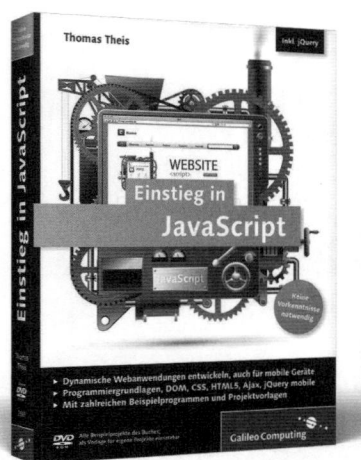

Thomas Theis

Einstieg in JavaScript

Lernen Sie die Grundlagen der modernen JavaScript-Programmierung. Schnell erstellen Sie Ihre erste eigene Anwendung. An typischen Beispielen wie einer Digitaluhr testen Sie Ihr Wissen. Das Buch führt Sie in alle Bereiche ein, die für die JavaScript-Programmierung relevant sind: CSS, HTML, jQuery und Ajax.

438 Seiten, broschiert, mit CD, 24,90 Euro
ISBN 978-3-8362-2587-8
erschienen Oktober 2013
www.galileo-press.de/3434

Frank Bongers, Maximilian Vollendorf

jQuery
Das Praxisbuch

Mit jQuery kann man zaubern. Auch JavaScript-Muffel kommen mit dem Framework schnell zu Ergebnissen, die sich sehen lassen können. Dieses Buch zeigt Ihnen, wie Sie die Funktionen von jQuery effektiv auf Ihren Webseiten einsetzen können. Inkl. Entwicklung mobiler Anwendungen mit jQuery Mobile.

935 Seiten, gebunden, mit DVD,
39,90 Euro
ISBN 978-3-8362-2638-7
3. Auflage 2014
www.galileo-press.de/3473

- Für Einsteiger, Fortgeschrittene und Profis

- Browserübergreifende Lösungen

- DOM, CSS, Ajax, XML, WebSockets

Christian Wenz

JavaScript

Grundlagen, Programmierung, Praxis

Alle wichtigen Webtechnologien greifen auf HTML5, CSS3 und JavaScript zurück. Auch wenn man JavaScript-Frameworks wie jQuery einsetzt, ist es nötig, JavaScript-Grundlagen zu beherrschen. Ein umfassender Einstieg in JavaScript und viele praktische Beispiele, das zeichnet dieses Handbuch aus! So lernen Sie JavaScript von Grund auf. Nach der Lektüre werden Sie JavaScript verstehen und sicher anwenden können.

542 Seiten, gebunden, 39,90 Euro
ISBN 978-3-8362-1979-2
11. Auflage 2014
www.galileo-press.de/3209

Miriam Löffler

Think Content!

Content-Strategie, Content-Marketing, Texten fürs Web

Content ist der zentrale Erfolgsfaktor im Web! Wenn Sie mit Ihrer Website erfolgreich sein wollen, müssen Sie sich auch inhaltlich auf Ihre User konzentrieren. Qualitativ hochwertige Inhalte verbessern das Ranking im Netz. Unsere Autorin beantwortet Ihnen alle Fragen, die im Umgang mit Content-Marketing auftauchen.

627 Seiten, broschiert, 29,90 Euro
ISBN 978-3-8362-2006-4
erschienen Februar 2014
www.galileo-press.de/3251

Anne Grabs, Karim-Patrick Bannour, Elisabeth Vogl

Follow me!

Erfolgreiches Social Media Marketing mit Facebook, Twitter und Co.

Folgen Sie der Erfolgsstrategie: Was ist Social Media? Wie gehen Sie damit um? Welche Schritte müssen in welcher Reihenfolge erfolgen? Welche Gefahren drohen und wie können Sie diese Gefahren minimieren? All das erklären Ihnen die Autoren anhand zahlreicher Beispiele.

539 Seiten, broschiert, in Farbe,
29,90 Euro
ISBN 978-3-8362-2902-9
3. Auflage, Oktober 2014
www.galileo-press.de/3621